国际原油市场定价机制与预测研究

张跃军 著

科学出版社

北京

内 容 简 介

当前国际经济政治格局变幻不定，国际原油市场危机此起彼伏，而我国石油对外依存度持续上升，能源安全形势不容乐观。为此，本书秉承学术性、系统性和创新性原则，坚持问题导向，遵循"定价机制—预测研究—投资决策"的研究思路，运用跨学科的前沿理论方法深入剖析新形势下国际原油市场的资产定价机制；创新性地对原油市场结构变化及其对油价预测的影响开展深入的机理分析和实证建模，为油价波动率预测指明新的建模方向；科学揭示原油市场与股票市场以及贵金属、农产品等大宗商品市场的复杂溢出关系，为投资者配置资产和风险管理以及政府有关部门加强监管提供重要决策支持。

本书适合能源经济、能源金融、管理科学、应用经济等领域的专业人员，以及高等学校相关专业的本科生、研究生和教师阅读，也适合从事经济管理工作的政府领导、金融机构及相关企业高管参考。

图书在版编目（CIP）数据

国际原油市场定价机制与预测研究/张跃军著. —北京：科学出版社，2022.12

ISBN 978-7-03-074074-8

Ⅰ. ①国⋯ Ⅱ. ①张⋯ Ⅲ. ①国际市场-原油价格-物价波动-研究 Ⅳ. ①F416.22

中国版本图书馆 CIP 数据核字（2022）第 230781 号

责任编辑：王丹妮／责任校对：樊雅琼
责任印制：张 伟／封面设计：有道设计

科学出版社 出版
北京东黄城根北街 16 号
邮政编码：100717
http://www.sciencep.com

北京虎彩文化传播有限公司 印刷
科学出版社发行 各地新华书店经销

*

2022 年 12 月第 一 版　开本：720×1000　1/16
2022 年 12 月第一次印刷　印张：18 3/4　插页：4
字数：378 000

定价：198.00 元
（如有印装质量问题，我社负责调换）

作者简介

张跃军,男,1980年生,湖南大学二级教授、博士生导师,主要从事能源环境经济复杂系统建模领域的研究工作。主持国家社会科学基金重大项目、重点项目,国家自然科学基金委员会优秀青年科学基金项目、重点项目等10余项纵向科研任务,以第一作者或通讯作者在国内外学术期刊发表论文150余篇,其中国际顶级或权威SSCI/SCI学术期刊论文110余篇。论文累计被引7000余次,23篇论文上榜ESI热点论文或高被引论文。多次入选科睿唯安"全球高被引科学家"、爱思唯尔"中国高被引学者"、美国斯坦福大学"全球前2%顶尖科学家"。出版著作4部。主笔的多份政策报告得到党和国家领导人重要批示。

张跃军教授牵头的研究成果获得湖南省社会科学优秀成果奖一等奖、教育部高等学校科学研究优秀成果奖(科学技术)自然科学奖二等奖、教育部高等学校科学研究优秀成果奖(人文社会科学)二等奖等。兼任SCI/SSCI一区期刊 *Energy Economics* 副主编、*Journal of Cleaner Production* 副主编、*Sustainable Production and Consumption* 领域主编,以及《中国人口·资源与环境》学术编辑。

张跃军教授2013年获得国家自然科学基金委员会优秀青年科学基金,2014年入选国家"万人计划"青年拔尖人才,2016年入选教育部"长江学者奖励计划"青年学者,2020年入选教育部"长江学者奖励计划"特聘教授。

前　言

自 2006 年在中国科学院科技政策与管理科学研究所攻读博士研究生学位开始，在导师的指点下，我开启了石油资产定价与预测领域的研究，至今已有 16 个年头。一路走来，我有幸经历了世界经济发展的波澜壮阔、国际原油市场的跌宕起伏、主要国家能源战略博弈的持续深化，以及全球能源秩序的深刻变化，见证了中国石油对外依存度的持续攀升，从 40%左右到目前突破 70%，能源安全形势不容乐观，也见证了石油进口对我国宏观经济发展的显著冲击，以及中国原油期货由多年的呼吁终于变成现实，成功上市交易，并迅速成为亚洲最大、全球第三大原油期货交易市场。与此同时，石油安全成为一个金融学概念，成为世界各国密切关注的议题，也成为能源安全甚至国家安全战略体系不可或缺的组成部分。

能源安全是关系国家经济社会发展的全局性、战略性问题，对国家繁荣发展、人民生活改善、社会长治久安至关重要。能源安全问题是影响国家安全的重大问题，世界主要国家都将能源安全提升到了国家安全的战略高度，试图建立有利于自己国家的全球能源格局，导致我国与许多国家处于能源竞争状态。同时，过去一些年，国际经济政治格局变幻不定，全球性治理议题日趋复杂，国际原油市场危机此起彼伏，特别地，当前我国正处于城市化和工业化的快速发展期，石油需求量还会持续稳定增长，这意味着我国石油对外依存度还将持续上升，我国经济社会发展还将持续依赖国际原油市场。本就复杂多变的国际能源环境，叠加新冠肺炎疫情的持续影响，将变得更加难以捉摸，未来能源安全面临的风险因素将进一步增加。这对国际原油市场资产定价与预测研究提出了迫切需求，也提供了重要契机。

在此背景下，本书结合我和研究团队过去十几年的研究经历，特别是近几年的研究进展，秉承学术性、系统性和创新性原则，整理形成了国际原油定价机制和预测研究成果。本书坚持问题导向，运用多种跨学科的前沿理论方法，遵循"定价机制—预测研究—投资决策"的研究思路，开展了特点鲜明的创新性工作。首先，深入剖析国际原油市场新形势下的原油资产定价问题，着重分析投资者关注、投资者情绪、对冲基金持仓等行为金融变量及经济政策不确定性（economic policy uncertainty，EPU）对油价形成的复杂作用机制。其次，创新性地对原油市场结构变化及其对油价预测的影响开展系统深入的机理分析和实证建模，不但提出多种考虑结构变化的油价波动率预测模型，探究结构突变、平滑转换等结构变化类型对国际油价波动率预测的影响，还提出并证实通过平滑转换方式处理油价波动率结构变化的灵活傅里叶形式GARCH（flexible Fourier form GARCH，FFF-GARCH）模型能够提供相对较好的预测性能，为原油市场波动率预测指明新的建模方向。最后，深刻揭示原油市场与相关股票市场以及贵金属、农产品等大宗商品市场的复杂溢出关系，为投资者在有关市场科学开展资产配置和风险管理及政府有关部门加强监管提供重要的决策支持。

本书的每一项研究工作都有明确的研究问题和研究贡献，构建科学合理的理论模型，开展系统细致的实证探索，并在研究结论的基础上，为相关市场参与者提出政策制定或投资决策建议。本书期望通过深入扎实的理论分析和实证探索，帮助国家有关部门和投资者进一步深刻认识国际原油市场复杂系统运行规律，科学研判国际原油市场发展态势，规避原油市场极端风险，锁定原油进口成本，筑牢国家能源安全防线。

本书核心章节的部分研究内容已经发表于领域内国际顶级或权威学术期刊 *The Energy Journal*、*Energy Economics*、*Journal of Forecasting*、*Quantitative Finance* 等及中文权威期刊《管理科学学报》《中国管理科学》《系统工程理论与实践》，得到了国内外评审专家的广泛认可。多篇论文上榜基本科学指标数据库（Essential Science Indicators，ESI）热点论文或高被引论文。也得益于此，本人有幸多次入选科睿唯安"全球高被引科学家"和爱思唯尔"中国高被引学者"。同时，基于本书的研究工作，我们撰写的多份石油市场分析报告得到党和国家领导人批示，并受到有关部门重视，产生了一定的政策影响，体现了以科学研究支持宏观决策、服务国家战略的宗旨。

本书的研究工作得到了本人主持的国家自然科学基金委员会优秀青年科学基金项目"石油金融与碳金融系统建模"（71322103），中共中央组织部国家"万人计划"青年拔尖人才，教育部"长江学者奖励计划"特聘教授、青年学者，湖南省科技创新领军人才、湖湘青年英才，以及湖南大学"岳麓学者"等重要科研项目和人才项目资助。

本书的研究工作也得到了国家自然科学基金委员会刘作仪研究员、杨列勋研究员和吴刚研究员，中国科学院科技战略咨询研究院徐伟宣研究员、李建平研究员、孙晓蕾研究员和姬强研究员，中国航天科技集团有限公司于景元研究员，中国科学院数学与系统科学研究院汪寿阳研究员和杨晓光研究员，华东师范大学周勇教授，厦门大学林伯强教授，湖南大学马超群教授，北京理工大学王兆华教授和廖华教授，南京航空航天大学周德群教授和王群伟教授，中国石油大学（华东）周鹏教授，南京师范大学田立新教授，南京理工大学王玉东教授，北京航空航天大学朱磊教授和汤铃教授，北京化工大学余乐安教授，云南财经大学魏宇教授，西南财经大学张大永教授，西南交通大学马锋副教授，以及美国劳伦斯伯克利国家实验室沈波研究员、美国堪萨斯大学蔡宗武教授和张建波教授、澳大利亚悉尼科技大学施训鹏研究员、瑞典梅拉达伦大学严晋跃教授、新加坡国立大学能源研究所洪明华教授和苏斌博士等众多国内外专家学者的指点和帮助。特别要感谢恩师北京理工大学魏一鸣教授的引路、指点和一路提携。在此对各位前辈、专家的热心帮助和悉心指导一并表示衷心感谢！

另外，本书得以顺利出版，非常感谢我们研究团队的邢丽敏、张晗、张圆圆、严星星、李兆琛、潘旭、封涵等的大力协助，也很感谢科学出版社编辑李莉对书稿的细心修改。

张跃军

2022 年 6 月

目 录

前言

第1章 国际原油市场发展现状与预测研究进展 ·················· 1
  1.1 国际原油市场的复杂特征与发展态势 ·················· 1
  1.2 原油市场定价机制的研究进展 ·················· 7
  1.3 国际原油市场的预测研究进展 ·················· 9
  1.4 国际油价预测研究评述与展望 ·················· 18
  1.5 本书的内容体系 ·················· 20

第2章 投资者关注对国际油价的影响研究 ·················· 25
  2.1 投资者关注对原油市场的影响及问题提出 ·················· 25
  2.2 国内外研究现状 ·················· 26
  2.3 研究方法与数据说明 ·················· 28
  2.4 投资者关注对国际油价的影响结果分析 ·················· 31
  2.5 主要结论与启示 ·················· 37

第3章 投资者关注对国际油价波动的影响研究 ·················· 39
  3.1 国际原油市场的投资者关注及研究诉求 ·················· 39
  3.2 国内外研究现状 ·················· 40
  3.3 研究方法与数据说明 ·················· 41
  3.4 投资者关注与油价收益率间的溢出效应分析 ·················· 45
  3.5 主要结论与启示 ·················· 50

第4章 美国EPU对国际油价收益率的影响研究 ·················· 52
  4.1 美国EPU及其与国际原油市场的关联机制 ·················· 52
  4.2 国内外研究现状 ·················· 54
  4.3 研究方法与数据说明 ·················· 55
  4.4 美国EPU和油价收益率间的溢出效应分析 ·················· 60
  4.5 主要结论与启示 ·················· 73

第5章 EPU和投资者情绪对国际油价波动率的影响和预测研究 ·············· 74
5.1 问题的提出 ··· 74
5.2 国内外研究现状 ·· 75
5.3 研究方法与数据说明 ·· 76
5.4 EPU和投资者情绪对油价波动率的影响及预测结果 ········· 79
5.5 主要结论与启示 ·· 85

第6章 投资者情绪与原油市场极端风险的交互影响研究 ·············· 86
6.1 投资者情绪与原油市场的交互关系及问题提出 ············· 86
6.2 国内外研究现状 ·· 87
6.3 研究方法与数据说明 ·· 89
6.4 投资者情绪对原油市场极端风险的影响结果分析 ·········· 92
6.5 主要结论与启示 ·· 99

第7章 投资者情绪对油气公司股票收益率的影响研究 ·············· 100
7.1 投资者情绪对油气公司股票的影响及问题提出 ············ 100
7.2 国内外研究现状 ··· 102
7.3 研究方法与数据说明 ··· 103
7.4 投资者情绪指数对油气公司股票收益率的影响结果分析 ········· 106
7.5 主要结论与启示 ··· 115

第8章 原油期货收益率与对冲基金间的时变溢出效应研究 ·············· 117
8.1 国际原油期货市场对对冲基金的影响 ······················ 117
8.2 国内外研究现状 ··· 118
8.3 研究方法与数据说明 ··· 120
8.4 原油期货收益率与对冲基金净持仓的溢出效应分析 ········ 126
8.5 主要结论与启示 ··· 131

第9章 考虑结构变化和长记忆性的国际油价波动率预测研究 ·········· 132
9.1 国际油价的结构变化与长记忆特征 ·························· 132
9.2 国内外研究现状 ··· 133
9.3 研究方法与数据说明 ··· 135
9.4 考虑结构变化和长记忆性的国际油价波动率预测结果分析 ··········· 138

9.5 主要结论与启示 …………………………………………………………… 144

第10章 基于GARCH族模型的结构变化对国际油价波动率预测建模的影响研究 …………………………………………………………… 146

 10.1 国际油价波动率预测及研究诉求 ………………………………………… 146

 10.2 国内外研究现状 …………………………………………………………… 147

 10.3 研究方法与数据说明 ……………………………………………………… 149

 10.4 考虑不同结构变化类型的国际油价波动率预测结果分析 …………… 152

 10.5 主要结论与启示 …………………………………………………………… 169

第11章 基于HAR族模型的结构变化对国际油价波动率预测建模的影响研究 …………………………………………………………… 171

 11.1 问题的提出 ………………………………………………………………… 171

 11.2 国内外研究现状 …………………………………………………………… 173

 11.3 研究方法与数据说明 ……………………………………………………… 175

 11.4 基于HAR族模型的国际油价波动率预测结果分析 ………………… 181

 11.5 主要结论与启示 …………………………………………………………… 198

第12章 基于混合方法的国际油价波动率预测研究 ………………………………… 200

 12.1 问题的提出 ………………………………………………………………… 200

 12.2 国内外研究现状 …………………………………………………………… 201

 12.3 研究方法与数据说明 ……………………………………………………… 202

 12.4 国际油价波动率的预测结果分析 ………………………………………… 205

 12.5 主要结论与启示 …………………………………………………………… 208

第13章 股票市场高频数据对国际油价收益率的预测研究 ……………………… 209

 13.1 金融市场对石油市场的影响及研究诉求 ……………………………… 209

 13.2 国内外研究现状 …………………………………………………………… 210

 13.3 研究方法与数据说明 ……………………………………………………… 212

 13.4 基于混频模型的国际油价收益率预测结果分析 ……………………… 216

 13.5 主要结论与启示 …………………………………………………………… 226

第14章 WTI油价对中国传统能源行业的动态信息溢出研究 …………………… 228

 14.1 国际原油市场与中国传统能源行业的关联机制 ……………………… 228

14.2　国内外研究现状 …………………………………………………… 229

　　14.3　研究方法与数据说明 ……………………………………………… 230

　　14.4　WTI油价收益率和中国传统能源行业股票收益率的溢出效应分析 …… 234

　　14.5　主要结论与启示 …………………………………………………… 241

第 15 章　原油市场风险溢价对贵金属和农产品的预测作用 …………………… 243

　　15.1　问题的提出 ………………………………………………………… 243

　　15.2　国内外研究现状 …………………………………………………… 244

　　15.3　研究方法与数据说明 ……………………………………………… 245

　　15.4　原油市场风险溢价对贵金属和农产品收益率的预测结果分析 ……… 248

　　15.5　主要结论与启示 …………………………………………………… 256

参考文献 ……………………………………………………………………………… 257

附录 …………………………………………………………………………………… 285

彩图

第1章　国际原油市场发展现状与预测研究进展

1.1　国际原油市场的复杂特征与发展态势

1.1.1　国际原油市场的复杂系统特征

原油作为重要的工业原料，其对世界经济发展具有重要作用。2021年，石油消费仍然占据全球化石能源消费的首位，为31%（BP，2022）。近年来，我国经济持续稳定增长，原油需求量不断攀升，同时造成我国原油对外依存度逐年上升（图1.1）。2017年，我国超过美国成为全球最大的原油进口国。2021年，我国原油对外依存度依然高达72%，能源安全形势不容乐观。原油需求过度依赖进口使得我国产生了巨大的外汇资金需求，同时，国际原油价格（简称油价）剧烈波动给我国原油进口成本和国内相关行业的经济效益造成了巨大不确定性。为此，国际原油资产定价与预测成为我国能源供需安全甚至经济安全的核心关注点。此外，大量研究表明，国际油价对经济发展、金融市场和地区稳定具有显著影响（Kilian

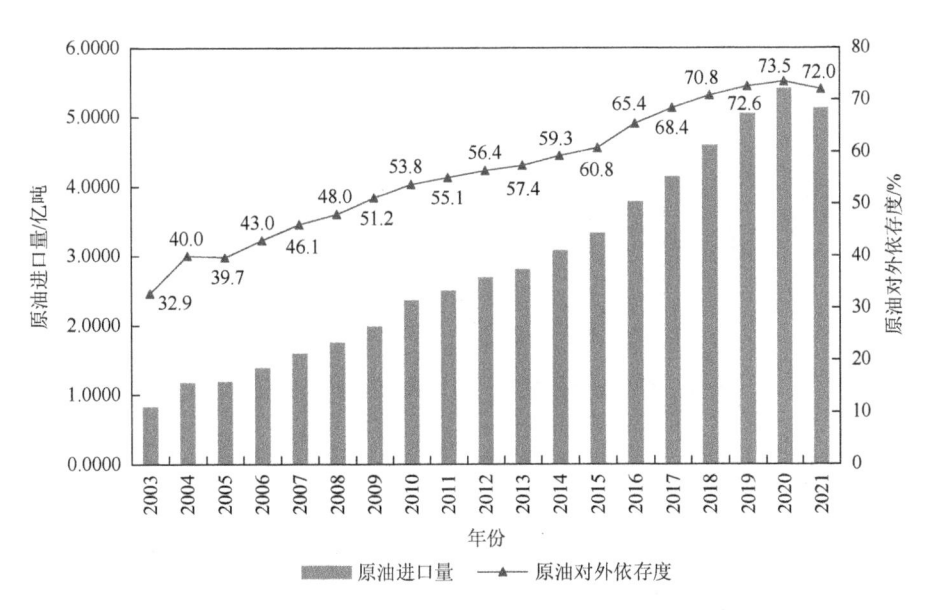

图1.1　2003~2021年我国原油进口量和对外依存度

and Vigfusson，2011；Aloui and Aïssa，2016；Krane and Medlock，2018）。政府部门、企业和投资机构等都迫切希望能够对原油进行准确定价并对其价格走势进行预测，以开展科学的政策制定、生产投资和买卖交易等，同时最大限度地规避油价波动风险。

2020 年初，突如其来的新冠肺炎疫情在全球蔓延，导致全球经济增长断崖式下滑，原油需求骤减。在此背景下召开的"维也纳联盟"关于减产问题谈判破裂，市场供需平衡被打破，市场悲观预期加大，直接导致油价暴跌。油价暴跌又导致大量卖空基金抛售，市场恐慌情绪蔓延，并引发股票市场、黄金市场动荡，进一步加剧了原油市场不确定性。根据谷歌搜索量指数（Google search volume index，GSVI），在减产问题谈判破裂之后，油价相关的关键词搜索量飙升，表示市场恐慌情绪的芝加哥期权交易所（Chicago Board Options Exchange，CBOE）的油价波动率指数也急剧上涨（图 1.2）。可见，互联网放大了网络舆情在原油市场中的"催化剂"作用，导致油价偏离基本面，极易形成泡沫和极端风险。因此，寻求合理优化投资组合的投资者和稳定原油市场运行的监管者都迫切期望掌握网络舆情对原油市场定价、预测、投资决策等方面的影响，这也成为原油市场研究的重要方向。

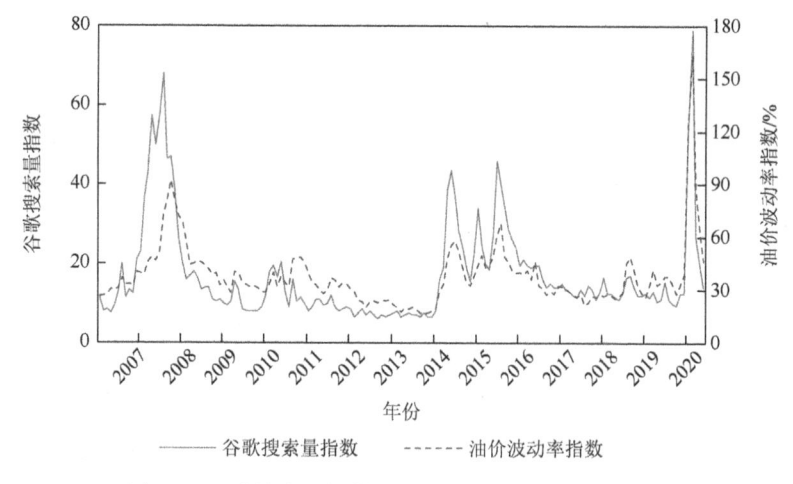

图 1.2 谷歌搜索量指数和油价波动率指数的变化趋势

原油的复杂属性决定了原油市场是一个复杂的非线性系统，其价格波动是一系列风险因素（如石油供应、石油需求、石油库存、大宗商品市场、原油期货投机、金融市场）相互交织、综合作用的结果（图 1.3）。

首先，原油作为重要的工业原料，具有一般的商品属性，其价格波动长期来看受供需基本面因素的影响。例如，2008 年全球金融危机之前，国际原油市场供需基本平衡，全球经济的繁荣发展为油价上行提供了有力支撑（Kilian，2009）。全球金融危机后，原油市场供需格局发生了深刻变化，一方面全球经济复苏缓慢，另一方面美国页岩油产量增加，原油市场供需失衡，石油输出国组织（Organization of the Petroleum Exporting Countries，OPEC）的减产措施成为2009~2014年上半年油价上涨的关键动力。同时，石油库存作为供需基本面的平衡器和调节器，不但影响原油市场供需变动，而且对市场投资者的预期产生影响，进而导致油价波动（Kilian and Murphy，2014）。

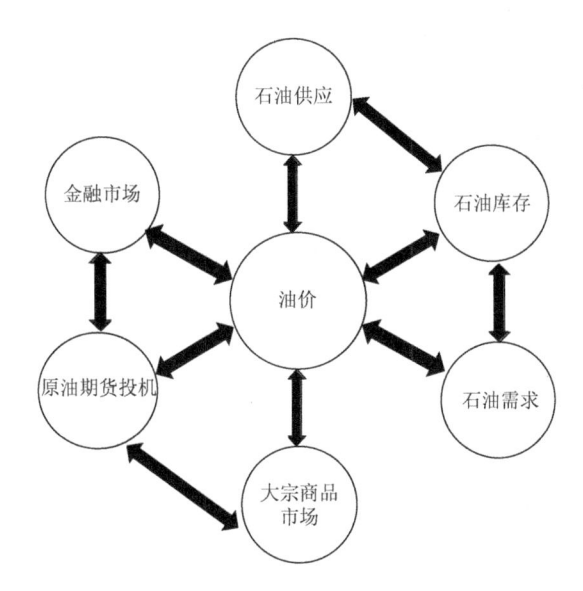

图1.3 原油市场价格形成复杂系统结构

其次，21世纪以来，随着全球金融市场不断演进，原油期货在国际大宗商品市场占据越来越突出的地位，原油的金融属性逐渐凸显。根据彭博商品指数，2020年美国西得克萨斯中间基（West Texas Intermediate，WTI）原油和布伦特（Brent）原油期货占比权重合计为15%。原油期货市场的投机基金炒作叠加其他因素往往会对油价波动起到推波助澜的作用（Zhang，2013；Juvenal and Petrella，2015）。例如，2009年5~6月，全球经济持续复苏，美国联邦储备系统（简称美联储）量化宽松导致美元弱势，加之OPEC产量保持低位，投机者对油价的看多情绪回暖，资金持续流入能源板块，油价单边上行，突破了70美元/桶，涨幅达36.5%。此外，由于原油以美元计价，美元指数的涨跌也会影响其价格。例如，2008年全球金融危机后，美国连续实施四轮量化宽松政策，超低利率导致美元贬值，对这一阶段的油价上涨形成了重要支撑。

最后，由于石油资源具有稀缺性，主要产油国长期以来对原油供应形成寡头垄断，主要产油国之间的利益博弈及地区冲突等地缘政治风险（geopolitical risk，GPR）也对油价波动产生了不可忽视的政治化影响（Brandt and Gao, 2019；Liu et al., 2019）。例如，2020年3月初，国际油价大跌，沙特阿拉伯和俄罗斯的博弈只是导火索，其背后则涉及国际能源格局变化的深层次问题。2022年2月下旬，俄乌冲突爆发，导致国际油价持续高涨，短期内突破100美元/桶，涨幅创近七年新高，且欧盟、美国对俄罗斯的多轮制裁不断冲击着全球油气供应格局。

1.1.2 国际原油市场发展现状

2008年全球金融危机后，国际原油市场进入了新的发展阶段，油价波动更加频繁（图1.4）。实际上，全球金融危机后国际政治环境波谲云诡、世界经济复苏缓慢、美国页岩油生产技术不断取得突破、中美贸易争端升级、新冠肺炎疫情蔓延全球及俄乌冲突等诸多因素导致原油市场的不确定性加大。2008年全球金融危机以来，油价经历了两轮完整周期。2009年3月~2016年1月和2016年2月~2020年4月，油价经历了两轮上升—高位震荡—下降的完整周期；2020年5月后，油价开始回升，并在40~50美元/桶的区间震荡；2022年3月，由于俄乌冲突引发的原油供给短缺预期，国际油价大幅上涨，并突破100美元/桶大关。综合分析后全球金融危机时的油价影响因素，原油供需是影响油价波动的基本因素，美元指数下跌对油价上涨形成一定支撑，地缘政治、自然灾害等重大突发事件会短期内导致油价冲高，投机基金的炒作叠加其他因素则会加剧油价波动。

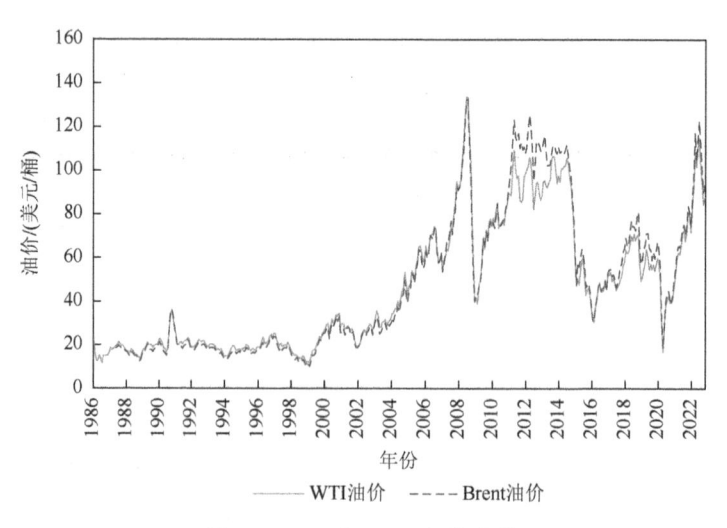

图1.4 WTI和Brent油价走势

现阶段，全球处于百年未有之大变局，一方面，受疫情冲击、季节性需求等因素影响，各国原油需求恢复节奏差异较大，短期内石油需求仍具备持续增加的动能；另一方面，俄乌冲突持续加剧、OPEC+增产乏力，全球原油供应或将面临断层风险。因此，短期内原油市场的供需紧平衡格局较难改变，油价将持续强势，年内价格延续高位。同时，由于原油的金融属性大幅弱化，原油价格面临一定下行压力。

1. 地缘政治冲突是当前国际油价上涨的主要推动力

近年来，大国地缘政治博弈趋势明显，主要围绕两方面展开：一方面是美国、欧盟和俄罗斯在欧亚地区的战略博弈。在欧亚地区，美国、欧盟和俄罗斯围绕北约东扩问题展开了激烈交锋。在当前全球石油供求总体处于紧平衡状态下，2022年2月下旬俄乌冲突爆发，欧盟、美国持续对俄罗斯石油出口实施制裁，导致国际油价进一步上涨，并随地缘政治局势变化维持高位震荡。此外，欧盟、美国对俄罗斯银行实施金融制裁，使俄罗斯在东西伯利亚地区开发石油资源更具挑战性。另一方面是美国和中国在亚太地区的战略竞争。美国和中国在亚太地区的战略竞争可能会冲击世界经济体的产业发展，影响全球原油需求，进而引发国际油价波动。

2. 疫情变化趋势及其经济破坏力是当前油价波动的重要因素

新冠肺炎疫情影响下全球原油供需失衡是助推当前国际油价上涨的重要因素。2020年5月以来，在产油国持续减产和石油消费恢复的共同影响下，全球原油供需结构逐步修复并带动油价整体回升。然而，由于生产明显滞后、疫情一再反复等不利因素，全球原油供应出现断层，全球原油市场或将面临供应短缺。例如，OPEC+决定2022年6月增产43.2万桶/日的计划由于OPEC国家自身剩余产能限制而搁置。同时，在新冠肺炎疫情冲击下，各国原油需求恢复节奏各不相同，全球出行强度持续修复，叠加季节性需求抬升，短期内需求仍具备韧性。美国能源信息署（Energy Information Administration，EIA）预计，2022年第四季度全球石油需求环比将增加61万桶/日。因此，短期内原油供需紧平衡格局不改，年内油价延续高位。

3. 多因素驱动下的油气投资不足是助推油价上涨的关键因素

自美国页岩油气革命成功后，全球资本从油气上游领域大幅撤退，导致油气开发新增产能有限，资源接续乏力。国际能源署（International Energy Agency，IEA）统计，2014~2016年，油气上游投资下降约45%。随后，全球主要国家积极推动碳中和及能源转型，但部分国家低碳转型过于激进，去煤、去化石能源的速度过快，导致油气投资及其剩余产能大幅下降，市场弹性明显不足。同时，由于当前美联储加息抑制通胀、前期刺激政策退坡等，美国经济的疲软已经初现端倪。

2022年5月，美国消费者物价指数（consumer price index，CPI）同比上升8.6%，而欧元区的通胀率为8.1%。因此，高通胀压力下消费、补库、投资均有所放缓，外部融资环境持续恶劣，进一步导致资本纷纷撤出化石行业，加剧该行业投资不足的现状，推动国际油价大幅上涨。

4. 主要经济体的经济表现与合作是影响油价未来趋势的关键因素

世界主要经济体之间已经形成稳定的产业链和价值链，彼此形成紧密的经济共生共存关系。主要经济体发展稳健，全球经济就有活力。然而，目前世界各主要经济体之间存在各种各样的矛盾。如果疫情蔓延导致全球经济快速衰退，或对俄能源出口进行限制的不当举措引发市场恐慌情绪，均可能引发第四次能源危机。因此，主要经济体还需强化合作、淡化分歧，携手应对共同的挑战，否则将别无他途。只要世界主要经济体经济表现良好，就会有力支撑国际油价回落。

1.1.3 国际原油市场长期变化趋势

从国际油价的未来长期变化趋势看，在全球应对气候变化背景下，各国向低碳绿色能源转型的进程明显加速，"跨越石油时代"是中国能源转型的必由之路。从供需角度来看，随着页岩油等非常规油气资源的开采增加和技术进步，未来原油将供应充足，全球石油消费保持平稳状态，且消费峰值即将来临。因此综合来看，未来支撑油价持续上涨的动力不足，长期油价将有所回落。

1. 绿色低碳发展进程成为国际油价长期上涨的制约条件

为了应对气候变化和提升环境治理能力，绿色低碳转型已经成为全球各国的重要战略选择。能源系统脱碳转型是促进全球绿色低碳转型的关键所在，而能源系统脱碳转型的核心是能源结构优化和调整，即逐步提高非化石能源占一次能源的比例，降低石油等化石能源占一次能源的比例。整个能源系统脱碳转型过程客观上存在一种隐性的石油替代边际价格，也就是其他替代能源的边际成本。从理论上讲，只有替代能源的边际成本低于石油替代边际价格，替代能源才能在经济上可行。随着非化石能源开发、利用技术的进步，以及规模化效应的增加，其边际成本正在逐年下降，进而压缩油价的上涨空间。

2. 全球石油消费峰值即将到来，原油市场供小于求的局势将逐渐扭转

从供给侧来看，非常规石油资源潜力巨大、技术进步显著、生产能力持续增加，虽然非OPEC产油国增产潜力有限，但OPEC产油国尚有较大增产能力，总体上不存在持续产能不足的问题。从需求侧来看，主要发达国家需求增长基本保

持平稳状态，新兴市场国家需求总体上稳步增长，其中，中国需求增长将逐渐放慢，预计今后几年全球石油消费将达到峰值。因此，未来全球石油供需关系将处于供大于求的局面，长期来看，油价将有望回落至低位。

1.2 原油市场定价机制的研究进展

原油是重要的战略资源，其价格变动会影响全球经济增长、金融市场和国家安全（Hamilton，1983；Barsky and Kilian，2004）。作为一种重要的能源产品，原油具有一般的商品属性，其价格受到供需基本面因素的影响（Zhang et al.，2015，2017a）。同时，作为一种重要的战略资源和金融产品，原油具有显著的政治和金融属性，其价格变化受到多种非基本面因素（市场不确定性、投资者情绪和关注、市场投机等）的显著影响。非基本面因素往往使原油市场投资者出现心理和情绪变化，从而影响投资者买卖决策，进一步促使油价背离基本面价值（Zhang Y J and Zhang L，2015；Zhang and Yao，2016；Narayan S and Narayan P K，2017），这使得原油市场成为一个典型的复杂系统。因此，把握原油定价机制成为政策制定者和市场参与者等相关主体调整战略决策、进行风险管理的重要依据。随着计算机技术的发展以及数据可得性的提高，探究市场不确定性、投资者情绪、投资者关注和投机指数等新型非基本面因素对原油定价机制的影响成为热点研究话题，且大量实证研究证实这些因素对油价具有重要影响和预测作用。

首先，在当今国际经济政治环境日益复杂的背景下，EPU、GPR、股票市场波动率（equity market volatility，EMV）等多种不确定性因素都被证实对油价变化产生重要影响（Wu and Zhang，2014；Liu et al.，2019；Zhang and Lin，2019）。基于相关新闻数据构建的各种不确定性指数较为准确地度量了原油市场面临的各种不确定性风险，被广泛应用于实证研究中。例如，Zhang 和 Yan（2020）测度了不同时间-频率领域多种类型的美国 EPU 与油价收益率之间的溢出效应，发现美国 EPU 和 WTI 油价收益率间存在负向关系，即美国 EPU 的增加会引发市场关于全球经济增长的担忧，从而引起油价收益率下降。Ma 等（2018）研究发现加入 EPU 变量有助于提高已实现波动率异质自回归（heterogeneous autoregressive-realized volatility，HAR-RV）族模型对油价波动率的预测性能。Li 等（2020）综合运用多种不确定性指数，包括全球 EPU、GPR、美国 EPU 和货币政策不确定性以及美国 EMV 指数，探究各种不确定性指数对提高油价波动率预测性能的作用，发现各种不确定性指数对油价波动率均存在显著影响，其中与美国相关的不确定性指数对油价波动率的预测作用最大。Dutta 等（2021）基于分位数回归分析发现，基于美国股票市场新闻数据构建的 EMV 指数在原油市场高波动率时期对油价波动率的影响显著，在原油市场低波动率时期对油价波动率的影响不显著；而且

EMV 对油价波动率的预测作用好于 EPU、GPR 以及隐含波动率指数（implied volatility index）。此外，GPR 也对短期内油价波动率具有显著影响（Brandt and Gao，2019；Mei et al.，2020），且考虑 GPR 能够提高模型对油价波动率的预测性能（Liu et al.，2019）。

其次，随着行为金融学理论的发展，投资者情绪和投资者关注成为资产定价研究的重要变量。投资者情绪反映了市场参与者对资产价格未来走势的看法和预期；投资者关注反映了市场参与者对某种信息的关注程度。近年来，已有不少研究表明投资者情绪和关注确实对国际油价产生了重要影响和预测作用（He and Casey，2015；Yao et al.，2017；Maghyereh et al.，2020；Li et al.，2021）。例如，Du 和 Zhao（2017）探究了投资者情绪对 2003~2008 年油价的影响。结果表明投资者情绪在短期内对油价的影响为正，在长期内对油价的影响为负，即短期内油价对市场情绪存在过度反应，造成油价偏离均衡，但是长期来看这种资产价格偏误会被校正。Qadan 和 Nama（2018）考虑了多种情绪变量，发现它们对国际油价及其波动率存在显著影响，且这种影响在 2000 年之后（原油期货成为重要大宗商品，金融属性凸显）更加显著。He 等（2019）发现油价与投资者情绪之间存在双向非线性格兰杰因果关系，且影响随时间变化。其中，投资者情绪在 2000 年之后对油价影响更大。Deeney 等（2015）运用主成分分析（principal component analysis，PCA）方法对多个原油市场情绪代理变量进行合成，构建投资者情绪，发现投资者情绪对同期油价具有正向预测性。Elshendy 等（2018）基于四种信息来源（推特、谷歌趋势、维基百科和 GDELT（Global Data base of Events，Language，and Tone）新闻数据库）的媒体数据探究了投资者情绪对油价的预测作用，结果表明基于多种信息来源的投资者情绪对油价的预测结果好于仅依赖单一信息来源的预测结果。Yao 等（2017）研究发现基于网络搜索数量构建的原油市场投资者关注对 WTI 油价造成负向冲击，对长期油价波动率的贡献度达到 15%。此外，原油市场投资者关注对油价具有显著预测能力（Han et al.，2017；Yao et al.，2017）。同时，原油市场投资者关注对美国股票市场溢价具有正向预测作用，并且能够对资产配置收益产生正向作用（Yin and Feng，2019）。

最后，原油市场金融化程度的不断加深导致市场投机活动对油价波动的影响愈加深刻。其中，对冲基金是原油期货市场中最主要的投机性持仓，其在油价大幅波动中具有推波助澜的重要作用。例如，Buyuksahin 和 Harris（2011）发现在 2008 年 7 月油价大跌前，油价持续上涨吸引对冲基金投机者大量进入市场，助推油价进一步上涨。Singleton（2014）研究表明，原油市场对冲基金的增加对 2008 年全球金融危机前的油价高涨存在显著正向关系。Ji 等（2019）基于网络连通度分析发现对冲基金对油价变动的贡献度最大，高于生产商、互换交易商及其他类型的原油期货持仓。同样地，Zhang 和 Wu（2019）基于多种线性和非线性因果关系检验方法，发现对冲基金的大量增加引发油价泡沫，对 2008 年全球金融危机期间的油价暴跌具有显著影响，而 2014 年的油价下跌过程则主要由供需基本面失衡引起。以上研究结果表明，对冲基金投机者大量涌入市场对 2008 年的油价大涨具有重要推动作用，此过程中油价泡沫不断累积，全球金融危机的爆发引发泡沫破灭，油价大跌。

1.3 国际原油市场的预测研究进展

原油作为重要的工业原料、金融产品和战略储备物资，其价格波动牵动政府部门、企业以及投资者的神经。油价波动的影响因素错综复杂，且其波动的非线性、不确定性、动态性特征显著，因此，如何科学准确地对油价变化、波动率和风险价值进行预测是近 20 年来的研究热点。尤其是 2008 年全球金融危机以来，国际油价波动更加频繁，迫切需要开发出能够精确预测油价走势的模型。

现有研究关于油价预测的方法层出不穷，归结起来主要有两大类：一类是以普通最小二乘（ordinary least square，OLS）回归、随机游走（random walk，RW）、不变（no-change）、自回归（autoregressive，AR）、自回归整合移动平均（autoregressive integrated moving average，ARIMA）、向量自回归（vector autoregression，VAR）、向量误差修正模型（vector error correct model，VECM）等为代表的传统计量方法及其衍生预测模型；另一类是以人工神经网络（artificial neural network，ANN）、支持向量机（support vector machine，SVM）、最小二乘支持向量回归（least squares support vector regression，LSSVR）、遗传算法（genetic algorithm，GA）、小波分析（wavelet analysis，WA）等为代表的机器学习方法及其拓展模型。

两类预测方法的主要区别在于：计量方法依据经济理论构建确定的估计方程，然后根据样本内参数估计进行样本外预测；机器学习方法直接对输入的样本数据进行不断学习和训练进而得到预测结果。两类方法各有优劣，计量方法可以有效识别影响油价的因素，所得预测结果可解释性更强；但是，由于模型设定形式的局限性及可能存在的设定偏误，其相比机器学习方法难以刻画油价波动的各种复杂非线性特征。机器学习方法基于先进的人工智能算法，能够对油价序列的历史值进行反复学习和模拟训练，模型预测精度更高；但该类模型所得预测结果的可解释性较差，即仅通过对历史数据进行"黑箱"训练就得到预测结果令人难以信服，且机器学习方法容易陷入过度拟合和局部最优的陷阱。

针对计量方法和机器学习方法各自的优劣，近几年的研究逐渐开始结合计量方法和机器学习方法进行混合预测，以发掘各类方法的优势。事实上，对多种模型的预测结果进行组合往往可以获得比单一模型更好的预测效果。国际油价主要的预测方法总结如表 1.1 所示。

表 1.1 国际油价的主要预测方法总结

类别	方法	典型文献	主要发现
计量方法	ARIMA、RW、no-change	Alquist 和 Kilian（2010）	通常作为基准模型，且其预测性很难被其他模型超越
	VAR、VECM	Coppola（2008）；Murat 和 Tokat（2009）	考虑协整关系的 VECM 预测准确性相比 RW 模型更高
	组合预测	Baumeister 和 Kilian（2015）；Naser（2016）；Wang 等（2017）；Zhang 等（2018b）	组合预测较单一模型的预测效果更好
	收缩预测	Zhang 等（2019a，2019b）；Hao 等（2020）	收缩预测结果优于单一模型和组合预测的结果
	混频预测	Baumeister 等（2015）；Zhang 和 Wang（2019）	混频预测效果优于同频预测
	GARCH 族模型、MSM 模型	Kang 等（2009）；Wei 等（2010）；Wang 等（2016a）；Klein 和 Walther（2016）	（1）尚未有预测效果绝对最优的单一机制 GARCH 族模型；（2）考虑机制转换的 GARCH 族模型预测效果并不一定优于单一机制 GARCH 族模型；（3）MSM 模型的预测效果优于传统的 GARCH 族模型
	HAR-RV 族模型	Sévi（2014）；Wen 等（2016）；Ma 等（2017）；Degiannakis 和 Filis（2018）；Chen 等（2020）；Luo 等（2020）	（1）考虑高频数据的 HAR-RV 族模型预测效果优于 GARCH 族模型；（2）考虑结构突变和机制转换的 HAR-RV 族模型预测效果优于普通的 HAR-RV 族模型；（3）基于收缩方法的 HAR-RV 族模型预测效果优于单一和组合预测的 HAR-RV 族模型
机器学习方法	传统的 ANN、SVM	Kaboudan（2001）；Mirmirani 和 Li（2004）；Xie 等（2006）；Moshiri 和 Foroutan（2006）	ANN 和 SVM 的预测效果优于 ARIMA、VAR 和 GARCH 族模型
	分解集成	Yu 等（2008，2021）；Tang 等（2015，2018）；Bisoi 等（2019）	（1）分解集成方法的预测效果显著优于单一的神经网络模型；（2）将 EEMD 等分解方法和基于 RVFL 算法的神经网络模型结合所得预测效果在机器学习领域是最好的
	深度学习	Chen 等（2017）；Zhao 等（2017）；Wu 等（2019）	（1）深度学习方法能够提高传统神经网络模型的预测精度；（2）将分解集成方法和深度学习方法结合，其预测效果优于基于传统神经网络模型的分解集成预测结果
混合方法	综合计量方法和机器学习方法	Ou 和 Wang（2011）；Bildirici 和 Ersin（2013）；Zhang 等（2015）；Safari 和 Davallou（2018）；Abdollahi 和 Ebrahimi（2020）	将计量方法和机器学习方法结合使用，可以提高油价收益率或波动率的预测精度

注：GARCH 族模型指广义自回归条件异方差（generalized autoregressive conditional heteroscedasticity）模型；MSM 模型指马尔可夫转换多重分形（Markov switching multifractal）模型；EEMD 指集成经验模态分解（ensemble empirical mode decomposition）；RVFL 指随机向量函数链（random vector functional link）

1.3.1 基于计量方法的国际油价预测研究

1. 油价收益率预测方法

早期基于计量方法的油价预测研究主要运用简单的 ARIMA、VAR 和 VECM，且着重探究油价的有效预测变量。例如，Ye 等（2005，2006）利用 OLS 回归预测油价，证实了经济合作与发展组织（Organization for Economic Co-operation and Development，OECD）石油库存对油价预测的作用。Coppola（2008）利用 VECM 考察了原油期货价格对原油现货价格的长期均衡关系，发现原油期货市场的信息可以解释部分油价的变化。Murat 和 Tokat（2009）同样基于 VECM，发现原油与石油产品的基差对原油现货价格具有短期和长期影响，而且利用基差变量所得油价预测结果优于基准的 RW 模型。

在随后的研究中，学者提出各种策略以提高计量方法对油价变化的预测能力，如运用实时数据（real-time data）、对参数估计施加约束、对估计结果进行组合加权以及连续筛选预测变量等。例如，Baumeister 和 Kilian（2012）提出利用实时数据预测油价，发现运用实时数据可以提高 VAR 等计量方法对美国炼油商的进口收购成本的预测性能，其预测精度和预测方向成功率不仅高于基准的 RW 模型，而且高于 AR 和 ARIMA 模型。Wang 等（2015）提出对参数估计施加经济和统计意义层面的约束来预测油价，发现通过舍弃参数估计符号与其经济意义不符以及样本内统计不显著的变量，可以提高 OLS 回归的预测精度。Yi 等（2018）通过对预测变量、系数符号和回归结果施加组合约束，发现相比单一约束，组合约束可以显著提高油价预测精度。

考虑模型设定的不确定性，单一模型的预测效果可能不会一直表现很好，Baumeister 和 Kilian（2015）提出组合预测的思想来预测油价收益率。组合预测是将单一模型的预测结果基于不同权重进行加权组合，结果表明组合预测确实可以提高油价的样本外预测精度。在 Baumeister 和 Kilian（2015）的基础上，Wang 等（2017）提出运用时变参数的 OLS 回归对油价收益率进行预测，然后采用多种权重估计方法即时变参数-预测组合（time-varying parameter-forecast combinations，TVP-FC）方法对单一模型的预测结果进行加权平均，结果发现 TVP-FC 方法的预测结果不仅好于单一模型的预测结果，而且优于基于固定系数模型的预测结果。Zhang 等（2018b）采用一种新的组合预测方法即迭代组合方法预测油价收益率，发现新的组合预测方法好于传统的组合预测方法。其他组合预测方法还包括动态模型平均（dynamic model average，DMA）方法等（Naser，2016；Drachal，2016）。

与组合预测方法不同，收缩预测方法通过对影响油价的驱动因素进行动态筛选，剔除冗余变量，有效识别出最主要的预测变量，从而提高对油价的预测精度。例如，Ma 等（2018）广泛运用多种预测指标，包括宏观经济变量、技术变量和情绪类变量，并运用收缩预测方法，即最小绝对收缩和选择算子（least absolute shrinkage and selection operator，LASSO）回归，以及组合预测方法（DMA 方法和时变加权组合方法）预测油价收益率，结果表明 LASSO 回归的预测效果相对更优。Zhang 等（2019a）对比 LASSO 回归、弹性网络和其他竞争模型的预测结果，证实了收缩预测方法的优越性。Hao 等（2020）采用基于胡贝尔（Huber）损失函数的收缩预测方法预测油价收益率，结果表明该方法所得预测结果不仅优于基于 OLS 回归的单一模型和组合模型预测结果，也优于原始收缩预测方法所得预测结果。

鉴于预测变量数据频率的差异性，有学者发现高频数据能够提高对低频油价的预测精度。例如，Baumeister 等（2015）基于周度和日度的金融数据，利用混频抽样（mixed-data sampling，MIDAS）模型和混频 VAR（mixed-frequency VAR，MF-VAR）模型预测月度 WTI 油价，结果表明高频金融数据的确有利于提高模型预测精度。Zhang 和 Wang（2019）综合运用 MIDAS 模型、自回归分布滞后 MIDAS（auto-regressive distributed lag MIDAS，ADL-MIDAS）模型和 MF-VAR 模型，结果表明 ADL-MIDAS 模型的预测效果最好，其次是 MIDAS 模型，MF-VAR 模型的表现不如前两者。

2. 油价波动率预测方法

油价波动率对于计算风险价值和投资者进行风险管理具有重要意义，因此有大量研究聚焦油价波动率预测。GARCH 族模型由于能够捕获油价变化的长短期记忆（long short term memory，LSTM）特征而被广泛运用并不断改进。

从现有研究成果来看，尚未有预测效果绝对最优的单一机制 GARCH 族模型。Morana（2001）首次尝试将 GARCH 族模型用于预测 Brent 油价波动率，证实了该方法对油价波动率的可预测性。Cheong（2009）发现捕获短记忆特征的 GARCH 模型在预测 Brent 油价波动率方面具有良好性能，而能够捕获长记忆特征的分数单整 GARCH（fractionally integrated GARCH，FIGARCH）模型和分数单整非对称幂 GARCH（fractionally integrated asymmetric power GARCH，FIAPGARCH）模型对 WTI 油价波动率的预测效果更好。Kang 等（2009）发现 FIGARCH 模型对 Brent 油价波动率的样本外预测效果更好，能够同时捕获 LSTM 特征的成分 GARCH（component GARCH，CGARCH）模型对 WTI 油价波动率的预测性能更好。Wei 等（2010）纳入八种线性和非线性 GARCH 族模型对 WTI 油价波动率进行预测，发现非线性 GARCH 族模型的长期预测精度高于线性 GARCH 族模型。

相比单一状态 GARCH 族模型，马尔可夫机制转换 GARCH（Markov regime

switching GARCH，MRS-GARCH）模型由于能够捕获油价波动的不同状态而被广泛应用。例如，Fong 和 See（2002）采用马尔可夫过程刻画油价波动的机制转换特征，结果表明 MRS-GARCH 模型的预测效果显著优于单一状态 GARCH 族模型。Xu 和 Ouenniche（2012）的研究也表明考虑机制转换特征的指数（exponential）GARCH（MRS-EGARCH）模型对油价收益率、波动率和风险价值的样本外预测误差均小于一般的 EGARCH 族模型。Klein 和 Walther（2016）采用混合记忆 GARCH（mixture memory GARCH，MM-GARCH）模型刻画油价波动的状态，发现 MM-GARCH 模型的预测能力好于单一机制 GARCH 族模型。Lin 等（2020）采用隐马尔可夫 GARCH（hidden Markov GARCH，HM-GARCH）模型预测油价波动率，发现该模型预测效果好于单一机制 GARCH 族模型和 MRS-GARCH 模型。Zhang 等（2019b）研究发现，考虑机制转换的 GARCH 族模型（包括 MRS-GARCH 模型和 MM-GARCH 模型）的样本内拟合效果虽然很好，但其样本外预测效果并不优于单一机制 GARCH 族模型。综上所述，大量相关研究并没有对 GARCH 族模型的预测效果最好达成一致结论，这可能与样本区间、预测长度、参数设置等问题有关。另外，还有学者发现 MSM 模型对油价波动率的预测效果优于传统的 GARCH 族模型（Wang et al.，2016a；Lux et al.，2016）。

上述研究中的 GARCH 族模型往往基于日度数据，且以收益率的平方表示波动率，难以体现更高频的交易数据信息。自从 HAR-RV 族模型被提出以来（Corsi，2009），分钟高频数据在能源金融市场的研究中得到广泛应用，且大量研究表明利用高频数据构造的低频已实现波动率能够捕获油价波动的长记忆性，所得油价波动率预测结果精度往往更高。Liu 和 Wan（2012）使用日内分钟高频数据构造已实现波动率预测上海燃料油期货价格波动率，结果表明基于能够表征长记忆性和波动持续性的自回归分数单整移动平均（autoregressive fractionally integrated moving average，ARFIMA）模型对已实现波动率的预测精度远高于 Wei 等（2010）采用的 GARCH 族模型。此后，HAR-RV 族模型被广泛应用并得到持续改进，且研究结果大多表明考虑日内高频数据信息能够提高对油价波动率的预测精度。

例如，Wen 等（2016）将结构突变引入 HAR-RV 族模型预测原油期货的已实现波动率，发现引入结构突变的 HAR-RV 族模型预测效果较简单 HAR-RV 族模型预测效果更好。其中，考虑连续样本路径方差和离散跳跃方差的异质自回归（HAR continuous sample path variation-discontinuous jump variation，HAR-CJ）模型在预测未来一天和一个月油价波动率时效果最好，引入正负已实现半方差的异质自回归（HAR positive and negative realized semivariance，HAR-RSV）模型对未来一周油价波动率的预测效果最好。Ma 等（2017）将油价波动的机制转换特征引入 HAR-RV 族模型，发现相比单一机制 HAR-RV 族模型，MRS-HAR-RV 族模型的样本外预测精度更高。Zhang 等（2019c）将收缩预测和组合预测方法引入 HAR-RV

族模型，对油价波动率进行预测，发现基于两种收缩方法（弹性网络和 LASSO 回归）所得的样本外预测结果不仅好于单一机制 HAR-RV 族模型，而且好于基于组合预测方法的 HAR-RV 族模型。Chen 等（2020）将 HAR-RV 族模型与 FIGARCH 模型相结合，结果表明相较线性 HAR-RV 族模型，考虑油价波动的自回归条件异方差（autoregressive conditional heteroscedasticity，ARCH）效应的 HAR-RV 族模型预测精度更高。Luo 等（2020）将无限状态的隐马尔可夫（infinite hidden Markov，IHM）模型引入 HAR-RV 族模型，发现 IHM-HAR-RV 模型的预测效果好于没有考虑机制转换的 HAR-RV 族模型。

另外，还有学者考察了非基本面变量对 HAR-RV 族模型预测油价波动率的影响，如投资者情绪、原油市场隐含波动率指数、股票市场和其他期货市场的已实现波动率（Gong and Lin，2018；Yang et al.，2019；Luo et al.，2020）。但是，也有部分学者发现 HAR-RV 族模型的样本外预测精度并不比低频 GARCH 族模型更好。例如，Sévi（2014）利用 HAR-RV 族模型预测 WTI 原油期货的已实现波动率，发现考虑跳点和半方差的 HAR-RV 族模型的样本内拟合精度有所提高，但对提高样本外预测精度无益。

1.3.2 基于机器学习方法的国际油价预测研究

机器学习是预测国际油价的另一类重要方法，且各种前沿算法被不断用于油价预测，使得预测结果精度持续提高。早期相关研究主要利用 ANN 或 SVM 方法预测油价，研究结果发现这类非线性模型的预测性能往往好于传统的线性模型（ARIMA、VAR 模型等）。

在利用传统的机器学习方法预测油价方面，Kaboudan（2001）使用 GA 和 ANN 模型预测油价，发现 GA 模型相比 RW 模型可以获得更好的预测结果，而 ANN 模型的预测结果不如 RW 模型。Mirmirani 和 Li（2004）将基于 GA 的反向传播神经网络（back-propagation neural network，BPNN）模型和 VAR 模型所得油价的预测结果进行对比，发现前者的预测结果显著好于后者。Wang 等（2005）提出了一种改进的混合人工智能系统框架，即将 ANN、基于规则的专家系统和基于网页的文本挖掘技术相结合，发现该方法能够显著提高油价预测精度。Xie 等（2006）使用 SVM 模型预测油价，发现该模型的预测性能优于 ARIMA 和 BPNN 模型。

1. 分解集成方法

基于 Wang 等（2005）提出的 TEI@I 预测思想，即把文本挖掘（text mining）、计量（econometrics）和智能（intelligence）方法进行融合（integration）运用，Zhang

等（2008a）将 EEMD 技术用于分解具有非线性和非稳定特征的油价序列。自此，分解集成方法被广泛应用于油价预测领域，且获得了良好的预测效果。常见的分解方法包括经验模态分解（empirical mode decomposition，EMD）、EEMD、WA、奇异谱分析（singular spectrum analysis，SSA）、变分模态分解（variational mode decomposition，VMD）等。针对 EMD 和 EEMD 方法在恢复信号的过程中引入新的噪声和模态混合等问题，VMD 方法对其进行改进并被广泛应用。

已有研究表明，结合分解方法和 ANN 或 SVM 模型确实可提高单一机器学习方法的预测精度。例如，Yu 等（2008）首先利用 EMD 方法将油价序列分解为若干固有模态函数（intrinsic mode functions，IMF），然后利用前馈神经网络模型分别对 IMF 进行预测，最后应用自适应线性神经网络模型集成多个 IMF 的预测结果，证实了分解集成方法的预测性能优于单一的神经网络模型。类似地，杨云飞等（2010）结合 EMD 和 SVM 模型对油价进行预测。Wang 和 Li（2018）将 SSA 和 BPNN 模型结合预测大宗商品价格（包括油价），证实了该混合模型的预测优越性。Jammazi 和 Aloui（2012）将 WA 技术和多层 BPNN 模型结合，结果表明该方法的预测性能好于单一的 BPNN 模型。

近几年的相关研究中，预测效果更好的机器学习方法或更优的预测策略被应用于分解集成预测研究中。例如，Tang 等（2015）首先运用互补 EEMD（complementary EEMD）方法分解油价序列，然后运用扩展的极限学习机（extended extreme learning machine，EELM）预测各 IMF，最后将各子序列预测结果相加得到最终的预测值，该模型可以有效提高油价的预测精度，且 EELM 的预测效果好于其他神经网络模型。Wang 等（2018a）分别将 EMD、VMD、WA、SSA 四种分解方法与 AR、ARIMA、ANN 和 SVM 模型相结合，共得到 16 种组合预测模型，结果表明组合预测模型较单一模型能够大幅降低预测误差。Tang 等（2018）将 EEMD 方法和基于 RVFL 算法的神经网络模型应用于油价预测，结果表明 EEMD-RVFL 模型的预测精度不仅高于单一的 ELM、核岭回归、随机森林、BPNN、LSSVR、ARIMA 模型，而且好于 EEMD 和这些模型的组合预测结果。Bisoi 等（2019）将 VMD 方法与 RVFL 神经网络模型相结合，证实了该模型的代码执行时间和预测误差均小于 VMD 和 BPNN、ARIMA、LSSVR、自适应神经模糊推理系统（adaptive neuro-fuzzy inference system，ANFIS）、区间二型模糊神经网络和递归神经网络（recurrent neural network，RNN）的组合。Yu 等（2021）从集成策略的多样性角度综合分析了样本数量多样性、抽样区间多样性、参数多样性、集成数量多样性和集成方法多样性这五种策略下 RVFL 神经网络模型集成学习性能对预测油价的影响。结果表明，谨慎选择策略可以提高集成学习模型的精度。此外，在样本数量相同的情况下，多阶段非线性 RVFL 神经网络模型始终优于单一的 RVFL 神经网络模型。以上结果表明，现阶段研究中将分解学习算法和 RVFL 神经网络模型相结合，可以实现对国际油价更加精确的预测。唐振鹏等（2021）将 VMD 及其残差项（residual，RES）与 EEMD 技术二次融合，结合差分进化（differential evolution，DE）算法优化后的极限学习机（extreme learning machine，ELM），提出对油价的 VMD-RES-EEMD-DE-ELM 混合多步预测模型，实证结果表明，与其他基准模型相比，该混合多步预测模型有效且稳健。

2. 深度学习预测方法

深度学习是机器学习研究的一个新领域，其能够通过构建包含很多隐含层的机器学习方法对海量数据进行训练，表征数据分布特征，从而提升对复杂文本、声音、图像等数据的分类或预测的准确性。目前原油市场预测中常用的深度学习模型包括 LSTM 网络、门控循环单元（gated recurrent units，GRU）、卷积神经网络（convolutional neural networks，CNN）、深度置信网络（deep belief networks，DBN）和去噪自编码机（denoising autoencoders，DAE）。其中，LSTM 网络是一种改进的 RNN 模型，其通过引入门单元能够学习时间序列的长期依赖信息，对于具有显著序列相关性的经济金融数据具有较强预测优势。GRU 和 LSTM 网络的结构类似，也包括门单元，但是 GRU 设置的门单元数量少、模型训练所需参数少、训练难度较小且易收敛。

近年来，深度学习逐渐被应用于原油市场研究，且部分研究表明深度学习模型在原油市场预测中能够获得更优的结果。例如，Chen 等（2017）将 DBN 和 LSTM 网络与线性模型（RW、ARIMA）相结合，结果发现深度学习模型有助于提高原始模型对油价的预测精度。Zhao 等（2017）将堆叠去噪自编码机（stacked denoising autoencoders，SDAE）用于刻画油价与其影响因素间的非线性复杂关系，并运用自助聚合算法训练样本抽样以提高 SDAE 模型的预测精度，结果表明该方法可以大幅提高对油价预测的准确性。Wu 等（2019）将 EEMD 和 LSTM 网络相结合预测国际油价，发现该方法的预测表现优于 EEMD 和 ELM、LSSVR、ANN、ARIMA 结合的预测结果。Huang 和 Deng（2021）将改进的信号-能量（improved signal energy，ISE）规则用于 VMD 方法的参数选择，然后运用移动窗口（moving window，MW）策略作为 VMD 的补充，提出了 VMD-LSTM-MW 预测方法对油价进行日度和月度预测，实证结果证实了该方法的优越性。Wang B 和 Wang J（2021）基于随机遗传公式（random inheritance formula，RIF）和双向门控循环单元（bidirectional GRU，BiGRU），提出 RIF-BiGRU 模型预测国际油价，并将预测结果和 SVM、LSTM 网络、GRU 以及 RIF-GRU 模型作比较，结果表明 RIF-BiGRU 模型的预测精度高于其他模型。Li 等（2021）基于文本数据构建了投资者情绪指数，首先运用 VMD 模型分解油价序列，然后运用双向 LSTM（bidirectional LSTM，

BiLSTM）网络模型对油价收益率和波动率进行预测，结果证实 VMD-BiLSTM 网络模型相比其他竞争模型具有优越的预测性能。

基于卷积核和反向传播过程，CNN 在文本数据特征提取和情感分类方面具有巨大优势。例如，Li 等（2019a）首先采用 CNN 方法对原油市场相关新闻进行特征提取，然后基于潜在狄利克雷分布主题模型对情感特征进行聚合从而构建投资者情绪指数，实证结果表明，采用 CNN 方法构建投资者情绪指数对提高油价预测结果有显著作用。Wu 等（2021）首先运用 CNN 方法提取原油市场新闻的特征信息，然后利用 VMD 方法剔除新闻数据中的无用信息，进而构建基于文本数据的原油市场投资者情绪指标，最后运用多种模型（如多元线性回归、BPNN、SVM、RNN、LSTM 网络和 GRU）预测油价，证实了新闻数据对预测油价的重要作用。

1.3.3　基于混合方法的国际油价预测研究

现有多数研究主要基于单一的计量方法或机器学习方法预测油价收益率或波动率，实际上将两类预测方法相结合往往可以获得更好的预测结果。

例如，Ou 和 Wang（2011）认为神经网络能够克服传统计量方法在参数估计中由各种先验假设所导致的估计偏误，由此构建了 GARCH-ANN 模型，结果表明该模型在各种参数设定中的预测结果均显著优于单一机制 GARCH 族模型。Bildirici 和 Ersin（2013）分别运用平滑转换自回归（smooth transition autoregressive，STAR）和多层感知机（multi-layer perceptron，MLP）神经网络刻画 GARCH 族模型条件均值和条件方差的非线性，发现新方法的样本外预测结果远好于原始的 GARCH 族模型。Zhang 等（2015）首先运用 EEMD 方法分解油价序列，然后分别用 GARCH 族模型和基于粒子群优化的最小二乘支持向量机（least squares support vector machine，LSSVM）模型刻画油价波动率序列的时变性和非线性特征，最后合成各 IMF 序列的预测结果。结果证实，混合预测方法的表现远好于其他竞争模型。Safari 和 Davallou（2018）分别运用线性模型（指数平滑法和 ARIMA）以及非线性模型（非线性自回归神经网络）预测油价，并根据卡尔曼滤波算法和状态空间模型计算出时变组合权重，发现基于该时变权重所得的预测结果好于基于等权重、GA 的预测效果。Zhang Y J 和 Zhang J L（2018）首先运用隐马尔可夫模型识别油价波动的不同状态，然后分别采用 EGARCH 和 LSSVM 预测油价波动率和残差序列，并运用误差修正模型（error correct model，ECM）不断修正预测结果，最终的预测结果表明新的混合模型预测性能较其他相关模型更优。Abdollahi 和 Ebrahimi（2020）分别利用 ANFIS、ARFIMA 和马尔可夫机制转换（Markov regime switching，MRS）模型预测油价，基于不同权重得到各模型的加权平均预测结果，并运用 GA 对各模型预测结果进行加权，所得的最终结果显著好于基于等权重和预测误差最小加权的方法。

1.4 国际油价预测研究评述与展望

1.4.1 研究评述

通过对油价预测领域的相关文献进行系统总结和梳理，发现国内外学者主要基于计量和机器学习方法进行国际油价预测研究，也有部分研究将计量和机器学习方法相结合，以提取油价序列的复杂变化特征，获得更为精确的预测结果。根据已有研究，本书认为油价预测领域还存在一些亟待研究的问题。

（1）缺乏对超高频数据预测作用的研究。随着金融市场的快速发展，交易频率明显提高，借助现代金融信息技术，可以收集时间间隔很小的高频交易数据，如每一分钟交易数据，甚至每一笔交易数据。相比日度数据，高频数据包含更多的交易信息，研究者可以在更高的数据频率下探究资产价格变化规律，研究其对资产价格的预测作用。然而，目前较少有研究涉及高频交易数据对油价的预测作用。虽然 HAR-RV 族模型运用高频分钟数据，但经过线性变化其高频数据信息仍被包含在低频变量内，估计模型仍采用日度数据进行预测。因此，有必要探索适合高频数据估计的模型方法。

（2）缺乏对油价区间预测和概率密度预测开展研究。区间预测和概率密度预测均属于不确定预测，即给出未来资产价格的变化范围和出现某个预测值的概率。然而，现有油价预测研究多为点预测，即预测未来时刻油价的期望值，缺乏对区间和概率密度预测的研究。实际上，把握油价的精确变化几乎是不可能的，虽然各种前沿计量和机器学习方法能够在很高的预测精度下给出油价变化的确切值，但是政策制定者和市场参与者可能更关注价格的变化区间或未来资产价格以多大概率上涨或下跌。因此，有必要深入对油价区间和概率密度预测的研究。

（3）对计量与机器学习方法的结合探索不足。目前针对油价预测领域的计量和机器学习方法探究均实现了跨越式发展。然而，两类预测方法的演进过程实际上是并行独立的，缺乏对两类预测方法交互融合后预测效应的研究。有必要尝试将前沿的计量方法（如组合预测、收缩预测）和深度学习模型（如 LSTM 网络和 GRU）相结合，以发掘各类方法的优势，获得更优的预测效果。

（4）预测结果的应用研究需要进一步丰富。尽管油价预测结果在风险管理和投资组合的应用研究方面取得了一些进展，但是目前大部分油价预测的研究仅局限于预测结果在统计意义层面的比较，缺乏对预测结果经济应用价值的深层次挖掘，缺乏与相关市场主体就预测结果的实际应用进行深入沟通探讨。

1.4.2 研究展望

基于油价预测领域存在的问题和挑战，本书提出一些该领域未来可能的研究方向。

（1）考察高频数据对油价预测的作用。信息技术的快速发展产生了有别于传统数据的新型数据，如函数型数据（洪永淼，2021）。函数型数据的观测频率极高，几乎可认为是连续数据，对该类型数据进行分析可采用函数型数据分析（functional data analysis，FDA）方法，其假设资产价格具有某种函数特性。利用函数型数据，可以预测下一个油价变动的时间点、未来每个时间点油价变动的概率，此类研究可改善投资机构的交易策略和风险管理水平。已有研究表明利用 FDA 方法从股票高频数据中提取主成分，能够显著提高基本 AR 模型对股票价格的预测能力（Müller et al.，2011；陈海强等，2021）。总之，高频交易数据包含价格变动更为丰富的信息，所得预测结果可用于量化投资交易策略设计和衍生品定价，未来研究需要开发出新的适合高频数据建模的计量和机器学习方法。

（2）探索油价区间预测和概率密度预测的理论方法。一方面，油价区间数据包含最高价和最低价等信息，对油价变化进行区间预测对于政策制定者和市场参与者把握价格运行区间、防范化解风险意义重大。另一方面，相较于传统的点预测，概率密度预测不仅可以得到未来某时刻油价的期望值，还可以获取其概率分布信息，即该时刻所有可能的油价值及其出现的概率，可为决策者进行政策制定、调整投资决策提供全面参考。现有理论与方法对于区间数据分析并不完全适用，需要发展适合区间数据的理论和方法，并提出适合评估区间预测和概率密度预测结果准确性的指标（Sun et al.，2018）。

（3）将计量和机器学习方法有机结合。未来研究有待将两类预测方法的优势深入融合，以获得更好的预测效果。例如，鉴于单一模型不太可能始终获取最优的预测结果，即存在模型不确定性，可将计量领域的组合预测思想用于机器学习方法中；运用多种神经网络和深度学习模型获得多组油价预测结果，然后将各预测结果基于不同权重计算方法加权平均；运用 LASSO 回归等变量筛选方法选取各时期影响油价变动的主要变量，把握各时期影响油价变动的主要驱动因素，并基于各预测变量利用机器学习方法预测油价，以增强机器学习预测结果的可解释性。

（4）深化预测结果的应用价值。扩展预测结果的实际应用价值值得学者在未来深入探究。学者可加强与相关政府部门、企业和投资机构的合作，以使学术成果更好地服务于实体决策。例如，油价预测结果如何为国家石油储备中心调整进出口额度等提供决策支持？如何为石油相关企业调整生产经营策略提供参考？如何为原油期货市场参与者进行套期保值等业务提供交易策略指导？这些问题都值得学者未来进一步探究。

1.5 本书的内容体系

1.5.1 主要研究内容

本书的研究内容涉及三个部分，运用多种跨学科的理论方法，遵循"定价机制—预测研究—投资决策"这一思路，首先，本书深入剖析新的市场形势特征下原油市场的定价问题；其次，本书提出多种模型和方法以提高油价预测精度；最后，本书探究原油市场对其他市场的溢出效应，以期为政府部门和各级市场参与者提供决策支持。

首先，第 2~8 章探究新形势下原油市场的定价机制问题。如前所述，网络舆情、市场不确定性和投机活动等非基本面因素在油价形成中扮演了不可忽视的角色，因此，本部分着重探讨典型的非基本面因素对原油市场定价机制的影响，主要涉及以下四个方面的研究问题。

（1）投资者关注作为一种重要的行为金融变量，其与国际油价和油价收益率的关系是怎样的？具有怎样的冲击效应和预测效应？

（2）美国和中国作为全球最重要的石油消费者和主要产油国，其 EPU 和投资者情绪对油价收益率和波动率的影响方式与影响程度如何？

（3）油气公司是全球原油主要供应方，那么油气公司层面的投资者情绪变化与原油市场极端风险的关系如何？油气公司投资者情绪对股票收益率的影响规律如何？

（4）原油期货市场的对冲基金作为反映投机者情绪的重要变量，其对原油期货价格收益率的影响如何？两者的互动关系具有什么规律？

其次，第 9~13 章探究基于原油市场复杂系统特征的国际油价预测问题。考虑油价的非平稳、非线性和时变性复杂等特征，本部分从多个角度提出提高国际油价预测精度的模型方法，具体研究问题包括以下三个方面。

（1）考虑不同类型的油价结构变化特征（结构突变和平滑转换）能否提高 GARCH 族和 HAR 族模型对油价波动率的预测能力？哪种类型的结构变化特征更能准确捕捉油价的波动特征、对油价波动率的预测性能更好？

（2）基于股票市场高频数据的混频模型能否提高对油价收益率的预测精度？哪种类型混频模型的预测性能更好？

（3）将计量方法和机器学习方法相结合，运用多模型综合集成的方法能否获得更优的油价预测结果？

最后，第 14 和第 15 章探究原油市场对其他市场的溢出效应，以期为市场参与者进行投资决策和风险管理提供支持。本部分主要考察原油市场与中国能源行业股票市场、贵金属以及农产品期货市场间的关联机制，具体研究问题包括以下两个方面。

（1）国际油价收益率与中国能源各子行业股票收益率间的互动关系如何？

（2）原油市场的风险溢价对贵金属和农产品期货市场收益率的影响如何？不同程度的原油市场风险厌恶对这两种典型大宗商品收益率的影响怎么变化？

基于上述科学问题，本书在研究思路上对现有相关文献进行拓展，在研究模型和方法上作出改进。全书研究内容的系统布局及主要逻辑结构如图1.5所示。

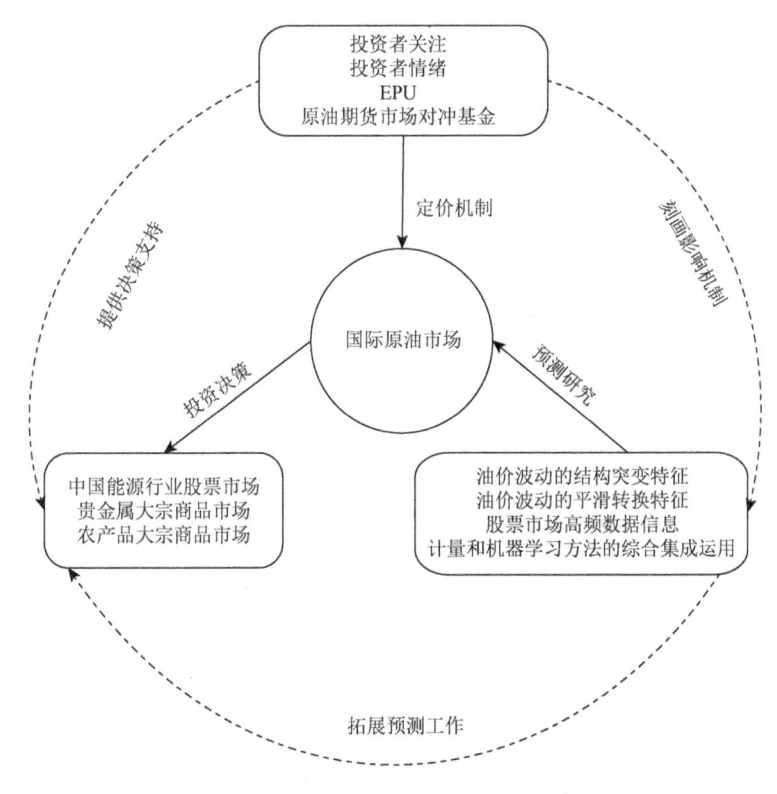

图 1.5 全书的系统布局及主要逻辑结构

1.5.2 全书章节结构

本书共包括 15 章研究内容。第 1 章概括国际原油市场特征、发展形势、定价机制研究与预测工作进展。后续各章较为系统地探讨新形势下国际原油市场的风险因素及其对油价变化的影响机制、国际原油市场的预测研究以及原油市场与其他市场间的风险传染机制。具体章节内容安排如下。

第1章介绍国际原油市场发展现状与预测研究进展。该章首先阐述全书的研究背景，包括国际原油市场的复杂非线性系统特征、2008年全球金融危机以来的国际原油市场演化周期、新冠肺炎疫情形势下新一轮国际油价变化特点；其次分析影响原油市场波动的关键因素、新型非基本面因素及其影响机制，为全书的研究奠定基础；再次梳理当前国际油价预测的研究工作进展、主要方法、主要思路、未来方向等，给出未来油价预测值得努力的方向；最后阐明全书研究的科学问题、逻辑结构和章节安排。

第2章测度投资者关注对国际油价的影响和预测作用。该章基于谷歌搜索量指数构建综合的原油市场投资者关注指数，运用结构向量自回归（structure vector autoregression，SVAR）模型探究投资者关注指数对国际油价的时变影响和预测贡献度，并考察不同经济周期对投资者关注指数影响的调节作用，对加深认识投资者关注对原油市场的影响和预测具有重要参考意义。

第3章考察投资者关注对原油市场的冲击及互动关系。该章基于谷歌搜索量指数，运用PCA方法构建国际原油市场的投资者关注指数，采用基于巴巴-恩格尔-克拉夫特和克罗纳（Baba Engle Kraft and Kroner，BEKK）的VAR-GARCH-BEKK模型探究投资者关注对油价收益率的波动溢出效应，并通过脉冲响应函数分析投资者关注指数波动序列与油价收益率波动序列之间的影响时间和规律，对把握投资者关注如何影响油价收益率及其波动提供新的认识。

第4章讨论美国EPU与油价收益率之间的溢出效应。该章选取涉及美国经济各领域的9种EPU指数，通过构建动态条件相关GARCH（dynamic conditional correlation GARCH，DCC-GARCH）模型，并采用基于VAR模型的广义预测误差方差分解方法，度量不同类型的美国EPU指数和WTI油价收益率之间的动态波动溢出效应和网络连通度，比较不同类型的美国EPU指数在不同频率下对WTI油价收益率的影响，包括总溢出指数、净定向溢出指数和净定向成对溢出指数，较为全面地揭示美国EPU对原油市场的影响规律和影响程度。

第5章探究中美EPU和中国股票市场投资者情绪对油价波动率的影响和预测作用。该章采用GARCH-MIDAS模型测度低频（月度）美国和中国EPU指数及中国股票市场投资者情绪指数对高频（日度）油价收益率的预测效果，探究中国股票市场投资者情绪对提高单一EPU预测油价收益率的能力，为油价预测工作提供新观点。

第6章探讨投资者情绪对原油市场极端风险的影响。该章基于VAR-GARCH模型和WA方法，考察原油市场投资者情绪指数与油价收益率极端风险在时间-频率领域的关系、领先滞后关系和协同变化关系，为监管部门理解和预测国际原油市场极端风险运行规律提供参考。

第 7 章实证分析投资者情绪对油气公司股票收益率的影响机制。该章根据全球知名油气公司的股票交易价格构建投资者情绪指数,并通过构建面板回归模型,分析投资者情绪指数对油气公司股票收益率在不同时间尺度下的动态影响,以及在不同经济周期和股票价格走势下的异质性影响,并探究正负投资者情绪指数对油气公司股票收益率的非对称影响,较为系统地揭示投资者情绪对油气公司股票收益率的影响大小和影响时间。

第 8 章度量对冲基金与原油期货收益率之间的信息溢出效应。该章利用原油期货持仓报告中的资金管理人持仓数据作为对冲基金变量,并综合运用线性(非线性)格兰杰因果关系检验、时变信息溢出统计量和时变非线性迪克斯-潘琴科(Diks-Panchenko, DP)型格兰杰因果关系检验,度量对冲基金持仓与原油期货收益率间的信息溢出效应,对加深认识投机基金在原油市场风险传递中发挥的作用具有重要意义。

第 9 章提出考虑结构变化和长记忆性的油价波动率预测模型。该章通过迭代累计平方和(iterated cumulative sums of squares, ICSS)算法识别出油价收益率中的结构突变点,并比较传统 GARCH 族模型、考虑结构突变点的 GARCH 族模型以及 MM-GARCH 模型的预测效果,证实 MM-GARCH 模型可以较好地刻画油价波动率中存在的结构变化和长记忆性特征,具有优异的预测性能。

第 10 章提出考虑不同类型结构变化的油价波动率预测模型。该章通过构建考虑结构突变的 MRS-GARCH 模型和结构平滑转换的灵活傅里叶形式 GARCH (flexible Fourier form GARCH, FFF-GARCH)模型,探究不同结构变化类型对国际油价波动率预测的影响,发现考虑结构平滑转换的模型能够更好地捕获油价波动率的变化特征,预测精度更高。

第 11 章构建考虑结构平滑转换和高频数据信息的油价波动率预测模型。该章通过构建考虑结构平滑转换的灵活傅里叶形式 HAR-RV (flexible Fourier form HAR-RV, FFF-HAR-RV)模型,判断将结构变化视为平滑过程能否提高 HAR-RV 族模型对原油市场波动率的预测性能;同时,比较 FFF-HAR-RV 模型与考虑结构突变(structural breaks, SB)的 SB-HAR-RV 模型和考虑低频数据信息的 FFF-GARCH 模型的预测表现,证实 FFF-HAR-RV 模型的预测性能最好,为原油市场波动率预测指明新的建模方向。

第 12 章提出一种新的多模型综合集成的油价预测方法。该章综合运用 EGARCH、隐马尔可夫、GA 和 LSSVM 模型,构造一种新的混合预测方法;同时,将该方法的预测结果和常用的 GARCH 族模型及其他相关预测模型进行比较,证实该方法的性能更优异,这为将计量方法与机器学习方法相结合进行油价预测提供新的选择。

第 13 章考察采用股票市场高频数据信息对提高油价收益率预测的作用。该章选取 4 个具有代表性的国际股票市场指数，包括摩根士丹利资本国际世界指数（Morgan Stanley Capital International world index，MSCI）、标准普尔 500 指数、美国证交所石油板块指数和英国富时 100 指数，构建 MIDAS、ADL-MIDAS 和 MIDAS-VAR 模型，证实包含股票市场高频数据的 ADL-MIDAS 模型在油价预测中具有一定优势，为油价收益率预测提供新的思路。

第 14 章度量国际油价收益率与中国能源行业股票收益率的动态信息溢出效应。该章通过 Hong 型（时变）信息溢出检验和 DP 型（时变）格兰杰因果关系检验，定量分析油价收益率与中国传统能源行业（包括石油与天然气开采业、煤炭采选业、石油加工及炼焦业、电力/热力生产和供应业以及采掘服务业）的整体相关性及动态线性（非线性）影响，为系统、合理判断原油市场对中国能源行业的影响提供科学依据，为相关企业和投资者合理开展资产配置和风险管理提供决策支持。

第 15 章从原油市场投资者风险厌恶角度分析原油市场、贵金属和农产品市场之间的关系。该章基于分钟高频数据，采用交叉分位数依赖（cross-quantilogram，CQ）方法考察原油市场方差风险溢价对典型大宗商品收益率的影响，系统揭示原油市场投资者风险厌恶对贵金属和农产品收益率的影响方向和影响程度。

第 2 章 投资者关注对国际油价的影响研究

2.1 投资者关注对原油市场的影响及问题提出

投资者关注是反映投资者心理变化的重要指标，能够显著影响包括股票、大宗商品在内的资产价格。投资者通常根据自己对市场基本面因素的看法做出买、卖的决定，当他们处理某项资产的相关信息时，将不可避免地提高对该信息的关注程度。然而，关注是一种稀缺资源（Kahneman，1973），而且信息处理过程受关注约束和关注分配影响。当投资者根据信息处理过程而改变观点时，其交易行为会使得资产价格产生波动，这时投资者可能会分配更多的注意力以减少基本面因素的不确定性。通过这一途径，投资者的关注分配就会对资产价格动态产生影响（Peng and Xiong，2006）。

投资者关注由于难以被观察和度量，现有研究对其测度方式并不统一。在以往的研究中，多种指标被用于衡量投资者关注，如极端收益率（Barber and Odean，2008）、反常交易量（Barber and Odean，2008；Hou et al.，2009）、新闻头条（Yuan，2015；Drake et al.，2016）、价格限制（Seasholes and Wu，2007）。上述指标均基于同样的假设，即当某一资产处于极端收益率、反常交易量或者被新闻头条提到时，投资者会关注它。然而，极端收益率或反常交易量并不能保证获得投资者的关注，有些投资者甚至不看《华尔街日报》（Da et al.，2011）。因此，上述指标存在滞后和不准确的问题。具体而言，一方面，对于投资者关注指标的选择，上述指标过分主观；另一方面，上述大多数指标根据统计数据计算得出，很难实时地反映投资者关注变化。

基于此，本章使用一种直接无偏的代理变量来衡量原油市场的投资者关注，即通过谷歌趋势提供的谷歌搜索量指数来探讨投资者关注和油价之间的关系。之所以选择谷歌搜索量指数作为代理变量主要是基于以下两个方面原因：一方面，网络用户经常通过搜索引擎来搜集信息，谷歌一直以来都是较受欢迎的搜索引擎，尤其是在发达国家。因此，网络用户的搜索行为最有可能被谷歌搜索量指数反映。另一方面，谷歌搜索量指数提供了一种对市场关注的直接衡量方法，当谷歌搜索"原油"时，人们毫无疑问正在关注它，因此，谷歌搜索量指数是市场关注无偏且直接的衡量方式。搜索原油市场相关关键词，可以获得谷歌搜索量指数序列，接下来，采用 PCA 加权方法构建投资者关注指数。

为了定量分析投资者关注对国际油价的影响，本章运用 SVAR 模型分析油价和各种影响因素之间的动态关系，并且测度这些因素如何影响油价变化（Narayan et al.，2008；Wang et al.，2014；Li et al.，2017；Ding et al.，2017）。本章回答以下问题：第一，投资者关注与油价波动之间存在怎样的关系？第二，与其他影响因素相比，投资者关注对油价波动产生了多大的影响？第三，经济周期会影响投资者关注与油价之间的波动机制吗？除此之外，本章还对主要实证结果进行两个方面稳健性检验。一方面，本章将油价的代理变量由 WTI 油价替换为 Brent 油价，上述两种油价的驱动因素存在差异，两者的价差持续存在，将上述两种油价均纳入讨论，可以更加明确投资者关注对原油市场的影响机制；另一方面，本章使用简单算术平均代替 PCA 加权构建投资者关注指数，以避免由指数构建方法的主观性带来的影响（Zhang et al.，2020）。最终，本章主要实证结论均通过稳健性检验，证明了结论的可靠性。

本章主要贡献如下。一方面，本章通过谷歌搜索量指数构建一种新的投资者关注代理变量，其特点是能直接反映市场关注度且无偏，从而避免间接代理变量带来的问题（Barber and Odean，2008；Han et al.，2017）。另一方面，本章引入 SVAR 模型来探讨投资者关注对油价的影响及其持续时间，从而定量分析投资者关注对油价波动的贡献度，揭示投资者关注对国际油价的影响机理。总体而言，通过构建投资者关注指数，本章定量研究油价背后各种影响因素的贡献度，以及对油价的影响机制。这将有助于市场参与者和政策制定者更好地了解原油的复杂定价过程并预测其变化趋势，从而为其监测和控制原油市场极端风险提供重要参考依据。

2.2 国内外研究现状

近 20 年，越来越多的实证研究证明了投资者因素在资产定价中的重要性，其中，大量研究证实了投资者关注对资产价格的影响（Barber and Odean，2008；Hou et al.，2009；Andrei and Hasler，2015；Li et al.，2019b）。例如，Barber 和 Odean（2008）认为个人投资者完全是由关注驱动的一类投资者，他们的投资行为会对股票价格产生正向影响。Hou 等（2009）检验了投资者关注对股票价格的影响，发现有限投资者关注可能会因对盈利新闻反应不足而产生潜在的收益率动量；同时，有限关注和学习偏差的相互作用会导致价格动量。除此之外，Andrei 和 Hasler（2015）发现投资者关注和不确定性都将显著影响资产价格变化。上述学者的研究表明在资产定价中考虑投资者关注很有必要。

然而，如何量化投资者关注一直是研究者热议的话题，以往的研究者经常使用一些指标作为投资者关注的代理变量，如新闻头条、反常交易量和极端收益率

（Barber and Odean，2008；Hou et al.，2009；Yuan，2015；Drake et al.，2016；Seasholes and Wu，2007；Peress and Fang，2008）。然而，这三种代理变量并不能完美衡量投资者关注（Barber and Odean，2008），间接代理变量的准确性存在争议（Han et al.，2017；Yao et al.，2017）。

随着数据技术的发展，搜索量指数作为一种理想的投资者关注代理变量被广泛应用于资产定价问题，其中，谷歌搜索量指数和百度指数均是常用的投资者关注代理变量（Zhang and Wang，2015；Yao et al.，2017；Wen et al.，2019；Li et al.，2019b；张跃军和李书慧，2020；瞿慧和沈微，2020）。例如，Zhang和Wang（2015）使用百度指数衡量投资者关注，发现投资者关注会影响股票市场的表现，投资者有限关注会施加正向的价格压力，并且价格压力的逆转将在短期内发生。Ding和Hou（2015）使用谷歌搜索量指数衡量投资者关注，发现投资者关注提高了股票的流动性。Wen等（2019）使用百度指数衡量散户的投资者关注，发现较高的投资者关注将导致较低的未来股票崩盘风险。上述学者的研究成果表明使用搜索量指数衡量投资者关注具有可行性，搜索量指数具有无偏、直接等特点，能准确反映市场关注的变化，并且相较于传统基本面因素具有更强的市场解释能力（Welch and Goyal，2008；何亚男和汪寿阳，2011；Han et al.，2017；Yin and Feng，2019）。

以搜索量指数衡量的投资者关注除应用于预测传统金融市场外，最近几年，越来越多地应用于预测包括原油市场在内的其他市场（Han et al.，2017；Yu et al.，2019；Yao et al.，2017；Li et al.，2019b；张跃军和李书慧，2020）。例如，张跃军和李书慧（2020）使用GARCH-BEKK模型分析了以谷歌搜索量指数衡量的投资者关注和油价之间的溢出效应，发现投资者关注对油价存在单向的波动溢出效应。Li等（2019b）发现以谷歌搜索量指数衡量的投资者关注和WTI原油期货价格之间存在非线性格兰杰因果关系。除分析投资者关注和原油市场之间的相关关系外，Han等（2017）和Yu等（2019）成功使用谷歌搜索量指数构建投资者关注，并将其作为预测变量以预测原油市场的未来变化，包括油价和原油消费量。Yin和Feng（2019）使用谷歌搜索量指数构建投资者关注指数，并将其作为预测变量成功预测美股超额收益率。以上学者的研究成果表明搜索量指数能够较为准确地衡量原油市场的关注变化，而且投资者关注已经是分析原油市场的重要指标。

基于此，本章首先以谷歌搜索量指数构建投资者关注指数（Han et al.，2017；Yu et al.，2019），然后在Kilian（2009）提出的SVAR模型的基础之上，分别将原油供给、原油需求、投资者关注和WTI原油真实价格（简称WTI油价）（Yao et al.，2017；Wang et al.，2017）纳入SVAR模型中，分析投资者关注对油价的影响，从而为市场参与者和政策制定者控制原油市场风险等提供参考依据。

2.3 研究方法与数据说明

2.3.1 研究方法

1. PCA 方法

为了构建投资者关注指数，本章基于 PCA 方法加权不同关键词的谷歌搜索量指数。PCA 方法可以将原搜索量指数序列转换为若干不相关的新序列，称为主成分（Gaitani et al.，2010）。事实上，每个主成分是原搜索量指数序列的线性组合，并且每一个主成分传递的信息量由其方差衡量，所有主成分根据方差排列，因此，第一主成分包含相对最多的信息。

假定选择 Θ 个原油市场关键词，从谷歌趋势分别下载其谷歌搜索量指数，通过 PCA 方法把原始向量降低至 $\Theta^*(\Theta^* < \Theta)$ 维度，新向量即主成分可以表示为 $x_{j,t}$，$j=1,2,\cdots,\Theta^*$，其中第 j 个新向量是原始 Θ 个谷歌搜索量指数的线性组合：

$$x_{j,t} = b_{j1}\text{GSVI}_{1,t} + b_{j2}\text{GSVI}_{2,t} + \cdots + b_{j\Theta}\text{GSVI}_{\Theta,t} \qquad (2.1)$$

其中，$b_{j1},b_{j2},\cdots,b_{j\Theta}$ 为主成分线性组合的系数，代表主成分特征值的常数；$\text{GSVI}_{1,t},\text{GSVI}_{2,t},\cdots,\text{GSVI}_{\Theta,t}$ 为相关关键词的原始谷歌搜索量指数。参考 Gaitani 等（2010）对主成分数目的选择标准，本章通过总体方差来确定主成分数目。

2. SVAR 模型

为了探讨投资者关注对油价变化的影响，本章定义一个包含 4 个变量的向量并纳入 SVAR 模型，即 $X_t = (\text{Supply}_t, \text{Demand}_t, \text{Attention}_t, \text{Price}_t)$。以往研究表明经济周期会影响资产总投资额（Schumpeter，1934；Arif and Lee，2014），因此，本章通过将哑变量 D_t 纳入 SVAR 模型考虑经济周期的影响。通过 SVAR 模型，估计投资者关注对油价的总体影响，此外，由于更多的变量被纳入了 SVAR 模型，估计的准确性会得到提高（Kim，1999；Chen et al.，2016a）。最终，包含 4 个变量的 SVAR 模型如下：

$$A_0 X_t = c + \sum_{i=1}^{4} A_i X_{t-i} + A_d D_t + \varepsilon_t \qquad (2.2)$$

其中，c、A_0、A_i 和 A_d 为待估的向量和矩阵；D_t 的取值为 0 或 1，当经济处于扩张期时取 1，反之取 0；ε_t 为连续且不相关的结构扰动向量。SVAR 模型可以简化为

$$X_t = A_0^{-1} c + \sum_{i=1}^{4} A_0^{-1} A_i X_{t-i} + A_0^{-1} A_d D_t + e_t \qquad (2.3)$$

其中，e_t 为简化的 SVAR 模型中的残差向量，并且 $e_t = A_0^{-1}\varepsilon_t$。Kilian 和 Lee（2014）

定义了 A_0^{-1} 的约束条件：

$$e_t = \begin{bmatrix} e_t^{\text{Supply}} \\ e_t^{\text{Demand}} \\ e_t^{\text{Attention}} \\ e_t^{\text{Price}} \end{bmatrix} = \begin{bmatrix} a_{11} & 0 & 0 & 0 \\ a_{21} & a_{22} & 0 & 0 \\ a_{31} & a_{32} & a_{33} & 0 \\ a_{41} & a_{42} & a_{43} & a_{44} \end{bmatrix} \begin{bmatrix} \varepsilon_t^{\text{SupplyShock}} \\ \varepsilon_t^{\text{DemandShock}} \\ \varepsilon_t^{\text{AttentionShock}} \\ \varepsilon_t^{\text{OtherOilPriceShock}} \end{bmatrix} \quad (2.4)$$

其中，a_{ij}（$i,j=1,2,3,4$）为对第 i 次冲击的第 j 次响应。参考 Chen 等（2016a），本章使用 SVAR 模型的脉冲响应函数计算油价变化对投资者关注冲击的响应，并且使用方差分解计算投资者关注对油价变化的贡献度。

2.3.2 数据说明

本章主要使用四种数据，包括原油供给、原油需求、投资者关注和 WTI 油价。具体而言，原油供给数据来自 EIA；原油需求数据是 Kilian（2009）建立的全球实体经济活动指数，即 Kilian 指数；投资者关注数据来自谷歌趋势；WTI 油价则是参考 Kilian（2009）和 Zhang 等（2018a），通过将 WTI 原油名义价格除以美国 CPI 获取的（其中，CPI 数据来自圣路易斯联邦储备银行经济数据库）。由于数据限制，本章样本数据为 2004 年 1 月～2019 年 12 月的月度数据。除 Kilian 指数和投资者关注数据外，其余数据均进行对数处理。

本章通过谷歌搜索量指数构建投资者关注指数，基于不同的语言和表达习惯，网络用户可能会通过搜索不同的关键词来了解原油市场。因此，本章首先设定初始关键词为 crude oil price（COP），然后通过谷歌关联工具搜索与之高度关联的关键词。本章挑选 11 个与 crude oil price 关联度为 0.9 以上的关键词，分别是 oil price（OP）、current oil prices（COPS）、price per barrel（PPB）、bloomberg energy（BE）、oil price per barrel（OPPB）、current oil（CO）、crude oil chart（COC）、crude oil（COL）、current crude oil（CCO）、current crude oil price（CCOP）和 current crude（CC）。最终，本章选择上述 12 个搜索关键词构建投资者关注指数。

在下载相关关键词的谷歌搜索量指数后，本章通过 PCA 方法建立各谷歌搜索量指数的线性组合，以构建投资者关注指数。每一个主成分的特征值和方差如表 2.1 所示，每一个主成分中原始变量在各主成分中的权重如表 2.2 所示。

表 2.1 主成分的特征值及方差

主成分	特征值	主成分方差比例/%	累计方差比例/%
1	2478.8045	81.7583	81.7583
2	221.5664	7.3079	89.0662

续表

主成分	特征值	主成分方差比例/%	累计方差比例/%
3	136.1362	4.4902	93.5564
4	60.1139	1.9827	95.5391
5	39.8480	1.3143	96.8534
6	31.2073	1.0293	97.8827
7	26.0218	0.8583	98.7410
8	13.6282	0.4495	99.1905
9	10.0287	0.3308	99.5213
10	8.2383	0.2717	99.7930
11	5.3378	0.1761	99.9691
12	0.9375	0.0309	100.0000

表 2.2　原始变量在各主成分中的权重

变量	主成分1	主成分2	主成分3	主成分4	主成分5	主成分6	主成分7	主成分8	主成分9	主成分10	主成分11	主成分12
COP	0.3519	0.4267	−0.0479	−0.0110	−0.0089	0.0180	−0.1796	0.0410	0.1798	−0.1803	0.7697	0.0069
OP	0.3478	0.4725	−0.0114	−0.1775	−0.0861	0.0238	−0.1467	0.2520	0.4595	0.1410	−0.5475	−0.0179
COPS	0.2668	−0.2974	0.0476	−0.0455	−0.1594	−0.1958	−0.1684	−0.2190	0.1064	0.8066	0.1844	0.0044
PPB	0.2496	−0.1860	0.4533	0.3080	0.0561	−0.1417	−0.1334	0.0320	0.0840	−0.1997	−0.0800	0.7123
BE	0.2244	0.3264	0.5420	−0.3563	0.0910	0.1252	0.3557	−0.2136	−0.4581	0.1251	−0.0261	−0.0041
OPPB	0.2398	−0.1821	0.4549	0.3454	0.0799	−0.1085	−0.1710	−0.0040	0.0705	−0.1913	−0.0667	−0.6997
CO	0.2828	−0.3483	0.0067	−0.0618	−0.5673	0.6378	0.1809	0.1038	0.0619	−0.1329	0.0331	−0.0077
COC	0.2507	0.2864	−0.2978	0.7000	−0.1688	−0.0712	0.3808	−0.0683	−0.2503	0.1453	−0.0973	0.0067
COL	0.3310	−0.0317	−0.3149	−0.1652	−0.1329	−0.0846	−0.5229	−0.3932	−0.4374	−0.2674	−0.2169	0.0132
CCO	0.2787	−0.2214	−0.1693	−0.2703	0.0038	−0.4661	0.5367	−0.2706	0.3259	−0.2927	−0.0128	−0.0332
CCOP	0.3181	−0.1858	−0.2392	0.0565	0.7566	0.4520	0.0507	−0.0937	0.0790	0.0866	−0.0399	0.0223
CC	0.2874	−0.2097	−0.1235	−0.1668	0.0941	−0.2696	0.0503	0.7669	−0.3912	0.0369	0.0533	−0.0283

在 PCA 方法的框架中，每一个主成分都是原始变量的线性组合，并且每一个主成分所反映的信息量由其方差决定。参考 Wang（2015），本章通过累计方差比例来选择主成分，即要求累计方差比例超过 80%。如表 2.1 所示，第一主成分的累计方差比例达到 81.7583%，故本章选择第一主成分作为投资者关注的代理变量。其中原始变量的线性组合系数如表 2.2 第 2 列所示。

2.4 投资者关注对国际油价的影响结果分析

2.4.1 投资者关注对国际油价冲击的脉冲响应结果

为了估计 WTI 油价对投资者关注的响应，本章根据式（2.2）建立 SVAR 模型。在此之前，首先通过增广迪基-富勒（augmented Dickey-Fuller，ADF）检验和菲利普斯-佩龙（Phillips-Perron，PP）检验测试各变量序列的平稳性，结果如表2.3所示。可以发现无论是原序列还是一阶差分序列，原油需求和投资者关注序列均平稳，但 ADF 检验表明原油供给的原序列不平稳，而 PP 检验表明 WTI 油价的原序列不平稳。

表 2.3 单位根检验结果

单位根检验		原油供给	原油需求	投资者关注	WTI 油价
ADF	原序列	−2.3852	−3.8156**	−3.7914***	−2.8724*
		(0.3860)	(0.0177)	(0.0002)	(0.0505)
	一阶差分序列	−8.4419***	−7.0673***	−13.2221***	−7.3239***
		(0.0000)	(0.0000)	(0.0000)	(0.0000)
PP	原序列	−3.3797*	−2.2473**	−3.8674***	−2.4680
		(0.0572)	(0.0241)	(0.0001)	(0.1250)
	一阶差分序列	−12.6922***	−9.9991***	−13.4279***	−10.2319***
		(0.0000)	(0.0000)	(0.0000)	(0.0000)

***、**和*分别表示在1%、5%和10%的水平下显著
注：小括号内为 p 值

一般而言，SVAR 模型的前提是所有变量均平稳（Sims，1980），然而，如表2.3所示，原油供给和 WTI 油价的原序列无法通过平稳性检验，这不满足 SVAR 模型准确估计的前提条件。因此，本章采用 Toda 和 Yamamoto（1995）提出的估计方法，这种方法的优势在于即便存在单位根和协整也不影响估计结果的准确性（Basher et al.，2012）。与此同时，经济周期作为哑变量被纳入 SVAR 模型，模型的估计方法为最小二乘法。最终，根据式（2.2）～式（2.4），得到 SVAR 模型的估计结果：

$$\begin{bmatrix} a_{11} & 0 & 0 & 0 \\ a_{21} & a_{22} & 0 & 0 \\ a_{31} & a_{32} & a_{33} & 0 \\ a_{41} & a_{42} & a_{43} & a_{44} \end{bmatrix} = \begin{bmatrix} 0.0086 & 0 & 0 & 0 \\ -3.4335 & 19.6630 & 0 & 0 \\ 0.2568 & -1.1868 & 22.9569 & 0 \\ -0.0174 & 0.0038 & -0.0115 & 0.0739 \end{bmatrix} \quad (2.5)$$

根据 a_{41}、a_{42}、a_{43} 和 a_{44} 的估计值，可以看到 a_{41} 和 a_{43} 小于 0，说明原油供给冲击和投资者关注冲击对 WTI 油价变化存在负向影响；a_{42} 和 a_{44} 大于 0，说明原油需求冲击和其他冲击对 WTI 油价变化存在正向影响。

根据估计结果，WTI 油价对原油供给冲击、原油需求冲击和投资者关注冲击的一个标准差的脉冲响应如图 2.1 所示，从中有以下发现。

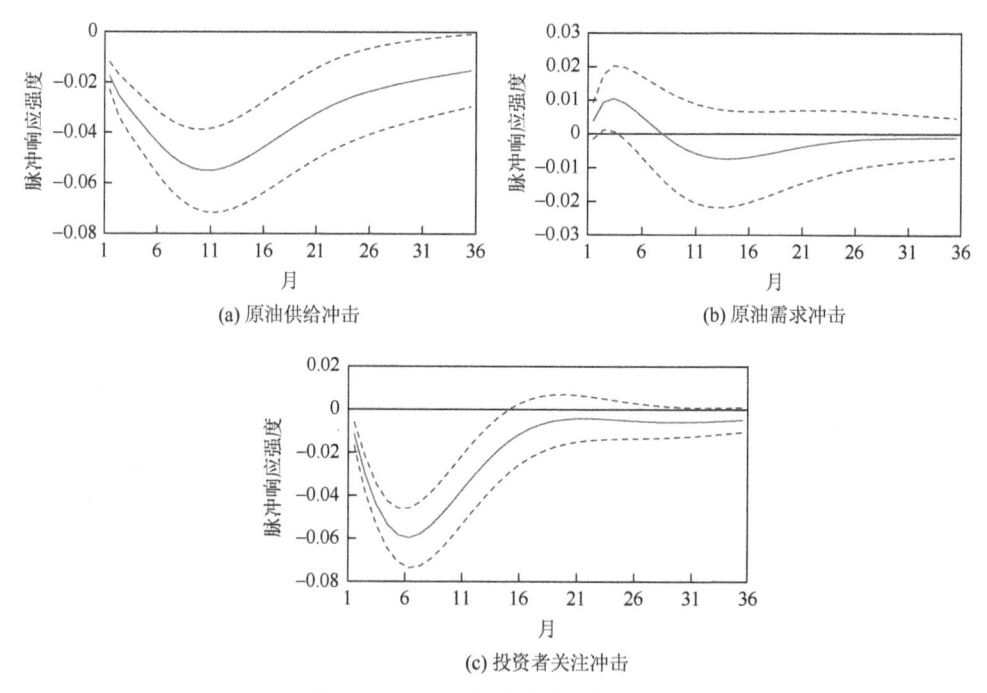

图 2.1 WTI 油价对不同冲击的响应

实线是拟合线，虚线是拟合区间

（1）投资者关注对 WTI 油价存在持续的负向影响，从第 1 个月一直到最后一个月，其影响均为负。从第 15 个月开始，投资者关注的影响变得不再显著，即显著的负向影响大约持续 15 个月。该结果与式（2.5）的估计结果一致，说明投资者关注对 WTI 油价具有长期持续的负向影响。

本章对该结果作如下解释。一方面，Barber 和 Odean（2008）的价格压力理论可以解释长期的负向价格压力。他们发现，投资者关注的提高预示着暂时的股票价格上涨，但从长远来看，股票价格会逆转。根据他们的研究，个人投资者是受注意力影响的净购买者，因此，随着个人投资者关注的提高，股票价格会遭受暂时的正向压力。但是，当超额收益率引起价格压力时，个人投资者的需求就会降低，导致股票价格逆转。

另一方面，搜索数据所反映的投资者关注大多是个人投资者关注（Da et al.,

2011)。机构投资者更加理性,其投资行为不容易被心理波动所驱动,市场关注的提高往往会导致理性的机构投资者更加保守,因此,他们通常认为购买市场关注度高的资产不是最好的选择(Edelen et al.,2016)。他们意识到,被高度关注的资产的价格可能会偏离基本面,并异常上涨,即资产价格将出现泡沫成分。因此,他们可能做出与个人投资者相反的决定,并对资产价格变化施加反向压力。事实证明投资者关注对 WTI 油价的确存在负向影响。例如,2008 年 12 月,投资者的注意力开始下降,2009 年 2 月,WTI 油价开始上涨。当时,很大一部分投资者因 2008 年全球金融危机而陷入恐慌,他们谨慎而不愿关注 WTI 油价,导致关注驱动的购买下降,故 WTI 油价逐渐围绕基本面波动。同时,理性的机构投资者意识到泡沫成分减少,从而存在盈利机会。

(2)原油供给冲击对 WTI 油价的影响是负向的,而原油需求冲击对 WTI 油价的影响是正向的。具体而言,如图 2.1 所示,原油供给冲击一直对 WTI 油价存在显著的负向影响,而原油需求冲击仅在第 3 个月出现了显著的正向影响。这与 Chen 等(2016a)的发现存在一定区别,其对 Brent 油价构建 SVAR 模型,发现原油需求冲击对 Brent 油价有显著的正向影响,而原油供给冲击对 Brent 油价有轻微且不显著的负向影响。造成差异的原因主要是纳入 SVAR 模型的变量和样本期存在差异。在 Chen 等(2016a)的研究中,SVAR 模型中有 5 个变量,分别是 OPEC 成员的政治风险、原油供给、原油需求、市场投机和 Brent 油价,而且其样本期为 1998 年 1 月~2014 年 9 月。本章基于 2004 年 1 月~2019 年 12 月的原油供给、原油需求、投资者关注和 WTI 油价等 4 个变量建立 SVAR 模型。

另外,哑变量的估计结果如表 2.4 所示,可以发现,商业周期显著改变了样本期内投资者关注和 WTI 油价的波动机制。具体来看,原油需求、投资者关注和 WTI 油价的估计系数分别是–16.5683、–13.4347 和–0.0498。扩张的商业周期对上述变量均有负向的影响。事实上,许多经济学家声称,总投资水平可能是商业周期阶段的函数(Schumpeter,1934;Arif and Lee,2014)。具体而言,当经济处于扩张期时,市场投资者倾向于更高的增长预期,也更容易获得资金支持(Arif and Lee,2014)。因此,他们会更加关注资产价格,并投资他们感兴趣的资产。相反,当经济处于衰退期时,市场投资者更有可能面临融资限制,获得资金会变得更加困难,因此,他们往往不太在意资产价格波动和潜在资产投资不足(Schumpeter,1934)。

表 2.4 SVAR 模型哑变量估计结果

变量	原油供给	原油需求	投资者关注	WTI 油价
D_t	0.0014	–16.5683**	–13.4347*	–0.0498*
	[0.0029]	[6.7403]	[7.7629]	[0.0260]

*和**分别代表在 10%和 5%的水平下显著

注:中括号内是估计系数的标准误

2.4.2 投资者关注对国际油价冲击的方差分解结果

为了进一步探讨投资者关注冲击对 WTI 油价变化的贡献度，本章在 SVAR 模型中采用方差分解方法，将 WTI 油价变化分解为 4 个部分，其结果如表 2.5 所示。

表 2.5 不同冲击对 WTI 油价的贡献度（单位：%）

月	原油供给冲击	原油需求冲击	投资者关注冲击	其他冲击
1	5.1210	0.2500	2.2498	92.3792
6	14.8811	0.7734	27.6070	56.7385
12	29.8511	0.5979	31.7960	37.7550
18	38.7318	0.7962	28.1035	32.3685
24	42.0124	0.8268	26.2859	30.8749
30	43.3200	0.8128	25.5239	30.3433
∞	44.9845	0.7957	24.6823	29.5375

可以看到，在短期内，仅有 2.2498%的 WTI 油价波动源于投资者关注冲击。而随着时间推移，到 6 个月时，投资者关注冲击显著影响 WTI 油价变化，其对油价的贡献度达到了 27.6070%。但当投资者关注冲击的贡献度在第 12 个月达到峰值 31.7960%后，投资者关注的解释力逐渐减弱。从长远来看，投资者关注冲击对 WTI 油价变化的贡献度为 24.6823%，表明投资者关注冲击是原油市场变化的重要因素。

至于原油市场基本面因素的冲击，可以发现，在短期内，原油供给冲击和原油需求冲击对 WTI 油价变化的影响都相对较小，具体而言，原油供给冲击和原油需求冲击对 WTI 油价变化的贡献度分别为 5.1210%和 0.2500%；但从长期来看，原油供给冲击的贡献度最终增加到 44.9845%，而原油需求冲击的贡献度仍然仅有 0.7957%。

2.4.3 稳健性检验

为了进一步验证上述主要实证结果的稳健性，本章分别使用不同的基准油价和不同的投资者关注指数重新估计结果。

1. 不同的基准油价

本章使用 Brent 油价重新估计 SVAR 模型。Brent 油价对原油供给冲击、原油需求冲击、投资者关注冲击和其他冲击的响应结果如图 2.2 所示,方差分解结果如表 2.6 所示。

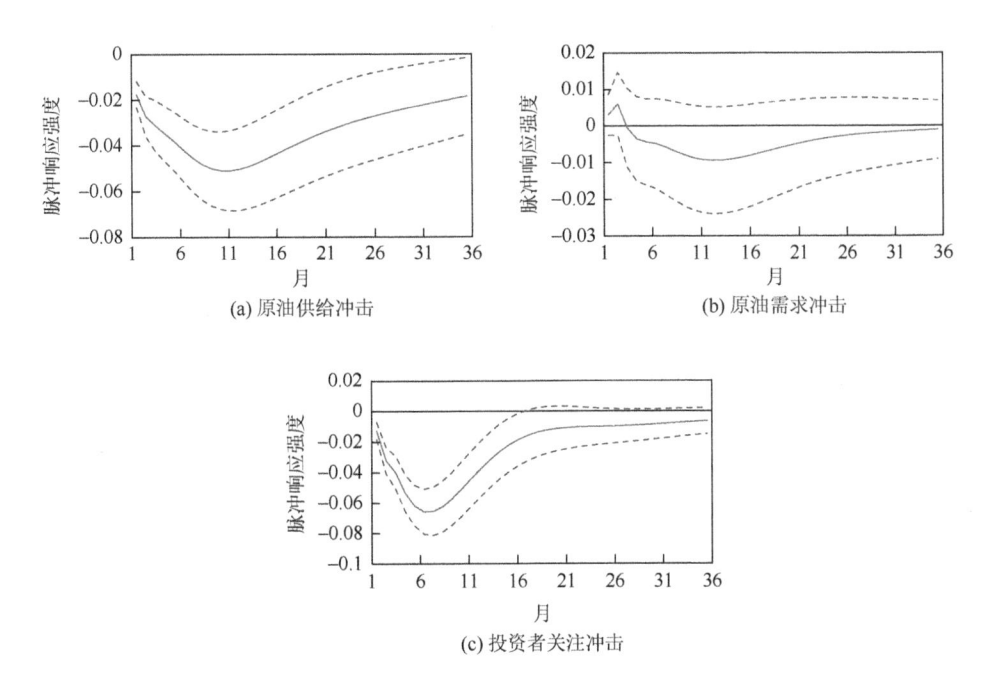

图 2.2 Brent 油价对不同冲击的响应

实线是拟合线,虚线是拟合区间

表 2.6 不同冲击对 Brent 油价的贡献度(单位:%)

月	原油供给冲击	原油需求冲击	投资者关注冲击	其他冲击
1	4.8107	0.1537	2.5691	92.4665
6	13.3163	0.2085	28.6246	57.8506
12	24.4431	0.5699	36.1577	38.8293
18	31.7384	0.8652	32.8309	34.5655
24	35.0741	0.9097	30.7486	33.2676
30	36.8238	0.8947	29.7511	32.5304
∞	39.3801	0.8520	28.4240	31.3439

从图 2.2 中可以看出,Brent 油价的脉冲响应结果与 WTI 油价一致。具体而言,

投资者关注冲击对 Brent 油价同样产生负向影响，其影响从第 1 个月开始，并显著持续大约 15 个月。也就是说，投资者关注冲击也对 Brent 油价存在长期负向影响。

同时，从表 2.6 中可以发现，与 WTI 油价的实证结果相比，四种冲击对 Brent 油价的贡献度略有差异，但主要结果仍然成立。例如，投资者关注冲击对 WTI 油价的贡献度（24.6823%）小于投资者关注冲击对 Brent 油价的贡献度（28.4240%）。此外，与 WTI 油价的情况相似，在 SVAR 模型的四种冲击中，投资者关注冲击对 Brent 油价的贡献度（28.4240%）仍然小于原油供给冲击对 Brent 油价的贡献度（39.3801%）。

2. 不同的投资者关注指数

为了避免投资者关注指数构建带来的主观偏差，参考 Zhang 等（2020），本章首先采用简单算术平均重新组合不同关键词下的谷歌搜索量指数，然后重新使用 WTI 油价和投资者关注指数估计 4 个变量的 SVAR 模型。最终，脉冲响应和方差分解的结果分别如图 2.3 和表 2.7 所示。

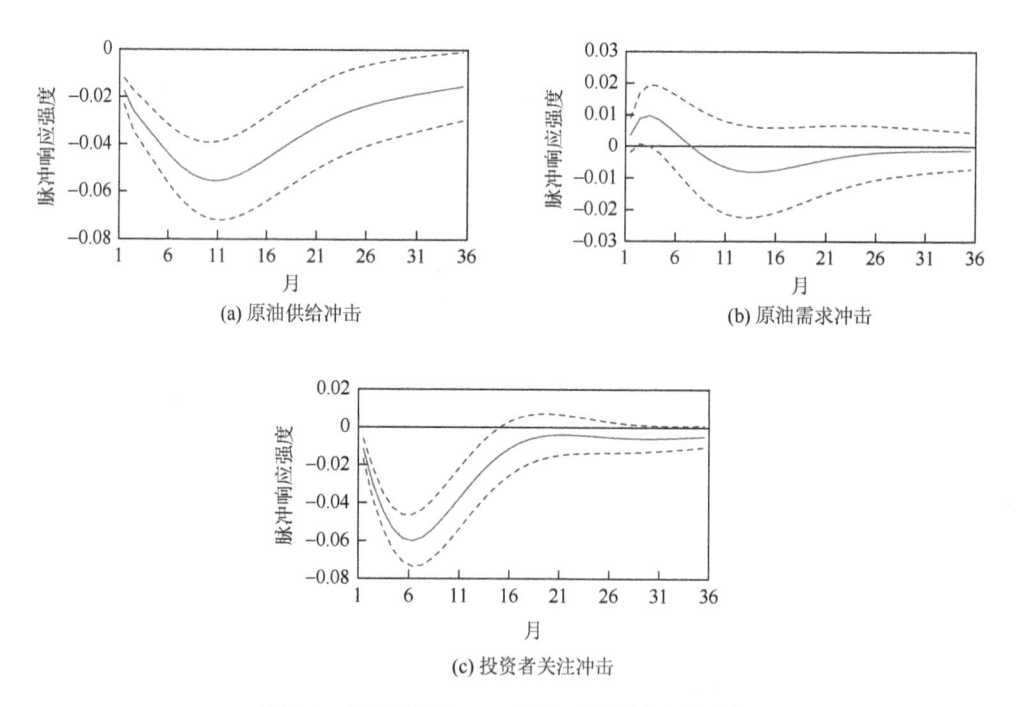

(a) 原油供给冲击

(b) 原油需求冲击

(c) 投资者关注冲击

图 2.3　新方法下的 WTI 油价对不同冲击的响应

实线是拟合线，虚线是拟合区间

表 2.7　不同冲击对新方法下的 WTI 油价的贡献度（单位：%）

月	原油供给冲击	原油需求冲击	投资者关注冲击	其他冲击
1	5.1713	0.2227	2.2538	92.3522
6	15.1331	0.6671	27.7448	56.4550
12	30.2866	0.5811	31.9119	37.2204
18	39.1929	0.8338	28.1269	31.8464
24	42.4275	0.8746	26.2972	30.4007
30	43.7059	0.8621	25.5360	29.8960
∞	45.3607	0.8477	24.6903	29.1013

从图 2.3 中可以看出，即使采用新方法构建投资者关注指数，不同变量冲击的脉冲响应结果也与图 2.1 基本一致。具体而言，投资者关注冲击对 WTI 油价仍然为负向影响，且影响从第 1 个月开始，持续大约 15 个月。可见，无论是替换基准油价还是替换投资者关注指数，实证部分的结论都是可靠的，即投资者关注冲击会对油价施加长期的负向压力。

同样地，从表 2.7 中可以发现，短期内，投资者关注冲击对 WTI 油价的贡献度较小，仅为 2.2538%，而随着时间推移，投资者关注冲击对油价的贡献度仍然在 12 个月达到峰值后开始下降，并最终稳定在 24.6903%，这与表 2.5 中 24.6823% 的结果基本一致，进一步证明本章主要结果的稳健性。其次，原油供给冲击仍然是 WTI 油价的最大贡献者，而原油需求冲击的影响很小，上述发现与之前的结果均一致。

2.5　主要结论与启示

本章根据谷歌搜索量指数构建投资者关注指数，并通过 SVAR 模型探讨了投资者关注对油价的影响，主要结论如下。①在样本期内，投资者关注对油价产生了显著的负向影响，且持续期大约为 15 个月。同时，原油供给冲击对油价也存在显著的负向影响，而原油需求冲击对油价具有正向影响。②在样本期内，投资者关注冲击对 WTI 油价的长期贡献度为 24.6823%，原油供给冲击对 WTI 油价的长期贡献度最大，达到了 44.9845%，而原油需求冲击对 WTI 油价的长期贡献度仅为 0.7957%。③商业周期显著影响了样本期内 WTI 油价和投资者关注的波动机制，在扩张的商业周期内，其对原油需求、投资者关注和 WTI 油价均有负向影响。④本章通过替换基准油价和投资者关注指数进行稳健性检验，发现主要结论均相当稳健。

分析和量化油价对投资者关注的脉冲响应对理解和预测油价波动、控制和避免原油市场风险具有重要意义。具体而言，原油市场的投资者可以通过充分考虑投资者关注的影响来获利，而监管机构和决策者可以通过追踪投资者关注对油价的动态影响来规避极端风险，进一步稳定原油市场运行。

今后，还有一些更进一步的工作要做。例如，可以通过挖掘其他搜索引擎或社交媒体数据，进一步分析投资者关注对油价波动机制的影响，并基于更微观的互联网搜索数据进行油价预测。同时，投资者对油价的关注是否依赖于原油市场的波动状况也是令人感兴趣的话题。

第3章 投资者关注对国际油价波动的影响研究

3.1 国际原油市场的投资者关注及研究诉求

随着近些年商品金融化的不断推进，商品市场逐步对金融投资者开放，原油期货等大宗商品被越来越多地纳入全球投资组合，导致原油市场与股票市场等金融市场的关联性不断增强（何亚男和汪寿阳，2011；Zhu et al.，2015；余乐安等，2018），同时，油价波动也容易受到其他金融市场投资者和国际资金流动的影响（Naser and Alaali，2018；向诚和陆静，2018），因此，量化原油市场投资者心理变化对理解油价波动具有重要意义（Narayan et al.，2017）。

事实上，投资者只有保持对资产价格波动的充分关注，才能对市场信息作出迅速反应，进而产生交易行为，影响资产价格。因此，投资者关注作为一种重要的行为金融变量，已经被广泛用于分析预测油价及其他金融资产价格变化（Han et al.，2017；Yao et al.，2017；Yu et al.，2019），很多学者发现投资者关注反映了市场变化趋势与发展方向，对原油市场具有较强的解释力。例如，Yao 等（2017）发现投资者关注对 WTI 油价具有负向影响。投资者关注可以作为信息传播的一个代理变量，因此，本章从资产效率的角度解释投资者关注对资产价格的作用机制。一般而言，市场上细心的交易者往往具备较高的信息收集和分析能力，进而通过交易活动影响资产价格。具体而言，在效率高的市场上，投资者关注的增加意味着有更多信息要被纳入收盘价中；当投资者很少关注新闻时，信息因传播范围小而缓慢地被纳入价格中，导致收益率短期内大幅度波动（Vozlyublennaia，2014）。但也有学者认为，在低效率的市场上，更多投资者关注意味着更多噪声，通过引发羊群效应进而推动资产价格背离基本面。虽然这两种观点中投资者关注的作用机制不同，但影响效应一致，均会引发资产价格的剧烈波动（Da et al.，2015）。从交易活动的角度看，Barber 和 Odean（2008）发现投资者倾向于购买吸引最多关注的金融资产，可能是过去几天股票价格走势异常（收益率大幅波动、大额交易量）或媒体大肆报道，促使投资者认为该金融资产能够获得更多收益，因此，投资者关注作用于资产供求的变动，进而引起资产价格波动。

量化投资者关注虽然有一定困难，但随着数据技术不断发展，越来越多的学者使用搜索量指数作为投资者关注的衡量方法。参考 Han 等（2017）和 Yu 等（2019），本章使用谷歌搜索量指数构建投资者关注指数。之所以选择谷歌搜索量指数主要基于以下考虑：①谷歌是全世界使用较广泛的搜索引擎，拥有全球92%的市场份额，谷歌搜索量指数的变化可以代表全球大多数投资者关注的变化；②现代投资者大多为网络用户，搜索引擎是他们最常用的信息获取工具（Yu et al., 2019; Han et al., 2017; Yao et al., 2017）；③油价作为重要的宏观经济变量，难以被私有信息驱动，而谷歌搜索量指数代表公众可获取信息，其能整合多个维度的信息来源，并提供高度多样化的信息集（Han et al., 2017）。因此，本章认为使用谷歌搜索量指数构建投资者关注指数，并将其用于分析原油市场是合理的。

基于上述讨论，本章扩展现有关于投资者关注的研究，进一步分析投资者关注对原油市场波动的影响，并分析其定价机制。通过引入VAR-GARCH-BEKK模型，本章旨在检验由谷歌搜索量指数构建的投资者关注指数和油价收益率之间的均值溢出和波动溢出效应，并使用脉冲响应函数检验投资者关注对原油市场波动冲击的时间跨度以及冲击效应的持续期。本章主要贡献如下：①通过PCA，本章构建投资者关注指数，从投资者心理的角度揭示油价波动的形成机制；②本章检验投资者关注和油价之间的均值溢出与波动溢出效应，为原油市场参与者实施短期套利和风险控制提供参考依据。

3.2 国内外研究现状

原油定价机制一直以来都是热点研究话题，除传统的基本面因素外（Welch and Goyal, 2008; Kilian, 2009; 何亚男和汪寿阳, 2011），以投资者关注为代表的行为金融变量受到很多学者的关注。其中，谷歌搜索量指数是最流行的投资者关注指数构建方法之一，并被广泛应用于分析研究股票市场、债券市场、原油市场等领域。

具体而言，Yao等（2017）使用谷歌搜索量指数构建原油市场投资者关注指数，其发现投资者关注指数对WTI油价的长期波动贡献度约为15%。Qadan和Nama（2018）使用包括谷歌搜索量指数在内的多种方法衡量投资者关注，发现谷歌搜索量指数能显著影响油价。张跃军和李书慧（2020）发现投资者关注可以影响油价波动。

除了验证投资者关注与原油市场的相关关系，很多学者还将投资者关注指数作为一种预测变量以预测原油市场的未来变化。例如，Han等（2017）通过谷歌搜索量指数构建的投资者关注指数预测油价，其发现无论是样本内预测还是样本外预测，投资者关注均展现了显著的油价预测能力；Yu等（2019）通过将谷歌搜索量指数纳入机器学习方法以预测原油消费量，其发现谷歌搜索量指数可以提升模型的预测精度。除了对油价收益率进行预测，Afkhami等（2017）使用谷歌搜索量指数预测包括原油、汽油、燃料油、天然气在内的大宗商品的价格波动，发现加入谷歌搜索量指数的模型在未来波动预测精度上优于传统的GARCH族模型。上述学者的研究成果进一步验证了投资者关注的原油市场解释能力，投资者关注不仅和油价之间存在相关关系，还可用于预测原油市场未来变化。

以谷歌搜索量指数衡量的投资者关注指数除了被成功应用于原油市场，也被用于分析预测传统证券市场。例如，Vozlyublennaia（2014）通过谷歌搜索量指数构建投资者关注指数，并检验了其和标准普尔 500 指数、道琼斯工业平均指数和纳斯达克指数等若干证券市场指数之间的关系，其发现投资者关注增加将导致上述指数在短期内发生变化。Audrino 等（2019）使用包括谷歌搜索量指数在内的多种方法衡量投资者关注和投资者情绪并作为预测变量，发现上述预测变量有助于预测样本内 18 家美股公司的股票价格和道琼斯工业平均指数的未来波动。Yin 和 Feng（2019）使用谷歌搜索量指数构建投资者关注指数，并以此预测美股超额收益率，结果表明无论是样本内还是样本外，投资者关注均有助于预测美股超额收益率。鉴于原油市场和证券市场的紧密联系（Naser and Alaali，2018；Han et al.，2019），可以推断投资者关注对证券市场的解释能力同样会体现于原油市场，投资者关注能同时捕捉金融市场和原油市场信息（Yin and Feng, 2019；Han et al., 2017，2019），使得其相对传统经济变量而言，对原油市场具有更强的解释能力（Welch and Goyal，2008）。

综上所述，投资者关注已是现代原油资产定价中不可忽视的重要因素，且其能被谷歌搜索量指数准确衡量。基于此，本章首先构建投资者关注指数，并分析其与油价之间的关系，然后通过 VAR-GARCH-BEKK 模型和脉冲响应分析检验投资者关注和油价收益及波动之间的溢出效应，帮助市场参与者和政策制定者更充分地理解原油资产的定价机制。

3.3 研究方法与数据说明

3.3.1 研究方法

为了检验投资者关注对油价的均值溢出和波动溢出效应，本章使用 VAR-GARCH-BEKK 模型（Yun and Yoon，2019）。其中，均值溢出效应由均值方程（VAR(1)）检验，波动溢出效应由方差方程（GARCH(1,1)-BEKK）检验。VAR(1) 模型的基本形式如下：

$$\begin{bmatrix} r_{i,t} \\ x_{j,t} \end{bmatrix} = \begin{bmatrix} c_1 \\ c_2 \end{bmatrix} + \begin{bmatrix} \alpha_{11} & \alpha_{12} \\ \alpha_{21} & \alpha_{22} \end{bmatrix} \begin{bmatrix} r_{i,t-1} \\ x_{j,t-1} \end{bmatrix} + \begin{bmatrix} \varepsilon_{1,t} \\ \varepsilon_{2,t} \end{bmatrix} \quad (3.1)$$

其中，$r_{i,t}$ 分别为 WTI 原油期货收益率、WTI 原油现货收益率、Brent 原油期货收益率和 Brent 原油现货收益率；$x_{j,t}$ 为投资者关注，即原始谷歌搜索量指数序列通过 PCA 加权所得的谷歌搜索量指数（构建方法详见 2.3.1 节），本章在实证分析部分使用第一主成分 $x_{1,t}$ 作为投资者关注的代理变量。在 VAR(1) 模型中，当期的油价收益率 $r_{i,t}$ 由前期的油价收益率 $r_{i,t-1}$ 和前期的投资者关注 $x_{j,t-1}$ 决定；当期的投资者关注 $x_{j,t}$ 由前期的投资者关注 $x_{j,t-1}$ 和前期的油价收益率 $r_{i,t-1}$ 决定。因此，α_{12} 的估计值代表投资者关注对油价收益率的均值溢出效应。若 $\alpha_{12}=0$，投资者关注的变化不会影响油价收益率；若 α_{12} 显著不为 0，投资者关注的变化会显著影响油价收益率。

用于检验波动溢出效应的方差方程是 Engle 和 Kroner（1995）提出的 GARCH(1,1)-BEKK 模型，其形式如下：

$$\begin{bmatrix} h_{11,t} & h_{12,t} \\ h_{21,t} & h_{22,t} \end{bmatrix} = \begin{bmatrix} c_{11} & 0 \\ c_{21} & c_{22} \end{bmatrix}' \begin{bmatrix} c_{11} & 0 \\ c_{21} & c_{22} \end{bmatrix}$$
$$+ \begin{bmatrix} \alpha_{11} & \alpha_{12} \\ \alpha_{21} & \alpha_{22} \end{bmatrix}' \begin{bmatrix} \varepsilon_{1,t-1}^2 & \varepsilon_{1,t-1}\varepsilon_{2,t-1} \\ \varepsilon_{1,t-1}\varepsilon_{2,t-1} & \varepsilon_{2,t-1}^2 \end{bmatrix} \begin{bmatrix} \alpha_{11} & \alpha_{12} \\ \alpha_{21} & \alpha_{22} \end{bmatrix} \quad (3.2)$$
$$+ \begin{bmatrix} \beta_{11} & \beta_{12} \\ \beta_{21} & \beta_{22} \end{bmatrix}' \begin{bmatrix} h_{11,t-1} & h_{12,t-1} \\ h_{21,t-1} & h_{22,t-1} \end{bmatrix} \begin{bmatrix} \beta_{11} & \beta_{12} \\ \beta_{21} & \beta_{22} \end{bmatrix}$$

$$h_{11,t} = c_{11}^2 + c_{21}^2 + \alpha_{11}^2 \varepsilon_{1,t-1}^2 + 2\alpha_{11}\alpha_{21}\varepsilon_{1,t-1}\varepsilon_{2,t-1} + \alpha_{21}^2 \varepsilon_{2,t-1}^2 \\ + \beta_{11}^2 h_{11,t-1} + 2\beta_{11}\beta_{21} h_{12,t-1} + \beta_{21}^2 h_{22,t-1} \quad (3.3)$$

$$h_{22,t} = c_{22}^2 + \alpha_{12}^2 \varepsilon_{1,t-1}^2 + 2\alpha_{12}\alpha_{22}\varepsilon_{1,t-1}\varepsilon_{2,t-1} + \alpha_{22}^2 \varepsilon_{2,t-1}^2 \\ + \beta_{12}^2 h_{11,t-1} + 2\beta_{12}\beta_{22} h_{12,t-1} + \beta_{22}^2 h_{22,t-1} \quad (3.4)$$

其中，$\{h_{11,t}\}$ 和 $\{h_{22,t}\}$ 分别为投资者关注和油价收益率的波动率序列，当 α_{12}、α_{21}、β_{12} 和 β_{21} 均显著为 0 时，投资者关注和油价收益率之间不存在波动溢出效应；当 β_{12} 和 β_{21} 均显著不为 0 时，投资者关注和油价收益率之间存在双向波动溢出效应；当 α_{12} 和 β_{12} 均显著不为 0 时，油价收益率对投资者关注存在波动溢出效应；当 α_{21} 和 β_{21} 均显著不为 0 时，投资者关注对油价收益率存在波动溢出效应。

为了进一步探讨投资者关注和油价收益率之间的关联方向，本章进一步计算它们之间的动态相关系数：

$$\rho_{12} = \frac{h_{12,t}}{\sqrt{h_{11,t} \times h_{22,t}}} \quad (3.5)$$

3.3.2 数据说明

本章从谷歌趋势下载相关关键词的谷歌搜索量指数，并以此构建投资者关注指数。谷歌趋势是谷歌官方提供的谷歌搜索量指数下载地址,其可以提供 2004 年以来的任意关键词的搜索量指数。谷歌搜索量指数是一种相对搜索热度指数,即谷歌官方会根据某一关键词的搜索热度进行 0~100 的打分,分数越高则代表搜索热度越高。参考现有文献(Han et al.,2017;Yao et al.,2017;Yu et al.,2019),本章选择 5 个热门的原油市场关键词,即 WTI、Brent、oil price、crude price、crude oil,数据为 2004 年 1 月~2019 年 12 月的月度数据。参考 Han 等(2017),首先对所有谷歌搜索量指数进行一阶自然对数差分处理以反映搜索热度的变化率,并确保相关数据的平稳性;参考 Yao 等(2017),其次对 5 个关键词的谷歌搜索量指数进行 PCA 加权以获得综合搜索量指数。

表 3.1 展示了 PCA 结果中的特征值、主成分方差比例和累计方差比例,表 3.2 展现了原始变量在各主成分中的权重。可以发现,第一主成分的累计方差比例已经达到 86.2769%,且各关键词的谷歌搜索量指数在第一主成分中的权重比较平均,并未出现某一关键词占有绝对优势的现象。本章进一步在图 3.1 中绘制第一主成分与 WTI 原油现货收益率的关系,可以看出,两者呈现明显的相关关系,在 2008 年、2014 年等重要节点,两者发生剧烈波动。因此,第一主成分被最终确定为本章投资者关注的代理变量。

表 3.1 主成分的特征值及方差

主成分	特征值	主成分方差比例/%	累计方差比例/%
1	0.2853	86.2769	86.2769
2	0.0194	5.8790	92.1559
3	0.0176	5.3122	97.4681
4	0.0050	1.5234	98.9915
5	0.0033	1.0085	100.0000

表 3.2 原始变量在各主成分中的权重

关键词	主成分 1	主成分 2	主成分 3	主成分 4	主成分 5
WTI	0.4901	−0.4619	0.7367	−0.0498	−0.0353
Brent	0.3952	0.8687	0.2806	0.0472	−0.0906
oil price	0.4069	−0.0939	−0.3952	−0.5277	−0.6253
crude price	0.5531	−0.1516	−0.4130	0.7059	0.0480
crude oil	0.3635	0.0141	−0.2276	−0.4675	0.7728

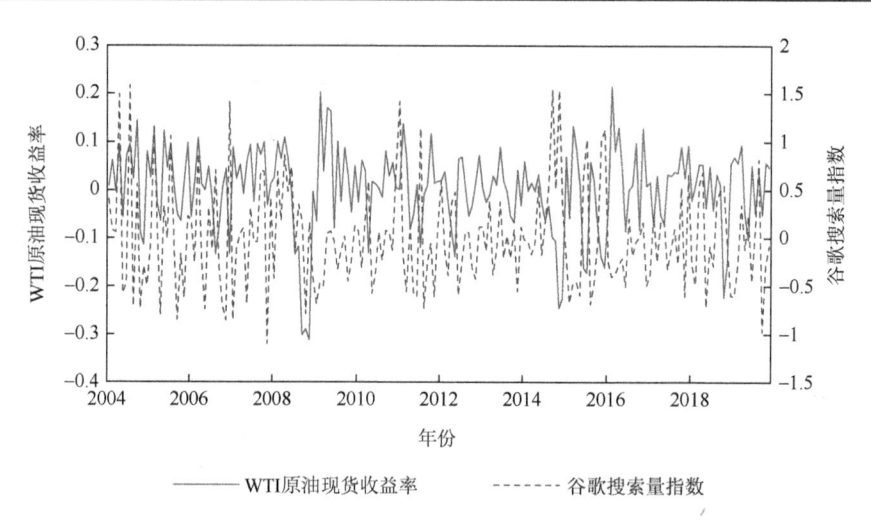

图 3.1　WTI 原油现货收益率和谷歌搜索量指数变化率

本章共选择四种油价代理变量，即 WTI 原油现货价格、Brent 原油现货价格、WTI 原油期货价格和 Brent 原油期货价格，前三者的数据来源为 EIA，后者数据来源于 Wind 数据库。样本区间为 2004 年 1 月～2019 年 12 月，该区间包含全球金融危机、美国页岩油气革命等重要原油市场事件发生的时间点（Baumeister and Kilian，2016；Bataa and Park，2017），具有代表意义。本章对油价数据进行收益率处理，即 $r_{i,t} = \ln p_{i,t} - \ln p_{i,t-1}$，其中，$p_{i,t}$ 是油价。最终，四种油价收益率数据和投资者关注数据的描述性统计结果如表 3.3 所示。可以看到，油价收益率显现显著的波动集聚效应且本章所有序列均可以通过平稳性检验。

表 3.3　描述性统计

统计量	WTI 原油期货收益率	Brent 原油期货收益率	WTI 原油现货收益率	Brent 原油现货收益率	谷歌搜索量指数
均值	0.0029	0.0040	0.0029	0.0043	−0.0000
中位值	0.0142	0.0163	0.0129	0.0107	−0.0655
最大值	0.2139	0.1960	0.2149	0.1882	1.5846
最小值	−0.3320	−0.3110	−0.3121	−0.3246	−1.0971
标准差	0.0881	0.0893	0.0875	0.0822	0.5341
偏度	−0.8953	−0.9735	−0.8713	−0.6120	0.7594
峰度	4.7607	4.5524	4.5946	3.9278	3.5020
J-B	50.1883***	49.3500***	44.4010***	18.7724***	20.3645***
$Q(10)$	36.2955***	28.4107***	36.1679***	16.2680	7.2957

续表

统计量	WTI原油期货收益率	Brent原油期货收益率	WTI原油现货收益率	Brent原油现货收益率	谷歌搜索量指数
$Q^2(10)$	67.6646***	77.3097***	67.7965***	27.5635***	8.8296
ADF	−10.0206***	−10.2703***	−9.9821***	−11.2611***	−14.4105***
KPSS	0.0682	0.0790	0.0689	0.0883	0.0327

***表示在1%的水平下显著

注：KPSS检验指克维亚特科夫斯基-菲利普斯-施密特-希恩（Kwiatkowski-Phillips-Schmidt-Shin）检验；J-B检验指哈尔克-贝拉（Jarque-Bera）检验；$Q(10)$和$Q^2(10)$分别为标准残差序列和标准残差平方序列的滞后阶数为10的扬-博克斯（Ljung-Box，L-B）统计量

3.4 投资者关注与油价收益率间的溢出效应分析

3.4.1 投资者关注与原油市场的溢出效应检验

由表3.3可知，油价收益率序列呈现波动集聚性特征，因此本章采用VAR-GARCH-BEKK模型拟合数据，并进行极大似然估计，结果如表3.4所示。

表3.4 溢出效应检验

参数	WTI原油期货收益率	Brent原油期货收益率	WTI原油现货收益率	Brent原油现货收益率
\multicolumn{5}{c}{A：均值方程（均值溢出效应）}
r_{11}	0.0840	0.1223	0.0888	0.1948***
	(1.1096)	(1.6124)	(1.1727)	(2.7000)
r_{12}	−0.0090	−0.0054	−0.0100	−0.0157
	(−0.9618)	(−0.5777)	(−1.0080)	(−1.6200)
r_{21}	0.3666	0.3763	0.3564	0.5270
	(0.8457)	(0.8700)	(0.8286)	(1.1732)
r_{22}	−0.0817	−0.0686	−0.0783	−0.1530**
	(−1.0855)	(−0.9060)	(−1.0737)	(−1.9723)
\multicolumn{5}{c}{B：方差方程（波动溢出效应）}
c_{11}	0.0214***	0.0302***	0.0204***	0.0128
	(3.0296)	(4.0475)	(2.9471)	(1.5163)
c_{21}	−0.2343***	−0.2844***	−0.2305***	−0.2235***
	(−5.2169)	(−4.8764)	(−5.6768)	(−4.2325)
c_{22}	−0.0000	−0.0000	0.0000	0.0000
	(−0.0000)	(−0.0000)	(0.0000)	(0.0000)

续表

参数	WTI 原油期货收益率	Brent 原油期货收益率	WTI 原油现货收益率	Brent 原油现货收益率
α_{11}	0.4340***	0.6457***	0.4169***	0.0574
	(5.4940)	(6.3945)	(5.5288)	(0.9121)
α_{12}	−0.2805	−0.5039	−0.1289	−0.6295
	(−0.5881)	(−0.7105)	(−0.2604)	(−0.9191)
α_{21}	−0.0442***	−0.0317**	−0.0442***	−0.0370***
	(−4.0858)	(−2.3246)	(−4.0435)	(−3.2285)
α_{22}	0.4322***	0.4777***	0.4397***	0.5314***
	(5.4040)	(5.9678)	(6.3473)	(5.0562)
β_{11}	0.8025***	0.6027***	0.8133***	0.9117***
	(13.0825)	(4.9897)	(15.7949)	(34.8702)
β_{12}	0.1820	0.7789	0.0777	1.9252***
	(0.5080)	(1.1195)	(0.2320)	(5.2243)
β_{21}	0.0391***	0.0531***	0.0387***	−0.0222**
	(5.0744)	(3.1995)	(5.2134)	(−2.3333)
β_{22}	0.7857***	0.6915***	0.7864***	0.7332***
	(11.9578)	(5.5331)	(13.9270)	(10.2814)
对数似然值	84.1868	86.9243	85.6873	84.3948

***和**分别表示在1%和5%的水平下显著

注：小括号内为 t 统计量值

在均值方程VAR(1)中，无论因变量是WTI原油期货收益率、WTI原油现货收益率、Brent原油期货收益率还是Brent原油现货收益率，r_{12}（r_{21}）均不显著，表明投资者关注对油价收益率没有影响，投资者关注和油价收益率之间不存在显著的均值溢出。

在方差方程GARCH(1,1)-BEKK中，可以看出：第一，α_{11}、α_{22}、β_{11}和β_{22}在大部分情况下均显著不为0。这表明，一方面，油价收益率存在显著的波动集聚性，即GARCH效应，这一结果与表3.3的描述性统计结果一致；另一方面，投资者关注指数存在波动集聚性现象。事实上，Yang等（2017）指出，投资者关注的持久性与投资者关注的焦点密不可分，当市场行情呈现上行趋势时，市场容易充斥乐观情绪，因而投资者往往忽略负面信息而持续关注市场积极信息；当市场行情呈现下降趋势时，投资者往往又集中于市场负面信息（Zhang and Li, 2019）。此外，投资者还倾向于在某一段时间持续关注一类事件，如2008年全球金融危机、2014年页岩油气革命（Bataa and Park, 2017）。因此，投资者关注一旦出现大幅变化，就意味着一段时间内将产生持续性波动，故投资者关注呈现波动集聚性现象。

第二，投资者关注对原油市场存在显著的波动溢出效应，但原油市场并未对投资者关注产生波动溢出效应。具体而言，α_{21} 和 β_{21} 均显著不为 0，而 α_{12} 和 β_{12} 在大部分情况下均与 0 没有显著差异。这表明投资者关注前期的冲击对油价收益率当期的波动具有显著影响，而投资者关注当期波动不受到油价收益率前期冲击的影响，即不存在波动溢出效应。

事实上，投资者关注对原油市场呈现单向的波动溢出效应是合理的。之所以油价收益率波动难以对投资者关注产生显著影响是因为除原油头寸外，投资者还拥有其他资产头寸。原油投资者占全部商品投资者的比例约 15%，因此投资者关注在很大程度上不仅仅受到原油市场变化的影响。相反，投资者关注却是原油市场重要的驱动因素和解释变量（Yao et al.，2017；Li et al.，2019b）。更重要的是，非理性的投资者利用关注度高的信息来进行交易，从而放大该信息对资产价格的冲击，使得资产价格偏离其潜在价格，降低市场的有效性（李进芳，2016）。

3.4.2 投资者关注对原油市场波动的冲击效应

3.4.1 节通过 VAR-GARCH-BEKK 模型证明了投资者关注对原油市场存在单向波动溢出效应。本节进一步通过脉冲响应函数研究投资者关注波动序列对油价收益率波动序列的影响持续时间和影响渠道，图 3.2 分别展示了 WTI 原油期货、Brent 原油期货、WTI 原油现货和 Brent 原油现货收益率波动对投资者关注冲击的脉冲响应图。

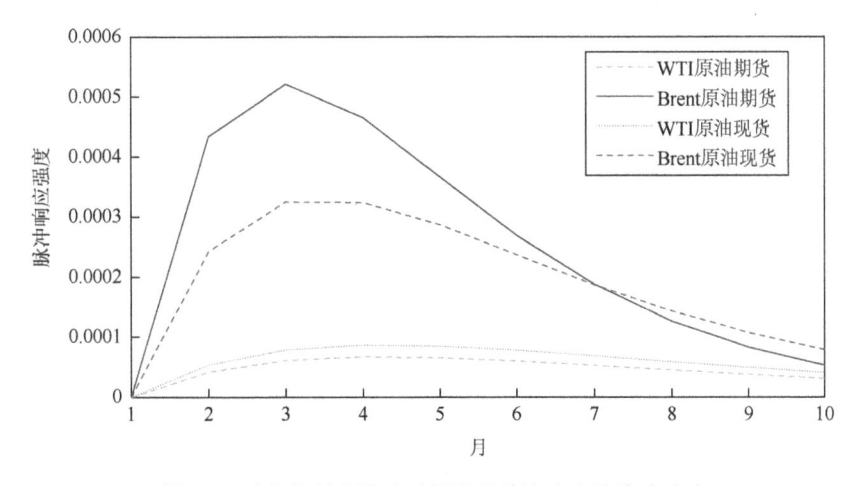

图 3.2 油价收益率波动对投资者关注冲击的脉冲响应

油价收益率波动受到投资者关注冲击的影响幅度较大，且持续时间较长。具体而言，投资者关注对油价收益率波动的冲击大约持续 10 个月，且在前 3~4 个月维持在较高的水平，其中在大约第 3 个月达到峰值，然后开始逐渐下降。事实上，投资者关注对原油市场波动的长期影响具有一定的合理性。Benhabiba 等（2016）指出，在金融市场非完全有效性的假设下，金融市场将放大市场参与者的小规模情绪波动，并进一步导致实体经济受到较大且长期的波动，而当市场剧烈波动时，投资者能够敏锐意识到资产价格中可能存在的泡沫，进而持续关注资产价格并调整自身策略，以期能在泡沫破裂前获取更高的收益率，因此，投资者关注会对资产价格产生持续影响。

尽管 WTI 油价收益率和 Brent 油价收益率波动均受到投资者关注冲击的影响，但是投资者关注冲击对 Brent 油价收益率波动的影响程度明显大于 WTI。主要原因是两大基准油价的影响因素不完全相同，对投资者关注冲击的反应程度也不相同。2011 年以来，Brent 油价和 WTI 油价之间的差异逐步变得显著，这主要源于 2008 年和 2010 年世界原油工业出现了结构性突破，水平钻井和水力压裂技术使得美国大规模开采页岩油资源（Buyuksahin et al.，2013），而页岩油产量在 WTI 原油产量中占据很高的比例，最终促使 WTI 油价收益率波动受投资者关注冲击的影响有别于 Brent 油价。

3.4.3　投资者关注与油价收益率的动态相关性分析

为了探讨投资者关注对不同油价收益率的影响方向，根据式（3.5）计算两者的动态相关系数，具体结果如图 3.3 所示。

(a) WTI原油期货收益率

(b) Brent原油期货收益率

(c) WTI原油现货收益率

(d) Brent原油现货收益率

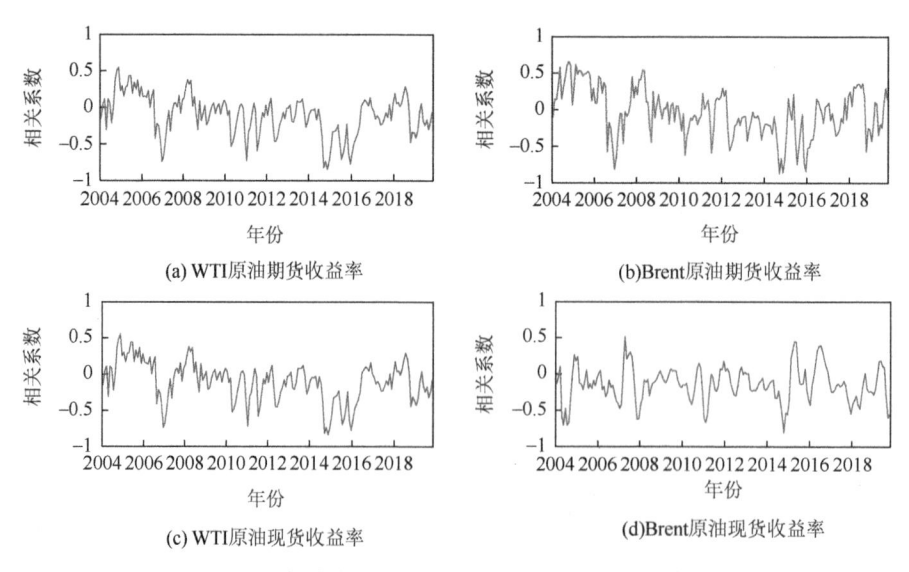

图 3.3　投资者关注与油价收益率的动态相关系数

在样本的大部分时间段，投资者关注和四种油价收益率之间的关系都为负，其相关系数达到-0.8。该发现与 Yao 等（2017）的结论一致，其发现投资者关注对 WTI 油价呈现负向影响。在 2008 年全球金融危机期间和 2014 年美国页岩油气革命期间，投资者关注和油价收益率之间的负相关系数尤其显著，这一现象的原因在于油价在上述两个时间段均出现了剧烈下降并引起了投资者关注的剧烈上升。在全球金融危机期间，金融市场上的极端风险往往会迫使非理性的投资者由于认知偏差和自身心理素质而退出市场。结果，金融市场由理性的投资者主导，导致投资者关注在 2008~2010 年对原油市场波动的贡献度较低。在此期间，原油市场受到全球金融危机和需求变化的显著冲击，波动加剧（Lorusso and Pieroni，2018）。除此之外，市场上的投资者会从不同的渠道获取信息，同时他们会基于自身经验和判断对信息进行加工，故投资者关注上涨可能导致投资者出现两极分化现象，从而进一步扩大原油市场波动和风险溢价。

3.4.4 稳健性检验

为了避免由投资者关注指数的构建方式不同导致的结果偏差，本节使用另一种方法构建投资者关注指数，并进行稳健性检验。参考 Zhang 等（2020），对前面提到的 5 个关键词的谷歌搜索量指数序列进行算术平均，并以此构建投资者关注指数。通过 VAR-GARCH-BEKK 模型，重新计算投资者关注和四种油价收益率之间的均值和波动溢出效应，具体结果如表 3.5 所示。

表 3.5 稳健性检验

参数	WTI 原油期货收益率	Brent 原油期货收益率	WTI 原油现货收益率	Brent 原油现货收益率
A：均值方程（均值溢出效应）			
r_{11}	0.0821	0.1231*	0.0871	0.1968***
	(1.0101)	(1.6461)	(1.0996)	(2.8052)
r_{12}	−0.0202	−0.0117	−0.0215	−0.0335
	(−0.9041)	(−0.5518)	(−0.9316)	(−1.4385)
r_{21}	0.1605	0.1611	0.1580	0.2285
	(0.8281)	(0.8554)	(0.8250)	(1.1648)
r_{22}	−0.0858	−0.0725	−0.0826	−0.1555**
	(−1.2128)	(−1.0123)	(−1.1828)	(−2.0056)
B：方差方程（波动溢出效应）			
c_{11}	0.0210***	0.0299***	0.0203***	0.0129
	(2.9331)	(3.8884)	(2.6101)	(1.6312)

续表

参数	WTI 原油期货收益率	Brent 原油期货收益率	WTI 原油现货收益率	Brent 原油现货收益率
c_{21}	−0.1044***	−0.1261***	−0.1030***	−0.0982***
	(−5.3757)	(−4.7615)	(−5.2615)	(−4.2722)
c_{22}	−0.0000	−0.0000	0.0000	−0.0000
	(−0.0000)	(−0.0000)	(0.0000)	(−0.0000)
α_{11}	0.4345***	0.6473***	0.4199***	0.0581
	(5.4340)	(6.2357)	(5.2694)	(0.9809)
α_{12}	−0.1206	−0.2258	−0.0639	−0.2973
	(−0.5383)	(−0.7895)	(−0.2848)	(−0.9987)
α_{21}	−0.1000***	−0.0717**	−0.0996***	−0.0847***
	(−4.2749)	(−2.5374)	(−4.1778)	(−3.6216)
α_{22}	0.4365***	0.4800***	0.4440***	0.5311***
	(5.9425)	(5.4163)	(5.7772)	(5.2556)
β_{11}	0.8042***	0.6036***	0.8129***	0.9107***
	(13.2306)	(5.0288)	(13.8332)	(37.6035)
β_{12}	0.0720	0.3433	0.0380	0.8485***
	(0.4432)	(1.2196)	(0.2342)	(5.4747)
β_{21}	0.0893***	0.1205***	0.0883***	−0.0497**
	(5.3969)	(3.4782)	(5.5777)	(−2.5065)
β_{22}	0.7812***	0.6888***	0.7816***	0.7343***
	(12.5723)	(5.5273)	(12.3955)	(10.7320)
对数似然值	239.5441	242.1950	241.0158	239.7033

***、**和*分别代表在1%、5%和10%的水平下显著

注：小括号内为 t 统计量值

稳健性检验的结果和前面的实证分析结果基本一致，r_{12}、r_{21} 和 0 没有显著区别，表明不存在均值溢出效应；α_{11}、α_{22}、β_{11} 和 β_{22} 均显著区别于 0，仍然表明四种油价收益率和投资者关注均存在波动集聚性，即 GARCH 效应；α_{12}、β_{12} 大多和 0 没有显著区别，说明油价收益率对投资者关注不存在波动溢出效应；α_{21} 和 β_{21} 显著区别于 0，表明投资者关注对油价收益率存在单向的波动溢出效应。以上发现与本章实证部分的结果基本一致。

3.5 主要结论与启示

近几年来，投资者关注已经成为国际原油市场波动的重要诱因，但影响机制尚不明确。为此，本章基于 VAR-GARCH-BEKK 模型，选取 2004 年 1 月～2019 年

12月的投资者关注和WTI、Brent原油的期/现货收益率数据,探究投资者关注对油价收益率的影响机制。结果发现:第一,投资者关注和油价收益率之间不存在均值溢出效应;第二,投资者关注对油价收益率呈现显著的波动溢出效应,但反之不明显;第三,投资者关注对油价收益率波动的冲击在第3~4个月达到最高水平,而原油市场完全吸收投资者关注的冲击大约需要10个月;第四,投资者关注对Brent油价收益率的冲击大于WTI油价。

基于上述实证结论,本章尝试提出几点管理建议。首先,监管部门应积极降低原油市场参与者的非理性行为偏差,如提高原油市场透明度,减少投资者关注冲击对原油市场的影响,缓和投资者的高关注给国际原油市场带来的巨大冲击和不确定性;其次,原油市场参与者应该重视投资者关注和油价波动之间的作用机制,在购买关注较多的原油标的资产时,需要分析行业层面的基本面,进而筛选出财务表现较好或有成长潜力的公司作为投资对象,避免因市场炒作过后价格回落而带来亏损;最后,当投资者关注处于较高水平时,投资者应该理性分析和研判市场形势,做出科学决策,避免羊群效应和资产价格波动引发的巨大投资风险。

当然,未来国际原油市场的投资者关注问题还有许多工作值得去做。例如,可以进一步探讨大数据环境下投资者关注对原油资产定价的影响,依据投资者关注对原油市场极端风险进行预测建模。另外,投资者情绪和投资者关注都经常被用于刻画投资行为,未来可以构建统一的模型,探讨投资行为中不同维度的信息对原油市场的影响机制。

第4章　美国 EPU 对国际油价收益率的影响研究

4.1　美国 EPU 及其与国际原油市场的关联机制

近年来，EPU 和油价之间的关系引起了学术界的密切关注。一方面，EPU 是实体经济活动的重要驱动因素，会影响企业和投资者的生产计划或投资决策，进而影响原油的需求、投资以及油价波动（Degiannakis et al., 2018）。另一方面，油价通过影响通货膨胀、个人消费和劳动力供给等影响经济社会发展，进而影响政策制定者的决策，导致 EPU 增加（Rehman, 2018）。鉴于 EPU 和油价之间的紧密联系，探究 EPU 和油价之间的影响机制具有重要现实意义。

然而，目前大多数相关研究采用不同国家的 EPU 指数来探究其和油价之间的溢出效应（Ma et al., 2019a; Chen et al., 2019），忽视了不同经济政策和油价之间的影响机制研究。例如，美国的货币政策是预测商品价格的良好指标且美国宽松的货币政策可能会推动石油等商品价格上涨（Rosa, 2014）。此外，页岩油的发展让美国实现了石油的自给自足，从而使得国际上其他能源价格的波动对美国油价的影响减弱，而国内因素（如货币政策）对美国油价的形成和长期走势起着越来越重要的作用（Baek and Miljkovic, 2018）。税收成本是能源投资（如原油投资）总成本的主要组成部分，因此，税收政策变化是导致原油投资风险的重要因素之一（Cussen, 2020）。石油出口国通常拥有主权财富基金以对冲油价波动和未来资源枯竭。因此，对于石油出口国来说，了解政府支出对油价波动的反应有利于政策制定者稳定国内收支平衡（Anshasy and Bradley, 2012）。美国是全球原油消费大国，其政治环境会直接影响原油需求甚至国际能源市场的安全稳定，这对全球经济运作十分关键（Krane and Medlock, 2018）。因此，美国国家安全政策不确定性对油价波动至关重要。此外，美国各州油气的开发给当地社区引来了大量劳动力，因此，福利政策的变化也会影响石油和天然气行业开发资源的能力（Newell and Raimi, 2018）。至于医疗保健支出政策，美国是一个典型的石油生产国，2016 年美国医疗保健支出占政府支出的 16%（Bodea et al., 2016）。对于石油生产国来说，国家的医疗保健等支出有利于保障边缘化人群的利益，减轻"资源诅咒"，维护社会稳定，从而可以保障原油供应，维持油价稳定。贸易政策可以通过限制需求或者增加供应来平衡能源的需求和供应，如石油进口配额和关税等政策都可能对油价波动产生影响（Zhang et al., 2018a）。2019 年，美国的原油出口量为 1.55 亿吨[①]。作为一个石油出口国，油价下跌会导致其主权信用评级下降，从而增加美国的借贷成本进而影响原油供应（Pavlova et al., 2018）。本章使用的监管政策不确定性指数包括美国政府提出的能源政策以及相关法律法规。例如，美国商品期货交易委员会（Commodity Futures Trading Commission, CFTC）的监管干预措施可以降低油价波动性，进而降低原油市场风险（Berk and Rauch, 2016）。总的来说，不同经济政策可能通过不同的影响机制引起油价波动。

此外，现有研究主要探究了时间领域 EPU 和油价之间的溢出关系，但是忽视了不同频率下溢出效应的差异（Hailemariam et al., 2019；Yang et al., 2019）。原油市场是由不同利益相关者组成的典型复杂系统，不同的市场参与者具有不同的信念和偏好，他们可能关注不同频率下两者溢出关系的变化（Ferrer et al., 2018；Sun et al., 2020）。例如，政策制定者致力于长期市场均衡，他们需要关注原油市场的长期趋势。但是对于投资周期较短的投机者来说，市场的短期趋势可能更加重要。总的来说，不同市场参与者会在不同频率下对整个市场产生影响（Sun et al., 2020）。因此，原油市场参与者的异质性使得考虑不同频率下 EPU 和油价之间的溢出效应至关重要。基于此，本章旨在回答三个主要问题：第一，EPU 和 WTI 油价收益率之间的动态条件相关性在不同时间领域如何变化？第二，哪种类型的 EPU 可以显著影响 WTI 油价收益率波动？第三，不同类型 EPU 对 WTI 油价收益率的影响在不同频率下是否存在差异？

目前，Baker 等（2016）构建的 EPU 指数已被学者广泛应用。他们通过搜索美国前 10 家主要报纸中出现的包含"经济"或"经济学"、"不确定"或"不确定性"等名词的论文出现的频率，构建了不同国家的 EPU 指数。此外，他们加入了特定类别的经济政策相关名词进行限定，从而构建了美国特定类别的 EPU 指数。例如，美国货币政策不确定性指数是通过搜索"经济"或"经济学"、"不确定"或"不确定性"等限定词，再加入"联邦储备""美联储""货币"等限定词进行构建的。美国特定类别的 EPU 指数涵盖货币政策、税收政策、政府支出政策、医疗保健支出政策、国家安全政策、福利政策、监管政策、贸易政策和主权债务政策等 9 个方面。因此，本章使用不同类型的美国 EPU 指数，探究油价收益率对不同 EPU 的反应。

本章的研究贡献主要有以下三点。第一，本章使用美国 9 种 EPU 指数，深入分析其对 WTI 油价收益率的影响，而不是使用目前普遍采用的某个国家的 EPU 指数，拓宽了现有关于 EPU 和原油市场关系的研究视角。第二，本章使用 DCC-GARCH 模型刻画各类型美国 EPU 指数和 WTI 油价收益率的动态条件相关性，从时间领域角度揭示不同类型美国 EPU 指数和 WTI 油价收益率之间的动态

---

① 数据来源于 EIA。

关系。第三，本章采用网络连通度方法，从时间和频率两个领域揭示不同类型美国 EPU 指数和 WTI 油价收益率间溢出效应的方向和强度。本章的研究结果为探究 EPU 和原油市场关系提供了新的视角，为原油市场参与者提供了重要的决策支持依据。

4.2 国内外研究现状

2008 年全球金融危机爆发之后，EPU 成为影响商品价格波动和导致市场风险的重要因素，EPU 对能源市场（尤其是原油市场）的影响成为大量学者关注的焦点（Ji et al.，2018）。本章主要从时间领域和频率领域两个方面对相关文献进行总结。

从时间领域来看，目前已有一些学者探究了 EPU 和油价收益率、波动率以及股票市场之间的溢出效应。例如，Aloui 等（2016）使用科普拉（Copula）模型研究了 EPU 和油价收益率在极端风险下的依赖关系，他们发现几乎在整个样本区间 EPU 和油价收益率负向相关，但是在全球金融危机期间两者存在正向相关关系。Bonaccolto 等（2018）使用分位数因果关系检验方法测度 EPU、股票市场不确定性对油价收益率和波动率的影响，发现仅在特定时期（如全球金融危机时期）EPU 和股票市场不确定性会引起油价波动。Lei 等（2019）运用 MIDAS 分位数回归模型研究 EPU 和油价收益率的关系，发现全球金融危机之前 EPU 对油价收益率具有显著的负向影响，但是全球金融危机之后 EPU 和油价收益率具有正向相关关系。

Reboredo 和 Uddin（2016）使用分位数回归模型分析了金融压力指数对美国 EPU 和能源价格、美国 EPU 和金属商品价格两两之间共同变化趋势的影响，结果发现在控制金融压力指数后，EPU 和能源价格之间不存在共同运动和格兰杰因果关系。冯钰瑶等（2020）使用 WA 和分位数回归模型探究了 EPU 等不确定性因素和原油市场之间的交互作用，发现 EPU 对原油市场的影响主要集中在中长期频率。卜林等（2020）使用广义脉冲响应函数和广义方差分解方法测度了 EPU 和股票市场之间的溢出效应，发现全球股票市场波动和全球 EPU 之间存在较强的双向的正向影响关系。此外，在中美贸易争端的背景下，Zhang 等（2019d）使用美国和中国 EPU 指数估计了两国 EPU 对能源和商品市场的影响，结果表明美国 EPU 对能源和商品市场的影响起主导作用。

尽管已有不少学者探究 EPU 和原油市场间的溢出效应，但是大多数研究基于时间领域。因此，近年来学者开始考虑不同频率下两者溢出效应的变化。例如，Sun 等（2020）使用小波相干方法和多尺度线性格兰杰因果关系检验方法探讨七国集团（Group of Seven，G7）成员国、中国、巴西、俄罗斯的 EPU 和 WTI 油价的共同运动和因果关系。研究发现不同国家的 EPU 和 WTI 油价的关系在不同频率领域有所区别，在 1~8 个月短期频率下 EPU 和 WTI 油价的相关性相对较弱，在 8~32 个月中期频率和 32~128 个月长期频率下两者的相关性显著增强，在发生重大政治事件或者全球金融危机期间两者的相关性尤其显著。在不同的频率领域，混频模型也被用于探究 EPU 和原油市场的关系。例如，Wei 等（2017）使用 GARCH-MIDAS 模型分析了 EPU 指数、原油需求和原油供应以及投机交易等因素中最有助于预测油价波动的因素，发现 EPU 指数是综合决定因素，可以综合反映原油需求、原油供应和投机交易对原油现货价格波动的影响。

总的来说，当前已有学者探究 EPU 和油价之间的关系，但是大多数研究只考虑了不同国家的总 EPU，而且多基于时间领域。此外，尽管少数学者探究了频率领域 EPU 和油价的关系，但是他们仍然聚焦于不同国家的总 EPU，且并未深入探究不同类型 EPU 的异质性。

4.3 研究方法与数据说明

4.3.1 研究方法

1. DCC-GARCH 模型

DCC-GARCH 模型是常用的估计溢出效应的模型，由 Engle（2002）提出。该模型将条件协方差矩阵分解为相关系数矩阵以及条件标准差，可以反映变量间随时间变化的动态条件相关系数（王胜和赵春晨，2020）。因此，本章使用 DCC-GARCH 模型测度 EPU 和油价收益率间的动态条件相关性。

假设油价收益率 r_t 服从零均值且条件方差-协方差矩阵为 K_t 的多元正态分布，则 r_t 可以表示为

$$r_t | I_{t-1} = \mu_t + \varepsilon_t \tag{4.1}$$

其中，I_{t-1} 为信息集；μ_t 为条件均值向量；ε_t 为残差，且可表示为

$$\varepsilon_t = B_t^{1/2} Z_t \tag{4.2}$$

其中，Z_t 为独立同分布的随机变量；B_t 为条件协方差矩阵，且可被分解为

$$B_t = H_t R_t H_t \tag{4.3}$$

其中，H_t 为条件标准残差矩阵；R_t 为条件相关系数矩阵，而且 $H_t = \text{diag}(h_{1,t}^{1/2}, h_{2,t}^{1/2}, \cdots, h_{n,t}^{1/2})$，$R_t = \text{diag}(Q_t)^{-1/2} Q_t \text{diag}(Q_t)^{-1/2}$。$h_{i,t}$ 满足多元 GARCH(1,1)过程，Q_t 为对称正定矩阵，它们可以表示为

$$h_{i,t} = \alpha_0 + \alpha_1 \varepsilon_{i,t-1}^2 + \beta_1 h_{i,t-1} \tag{4.4}$$

$$Q_t = (1 - \iota_1 - \iota_2) \overline{Q} + \iota_1 Z_t Z_{t-1}' + \iota_2 Q_{t-1} \tag{4.5}$$

其中，$\iota_1, \iota_2 > 0$ 且 $\iota_1 + \iota_2 < 1$；$\overline{Q}$ 为 Z_t 的无条件相关系数矩阵。

两个时间序列如 WTI 油价收益率和 EPU 指数之间的动态条件相关系数表示为

$$\rho_{1,2,t} = \frac{q_{1,2,t}}{\sqrt{q_{1,1,t} q_{2,2,t}}} \tag{4.6}$$

其中，$q_{1,2,t}$ 为矩阵 Q_t 中的元素；$q_{1,1,t}$ 和 $q_{2,2,t}$ 为 Q_t 的对角元素。

2. 溢出效应测度

本章使用 Barunik 和 Krehlik（2018）提出的时间-频率网络连通度框架以及 Diebold 和 Yilmaz（2009，2012）提出的时间领域溢出指数测度 EPU 指数和 WTI 油价收益率间的溢出效应。其中，时间领域溢出指数可以清晰直观地反映市场之间的溢出效应，已经被广泛应用于能源和金融领域。Barunik 和 Krehlik（2018）提出的时间-频率领域溢出指数是对 Diebold 和 Yilmaz（2009，2012）的拓展，可以捕捉频率领域的信息。

首先，构建包含 n 个变量、滞后 p 阶的 VAR 模型：

$$X_t = A_1 X_{t-1} + A_2 X_{t-2} + \cdots + A_p X_{t-p} + \varepsilon_t \tag{4.7}$$

其中，X_t 为 $n \times 1$ 的内生向量，即 9 个 EPU 指数和 WTI 油价收益率；$A_1, \cdots, A_p$ 为待估系数；ε_t 为具有零均值和协方差矩阵为 Σ 的随机扰动项。

假如 VAR 模型的协方差是平稳的，则 VAR 模型的移动平均形式如下：

$$X_t = M(L)\varepsilon_t = \sum_{l=1}^{\infty} M_l \varepsilon_{t-l} + \varepsilon_t \tag{4.8}$$

其中，$M(L)$ 为 $n \times n$ 的无限滞后多项式矩阵。

其次，在 Diebold 和 Yilmaz（2012）的基础上，本章使用广义预测误差方差分解方法度量连通度：

$$\theta_{ij}(K) = \frac{\sigma_{jj}^{-1} \sum_{\kappa=0}^{K} ((M_\kappa \Sigma)_{ij})^2}{\sum_{\kappa=0}^{K} (M_\kappa \Sigma M_\kappa')_{ii}} \tag{4.9}$$

其中，M_κ 为滞后 κ 阶的移动平均过程系数；K 为预测步长；σ_{jj} 为协方差矩阵 Σ 的第 j 个对角元素。根据 Barunik 和 Krehlik（2018），频率尺度下的脉冲响应可以表示为频率领域的连通度，因此，考虑方差分解的频谱表示方法十分重要。进而，本章将原模型中滞后 κ 阶的 $n \times n$ 移动平均过程系数进行傅里叶变换，构建频率响应函数：

$$M(e^{-i\kappa\omega}) = \sum_{\kappa=0}^{\infty} e^{-i\kappa\omega} M_\kappa \tag{4.10}$$

第 4 章 美国 EPU 对国际油价收益率的影响研究

因此,在特定频率 ω 下的广义预测误差方差分解如下:

$$\theta_{ij}(\omega) = \frac{\sigma_{jj}^{-1}\sum_{\kappa=0}^{\infty}(M(e^{-i\kappa\omega})\Sigma)_{ij}^{2}}{\sum_{\kappa=0}^{K}(M(e^{-i\kappa\omega})\Sigma(e^{-i\kappa\omega}))_{ii}} \tag{4.11}$$

其中,$\theta_{ij}(\omega)$ 为在特定频率 ω 下第 j 个变量对第 i 个变量的 K 步预测误差方差的波动贡献度。

在金融和经济实际应用中,通常更倾向于描述短期、中期和长期频率下的连通度而不是单个频率下的连通度。因此,有必要计算特定频率 $\omega' \in (\omega_1, \omega_2)$ 内的累计连通度:

$$\tilde{\theta}_{ij}(\omega') = \int_{\omega_1}^{\omega_2} \tilde{\theta}_{ij}(\omega)\mathrm{d}\omega \tag{4.12}$$

接下来,通过构造一系列溢出指数度量不同类型的美国 EPU 指数和 WTI 油价收益率之间的溢出强度和溢出方向(Barunik and Krehlik,2018)。

(1)总溢出指数。总溢出指数描述特定频率 ω' 下美国 EPU 指数和 WTI 油价收益率之间的相互解释能力:

$$\mathrm{TS}^{\omega'} = \frac{\sum_{i=1,i\neq j}^{n}\tilde{\theta}_{ij}(\omega')}{\sum_{ij}\tilde{\theta}_{ij}(\omega')} = 1 - \frac{\sum_{i=1}^{n}\tilde{\theta}_{ii}(\omega')}{\sum_{ij}\tilde{\theta}_{ij}(\omega')} \tag{4.13}$$

(2)定向溢出指数。定向溢出指数主要包括两类:定向传出指数和定向接收指数。定向传出指数 $\mathrm{DS}_{i\rightarrow}^{\omega'}$ 表示特定频率 ω' 下变量 i 对系统中其他变量的方差贡献度,定向接收指数 $\mathrm{DS}_{i\leftarrow}^{\omega'}$ 表示特定频率 ω' 下变量 i 受到系统中其他变量带来的风险溢出程度:

$$\mathrm{DS}_{i\rightarrow}^{\omega'} = \sum_{j=1,i\neq j}^{n}\tilde{\theta}_{ji}(\omega') \tag{4.14}$$

$$\mathrm{DS}_{i\leftarrow}^{\omega'} = \sum_{j=1,i\neq j}^{n}\tilde{\theta}_{ij}(\omega') \tag{4.15}$$

(3)净定向溢出指数。净定向溢出指数表示特定频率 ω' 下变量 i 对系统中其他变量的净风险溢出效应:

$$\mathrm{NS}_{i,\mathrm{net}}^{\omega'} = \mathrm{DS}_{i\rightarrow}^{\omega'} - \mathrm{DS}_{i\leftarrow}^{\omega'} \tag{4.16}$$

(4)净定向成对溢出指数。净定向成对溢出指数用于度量特定变量之间的溢出效应。特定频率 ω' 下变量 i 和 j 之间的净定向成对溢出指数如下:

$$\mathrm{NPS}_{ij}^{\omega'} = \tilde{\theta}_{ji}(\omega') - \tilde{\theta}_{ij}(\omega') \tag{4.17}$$

4.3.2 数据说明

本章使用的样本数据包括 9 种类型的美国 EPU 指数和 WTI 油价收益率的历史数据，样本区间为 1985 年 2 月~2020 年 6 月，共 425 个月度样本，数据来源为 EIA。本章使用 9 种美国 EPU 指数，其为 Baker 等（2016）将搜集的相关名词在不同报纸上出现的频数进行归一化处理后的加权平均值，包括货币政策不确定性指数、税收政策不确定性指数、政府支出政策不确定性指数、医疗保健支出政策不确定性指数、国家安全政策不确定性指数、福利政策不确定性指数、监管政策不确定性指数、贸易政策不确定性指数和主权债务政策不确定性指数，数据来源于 http://www.policyuncertainty.com/；使用 WTI 原油期货收盘价反映国际油价水平。为了保证变量的平稳性，本章计算 WTI 原油期货价格的对数收益率，即 $r_t = \ln(p_t / p_{t-1}) \times 100$，其中，$p_t$ 为 t 时刻 WTI 原油期货价格。表 4.1 展示了本章使用的所有变量。本章选择不同类型的美国 EPU 指数基于两点考虑：一是由于数据的可得性，美国 EPU 包含的类别较为丰富，可以综合、全面地反映各类 EPU 的影响；二是因为美国无论是经济、军事还是科技发展都处于世界前列，美国 EPU 对全球经济社会稳定具有重要影响。

表 4.1 变量解释

指标	变量名称	变量符号
EPU	货币政策不确定性指数	MPU
	税收政策不确定性指数	TU
	政府支出政策不确定性指数	GSU
	医疗保健支出政策不确定性指数	HCU
	国家安全政策不确定性指数	NSU
	福利政策不确定性指数	ENPU
	监管政策不确定性指数	RU
	贸易政策不确定性指数	TPU
	主权债务政策不确定性指数	SDU
油价收益率	WTI 油价收益率	WTI

图 4.1 展示了 9 种类型的美国 EPU 指数和 WTI 油价收益率的动态变化趋势。可以看到，在整个样本区间内，无论是美国 EPU 指数还是 WTI 油价收益率序列，每个变量都具有较大的波动性。例如，在 1991 年海湾战争期间，所有的美国 EPU 指数和 WTI 油价收益率序列的波动性都显著增加。这可能是因为 GPR 增加了 EPU，而较高的 EPU 引起原油市场波动。

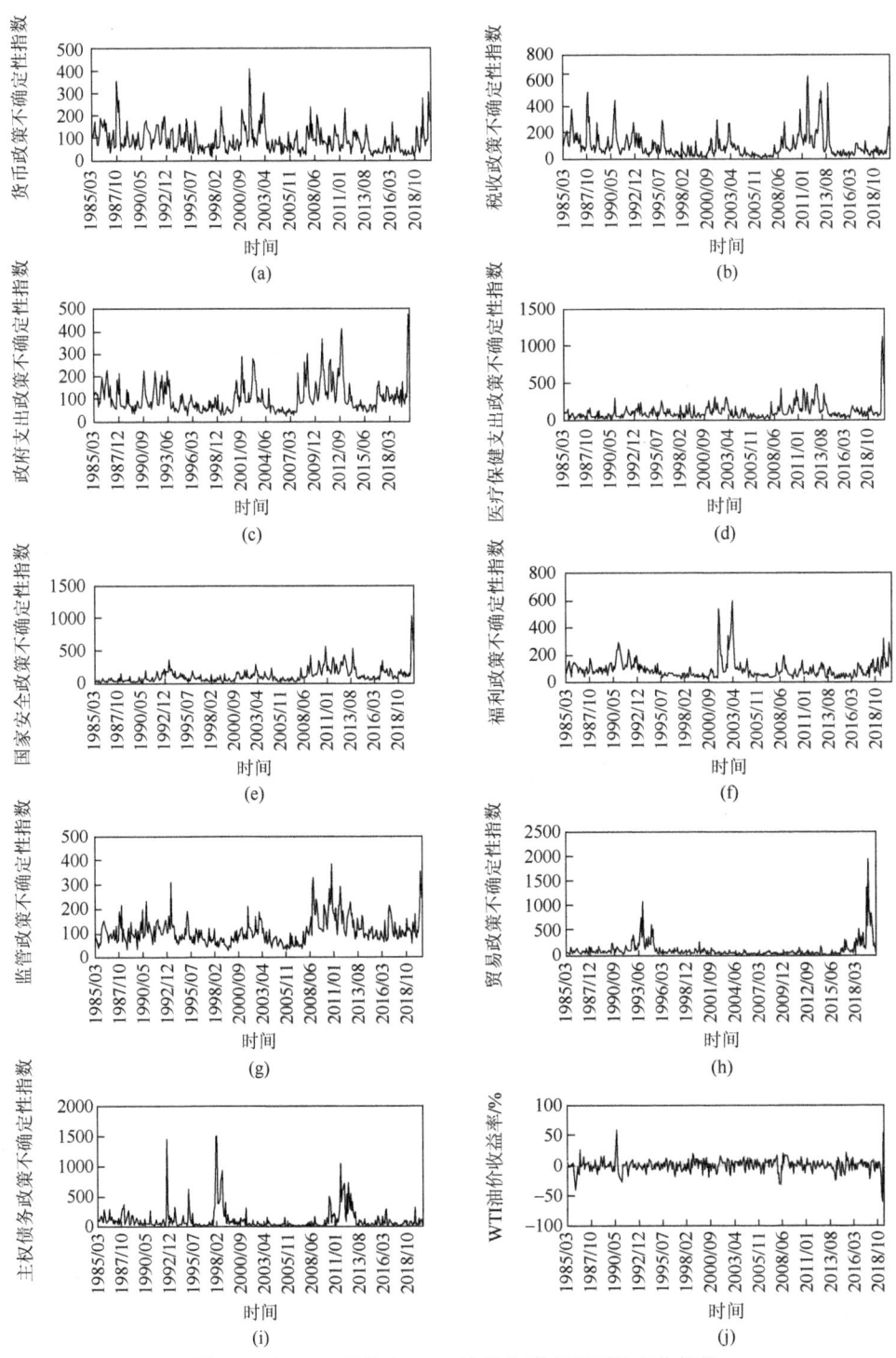

图 4.1　各 EPU 指数和 WTI 油价收益率序列的变化趋势

表4.2列出了样本区间内美国各EPU指数和WTI油价收益率序列的描述性统计数据。可以看到，主权债务政策不确定性指数的标准差相对最大，说明其波动性相对最大。从偏度上来看，除WTI油价收益率序列之外，所有变量的偏度都大于0，呈右偏状态。从峰度上来看，所有变量的峰度都大于3。总的来说，所有变量都拒绝正态性假设，这和J-B检验的结果一致。此外，ADF检验、PP检验和KPSS检验等平稳性检验的结果显示，所有的美国EPU指数和WTI油价收益率在1%的显著性水平下是平稳的。

表 4.2 描述性统计

统计量	MPU	TU	GSU	HCU	NSU	ENPU	RU	TPU	SDU	WTI
均值	91.13	105.07	102.71	120.91	90.86	111.57	106.33	103.22	120.57	0.22
中位数	75.88	85.70	72.65	96.58	70.97	89.53	94.48	66.76	49.96	1.26
最大值	407.94	409.29	635.27	568.71	593.46	483.67	384.39	1094.16	1502.38	51.96
最小值	16.57	24.44	5.78	7.14	23.74	11.05	28.19	5.42	5.89	−35.34
标准差	56.84	62.86	97.36	89.28	70.89	81.18	52.79	115.82	197.99	8.77
偏度	1.74	1.60	2.43	1.69	3.56	1.83	1.53	3.66	3.97	−0.13
峰度	7.68	6.07	10.37	6.58	20.33	7.13	6.42	22.75	22.94	7.26
J-B	524.83	303.25	1202.91	374.63	5423.40	471.13	325.12	6859.13	7122.17	281.64
ADF	−9.38***	−6.73***	−7.82***	−7.09***	−7.10***	−8.49***	−5.28***	−4.62***	−8.74***	−14.58***
PP	−9.29***	−6.50***	−7.59***	−6.78***	−6.96***	−8.49***	−9.10***	−9.22***	−9.13***	−14.03***
KPSS	0.80***	0.17***	0.23***	0.80***	0.21***	0.42***	0.34***	0.38***	0.09***	0.08***

***表示变量在1%的水平下显著

4.4 美国EPU和油价收益率间的溢出效应分析

4.4.1 美国EPU和油价收益率的动态条件相关性分析

根据式（4.1）~式（4.5），基于t分布估计DCC-GARCH模型的参数，得到美国EPU指数和WTI油价收益率的动态条件相关性，如表4.3所示。主要发现如下：①参数t_1和t_2均为正且在5%的水平下显著，而且它们之和小于1，表明DCC-GARCH模型具有均值回复性；②大多数变量的参数α和β均为正且在1%的水平下显著，而且它们之和接近1，说明美国EPU指数和WTI油价收益率具有较高的波动集聚性，且每个变量的短期和长期可持续性均十分显著。

表 4.3 DCC-GARCH 模型参数估计表

参数	MPU	TU	GSU	HCU	NSU	ENPU	RU	TPU	SDU	WTI
\multicolumn{11}{c}{A：ARMA-GARCH 模型估计结果}										
μ_1	71.1277***	69.1907***	50.9053***	65.6451***	58.7361***	77.3505***	73.5906***	48.0045**	22.1632***	0.6742***
AR(1)	0.6173***	0.7452***	0.7053***	0.8614***	0.7837*	0.6348***	0.8639***	0.8368***	0.8547**	0.1415
MA(1)	−0.0047*	−0.0577*	−0.0988***	−0.3494*	−0.2211*	−0.0662*	−0.4011***	−0.4931***	−0.6611***	0.0207*
α_0	154.1602*	396.3815**	995.2435***	599.8076***	86.4459	2918.4272	65.9027	279.1040*	502.4138	21.4905**
α_1	0.0501*	0.6471***	0.7698***	0.2749***	0.2603***	0.6019	0.1103***	0.2468***	0.3882***	0.2977***
β_1	0.8827***	0.3519**	0.2292***	0.7240***	0.7387***	0.1399***	0.8846***	0.7522***	0.6107***	0.4982***
$\alpha_1+\beta_1$	0.9328	0.9990	0.9980	0.9989	0.9990	0.7818	0.9949	0.9990	0.9989	0.7959

	B：DCC 系数		C：信息准则	
t_1	\multicolumn{2}{c	}{0.0368**}	AIC	98.034
t_2	\multicolumn{2}{c	}{0.6795***}	柴田准则	99.250
			BIC	97.898
			汉南-奎因准则	98.517

***、**和*分别表示在 1%、5%和 10%的水平下显著

注：DCC 系数指动态条件相关（dynamic conditional correlation）系数；AIC 指赤池信息准则（Akaike information criterion）；BIC 指贝叶斯信息准则（Bayesian information criterion）

为了进一步探究各种美国 EPU 指数和 WTI 油价收益率之间的条件相关性随时间变化的情况，本章根据式（4.6）计算动态条件相关系数。根据 Basher 和 Sadorsky（2016），本章将估计窗口固定为 283 个样本，DCC-GARCH 模型的滚动窗口个数设置为 10，共生成 100 个动态条件相关系数，估计结果如图 4.2 所示，主要发现如下。

（1）在样本区间内，不同类型的美国 EPU 指数和 WTI 油价收益率之间的条件相关系数是时变的，且具有较高的波动性。

（2）在大部分样本区间内，多数美国 EPU 指数和 WTI 油价收益率之间存在负相关关系，也就是说美国 EPU 指数的增加往往伴随 WTI 油价收益率的下降。这是因为 EPU 增加可能会对经济社会产生负面影响，进而对原油需求造成负向冲击，从而降低 WTI 油价收益率。

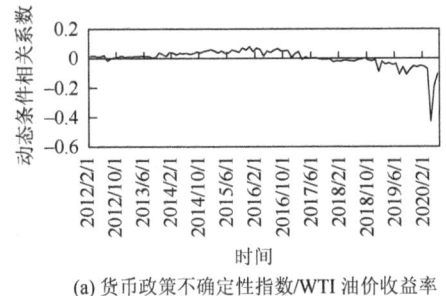

(a) 货币政策不确定性指数/WTI 油价收益率

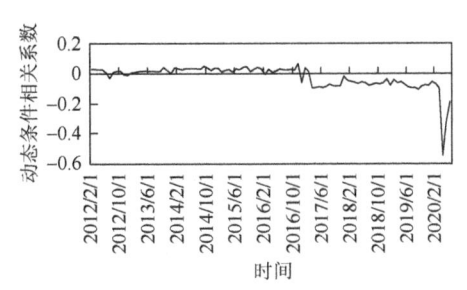

(b) 税收政策不确定性指数/WTI 油价收益率

(c) 政府支出政策不确定性指数/WTI 油价收益率

(d) 医疗保健支出政策不确定性指数/WTI 油价收益率

(e) 国家安全政策不确定性指数/WTI 油价收益率

(f) 福利政策不确定性指数/WTI 油价收益率

(g) 监管政策不确定性指数/WTI 油价收益率

(h) 贸易政策不确定性指数/WTI 油价收益率

(i) 主权债务政策不确定性指数/WTI 油价收益率

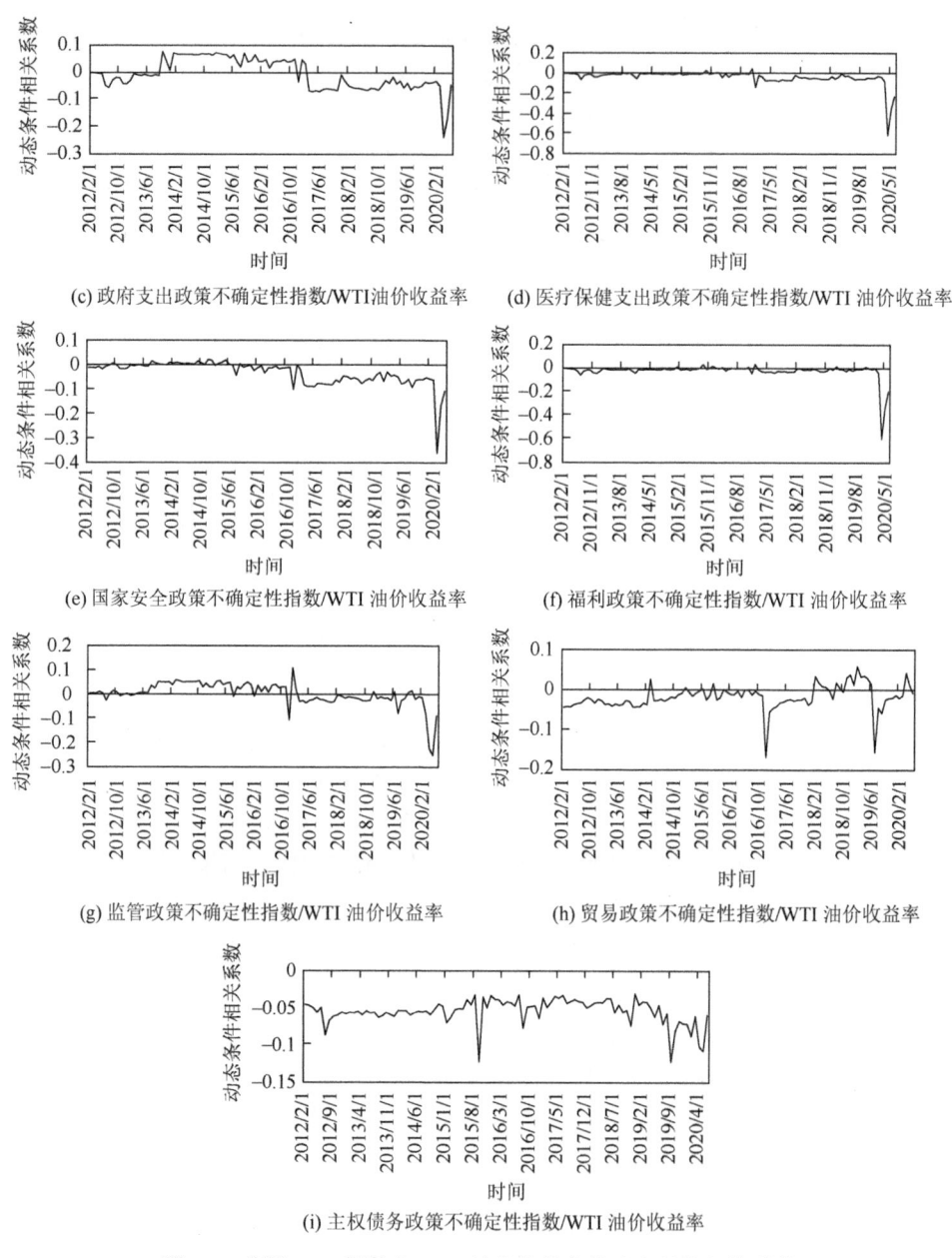

图 4.2 美国 EPU 指数和 WTI 油价收益率的动态条件相关系数

4.4.2 美国 EPU 和油价收益率的总溢出指数对比分析

本章构建的溢出指数采用 60 个月（5 年）的滚动窗口和向前 26 个月的预测步长来计算。参考 Wang X X 和 Wang Y D（2019），本章将时间-频率领域溢出指数分解为3种频率范围,分别为1~6个月、6~12个月和12~24个月①。根据式（4.7）~式（4.13）,分别计算时间领域的总溢出指数和时间-频率领域的总溢出指数,模型估计结果分别如图4.3和图4.4所示,主要发现如下。

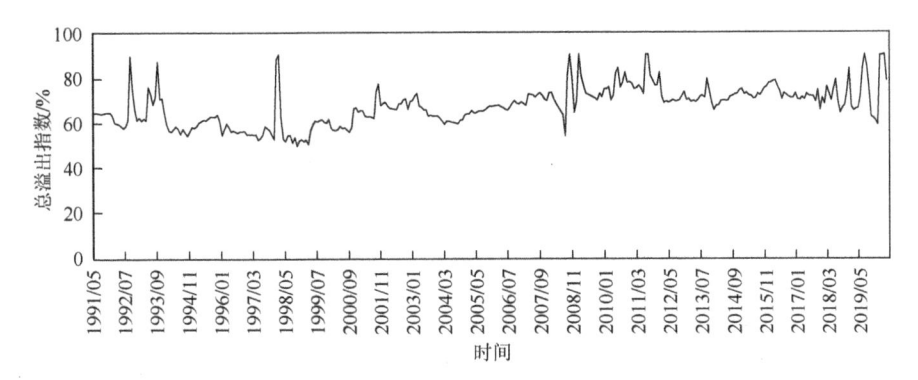

图4.3　时间领域美国EPU指数和WTI油价收益率的总溢出指数

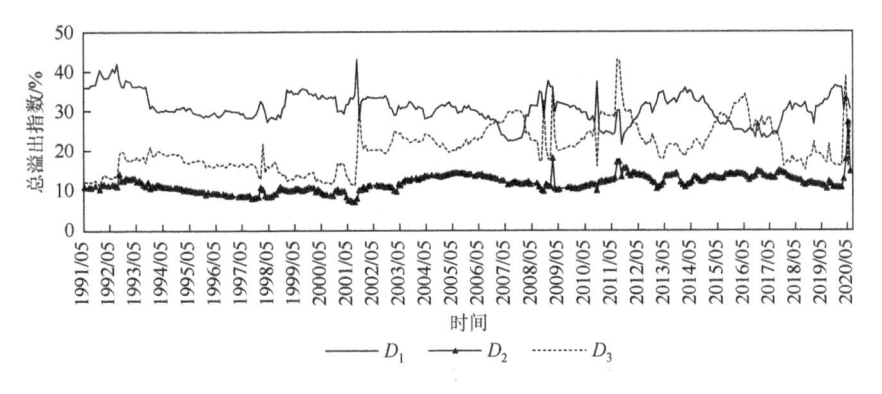

图4.4　时间-频率领域美国EPU指数和WTI油价收益率的总溢出指数

D_1、D_2、D_3 分别表示1~6个月、6~12个月和12~24个月三种时间尺度

（1）总体来看,系统的总溢出指数在整个样本区间内始终保持在较高水平,说明美国EPU指数和WTI油价收益率在很大程度上相互影响。如图4.3所示,在样本区间内,系统的总溢出指数均大于50%。这表明美国EPU指数和WTI油价收益率之间的连通度较高,彼此之间信息相互解释能力较强。这是因为油价波动可以通过影响企业的投资决策影响经济活动,从而影响政策制定者的决策,导致EPU,而EPU作为实体经济活动的重要驱动因素,可能会直接影响投资和能源需求,进而导致油价波动。

---

① 实际上,还计算了1~3个月（第一季度）和4~6个月（第二季度）时间尺度下的溢出效应,但是这两个时间尺度下的结果一致,因此,本章考虑1~6个月时间尺度下的溢出效应。

（2）从时间变化上看，总溢出指数的波动在国际重大事件发生时更加剧烈，说明不同类型的美国 EPU 指数和 WTI 油价收益率之间的相互解释能力在国际重大事件发生时显著增强。如图 4.3 所示，1992~1994 年，系统的总溢出指数波动剧烈，且多次达到历史峰值。与此同时，1992 年北美自由贸易协议的签订以及美国总统选举等都导致美国经济政策具有很大不确定性。随后几年，系统的总溢出指数趋于平缓。直到 1997 年亚洲金融危机全面爆发，系统的总溢出指数开始逐渐增加。2001 年 9 月，"9·11" 事件的爆发给美国经济造成了极大破坏。对应图 4.3 可以发现，2001 年 9 月系统的总溢出指数显著增加。全球金融危机的爆发同样使得系统的总溢出指数显著增加，尤其在 2008 年 9 月雷曼兄弟公司破产，全球金融危机全面爆发，系统的总溢出指数迅速增加，并在 2008 年 10 月第一次达到峰值，系统的总溢出指数约为 90%。此外，由于受到全球金融危机的持续影响，2009 年，欧洲爆发主权债务危机。2009~2011 年，系统的总溢出指数始终处于 70%以上。总的来说，在国际重大事件发生期间，由美国 EPU 指数和 WTI 油价收益率组成的系统的总溢出指数显著增加。由此可以认为，国际重大事件如全球金融危机和欧洲主权债务危机等会增强美国 EPU 指数和 WTI 油价收益率之间的溢出效应。

（3）从不同的频率看，在整个样本区间内，不同类型的美国 EPU 指数和 WTI 油价收益率间的大部分连通度在 1~6 个月时间尺度下相对最强，其次是在 12~24 个月时间尺度下，在 6~12 个月时间尺度下相对最弱。也就是说，不同类型的美国 EPU 指数和 WTI 油价收益率主要受到短期冲击的影响。这可能是因为 WTI 油价收益率对美国 EPU 的响应比较迅速。例如，美国联邦基金利率的上涨可能当天就引起油价下跌。如图 4.4 所示，在 1~6 个月时间尺度下，系统的总溢出指数相对最大且始终保持在 20%以上。在 6~12 个月时间尺度下，系统的总溢出指数大幅度减小，在 10%~15%波动，显著小于 1~6 个月时间尺度。总的来说，在较高频率（1~6 个月时间尺度）下不同类型的美国 EPU 指数和 WTI 油价收益率的总溢出指数多数大于较低频率下的总溢出指数，尤其是显著大于 6~12 个月时间尺度下的总溢出指数。

（4）从不同频率下的时间变化上来看，在国际重大事件爆发期间，系统的总溢出指数显著增加，表明国际重大事件的爆发可能会加强美国 EPU 指数和 WTI 油价收益率之间的联系。如图 4.4 所示，相较于时间领域的总溢出指数，不同时间尺度下的总溢出指数相对较小且更加平缓。但是，在不同的时间尺度下，系统的总溢出指数在国际重大事件发生期间都显著增加。无论是在 1992 年北美自由贸易协议签订和美国总统选举期间，还是在 1997 年亚洲金融危机和 2001 年 9 月美国 "9·11" 事件爆发期间，系统的总溢出指数都显著增加。在 2008 年全球金融危机和 2009 年欧洲主权债务危机期间情况类似。这一发现和时间领域总溢出指数的结果一致。

4.4.3　美国 EPU 和油价收益率的净定向溢出指数比较分析

为了进一步分析不同类型的美国 EPU 指数和 WTI 油价收益率的溢出方向,探究不同类型的美国 EPU 指数和 WTI 油价收益率在整个系统中处于溢出效应的传出方还是接收方,本节根据式(4.14)~式(4.16)构建时间领域和时间-频率领域的净定向溢出指数,模型估计结果分别如图 4.5 和图 4.6 所示。净定向溢出指数为正(负),说明该变量对系统中其他所有变量的总溢出指数大于(小于)其他所有变量对该变量的总溢出指数,此时,该变量是系统中溢出效应的传出方(接收方)。

(1)总体来看,不同类型的美国 EPU 指数和 WTI 油价收益率在系统中并不总是溢出效应的传出方或接收方,各变量的净定向溢出指数具有时变性。从图 4.5 可以看到,货币政策不确定性指数、税收政策不确定性指数、政府支出政策不确定性指数、医疗保健支出政策不确定性指数、国家安全政策不确定性指数、福利

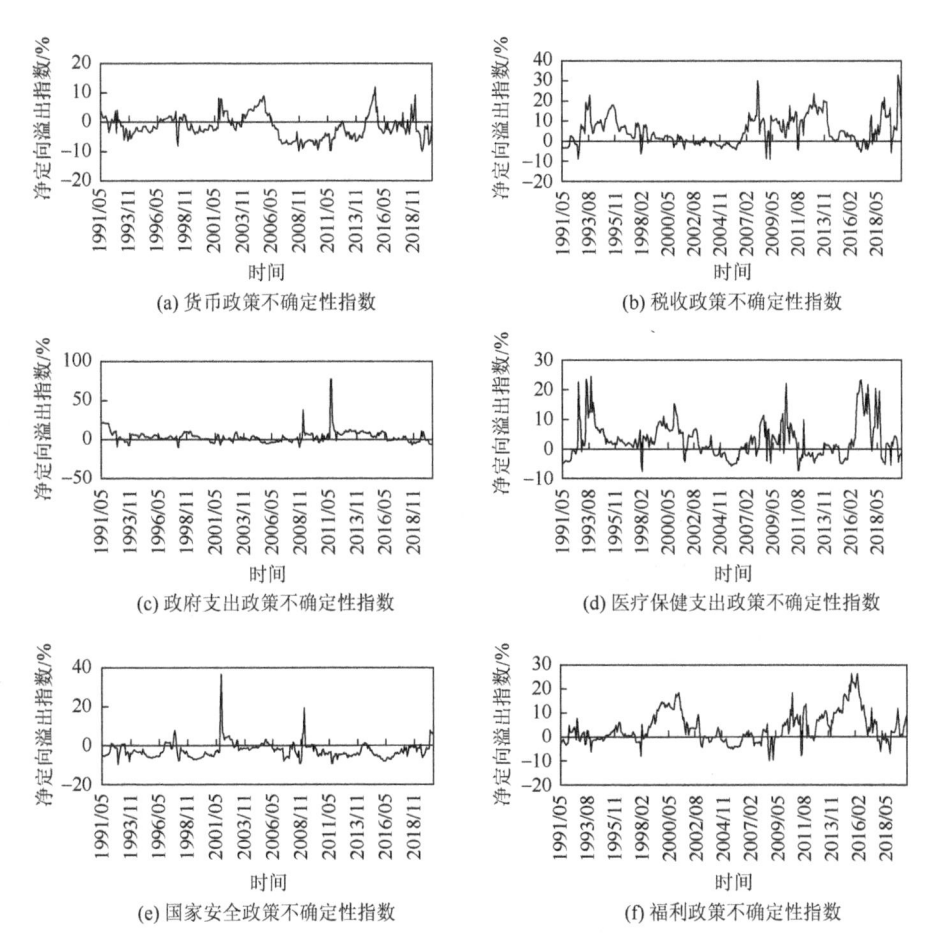

(a) 货币政策不确定性指数

(b) 税收政策不确定性指数

(c) 政府支出政策不确定性指数

(d) 医疗保健支出政策不确定性指数

(e) 国家安全政策不确定性指数

(f) 福利政策不确定性指数

(g) 监管政策不确定性指数

(h) 贸易政策不确定性指数

(i) 主权债务政策不确定性指数

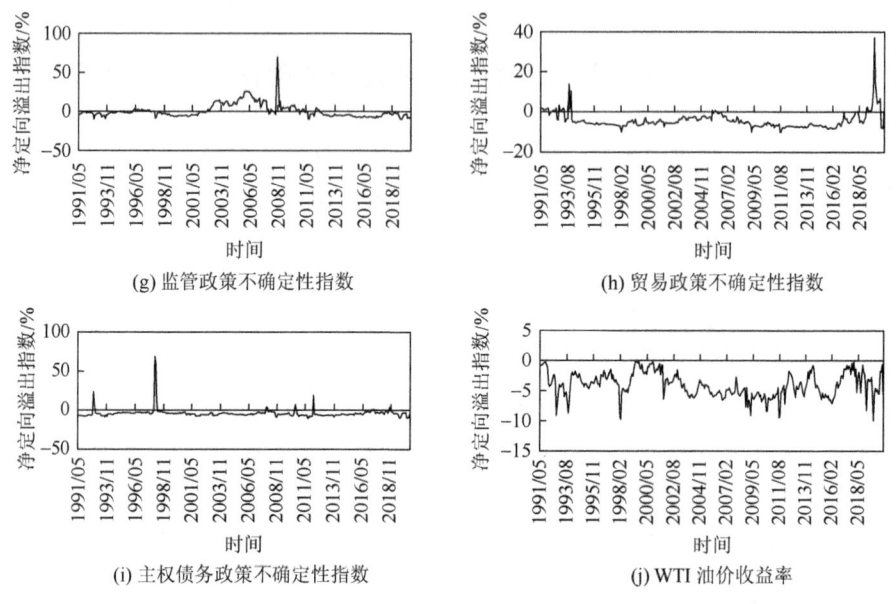

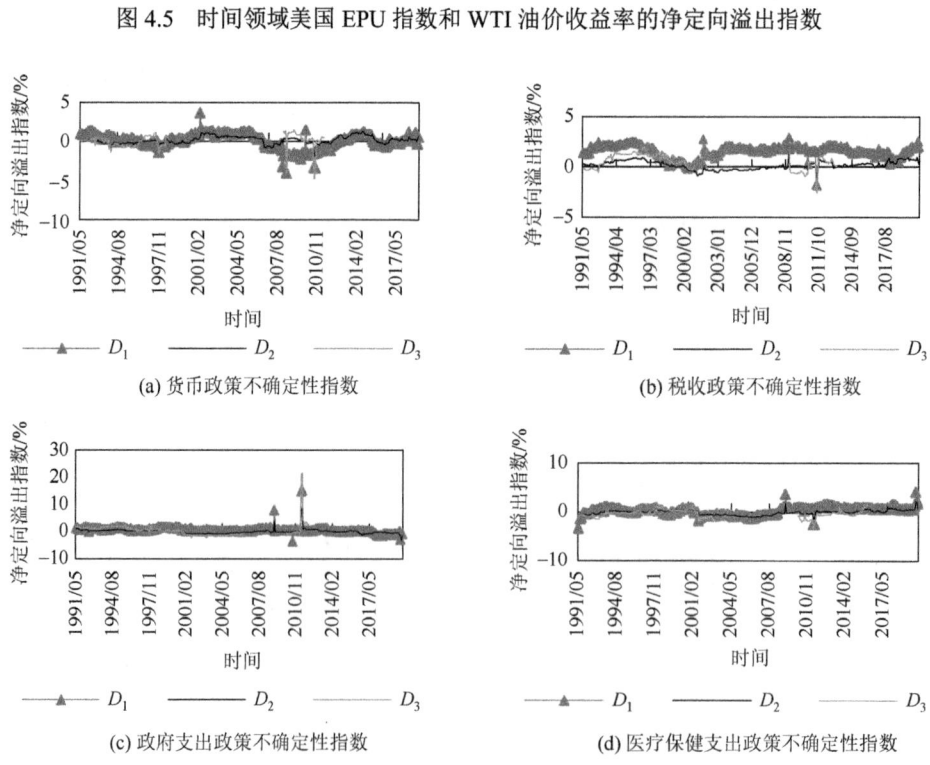

(j) WTI 油价收益率

图 4.5 时间领域美国 EPU 指数和 WTI 油价收益率的净定向溢出指数

(a) 货币政策不确定性指数

(b) 税收政策不确定性指数

(c) 政府支出政策不确定性指数

(d) 医疗保健支出政策不确定性指数

第4章 美国EPU对国际油价收益率的影响研究

(e) 国家安全政策不确定性指数

(f) 福利政策不确定性指数

(g) 监管政策不确定性指数

(h) 贸易政策不确定性指数

(i) 主权债务政策不确定性指数

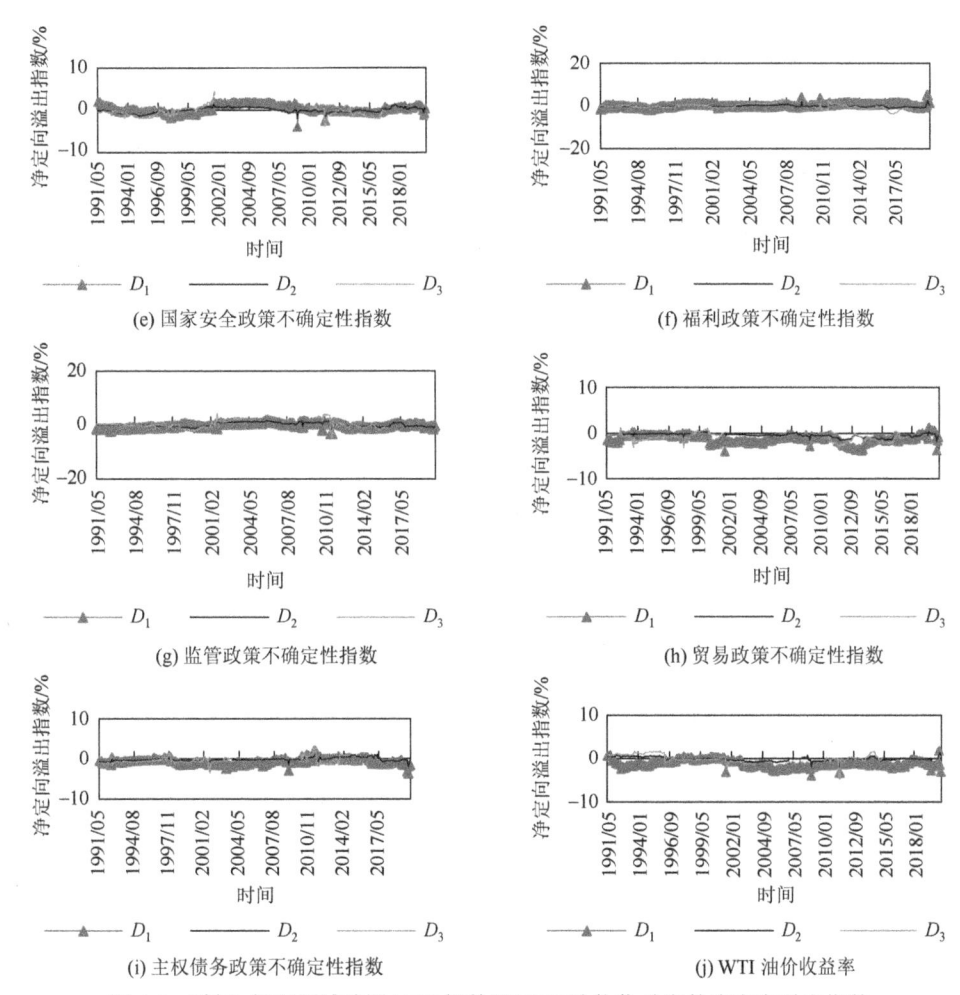

(j) WTI 油价收益率

图 4.6 时间-频率领域美国 EPU 指数和 WTI 油价收益率的净定向溢出指数
D_1、D_2、D_3 分别表示 1～6 个月、6～12 个月和 12～24 个月三种时间尺度

政策不确定性指数以及监管政策不确定性指数等在大多数样本区间内为正值，说明在该样本区间内，这些变量主要为溢出效应的传出方。相反，贸易政策不确定性指数、主权债务政策不确定性指数以及 WTI 油价收益率在样本区间内几乎始终为负值，即在系统中这三个变量主要为溢出效应的接收方。这也可以初步说明，大多数美国 EPU 指数可能会影响 WTI 油价收益率波动，但是并非所有的美国 EPU 指数都对 WTI 油价收益率具有溢出效应。例如，贸易政策不确定性指数和主权债务政策不确定性指数可能会受到 WTI 油价收益率的影响。

（2）从时间变化上来看，WTI 油价收益率的净定向溢出指数在样本区间内几乎均为负值，说明在样本区间内，WTI 油价收益率主要为美国 EPU 指数传出的溢出效应的接收方。同时 WTI 油价收益率接收的溢出效应在国际重大事件发生期间显著增强。这可能是因为在国际重大事件发生期间，美国 EPU 指数为溢出效应的主要传出方，且在此期间美国 EPU 指数显著提高，对 WTI 油价收益率的影响明显增大。本章的结果和 Yang（2019）的发现一致。此外，如图 4.5 所示，在国际重大事件爆发期间，如 2008 年全球金融危机和 2009 年欧洲主权债务危机期间，WTI 油价收益率接收的净定向溢出指数显著增加，这一结果和总溢出指数结果一致。

（3）在 1～6 个月时间尺度下，美国货币政策不确定性指数、税收政策不确定性指数、政府支出政策不确定性指数、医疗保健支出政策不确定性指数、国家安全政策不确定性指数、福利政策不确定性指数等变量的净定向溢出指数在大多数样本区间内为正值，表明美国 EPU 指数在系统中为溢出效应的传出方。但是，贸易政策不确定性指数、主权债务政策不确定性指数和 WTI 油价收益率在大部样本区间内为负值，即在该系统中这些变量处于溢出效应的接收方。该结果和仅仅考虑时间领域的净定向溢出指数结果一致。

从净定向溢出指数来看，在三种时间尺度中，大部分美国 EPU 指数在 1～6 个月时间尺度下的净定向溢出指数最大，且净定向溢出指数多为正值。如图 4.6 所示，在 1～6 个月时间尺度下，税收政策不确定性指数、政府支出政策不确定性指数、医疗保健支出政策不确定性指数、福利政策不确定性指数、国家安全政策不确定性指数等美国 EPU 指数的净定向溢出指数最大。这和总溢出指数的结果一致。可能是因为货币政策对油价的影响具有一定的滞后性，而其他的美国 EPU 指数并非如此。因此，其他美国 EPU 指数在 1～6 个月时间尺度下对 WTI 油价收益率的影响强于货币政策不确定性指数。在 6～12 个月时间尺度下美国 EPU 指数的净溢出方向和在 1～6 个月时间尺度下的净溢出方向一致。在 12～24 个月时间尺度下，货币政策不确定性指数、税收政策不确定性指数、政府支出政策不确定性指数和监管政策不确定性指数仍然是溢出效应的传出方，而其他美国 EPU 指数为溢出效应的接收方。此外，WTI 油价收益率在系统中由溢出效应的接收方转为溢出效应的传出方，但是其净定向溢出指数微小。

（4）在时间-频率领域，不同类型的美国 EPU 指数和 WTI 油价收益率的净定向溢出指数在国际重大事件发生期间显著增加。如图 4.6 所示，在 1992 年北美自由贸易协议签订和美国总统选举、1997 年亚洲金融危机、2001 年 9 月美国"9·11"事件爆发、2008 年全球金融危机及 2009 年欧洲主权债务危机期间，不同类型的美国 EPU 指数和 WTI 油价收益率的净定向溢出指数都显著增大。这和总溢出指数的结果一致。

4.4.4　美国 EPU 和油价收益率的净定向成对溢出指数对比分析

为了进一步明确不同类型的美国 EPU 指数和 WTI 油价收益率之间的溢出方向和强度，根据式（4.17）计算两类净定向成对溢出指数：一是时间领域的净定向成对溢出指数；二是时间-频率领域的净定向成对溢出指数，结果分别如图 4.7 和图 4.8 所示。图中节点的大小表示净溢出指数的大小，采用 60 个月的滚动窗口和向前 26 个月的预测步长。其中，深灰色表示该变量是溢出效应的传出方，节点越大表示发出的溢出效应越强；浅灰色表示该变量是溢出效应的接收方，节点越大表示接收的溢出效应越强。图中边的粗细表示任意两个变量之间的溢出效应强度，边越粗表示两个变量之间的净定向成对溢出指数越大。箭头指向的变量表示溢出效应的接收方。主要发现如下。

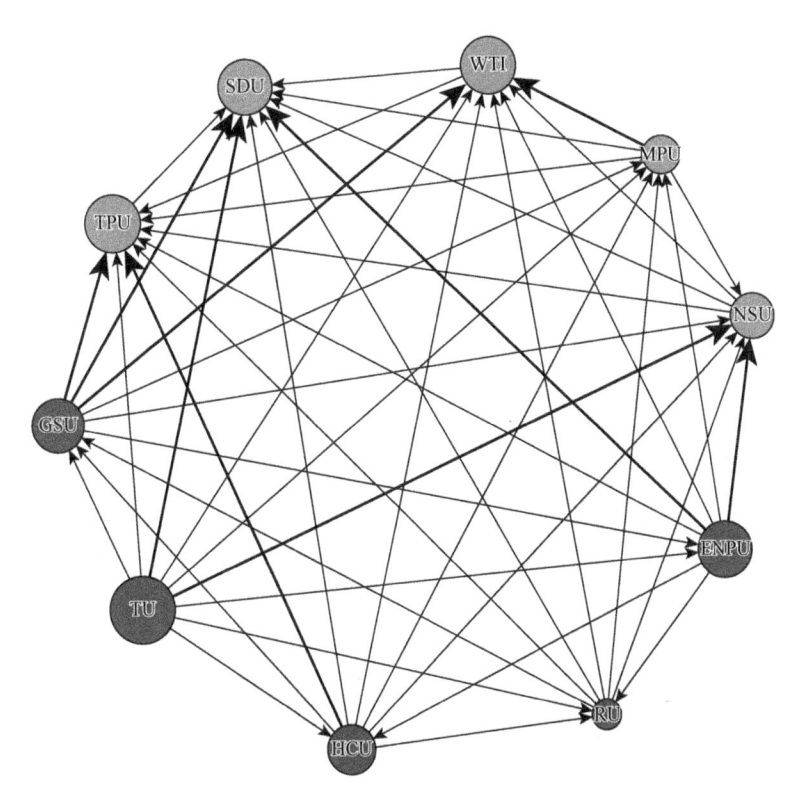

图 4.7 时间领域美国 EPU 指数和 WTI 油价收益率间的网络连通度结构

（1）贸易政策不确定性指数、主权债务政策不确定性指数、货币政策不确定性指数、国家安全政策不确定性指数和 WTI 油价收益率主要为溢出效应的接收方，说明这 5 个变量在系统中更多地受到其他变量的影响。此外，从净定向成对溢出指数来看，WTI 油价收益率接收的净定向成对溢出指数最大，贸易政策不确定性指数和主权债务政策不确定性指数接收的净定向成对溢出指数次之，货币政策不确定性指数和国家安全政策不确定性指数接收的净定向成对溢出指数最小。总的来说，在时间领域，WTI 油价收益率在样本区间内受到美国 EPU 指数较大的影响。

(a) 1~6个月时间尺度

(b) 6~12个月时间尺度

(c) 12~24个月时间尺度

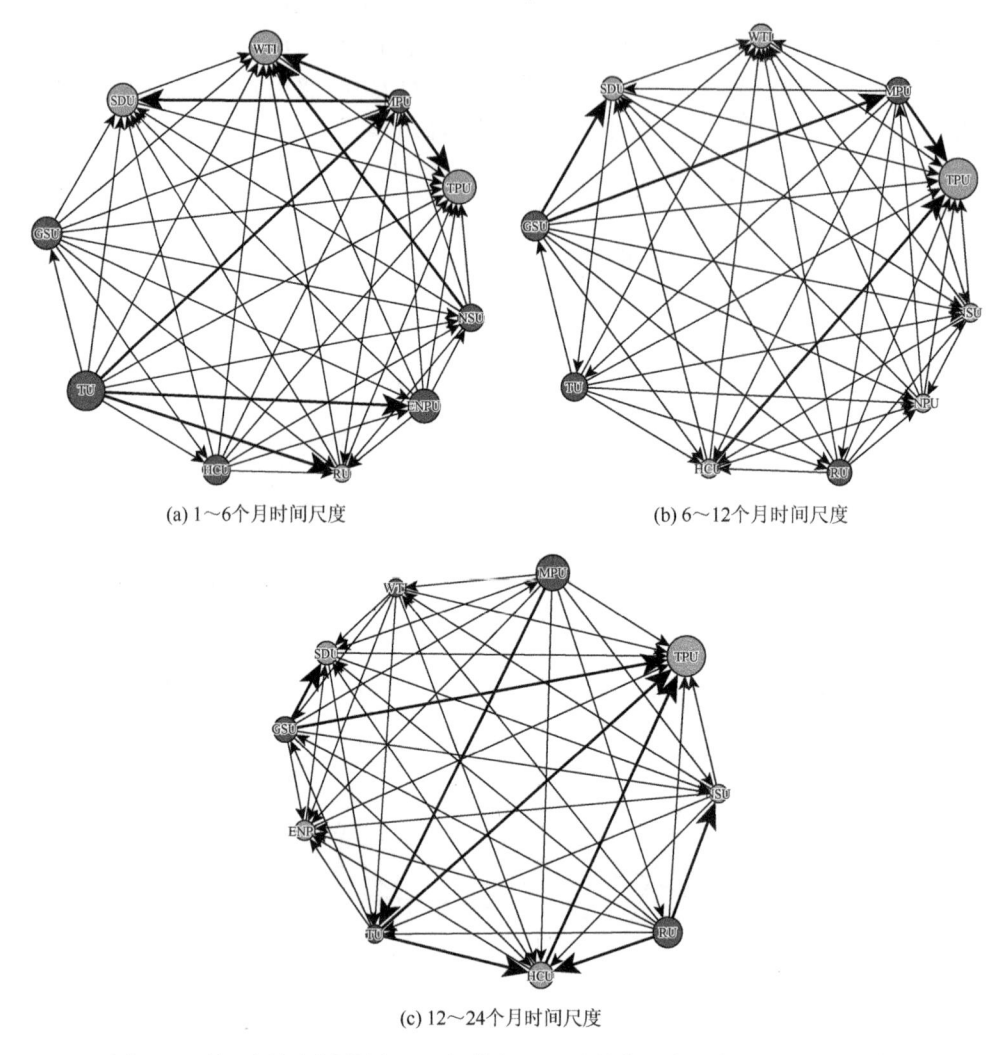

图 4.8　时间-频率领域美国 EPU 指数和 WTI 油价收益率间的网络连通度结构

（2）在样本区间内，WTI 油价收益率受到除贸易政策不确定性指数和主权债务不确定性指数之外所有美国 EPU 指数的影响。如图 4.7 所示，在所有美国 EPU 指数中，除了贸易政策不确定性指数和主权债务不确定性指数，其他的美国 EPU 指数均为溢出效应的传出方，而 WTI 油价收益率为溢出效应的接收方。此外，从 WTI 油价收益率接收的净定向成对溢出指数来看，政府支出政策不确定性指数对 WTI 油价收益率的影响最大，其次是货币政策不确定性指数和税收政策不确定性指数，监管政策不确定性指数对 WTI 油价收益率的影响十分微弱。

（3）在 1~6 个月时间尺度下，除贸易政策不确定性指数为 WTI 油价收益率发出的溢出效应的接收方之外，其他所有美国 EPU 指数在其与 WTI 油价收益率组成的系统中均为溢出效应的传出方。这说明在较高的频率下（1~6个月），WTI油价收益率会受到几乎所有美国EPU指数的影响。其中，货币政策不确定性指数、国家安全政策不确定性指数、税收政策不确定性指数和政府支出政策不确定性指数对WTI油价收益率的影响最强，监管政策不确定性指数和医疗保健支出政策不确定性指数对WTI油价收益率的影响次之，主权债务政策不确定性指数和福利政策不确定性指数对WTI油价收益率的影响最弱。这和时间领域的净定向成对溢出指数构建的网络连通度结果一致。在6~12个月时间尺度下，除贸易政策不确定性指数以外，其他所有美国EPU指数均对WTI油价收益率具有一定的影响，这和在1~6个月时间尺度下的结果一致。其中，货币政策不确定性指数、监管政策不确定性指数和国家安全政策不确定性指数对WTI油价收益率的影响最强。此外，在12~24个月时间尺度下，WTI油价收益率由溢出效应的接收方转变为传出方，且除货币政策不确定性指数、监管政策不确定性指数和国家安全政策不确定性指数对WTI油价收益率具有一定的影响以外，其他美国EPU指数均转变成为WTI油价收益率发出的溢出效应的接收方。

4.4.5 稳健性检验

为检验结果的稳健性，本节分别通过改变溢出指数的滚动窗口和预测步长进一步验证实证结果对滚动窗口和预测步长设置的敏感度。图4.9展示了4种预测步长下美国EPU指数和WTI油价收益率间的总溢出指数，图中H26W60、H27W60、H30W60和H35W60分别表示基于向前26个月预测步长和60个月滚动窗口、向前27个月预测步长和60个月滚动窗口、向前30个月预测步长和60个月滚动窗口以及向前35个月预测步长和60个月滚动窗口估计得到的总溢出指数。图4.10展示了4种滚动窗口下美国EPU指数和WTI油价收益率间的总溢出指数，图中H26W60、H26W65、H26W70和H26W80分别表示基于向前26个月预测步长和60个月滚动窗口、向前26个月预测步长和65个月滚动窗口、向前26个月预测步长和70个月滚动窗口以及向前26个月预测步长和80个月滚动窗口估计得到的总溢出指数。

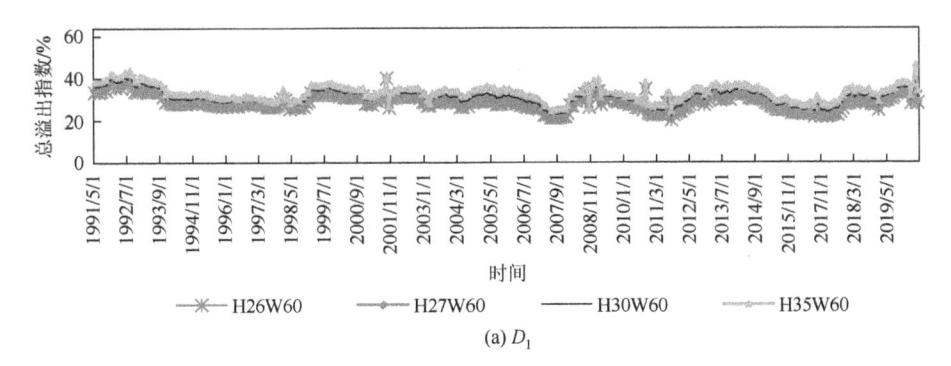

(a) D_1

(b) D_2

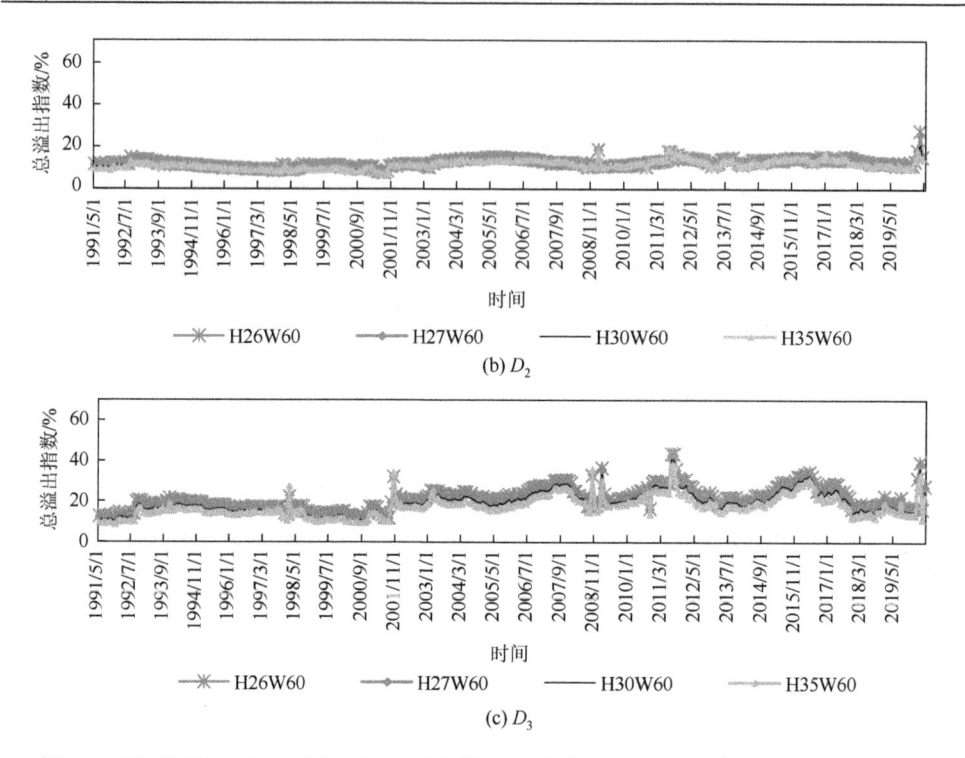

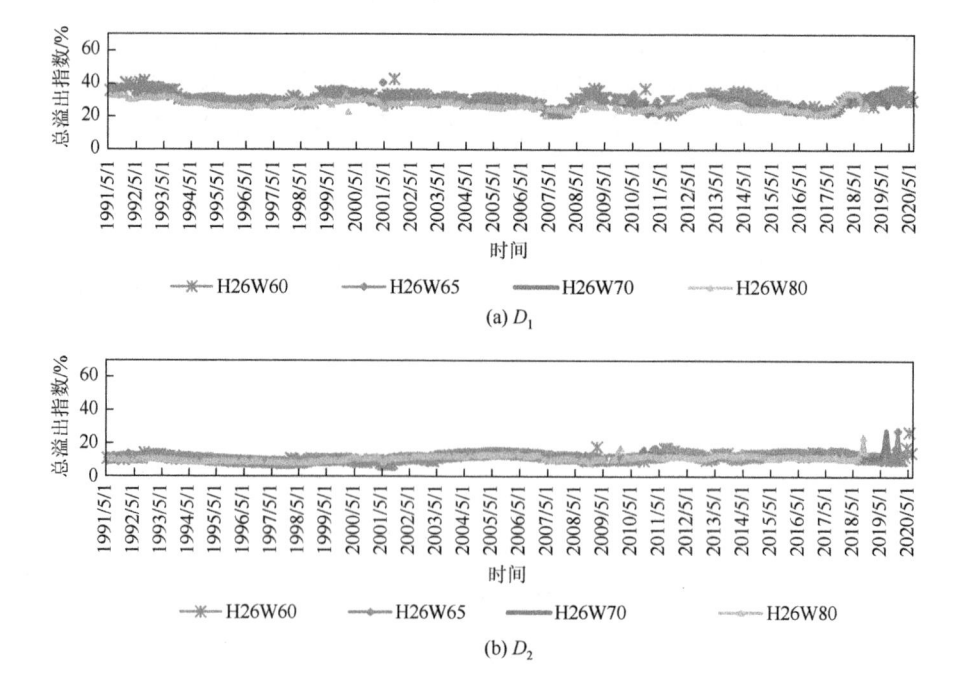

(c) D_3

图 4.9　不同预测步长下时间-频率领域美国 EPU 指数和 WTI 油价收益率的总溢出指数

(a) D_1

(b) D_2

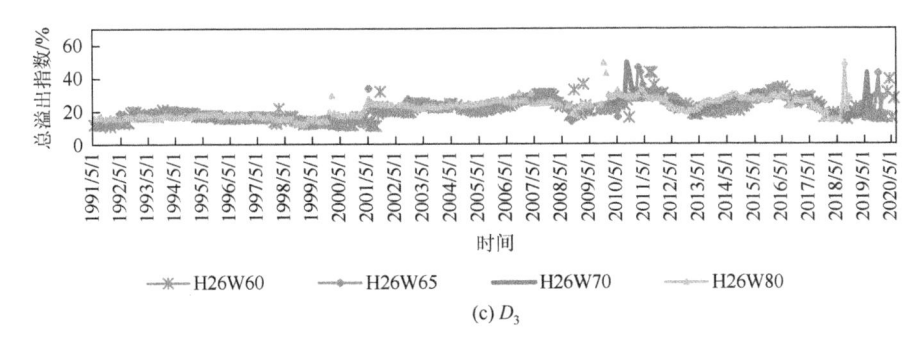

图4.10 不同滚动窗口下时间-频率领域美国EPU指数和WTI油价收益率的总溢出指数

4.5 主要结论与启示

本章使用DCC-GARCH模型和基于VAR模型的广义预测误差方差分解方法，基于1985年2月~2020年6月的历史数据，度量了不同类型的美国EPU指数和WTI油价收益率之间的动态波动溢出效应和网络连通度，进而比较了不同类型的美国EPU指数在不同频率下对WTI油价收益率的影响。主要结论如下。

第一，美国EPU指数和WTI油价收益率在样本区间内为负向相关关系。第二，不同美国EPU指数对WTI油价收益率的影响在不同频率下有所区别，且并非所有的美国EPU指数都会影响WTI油价收益率。第三，在1~6个月和6~12个月时间尺度下，所有美国EPU指数均会影响WTI油价收益率。在较低的频率下结果有所变化，在12~24个月时间尺度下，只有货币政策不确定性指数、监管政策不确定性指数和国家安全政策不确定性指数会影响WTI油价收益率。此外，国际重大事件爆发（如全球金融危机和欧洲主权债务危机）会加剧美国EPU指数对WTI油价收益率的影响。

以上结论具有重要政策启示。一方面，对于政策制定者来说，在执行购买原油储备等决策时应该充分考虑美国EPU指数的影响，且应特别关注美国货币政策不确定性指数、监管政策不确定性指数和国家安全政策不确定性指数波动。特别地，在国际重大事件发生时政策制定者应该提高警惕。另一方面，对于投资者来说，在购买WTI原油期货时应注意美国EPU指数的波动，当美国EPU指数波动趋于平缓时，可考虑合理增加WTI原油期货资产。但是，在国际重大事件发生时，WTI原油期货并不是合理的避险资产。

未来相关研究可以从以下三个方面拓展：第一，探究不同经济体的EPU对原油市场的影响，如考虑发展中国家的EPU；第二，使用不同EPU进行油价预测，并比较它们的预测能力；第三，考虑不同EPU对原油市场投资者交易行为的影响。

第5章 EPU和投资者情绪对国际油价波动率的影响和预测研究

5.1 问题的提出

近年来，大宗商品市场的金融化程度加深使得宏观经济因素和金融因素等非基本面因素对商品收益的影响日益增强，通过EPU和投资者情绪预测商品收益成为金融学研究的一个新兴领域（Shahzad et al.，2017）。大宗商品市场投资基金大幅增加，加强了经济因素和商品期货市场收益间的联系，从而导致经济因素（如EPU）对石油等大宗商品的影响越来越强（Reborodo and Uddin，2016）。

同时，投资者情绪是影响投资者决策的重要因素之一，反映了投资者投资需求的情感变化（Baker and Wurgler，2006）。投资者情绪可能通过两种方式影响原油市场：一是投资者情绪会影响经济活动，从而间接引起油价波动（He，2020）；二是投资者情绪可以通过投机因素影响原油市场。投资者的情绪波动会导致其风险承受能力发生改变，从而改变投资者的投资倾向，例如，投资者乐观的情绪可以增强其风险承受能力，从而可能导致他们增加对石油商品的投资（Qadan and Nama，2018）。总的来说，经济因素（如EPU）和投资者情绪均可能对原油市场具有重要影响。

部分学者探究了EPU、投资者情绪和原油市场之间的关系，但是还存在一些缺陷。一方面，现有文献多围绕美国等发达国家EPU、股票市场投资者情绪等进行研究，忽视了中国EPU、股票市场投资者情绪对原油市场的影响。近年来，中国作为世界第二大经济体，对国际原油的需求越来越大，原油对外依存度越来越高，因此，探究中国EPU、股票市场投资者情绪与原油市场之间的关系亦十分重要。另一方面，现有围绕EPU、投资者情绪和原油市场的相关研究多采用同频率的数据进行建模，但是使用同频率的方法可能会损失高频数据的信息，且低频中国EPU和股票市场投资者情绪可能包含探究高频油价序列的重要信息。

基于此，本章提出两个研究问题：第一，低频中国股票市场投资者情绪和中国、美国EPU对高频油价收益率的影响如何？第二，低频中国股票市场投资者情绪分别结合中国、美国EPU是否可以改善对高频油价收益率的预测效果？

在第4章探究时间和频率领域不同类型的美国EPU对油价收益率影响的基础上，本章进一步采用GARCH-MIDAS模型深入探究低频（月度）中国股票市场投资者情绪和中国、美国 EPU 对高频（日度）油价波动率的影响机制和预测效果。此外，探究中国股票市场投资者情绪分别结合中国、美国 EPU 是否可以改善对国际油价波动率的预测效果。

本章的研究贡献主要有以下两点：第一，现有研究主要从同频率的角度探究 EPU 和投资者情绪等因素对油价波动率的影响，本章基于混频的视角探究 EPU 和投资者情绪对油价波动率的影响机制，为探究原油市场影响机制提供新思路。第二，本章探究中国股票市场投资者情绪结合 EPU 的信息对国际油价波动率的预测效果，为从宏观经济政策和投资行为偏好的角度研究原油市场提供新视角。

5.2 国内外研究现状

目前越来越多的学者探究投资行为偏好和金融市场收益之间的关系。现有关于投资者情绪和原油市场之间的研究主要可以分为两者的溢出效应以及投资者情绪对原油市场的预测作用。

一方面，现有研究发现投资者情绪和原油市场之间具有显著的溢出效应，投资者情绪可以影响原油市场的收益和风险（Zhu et al., 2020）。例如，Ji 等（2019）使用 CFTC 公布的不同类型交易者（生产商、购买商、加工商和个人用户等）头寸信息构建了四类投资者情绪指数，采用网络连通度方法探究了投资者情绪和油价收益率之间的溢出程度和溢出方向，发现投机类情绪对 WTI 油价收益率的影响最强。Maghyereh 等（2020）采用 WA 方法从时间和频率角度探究了乐观、信任、恐惧、愤怒和总情绪等 5 种投资者情绪指数和原油市场的关系，发现投资者的特定情绪变化会导致原油收益变化，尤其是恐惧和愤怒的情绪在短期和中期频率下会显著影响原油收益。Maghyereh 和 Abdoh（2020）分析了投资者情绪和原油、黄金等数十种商品在不同分位数和时间频率下的相互依赖关系，结果发现，从长期来看，Brent 原油和投资者情绪在中低收益分位数上的相依度较高。反过来，部分学者认为油价波动也会影响投资者情绪。例如，He（2020）探究了油价波动对中国投资者情绪的影响，发现存在油价波动到中国投资者情绪的单向非线性格兰杰因果关系，油价波动对中国投资者情绪的影响是时变的，且多为负向影响。Ding 等（2017）同样发现国际油价波动会负向影响中国股票市场的投资者情绪。周文龙等（2020）基于门限 GARCH 均值（threshold GARCH in mean，TGARCH-M）和 BEKK-GARCH 模型论证了投资者情绪与市场收益率之间具有显著的双向溢出效应。

另一方面，学者认为投资者情绪对油价的变化趋势可能具有显著的预测效果。Qadan 和 Nama（2018）基于美国相关数据构造了投资者情绪指数，验证了投资者情绪对油价的预测能力。此外，他们还认为投资者情绪对石油公司股票价格具有一定的预测作用。Yang 等（2019）考虑了高频信息，开发了新的 HAR 模型探究投资者情绪指数对油价波动的预测效果，结果发现原油期货市场中存在波动可持续性和杠杆效应，且使用投资者情绪（尤其是较长周期的投资者情绪和杠杆效应）可以显著提高 HAR 模型对油价的预测能力。Shahzad 等（2017）使用非参数分位数因果分析方法，发现 EPU 和投资者情绪与石油等大宗商品的收益率和波动率之间具有显著的因果关系，而且与 EPU 相比，投资者情绪对商品收益率和波动率具有更好的预测能力。从研究方法上来看，现有研究大多使用基于同频率数据的传统 GARCH 族模型对原油市场进行建模和预测，难以探究宏观经济等低频变量对原油市场长期波动的影响（Wang et al., 2019）。

总的来说，现有文献分别探究了投资者情绪、EPU 和原油市场之间的联系，但是至今没有定论，且大多聚焦于美国等发达国家的投资者情绪和各经济体的 EPU，对中国股票市场的投资者情绪关注较少。此外，现有文献多关注同频率的信息，忽视了混频模型的运用。

5.3 研究方法与数据说明

5.3.1 研究方法

1. GARCH-MIDAS 模型

在探究 EPU 和原油市场的影响因素时，由于宏观经济信息具有滞后性和低频率的特点，现有研究大多选择降低原油市场数据的频率，从而使用同频率的数据进行建模。但是这样一来可能会损失高频有效信息，引起预测误差。GARCH-MIDAS 模型可以保留大量的有效信息，在探究月度因素对日度因素的贡献时具有显著的效果。因此，本章采用 GARCH-MIDAS 模型探究月度 EPU 和中国股票市场投资者情绪对日度油价收益率的预测效果，并讨论结合两者的信息是否可以提高单个变量对油价收益率的预测能力。

对油价收益率建立如下模型：

$$r_{i,t} = \mu + \sqrt{V_{i,t}^{\text{sh}} \times V_t^{\text{lo}}} \, \varepsilon_{i,t}, i=1,2,\cdots,M_t \tag{5.1}$$

其中，$r_{i,t}$ 为日度油价收益率，表示在第 t 个月的第 i 天原油期货价格的对数收益率，且在 t 个月内共有 M_t 天；μ 为每日期望收益率；$V_{i,t}^{\text{sh}}$ 为短期波动部分；V_t^{lo} 为长期波动部分；$\varepsilon_{i,t}$ 为服从标准正态分布的随机误差项。

参考 Engle 等（2013），本章假定日度油价收益率短期波动部分符合 GARCH(1,1) 过程：

$$V_{i,t}^{\text{sh}} = (1-A-B) + A \times \frac{(r_{i-1,t}-\mu)^2}{V_t^{\text{lo}}} + B \times V_{i,t-1}^{\text{sh}} \tag{5.2}$$

其中，$A>0$，$B\geqslant 0$，且 $A+B<1$；$V_{i,t-1}^{sh}$ 为滞后一期的短期波动部分。

参考 Engle 等（2013）和 Conrad 等（2014），日度油价收益率长期波动部分可以由低频变量表示，本章使用 EPU 指数和中国股票市场投资者情绪指数表示：

$$V_t^{lo} = \Lambda + \vartheta \sum_{s=1}^{S} \varphi_s(\upsilon_1, \upsilon_2) X_{t-s} \tag{5.3}$$

其中，ϑ 为低频变量对收益率长期波动部分的影响系数；S 为低频变量的最大滞后阶数，参考 Ma 等（2019b），本章令最大滞后阶数为 36；$\varphi_s(\upsilon_1, \upsilon_2)$ 为基于 Beta 函数构造的权重方程，表示滞后 s 期的低频解释变量（如中国、美国 EPU）对应的权重：

$$\varphi_s(\upsilon_1, \upsilon_2) = \frac{(s/S)^{\upsilon_1-1}(1-s/S)^{\upsilon_2-1}}{\sum_{j=1}^{S}((j/S)^{\upsilon_1-1}(1-j/S)^{\upsilon_2-1})} \tag{5.4}$$

其中，υ_1 和 υ_2 为权重方程的参数，参考 Engle 等（2013），设定 $\upsilon_1 = 1$，表示权重呈单调下降趋势。基于 Beta 函数构造的权重方程表示如下：

$$\varphi_s(\upsilon_2) = \frac{(1-s/S)^{\upsilon_2-1}}{\sum_{j=1}^{S}(1-j/S)^{\upsilon_2-1}} \tag{5.5}$$

2. 预测结果评价指标

为了评估 GARCH-MIDAS 模型中低频 EPU 和中国股票市场投资者情绪对国际油价收益率的预测效果，本章使用两种损失函数测量预测误差，分别是异方差修正的均方误差（heteroscedasticity-adjusted versions of mean squared error，HMSE）和异方差修正的平均绝对误差（heteroscedasticity-adjusted versions of mean absolute error，HMAE）：

$$\text{HMSE} = \frac{1}{N} \sum_{t=T-N+1}^{T} (1 - \hat{h}_t/h_t)^2 \tag{5.6}$$

$$\text{HMAE} = \frac{1}{N} \sum_{t=T-N+1}^{T} \left|1 - \hat{h}_t/h_t\right| \tag{5.7}$$

其中，h_t 为油价日波动率的真实值；$\hat{h}_t$ 为油价日波动率的预测值；T 为样本总区间；N 为样本外预测长度。

5.3.2 数据说明

本章使用的数据包括中国和美国 EPU 指数和 WTI 原油期货收盘价，其中 EPU 指数来源为 http://www.policyuncertainty.com/，WTI 原油期货收盘价来源于 EIA。此外，参考 Ding 等（2017），本章选择上海和深圳 A 股市场每月最后一个交易日上市的封闭式基金折价率（discount of closed-end fund，DCEF）、首次公开募股（initial public offerings，IPO）数量、IPO首日收益率（IPO流通股数加权的平均收益率）、上海和深圳每月新增账户数量、上海和深圳A股市场的交易量和国家统计局编制的消费者信心指数等数据构建中国股票市场投资者情绪指数，数据来源于Wind数据库。考虑宏观经济对投资者情绪的影响，本章使用生产价格指数、消费者物价指数和宏观经济一致景气指数消除构建的投资者情绪中的宏观经济影响，数据来源于国家统计局。其中，除了油价为日度数据，其他变量均为月度数据。鉴于数据的可得性，本章的样本区间为2003年3月4日～2020年6月30日，剔除空白数据后，共得208个月度观测值和4359个日度观测值。油价和EPU指数及构建中国股票市场投资者情绪相关变量的解释说明如表5.1所示。此外，为了保证变量的平稳性，本章使用油价序列的对数形式表示收益率，即$r_t = \ln(p_t/p_{t-1}) \times 100$。

表5.1 投资者情绪变量解释

指标	变量名称	变量符号
油价收益率	WTI原油期货价格收益率	WTI
EPU	美国EPU指数	USEPU
	中国EPU指数	CEPU
中国股票市场投资者情绪	上海和深圳A股市场封闭式基金加权平均折价率	DCEF
	IPO数量	IPON
	IPO首日收益率	IPOR
	上海和深圳每月新增账户数量	NIA
	上海和深圳A股市场的交易量	TURN
	消费者信心指数	CCI
	生产价格指数	PPI
	消费者物价指数	CPI
	宏观经济一致景气指数	MBCI

表5.2是DCEF、IPON、IPOR、NIA、TURN和CCI等6个变量的皮尔逊（Pearson）相关系数结果。可以看到，这6个变量之间的相关性总体上均十分显著。

表5.2 相关性检验

	DCEF	IPON	IPOR	NIA	TURN	CCI
DCEF	1					
IPON	0.427***	1				

续表

	DCEF	IPON	IPOR	NIA	TURN	CCI
IPOR	0.131*	0.155**	1			
NIA	0.645***	0.439***	0.365***	1		
TURN	0.001	0.017	0.177**	0.59***	1	
CCI	0.736***	0.573***	0.032	0.485***	−0.011	1

***、**和*分别表示在1%、5%和10%的水平下显著

5.4 EPU和投资者情绪对油价波动率的影响及预测结果

5.4.1 中国股票市场投资者情绪指数构建

由于不同的变量对投资者情绪的影响可能具有滞后性，本章首先使用DCEF、IPON、IPOR、NIA、TURN和CCI以及这6个变量的一阶滞后变量共12个变量进行PCA，从而构建初步中国股票市场投资者情绪指数（记为FIS指数），并将FIS指数和这12个变量进行Pearson相关性分析，结果如表5.3所示。可以看到，除IPON的当期值和FIS指数的相关性相对更强外，其他变量均是一阶滞后值和FIS指数的相关性相对较强。

表 5.3 FIS指数和12个变量的相关性分析

变量	系数	变量	系数
$DCEF_t$	0.754**	$DCEF_{t-1}$	0.768**
$IPON_t$	0.641**	$IPON_{t-1}$	0.636**
$IPOR_t$	0.470**	$IPOR_{t-1}$	0.486**
NIA_t	0.892**	NIA_{t-1}	0.895**
$TURN_t$	0.816**	$TURN_{t-1}$	0.831**
CCI_t	0.770**	CCI_{t-1}	0.773**

**表示在5%的水平下显著

注：有 $t-1$ 和 t 下标的分别表示相关变量的滞后一期值和当期值

因此，本章选择和FIS指数相关性最强的6个变量即 CCI_{t-1}、$DCEF_{t-1}$、$IPON_t$、$IPOR_{t-1}$、NIA_{t-1} 和 $TURN_{t-1}$ 作为最终进行PCA的变量。此外，考虑这6个变量可能会受到宏观经济的影响，参考He（2020），分别将这6个变量和PPI、CPI

以及 MBCI 进行回归，以回归后的残差项进行 PCA。这 6 个变量进行 PCA 后得到的前 5 个主成分解释了 97.611%的信息。因此，选择前 5 个主成分构建了最终中国股票市场投资者情绪指数（记为 IS 指数）。IS 指数和用于构建该指数的 6 个变量的 Pearson 相关性检验如表 5.4 所示。

表 5.4　IS 指数和相关变量的相关性检验

	$DCEF_{t-1}$	$IPON_t$	$IPOR_{t-1}$	NIA_{t-1}	$TURN_{t-1}$	CCI_{t-1}	IS_t
$DCEF_{t-1}$	1						
$IPON_t$	0.253**	1					
$IPOR_{t-1}$	0.166**	0.175*	1				
NIA_{t-1}	0.677**	0.497**	0.223**	1			
$TURN_{t-1}$	0.722**	0.455**	0.234**	0.848**	1		
CCI_{t-1}	0.716**	0.173*	0.087	0.628**	0.613**	1	
IS_t	0.788**	0.522**	0.627**	0.792**	0.806**	0.674**	1

**和*分别表示相关系数在 5%和 10%的水平下显著

注：有 $t-1$ 和 t 下标的分别表示相关变量的滞后一期值和当期值

可以看到，本章构建的 IS 指数和用于构建该指数的 6 个变量之间的相关系数基本上都很显著。此外，FIS 指数和 IS 指数之间的相关性为 0.834，两者的相关性较强，且在 1%的水平下显著。因此，本章构建的 IS 指数可以有效反映中国股票市场的投资者情绪。

5.4.2　国际油价波动率的 GARCH-MIDAS 模型估计结果

构建 IS 指数之后，本章根据式（5.1）～式（5.5），首先基于 2003 年 3 月 4 日～2020 年 6 月 30 日的样本数据，使用 GARCH-MIDAS 模型探究单个低频（月度）EPU 和中国股票市场投资者情绪对高频（日度）油价波动率的样本内估计效果，结果如表 5.5 所示。

表 5.5　单变量 GARCH-MIDAS 模型估计结果

参数	CEPU	USEPU	IS
μ	0.0254	0.0257**	0.0266*
A	0.0608***	0.0570***	0.0983***
B	0.9248***	0.9354***	0.8820***
Λ	2.1371***	2.1976***	1.6154***

续表

参数	CEPU	USEPU	IS
ϑ	−0.0108***	−0.0087***	1.5585***
υ_1	3.8527**	127.4245	1.0000**
υ_2	1.15518*	66.9654	1.4108**
BIC	11580.25	11566.65	11561.12
AIC	11538.87	11525.28	11519.75

***、**和*分别表示在1%、5%和10%的水平下显著

（1）所有变量的 A 和 B 均为正且在 1% 的水平下显著，而且两者之和小于 1，说明中美两国的 EPU 和中国股票市场投资者情绪的短期波动具有强烈的波动集聚性。

（2）中国和美国 EPU 均对 WTI 油价波动率的长期成分产生显著负向影响。ϑ 可以反映各变量和油价波动率之间的关系。由表 5.5 可以看到，中国和美国 EPU 的 ϑ 均显著为负，说明中国和美国 EPU 对 WTI 油价波动率的长期成分具有显著的负向影响。

（3）中国股票市场投资者情绪对 WTI 油价波动率的长期成分产生正向影响。如表 5.5 所示，中国股票市场投资者情绪的 ϑ 在 1% 的水平下显著为正，说明中国股票市场投资者情绪的上涨对 WTI 油价长期波动具有正向影响。

（4）从影响强度来看，中国股票市场投资者情绪对 WTI 油价波动率的影响强于美国 EPU 和中国 EPU。由表 5.5 可以看到，中国股票市场投资者情绪在 GARCH-MIDAS 模型中估计的 ϑ 绝对值大于美国 EPU 和中国 EPU 的 ϑ 绝对值。

由于股票市场和原油市场之间存在很强的溢出效应，本章进一步运用 GARCH-MIDAS 模型分别探究中国、美国 EPU 联合中国股票市场投资者情绪对 WTI 油价波动率的影响。表 5.6 展示了中国、美国 EPU 联合中国股票市场投资者情绪的 GARCH-MIDAS 模型估计结果。

表 5.6 多变量 GARCH-MIDAS 模型估计结果

参数	CEPU + IS	USEPU + IS	IS
μ	0.0229*	0.0218*	0.0266*
A	0.0561***	0.0544***	0.0983***
B	0.9255*	0.9259***	0.8820***
Λ	2.5468***	2.7685***	1.6154***
ϑ^{EUP}	−1.2387**	−1.0803***	

续表

参数	CEPU + IS	USEPU + IS	IS
ϑ^{IS}	0.0142***	0.0125***	1.5585***
BIC	11574.71	11561.76	11561.12
AIC	11515.60	11512.65	11519.75

***、**和*分别表示在1%、5%和10%的水平下显著

注：ϑ^{IS} 表示中国股票市场投资者情绪对 WTI 油价波动率长期成分的影响，ϑ^{EUP} 表示 EPU 对 WTI 油价波动率长期成分的影响

（1）中国和美国 EPU 对油价的长期波动具有负向影响，而中国股票市场投资者情绪对油价的长期波动具有正向影响。从表 5.6 可以看到，中国和美国 EPU 的 ϑ 均为负，而中国股票市场投资者情绪的 ϑ 为正，这和表 5.5 中单变量 GARCH-MIDAS 模型的估计结果一致。此外，模型估计的 BIC 和 AIC 相比表 5.5 差别较小，说明本章中多变量和单变量 GARCH-MIDAS 模型的估计效果基本一致。

（2）中国股票市场投资者情绪对油价长期波动的影响强于中国、美国 EPU。由表 5.6 可以看到，无论是中国 EPU 和中国股票市场投资者情绪结合构建的 GARCH-MIDAS 模型还是美国 EPU 和中国股票市场投资者情绪结合构建的 GARCH-MIDAS 模型，单独使用中国股票市场投资者情绪指数建模对应的 ϑ 均强于 EPU 指数。这同样和表 5.5 的估计结果非常接近，说明本章 EPU 和投资者情绪对油价波动率的影响不受模型设定形式影响。

5.4.3　国际油价波动率的预测结果分析

在使用 GARCH-MIDAS 模型进行样本内估计的基础上，参考 Salisu 等（2020），本节利用一半的样本数据，运用 GARCH-MIDAS 模型探究低频中国、美国 EPU 以及中国股票市场投资者情绪对高频 WTI 油价波动率的样本外预测效果。样本内估计区间为 2003 年 3 月 4 日～2011 年 10 月 31 日，样本外预测区间为 2011 年 11 月 1 日～2020 年 6 月 30 日。参考 Yang 等（2019），本章将预测长度设为 20 个交易日（约 1 个月）。随后根据式（5.6）和式（5.7），使用 HMSE 和 HMAE 评估预测误差。样本外预测结果如表 5.7 所示。

表 5.7　样本外预测结果

参数	CEPU	USEPU	IS	CEPU + IS	USEPU + IS
HMSE	0.6688	0.6541	0.6609	0.6596	0.6530
HMAE	0.7850	0.7815	0.7769	0.7773	0.7675

（1）中国和美国 EPU 分别结合中国股票市场投资者情绪可以有效提高单一变量对 WTI 油价波动率的预测效果。如表 5.7 所示，与仅仅使用中国、美国 EPU 以及中国股票市场投资者情绪的模型预测损失函数相比，美国、中国 EPU 分别结合中国股票市场投资者情绪之后的模型预测损失函数变小，说明在 EPU 中加入投资者情绪之后可以提高预测精度。

（2）美国 EPU 和中国股票市场投资者情绪相结合的预测效果优于中国 EPU 和中国股票市场投资者情绪相结合的预测效果。从表 5.7 可以看到，利用美国 EPU 和中国股票市场投资者情绪进行预测的损失函数最小，说明其预测效果最好。

5.4.4 稳健性检验

1. 不同的样本区间

为了进一步探究中国、美国 EPU 和中国股票市场投资者情绪对 WTI 油价波动率的预测效果是否稳健，在 5.4.3 节的基础上，本节使用后半部分的样本数据进行估计，探究模型的估计结果和全样本模型的估计结果是否一致，进而验证模型的稳健性，即样本区间为 2011 年 11 月 1 日～2020 年 6 月 30 日。单变量 GARCH-MIDAS 模型和多变量 GARCH-MIDAS 模型的估计结果如表 5.8 所示，可以发现，新的样本区间下 GARCH-MIDAS 模型的估计结果和 5.4.2 节的实证结果基本一致，即 EPU 对 WTI 油价波动率具有负向影响，而中国股票市场投资者情绪对 WTI 油价波动率的影响显著为正；结合中国股票市场投资者情绪，可以提高 EPU 对 WTI 油价波动率的预测效果。因此，本章的主要发现是稳健的。

表 5.8 不同样本区间下 GARCH-MIDAS 模型的估计结果

参数	CEPU	USEPU	IS	CEPU + IS	USEPU + IS
μ	0.0971	0.1108**	0.0948*	0.0963*	0.0976*
A	0.0507***	0.0898***	0.0552***	0.0496**	0.0524***
B	0.9493***	0.8741***	0.9352***	0.9367***	0.9287***
Λ	−0.0661***	0.8883***	1.6913***	2.5543**	2.5795**
ϑ^{IS}			1.8916***	2.1096***	1.6253**
ϑ^{EUP}	−0.0119***	−0.0176***		−0.0181***	−0.0108***
BIC	6461.509	6451.657	6441.854	6457.683	6457.174
AIC	6424.661	6414.809	6405.006	6405.043	6404.533

***、**和*分别表示在 1%、5%和 10%的水平下显著

2. 不同的样本长度划分准则

考虑不同的样本长度可能影响模型预测结果的稳健性,本部分将更改样本长度,分别使用 1/2 和 1/3 的样本内数据估计模型参数,然后进行样本外预测。参考 Wang 等(2020),在新的样本长度划分准则下,样本外预测区间分别为 2011 年 11 月 1 日~2020 年 6 月 30 日,以及 2014 年 10 月 1 日~2020 年 6 月 30 日。不同样本外预测区间下单变量 GARCH-MIDAS 模型和多变量 GARCH-MIDAS 模型的估计结果如表 5.9 所示。可以发现,不同的样本内估计和样本预测长度下,GARCH-MIDAS 模型的估计结果和 5.4.2 节的实证结果保持一致,因此可以证实本章的核心结果是稳健的。

表 5.9 不同样本长度划分准则下 GARCH-MIDAS 模型的估计结果

参数	CEPU	USEPU	IS	CEPU + IS	USEPU + IS
\multicolumn{6}{c}{A:样本外预测区间为 2011 年 11 月 1 日~2020 年 6 月 30 日}
μ	0.0971	0.1108**	0.0948*	0.0963*	0.0976*
A	0.0507***	0.0898***	0.0552***	0.0496**	0.0524***
B	0.9493***	0.8741***	0.9352***	0.9367***	0.9287***
Λ	−0.0661***	0.8883***	1.6913***	2.5543**	2.5795***
ϑ^{IS}			1.8916***	2.1096***	1.6253**
ϑ^{EUP}	−0.0119***	−0.0176***		−0.0181***	−0.0108***
BIC	6461.509	6451.657	6441.854	6457.683	6457.174
AIC	6424.661	6414.809	6405.006	6405.043	6404.533
\multicolumn{6}{c}{B:样本外预测区间为 2014 年 10 月 1 日~2020 年 6 月 30 日}
μ	0.0465	0.0485**	0.0454*	0.0460*	0.0480*
A	0.0535***	0.0488***	0.0517***	0.0515**	0.0480***
B	0.9391***	0.9385***	0.9415***	0.9384***	0.9327***
Λ	1.3405***	2.2489***	1.5374***	2.1489***	2.7039***
ϑ^{IS}			1.2031***	1.1672**	0.7127**
ϑ^{EUP}	−0.0011***	−0.0085***		−0.0091***	−0.0111***
BIC	10386.46	10366.58	10373.21	10394.06	10374.4
AIC	10345.71	10325.83	10332.47	10335.85	10316.19

***、**和*分别表示在 1%、5%和 10%的水平下显著

5.5 主要结论与启示

鉴于 EPU 和投资者情绪对原油市场波动具有一定的影响,本章使用 2003 年 3 月 4 日~2020 年 6 月 30 日的数据,构建 GARCH-MIDAS 模型,测度了低频(月度)美国、中国 EPU 和中国股票市场投资者情绪对高频(日度)WTI 油价波动率的预测效果。此外,探究了中国股票市场投资者情绪对单一 EPU 预测油价波动率的提升能力。主要结论如下:第一,美国、中国 EPU 对 WTI 油价波动率具有负向影响,而中国股票市场投资者情绪对 WTI 油价波动率产生显著的正向影响;第二,结合中国股票市场投资者情绪,可以增强中国、美国 EPU 等变量对 WTI 油价波动率的预测效果。此外,结合美国 EPU 和中国股票市场投资者情绪的预测结果优于使用其他变量的预测结果。

基于以上结论,本章对政策制定者和原油市场投资者等利益相关者提出以下建议:对于政策制定者来说,应充分考虑中国、美国 EPU 和中国股票市场投资者情绪对国际油价波动率的影响,通过制定相关政策应对中国、美国 EPU 可能对原油市场带来的负面影响;对原油市场投资者来说,在中国、美国 EPU 增大时应该保持审慎态度,在中国股票市场投资者乐观情绪较高时,可考虑合理加大原油市场投资。

第6章 投资者情绪与原油市场极端风险的交互影响研究

6.1 投资者情绪与原油市场的交互关系及问题提出

随着经济全球化和金融自由化的发展，国际原油市场波动更加剧烈，显著增大了市场参与者的收益风险。同时，国际原油市场的极端风险对各国经济发展产生了深远影响（Zhang and Wei，2011）。实际上，国际原油市场是一个典型的复杂系统，原油市场的极端风险是一系列不确定性因素综合作用的结果，如供给、需求、库存等基本面因素和投机交易、美元汇率等非基本面因素（Miao et al.，2017；Ratti and Vespignani，2016；Yao et al.，2017；Zhang et al.，2018a）。这些因素的作用会综合反映为原油市场投资者情绪的变化，进而给油价收益率波动形成冲击。鉴于此，投资者情绪因素对探究原油市场极端风险至关重要。

近年来，投资者情绪在金融市场受到广泛关注，其变化是一种系统性风险并最终反映在资产价格变化中（Lee et al.，2002；Baker and Wurgler，2006，2007；Benhabiba et al.，2016）。大量研究表明，投资者情绪对油价变动具有显著影响，已成为油价预测的重要考量因素（Deeney et al.，2015；Qadan and Nama，2018；Jiang et al.，2019）。此外，不仅投资者情绪影响国际油价变化，反过来，原油市场变化也被证实对投资者情绪波动具有显著影响（Ding et al.，2017；He，2020；Ye et al.，2020）。

上述研究对深入理解投资者情绪和原油市场间的交互影响提供了有益借鉴。然而，前人研究大多关注油价和投资者情绪的相互关系，较少关注原油市场极端风险。事实上，原油市场的复杂属性特征导致油价经常发生剧烈波动，油价的极端上行和下行风险给政策制定者、相关企业和投资者等进行风险管理带来巨大挑战。此外，前人研究大多基于时间序列模型测度投资者情绪和油价间的相关性，难以刻画变量的相关关系在不同频率下的关联机制和规律。

实际上，原油市场是由不同的利益相关者共同组成的复杂系统，不同主体对市场信息的关注焦点不同。例如，投资者在意商品价格的短期变动，而政策制定者关注市场的长期发展趋势。因此，本章考虑运用 WA 技术，对投资者情绪和原油市场极端风险在不同频率下的交互关系进行分解研究，旨在为投资者情绪与原油市场的交互影响关系提供更加微观层面的解释。

如何构建准确的投资者情绪指数一直是相关研究关注的重点。目前大多数研究采用的投资者情绪指数主要有两种：一种是用调查数据构建的直接投资者情绪指数（Shiller，2000；Brown and Cliff，2005；王美今和孙建军，2004；Lemmon and Portniaguina，2006；余佩琨和钟瑞军，2009）；另一种是以多个代理变量构建的间接投资者情绪指数（Baker and Wurgler，2006；伍燕然和韩立岩，2007；张强和杨淑娥，2009；Huang et al.，2015a）。然而，构建直接投资者情绪指数所需的数据采集难度大且有效性、真实性难以判断，构建间接投资者情绪指数所需的情绪代理变量选择存在主观性，且可能包含的经济周期成分导致构建的投资者情绪指数难以完全反映投资者情绪变化。He（2012）以及 He 和 Casey（2015）认为市场交易信息最终都将体现在收盘价上，投资者情绪的净效应也会体现在收盘价上，即投资者情绪可通过当日收盘价捕捉。因此，参考 He（2012），本章构造原油市场投资者情绪指数。

本章拟探究两个问题：第一，如何构造可以反映投资者情绪净效应的原油市场投资者情绪指数？第二，投资者情绪和原油市场极端风险的交互关系在不同时间领域和频率领域下如何变化？

本章主要有两点贡献：一方面，现有文献侧重研究投资者情绪对油价收益率的影响，本章分析投资者情绪与原油市场极端风险的关联机制，为监管部门把握和预测国际原油市场极端风险运行规律提供决策支持，从而及时出台监管政策以引导投资者的投资行为；另一方面，本章利用 WA 方法评估投资者情绪与原油市场极端风险在不同频率领域和时间领域下的协同运动方向及强度，其中频率领域的数据特征突破传统时间序列分析仅考察时间领域关系的局限性，从新的角度揭示两种变量间的影响机制。

6.2 国内外研究现状

大宗商品金融市场的繁荣促使大量投机者进入市场，进而导致原油市场剧烈波动、风险加大（Coleman，2012；Zhang et al.，2019b）。在这种情况下，从传统供求经济基本面角度很难全面解释油价波动现象。因此，行为金融学将无法用基本面信息解释的投资者预期归为投资者情绪。在近年来的股票市场研究中，投资者情绪成为一项重要的指标。de Long 等（1990）提出的噪声交易者（de Long, Shleifer, Summers and Waldmann, DSSW）模型具有重要影响力，该模型表明在有限套利的环境中，如果投资者情绪相互影响，套利者将无法消除非理性行为导致的错误定价，投资者情绪因而会成为影响金融资产均衡价格的系统性风险。Baker 和 Wurgler（2006）将投资者情绪定义为投资者对资产未来现金流量和投资风险预期的信念。他们提出利用 PCA 方法对 DCEF、纽约证券交易所股票周转率、IPO 数量、IPO 首日收益率和股权融资比例与股息期限比例加权构造投资者情绪指数。目前广泛使用的投资者情绪代理变量还包括 EPU 指数（Baker et al., 2016）、圣路易斯联邦储备银行发布的金融压力指数、股票价格波动指数和油价波动指数等（Luo and Qin, 2017; Zhang and Wang, 2021; Long et al., 2021）。

虽然投资者情绪在股票市场研究中已被广泛应用，但在探究投资者情绪指数对其他市场（石油市场等）的影响时多基于传统的计量方法。在研究投资者情绪对资产价格收益率的影响时，VAR 族模型得到诸多学者的青睐。例如，Sayim 和 Rahman（2015）运用 VAR 族模型考察了美国机构和个人投资者情绪对伊斯坦布尔股票市场的影响。Stillwagon（2015）采用协整 VAR（cointegrated VAR，CVAR）模型证实了投资者情绪是伦敦银行同业拆借市场风险溢价变化的格兰杰原因。Shamsuddin 和 Kim（2015）借助 VAR 族模型对投资者情绪和法马-弗伦奇（Fama-French）因子溢价的动态关系进行研究，结果表明 Fama-French 因子溢价对投资者情绪有较强和持续性的动态影响，且市场参与者的情绪会由消息灵通人士（投资顾问）传导至消息不灵通人士（个别投资者）。谢世清和唐思勋（2021）采用 SVAR 模型测量了投资者情绪和宏观经济波动对股票市场的影响，发现投资者情绪和股票市场收益率之间存在较大的相互影响。此外，大量学者利用 GARCH 族模型展开研究，表明了投资者情绪对金融时间序列的波动及波动溢出效应的显著影响（Singhal and Ghosh, 2016; Song et al., 2019; Qadan and Nama, 2018）。

然而，大多数基于 VAR 和 GARCH 族模型的研究主要从时间领域考察跨市场间的波动溢出效应，忽略了包含在频率领域的重要信息。实际上，频率领域特征可以帮助人们从另一个角度获取市场信息，从而弥补对时间序列中周期分量的研究（Power and Turvey, 2010; Huang et al., 2016）。此外，变量间波动具有双向性，而 GARCH 族模型采用方差度量风险，不具备度量波动方向的能力。事实上，全球金融危机爆发后，双向风险溢出效应显著增强，传统 GARCH 族模型难以满足研究需求。另外，频率领域的信息获取具有重要的现实意义，资产回报取决于投资者在不同频率上的决策制定，如几分钟的决策（短期决策）或几年的决策（长期决策）。

基于此，本章引入 WA 方法探究投资者情绪与原油市场极端风险间的影响机制。WA 能够将时间序列分解为时间领域和频率领域两部分，对研究不同时间领域和频率领域上变量间的风险溢出具有很大优势（Huang et al., 2015a; Ghosh et al., 2011; Lee, 2004; Zheng, 2015; Chakrabarty et al., 2015）。具体而言，首先，本章采用格兰杰因果关系检验方法验证投资者情绪是否为油价波动的重要预测因素。然后，借助风险价值 GARCH（value at risk GARCH，VaR-GARCH）模型测度样本区间内油价收益的风险价值，进而分析原油市场极端风险的变化情况。最后，通过 WA 方法得到投资者情绪对原油市场极端风险的影响，并验证结果的稳健性。

6.3 研究方法与数据说明

6.3.1 研究方法

1. 投资者情绪指数的构建方法

投资者情绪对资产价格产生的影响最终都会体现在一天的收盘价中（He，2012），所以本章通过捕获原油收盘价中投资者情绪的净效应来构造投资者情绪指数（He and Casey，2015；Parsons，2010）。这一过程的实质是通过计算当日最高价和最低价最终成为收盘价的可能性，衡量投资者中看涨（积极）与看跌（消极）双方所占的比例：

$$\text{Close}_t = \text{High}_t \times \text{Pro}_t + \text{Low}_t \times (1 - \text{Pro}_t) \tag{6.1}$$

$$\Rightarrow \text{Pro}_t = \frac{\text{Close}_t - \text{Low}_t}{\text{High}_t - \text{Low}_t} \tag{6.2}$$

其中，Pro_t 为原油市场最高价成为收盘价的可能性，取值为 0~1；$1-\text{Pro}_t$ 为原油市场最低价成为收盘价的可能性。当 $\text{Pro}_t > 0.5$ 时，大部分投资者持积极情绪；当 $\text{Pro}_t = 0.5$ 时，投资者中看涨看跌的力量持平；当 $\text{Pro}_t < 0.5$ 时，大部分投资者持消极情绪。

因此，投资者情绪的表达式可进一步表示为

$$\text{Se}_t = \text{Pro}_t - 0.5 \tag{6.3}$$

其中，Se_t 为正（负）表示投资者情绪是积极（消极）的。该指标可有效量化投资者对所有消息的反应，这些反应都将体现在收盘价中。

2. VaR-GARCH 模型

由于油价收益率数据往往具有尖峰厚尾和条件异方差的特性（Hou and Suardi，2012），本章采用 GARCH 族模型拟合数据。GARCH(1,1)模型通常足以模拟金融时间序列的波动率（Bollerslev et al.，1992；Arvanitis and Louka，2017）。用 r_t 表示油价收益率序列，则 GARCH(1,1)模型可以写成如下形式：

$$r_t = \mu_t + \varepsilon_t, \ \varepsilon_t = \eta_t \sqrt{h_t}, \ h_t = \alpha_0 + \alpha_1 \varepsilon_{t-1}^2 + \beta_1 h_{t-1} \tag{6.4}$$

其中，μ_t 为油价收益率序列 r_t 的均值；ε_t 为残差项；h_t 为 GARCH(1,1)模型中的条件方差。模型假定 $\alpha_0 \geq 0$，$\alpha_1, \beta_1 \geq 0$，$\alpha_1 + \beta_1 < 1$。

GARCH 族模型得到的方差只能反映总体风险水平，不能对极端风险建模，于是本章引入 VaR，它可以给出一定时期内给定置信水平下的投资者（或生产者）将遭受的最大损失（Cabedo and Moya，2003；Fan et al.，2008）。考虑油价收益率序列存在较明显的厚尾现象，本章假设标准残差服从广义误差分布（generalized error distribution，GED），从而通过 GARCH 族模型获得油价收益率在 t 时刻的均值 μ_t 和条件方差 h_t 的估计量，进而得到油价上涨和下跌时的 VaR：

$$\text{VaR}_t^+ = \mu_t + Z_\alpha \sqrt{h_t} \quad (6.5)$$

$$\text{VaR}_t^- = \mu_t - Z_\alpha \sqrt{h_t} \quad (6.6)$$

其中，Z_α 为 GARCH 族模型中标准残差所服从的左分位数；α 为对应的分位点。

3. WA 方法

自 1974 年 Morlet 首次提出小波变换的概念以来，WA 凭借算法自身的包容性和多尺度分析等优势，在许多学科领域得到了广泛应用。本章采用连续小波变换（continuous wavelet transforms，CWT）、交叉小波变换（cross wavelet transform，XWT）和小波相干（wavelet coherence，WTC），来捕捉投资者情绪与原油市场极端风险的时频尺度特征。

连续小波变换能提供一个随频率改变的时频窗口，可以有效克服时间窗口不随频率变化的缺陷（Percival and Walden，2000）。通过连续小波变换，可以得到投资者情绪和原油市场极端风险在不同频率下的波动特征以及该特征随时间的变化情况。时间序列 $x(t)$（本章为投资者情绪和原油市场极端风险）的连续小波变换如下：

$$W_x(\gamma,\delta) = \frac{1}{\sqrt{|\gamma|}} \int_{-\infty}^{\infty} x(t)\Psi\left(\frac{t-\delta}{\gamma}\right) \mathrm{d}t \quad (6.7)$$

其中，$\gamma,\delta \in \mathrm{R}, \gamma \neq 0$，$\gamma$ 和 δ 分别为小波函数的尺度因子和时间平移因子，分别决定小波时频窗口在频率领域和时间领域的位置。如果尺度因子小（大），连续小波变换的压缩程度就大（小），此时对应变量波动的高（低）频部分。Ψ 为在时间及频率的双重尺度下都满足零均值条件的基小波函数。Morlet 小波在时频领域内有着较好的局部聚集性，成为应用最广泛的小波函数。本章选择 Morlet 小波作为基小波：

$$\Psi(t) = \pi^{-\frac{1}{4}} \mathrm{e}^{\mathrm{i}\omega_0 t} \mathrm{e}^{-\frac{1}{2}t^2} \quad (6.8)$$

其中，$\omega_0 = 6$ 的中心频率是一个合理的选择，因为它能较好地平衡时间和频率尺度上的局部性（Grinsted et al.，2004）。

为探寻投资者情绪与原油市场极端风险序列之间的交互影响关系，本章进一步引入交叉小波变换和小波相干。交叉小波变换能够通过描绘两个时间序列在时间和频率尺度下的协方差分布规律，揭示变量间的相关性和领先滞后关系；小波相干弥补了交叉小波变换只能对两个变量共同的高能量区进行识别的缺陷。交叉小波变换和小波相干分别如下：

$$W_{zy}(\gamma,\delta) = W_z(\gamma,\delta)\overline{W_{y(\gamma,\delta)}} \quad (6.9)$$

$$R^2(\gamma,\delta) = \frac{\left|S_m(\delta^{-1}W_{zy}(\gamma,\delta))\right|^2}{S_m(\delta^{-1}W_y(\gamma,\delta))^2 S_m(\delta^{-1}W_z(\gamma,\delta))^2} \quad (6.10)$$

其中，S_m 为时间领域和频率领域之间的平滑运算符；$W_z(\gamma,\delta)$ 和 $\overline{W_{y(\gamma,\delta)}}$ 分别为原油市场极端风险小波交叉谱和投资者情绪小波交叉谱的共轭复数；$W_{zy}(\gamma,\delta)$ 越大，两个序列具有的共同高能量区越大，它们之间的相关性越显著。小波相干系数 $R^2(\gamma,\delta)$ 的取值为 0~1，且越接近 1，两个时间序列间的相关性越大；越接近 0，两个时间序列间的相关性越小。小波相干不仅能够识别变量间的相关性，还能通过相位差刻画变量间的领先滞后关系。相位差可以通过功率谱中箭头的指向表示出来，不同指向对应着不同的影响方向和领先滞后关系。

6.3.2 数据说明

本章采用 WTI 和 Brent 两种国际基准原油的每日现货价格数据，对不同时间和频率领域原油市场极端风险和投资者情绪之间的关系进行实证分析。两种基准原油的每日现货价格数据来源于 EIA，样本区间为 2007 年 1 月 3 日~2020 年 7 月 31 日。该区间包含油价的剧烈波动时期，如由全球金融危机和 GPR 引发的油价极端上涨（Lorusso and Pieroni，2018）。WTI 和 Brent 油价收益率采用对数百分比收益率，即 $r_t = \ln(p_t/p_{t-1})\times 100$，共 3393 个样本。其中，用于构造投资者情绪的日度数据为美国费城石油服务指数，该指数根据 15 家石油公司的价格收益编制而成，可以综合反映原油市场的生产和收益情况（He and Casey，2015），数据来源于 DataStream 数据库。然后，根据式（6.1）和式（6.2）构造投资者情绪指数。

投资者情绪指数和油价收益率的描述性统计如表 6.1 所示。可知，投资者情绪和油价收益率序列均为左偏。J-B 检验结果显示，在 1%的显著性水平下，投资者情绪与油价收益率均拒绝服从正态分布。最后，ADF 和 PP 检验结果表明，在 1%的显著性水平下，这三个序列均为平稳序列。

表 6.1　投资者情绪指数和油价收益率的描述性统计

变量	均值	最大值	最小值	标准差	偏度	峰度	J-B	ADF	PP
投资者情绪	0.0128	0.5	−0.5	0.3536	−0.0699	1.5889	286.1155	−59.2367（0.0000）	−59.3644（0.0000）
WTI 油价收益率	−0.0110	42.5832	−72.0273	3.2214	−2.4638	100.4171	1345095	−27.4956（0.0000）	−64.3003（0.0000）
Brent 油价收益率	−0.0080	41.2022	−77.2683	2.9374	−4.6279	165.6162	3750638	−15.2933（0.0000）	−62.4480（0.0000）

注：小括号内为统计量的 p 值

6.4 投资者情绪对原油市场极端风险的影响结果分析

6.4.1 油价收益率的极端风险测度结果

根据 VaR-GARCH 模型，计算 WTI 和 Brent 油价收益率 VaR，如图 6.1 所示。各 VaR 的描述性统计结果如表 6.2 所示。其中，似然比（likelihood ratio，LR）统计量的原假设为 VaR-GARCH 模型的估计结果显著，且 LR 统计量服从自由度为 1 的卡方分布，其在 5%的显著性水平下临界值为 3.84。由表 6.2 最后一列可知 LR 统计量远远小于 3.84，故接受原假设，即 VaR-GARCH 模型是显著的。同时，由图 6.1 可知，样本区间内油价收益率具有明显的波动聚集现象。例如，2008 年 7 月~2010 年 1 月、2014 年 8 月和 2016 年 10 月，油价存在极端下跌风险，其中 2008 年油价的极端下跌风险主要源于全球金融危机和随之而来的全球原油需求变化（Kilian，2009）；2014 年油价的极端下跌风险则是由供给端变化造成的，主要源于以沙特阿拉伯为主的 OPEC 成员扩大生产、压低油价，以压缩美国的市场份额。此外，2010 年 5 月、2011 年 2 月和 2012 年 7 月，油价均有短期的极端上涨风险，而 2011 年 5 月和 2014 年 12 月，油价均有短期的极端下跌风险。

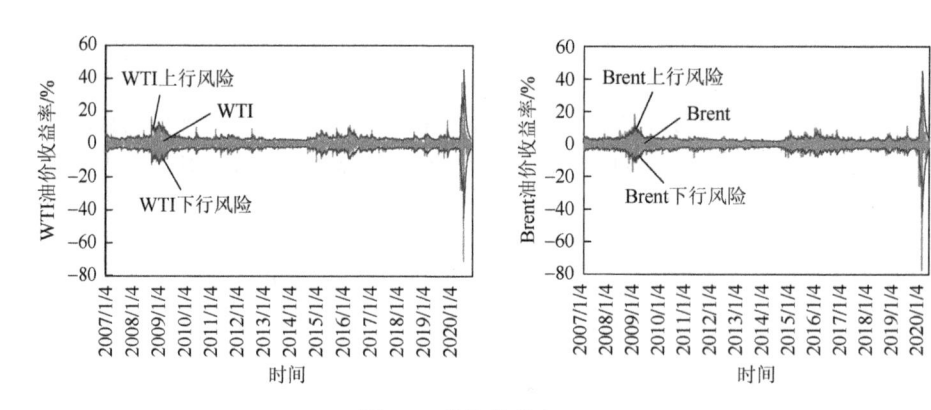

图 6.1 油价收益率 VaR

表 6.2 VaR 的描述性统计结果

	参数	均值	最大值	最小值	标准差	偏度	峰度	失败天数	失败率	LR 检验
WTI	上行风险	4.1211	45.3626	1.7939	3.3101	6.3356	56.5661	124	0.0365	−1064.0908
	下行风险	−3.9422	−1.6150	−45.1837	3.3101	−6.3356	56.5661	179	0.0528	−1407.6140

续表

参数		均值	最大值	最小值	标准差	偏度	峰度	失败天数	失败率	LR 检验
Brent	上行风险	3.7778	44.9908	1.5272	3.0721	6.9020	67.4271	131	0.0386	−1110.0465
	下行风险	−3.6864	−1.4358	−44.8994	3.0721	−6.9020	67.4271	184	0.0542	−1128.1349

6.4.2 投资者情绪与原油市场极端风险的格兰杰因果关系检验结果

本章根据 VaR-GARCH 模型的 AIC 和 SIC 最小的原则选择最优滞后长度，并分别计算 WTI 和 Brent 原油市场的极端风险序列与投资者情绪的因果关系，结果如表 6.3 所示。可见，在 10%的显著性水平下，投资者情绪是原油市场极端风险（上涨和下跌）的格兰杰原因，但原油市场极端风险均不能导致投资者情绪变动。因此，在本章的样本区间内，投资者情绪是原油市场极端风险的重要驱动力，且对油价收益率变动具有很强的预测能力。这一结果与 Deeney 等（2015）、Qadan 和 Nama（2018）得出投资者情绪与原油市场极端风险双向影响的结论并不一致。但是本章认为，原油市场极端风险之所以对投资者情绪难以产生非常显著的影响，是因为除了石油头寸，投资者还持有许多其他资产头寸。根据 2020 年彭博商品指数，原油占全部商品投资的比例为 15%左右，因此本章认为油价走势难以预测投资者情绪的复杂变化。

表 6.3 格兰杰因果关系检验结果

原假设	F 统计值	p 值	最优滞后长度
WTI 上行风险不是投资者情绪的格兰杰原因	0.23220	0.6299	1
投资者情绪不是 WTI 上行风险的格兰杰原因	9.54669	0.0020	
WTI 下行风险不是投资者情绪的格兰杰原因	0.23220	0.6299	1
投资者情绪不是 WTI 下行风险的格兰杰原因	9.54669	0.0020	
Brent 上行风险不是投资者情绪的格兰杰原因	0.33069	0.5653	1
投资者情绪不是 Brent 上行风险的格兰杰原因	2.81003	0.0938	
Brent 下行风险不是投资者情绪的格兰杰原因	0.33069	0.5653	1
投资者情绪不是 Brent 下行风险的格兰杰原因	2.81003	0.0938	

相反，投资者情绪是原油市场极端风险变化的一个重要驱动因素。投资者情绪可以即时反映原油市场的细微变动，同时，投资者通过不断调整投资策略进行投机交易，从而导致原油市场产生极端风险（Zhang，2013；Gogolin and Kearney，

2016; Shanker, 2017）。此外，油价变动受金融市场体系和主要的英美石油公司控制，这也是投资者情绪引起原油市场极端风险的原因。

6.4.3 时频尺度下投资者情绪与原油市场极端风险的 WA 结果

1. 投资者情绪与原油市场极端风险的波动规律

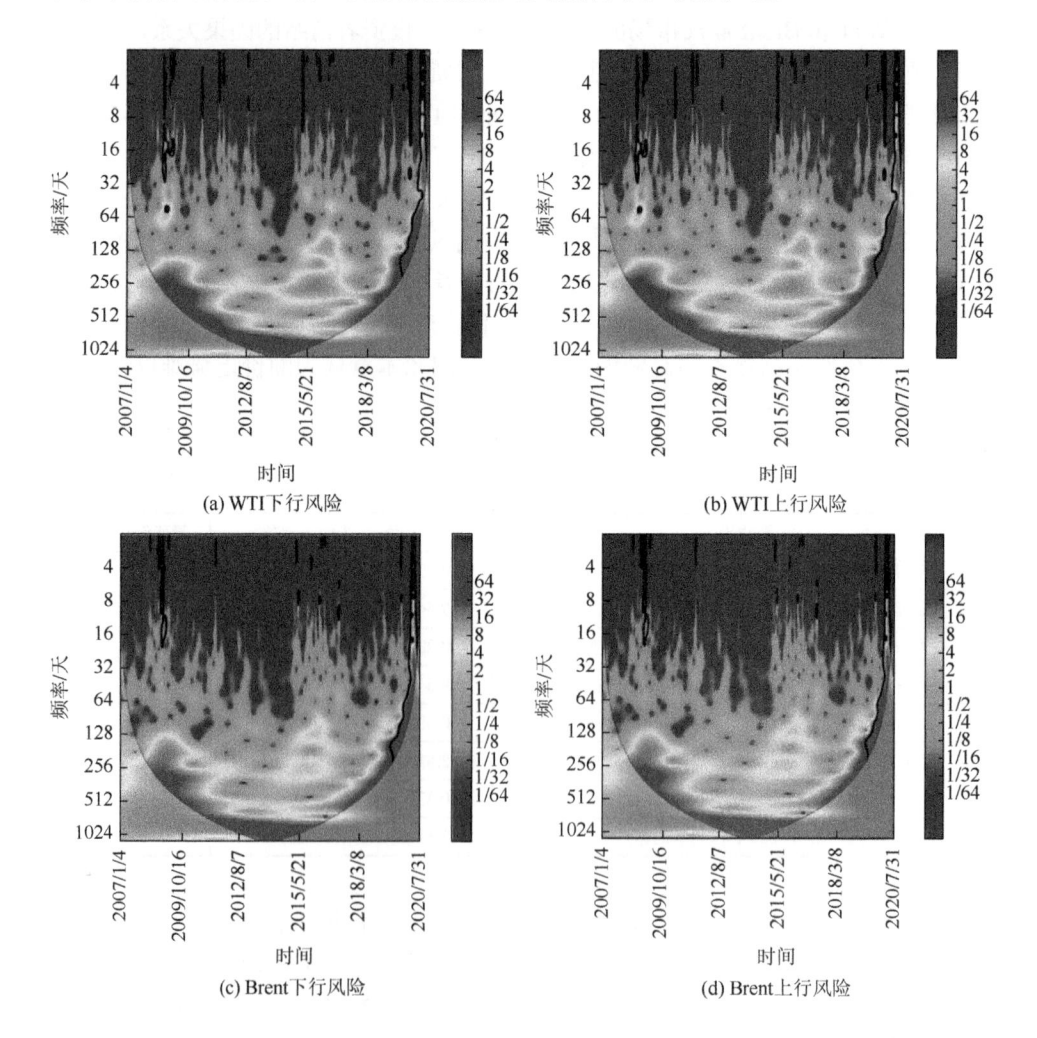

根据连续小波变换公式，得到投资者情绪与原油市场极端风险序列的小波功率谱，如图 6.2 所示。小波功率谱反映了各变量在不同频率下的波动强度，红色功率谱区域表明变量在该频率领域的波动性大。黑色粗轮廓线内的区域表示 5%水平下波动显著的区域，该部分的数值通过蒙特卡罗模拟产生。

(a) WTI下行风险

(b) WTI上行风险

(c) Brent下行风险

(d) Brent上行风险

第 6 章　投资者情绪与原油市场极端风险的交互影响研究

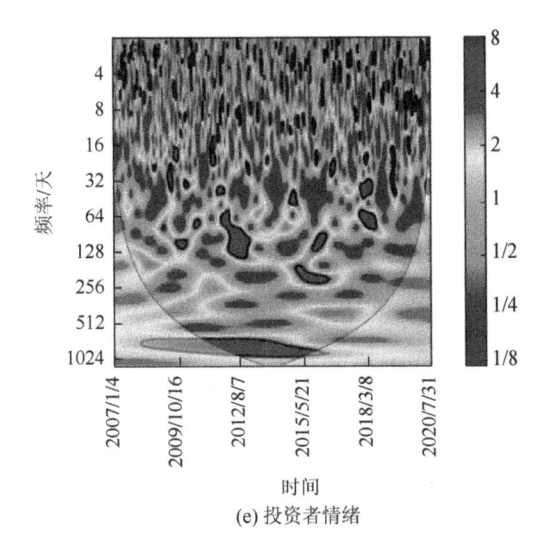

(e) 投资者情绪

图 6.2　投资者情绪和原油市场极端风险的小波功率谱（见彩图）

第一，原油市场极端风险在不同尺度上均呈现高波动性。根据 WTI 和 Brent 原油市场极端风险的小波功率谱，2008 年全球金融危机和 2014 年下半年之后的油价大幅下跌时期，油价的极端上行和下行风险的小波功率谱能量明显增大（红色区域），而与此对应的时间尺度均大于 128 天，说明在重大危机期间原油市场极端风险持续时间较长。出现这种现象的原因在于，2008 年全球金融危机对全球经济造成严重冲击，大幅抑制原油需求，从而导致油价在低位运行；2014 年的油价大跌则是由供给端过剩引起的。彼时美国页岩油产量大幅增加，同时以沙特阿拉伯为首的 OPEC 成员为了保住石油供给份额大幅增产，最终导致原油市场供应过剩从而引发油价下跌。可见，原油市场供需不平衡导致的油价大幅波动持续时间较长，短期内难以恢复。自 2020 年新冠肺炎疫情全面暴发开始，油价也经历了大幅下跌，与此对应的小波功率谱能量在 8～256 天的短中期频率下显著增大。原因在于新冠肺炎疫情全面暴发对全球经济造成巨大冲击，导致原油需求大幅降低，最终使得原油市场极端风险呈现高波动特征。

第二，投资者情绪一旦发生剧烈波动，短期内难以恢复至稳定状态。如图 6.2 所示，2008 年 10 月～2015 年 5 月，投资者情绪在低频领域（512～1024 天）的波动性变得显著，且持续时间长达 5 年。产生这一结果的原因在于，该时间段内原油市场由于受重大危机影响，发生了结构性变化。原油市场行情变化使得投资者关注增加，从而引起投资者情绪的持久性（Yang et al.，2017）。例如，当市场行情上行时，投资者更加关注乐观的消息，忽视带有负面信号的报道；当市场行情下行时，投资者更容易受到悲观消息的影响，积极的消息不会对投资决策产生显著影响。因此，在 2008 年 10 月～2015 年 5 月的油价大幅波动期间，油价的大起大落导致投资者情绪发生剧烈变化，且持续较长时间。此外，投资者高度乐观情绪会导致其对自己的投资能力充满信心，可能会使决策者高估投资成功的概率而低估决策风险，进而导致投资决策风险不断积累，引发极端风险（Kuhnen and Knutson，2011；Bassi et al.，2013）。

2. 投资者情绪与原油市场极端风险的交互影响关系分析

进一步，通过图6.3和图6.4的交叉小波变换和小波相干结果，可以分析不同时频尺度两种基准投资者情绪与原油市场极端风险的影响方向和领先滞后关系。图中黑线所圈的红色高功率区域表示投资者情绪和原油市场极端风险在该时频下相关性显著，箭头朝向提供了投资者情绪与两种基准原油市场极端风险的相关性信息，箭头向右（向左）表示两变量正（负）相关；当箭头指向右下方或左上方时，投资者情绪波动领先于原油市场极端风险变化，表明投资者情绪的波动会对原油市场极端风险的波动造成影响；同理，当箭头指向右上方或左下方时，原油市场极端风险波动领先于投资者情绪的波动，表明原油市场极端风险的波动会对投资者情绪的波动造成影响。

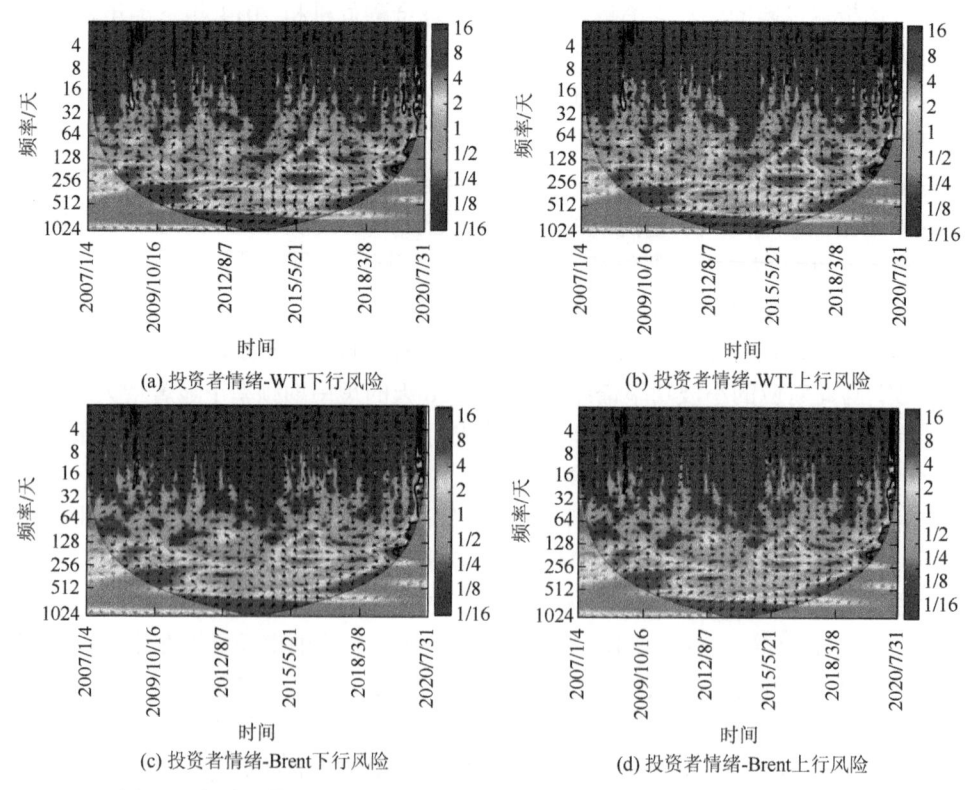

(a) 投资者情绪-WTI下行风险

(b) 投资者情绪-WTI上行风险

(c) 投资者情绪-Brent下行风险

(d) 投资者情绪-Brent上行风险

图6.3 投资者情绪与原油市场极端风险的交叉小波变换结果（见彩图）

(a) 投资者情绪-WTI下行风险

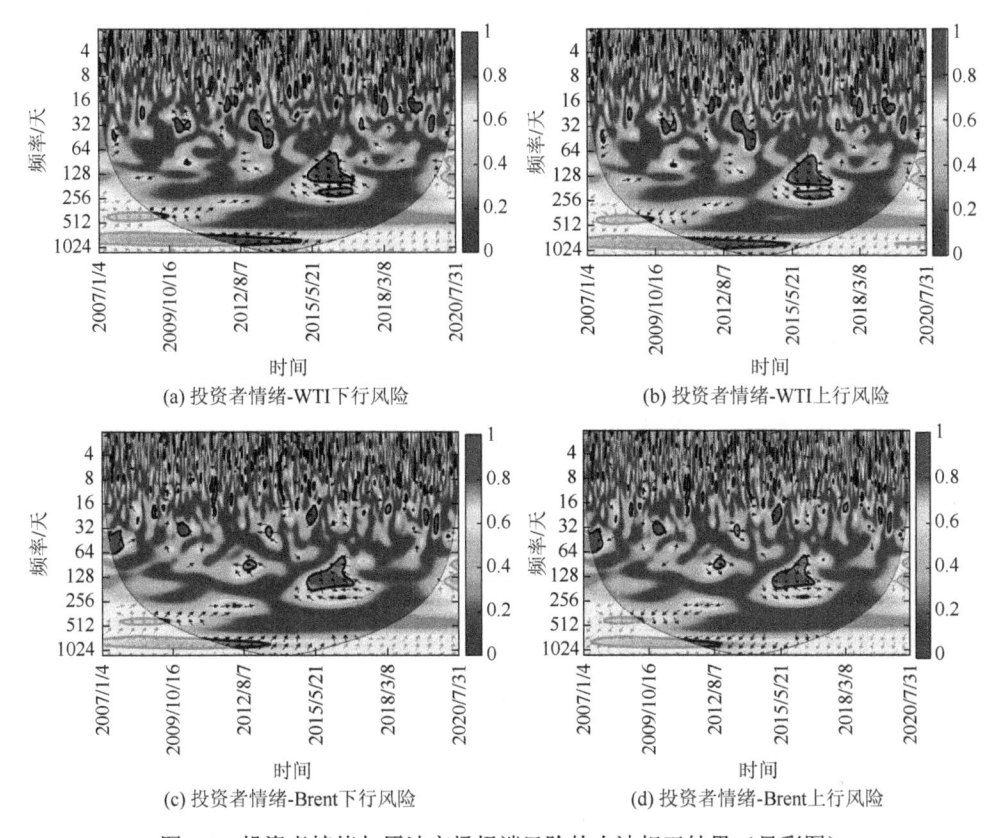

(b) 投资者情绪-WTI上行风险

(c) 投资者情绪-Brent下行风险

(d) 投资者情绪-Brent上行风险

图 6.4　投资者情绪与原油市场极端风险的小波相干结果（见彩图）

第一，投资者情绪和原油市场极端风险的交互关系在油价大幅波动时期较为显著，且持续较长时间。由图 6.3 和图 6.4 可知，在中期（256～512 天）和长期（512～1024 天）的时间尺度下，投资者情绪和原油市场极端风险的交互作用最强，尤其是 2007～2011 年和 2014～2016 年的油价大幅波动期间。这表明投资者情绪和原油市场极端风险的相关关系在原油市场波动强的时候显著，且持续时间较长。这与 Du 和 Zhao（2017）以及 Shahzad 等（2019a）的研究结果相一致，即在油价大幅波动期间，投资者情绪和原油市场极端风险间的相关性增强。

第二，2008 年全球金融危机前后，原油市场极端风险波动领先于投资者情绪波动，且原油市场极端风险的增加会导致投资者情绪更加悲观。图 6.3（a）和（c）、图 6.4（a）和（c）中两变量相关关系增大的区域（红色）中箭头方向大多为右上，表明中长期来看，油价下行风险与投资者情绪正向相关，且油价下行风险波动领先于投资者情绪波动，即油价下行风险增加（VaR^- 变大）将引起投资者的悲观情绪增加。图 6.3（b）和（d）、图 6.4（b）和（d）中两变量相关关系增大的区域中箭头方向多为左下，说明长期来看，油价上行风险与投资者情绪负向相关，且油价上行风险波动领先于投资者情绪波动，即油价上行风险增加（VaR^+ 变大）将引起投资者情绪波动。总的来说，在 2008 年全球金融危机前后，原油市场极端风险波动领先于投资者情绪波动，原油市场极端风险增加将引发投资者的悲观情绪加大。这一结果补充了 He 等（2019）的研究，他们发现油价对投资者情绪具有显著负向影响，但由于 2008 年全球金融危机造成的全球经济不景气，2010 年之后油价对投资者情绪的影响逐渐减弱。本章利用 WA 在时频尺度分析时间序列相关性方面的优势，获得更加丰富的发现。

第三，2014 年 7 月~2016 年 2 月的油价下跌时期，投资者情绪波动领先于原油市场极端风险波动，且投资者情绪和原油市场极端风险正向相关。在这一时间段，图 6.3（a）和（c）、图 6.4（a）和（c）中的箭头方向多为左上，图 6.3（b）和（d）、图 6.4（b）和（d）中的箭头方向多为右下，表明在该时期投资者情绪波动对原油市场极端风险波动具有引领作用，且投资者情绪和油价上行风险正向相关，和油价下行风险负向相关，表明投资者情绪低迷将导致原油市场的极端下行和上行风险均减小（VaR^- 变小、VaR^+ 变小），且持续时间为 128~256 天。产生这一结果的原因在于，这一时期美国页岩油大量增产，而 OPEC 坚持不减产的立场，原油市场投资者预期未来原油供应充足、需求疲软，导致看空情绪不断增强，从而引发多头抛售原油期货，油价自高位转头跳水。这一时期的油价下跌过程实际上是对前期高油价的一种价格纠偏（He et al.，2019）。实际上，受 2008 年全球金融危机及随后欧洲主权债务危机的影响，发达经济体复苏缓慢，新兴经济体的石油需求增速也逐渐放缓，加上全球气候变暖对石油消费的抑制，油价在 2014 年上涨至 100 美元/桶存在被过高估值的成分。因此，2014~2016 年油价下跌导致的投资者情绪低迷实际上缓解了原油市场极端风险，有利于油价回归其正常区间。事实上，2016 年 2 月油价回升之后，即使在 OPEC 大力减产政策的干预下，油价也一直维持在 60 美元/桶左右较合理的价格范围内。

6.4.4　稳健性检验

考虑不同样本长度下 WA 结果的稳健性可能受到影响，本章更换样本长度，选择新的样本区间为 2017 年 1 月 4 日~2017 年 12 月 31 日。在此样本区间内，对投资者情绪和油价下行、上行风险序列进行 WA。为了节约篇幅，本章不再展示稳健性检验所得的小波功率谱、交叉小波变换和小波相干结果图。

在新的样本区间下，WA 结果显示：①在原油市场大幅震荡时期，投资者情绪和原油市场极端风险的波动性增强，且波动持续时间较长，在 128 天以上；②投资者情绪和原油市场极端风险的交互影响关系在原油市场遭受重大危机时期变得强烈，且持续时间较长。从领先滞后关系和影响方向来看，在 2008 年全球金融危机前后，原油市场极端风险变化引领投资者情绪变化，且两者负向相关；而在2014年油价大跌期间，投资者情绪变化引领原油市场极端风险变化，且两者正向相关。因此，不同样本区间下，投资者情绪和原油市场极端风险的 WA 结果与 6.4.3 节保持一致，证实了本章主要结果的稳健性。

6.5　主要结论与启示

近年来，投资者情绪已成为影响国际油价波动的重要因素，对原油市场稳定运行造成显著影响。因此，为了进一步探究投资者情绪对原油市场的复杂影响，本章基于 WA 方法探讨了不同频率下投资者情绪与原油市场极端风险的波动规律与交互影响关系，主要结论如下。

第一，原油市场极端风险和投资者情绪均受到原油市场大幅波动的长期影响。2008 年全球金融危机前后和 2014 年下半年开始的油价大跌期间，原油市场极端风险和投资者情绪在 128 天以上较长时间尺度产生了长期波动，说明在市场震荡期投资者情绪和原油市场极端风险的波动性均增强，且持续较长时间。

第二，原油市场极端风险和投资者情绪的交互影响关系在原油市场大幅波动时期十分显著，且影响方向和领先滞后关系随时间变化。2008 年全球金融危机前后，在 256~1024 天的中长期时间尺度下原油市场极端风险变化领先于投资者情绪变化，且油价极端下行和上行风险增加将导致投资者情绪低落；2014 年 7 月~2016 年 2 月的油价大跌期间，在 128~256 天的中期时间尺度下投资者情绪变化领先于原油市场极端风险变化，且投资者情绪高涨将导致油价极端下行和上行风险均加大。以上结论表明，相比市场平静期，在原油市场遭受剧烈冲击时，投资者情绪与油价变化的相关性更显著且更强，投资者情绪和原油市场极端风险相互影响，成为助推原油市场波动的重要力量。

上述研究结论对于投资者和市场监管部门具有重要启示。一方面，投资者情绪可作为国际油价的重要预测指标。无论是机构投资者还是个人投资者，了解投资者情绪及其内涵，明确投资者情绪和原油市场极端风险之间的相关关系，均有利于防止市场情绪的极端演变，促进投资者科学决策，从而降低投资风险，提高投资收益。另一方面，当面临单边下行的市场局面时，政府监管部门应尽快采取应对措施，例如，采取相关宏观经济调控政策及时稳定市场情绪，降低极端风险发生的概率，避免因投资者情绪大幅波动而继续打压市场的趋势。同时，金融监管部门应密切关注投资者情绪对原油市场的动态影响以降低原油市场极端风险。

第7章 投资者情绪对油气公司股票收益率的影响研究

7.1 投资者情绪对油气公司股票的影响及问题提出

行为金融学将心理学和社会学引入金融市场的分析框架中,认为投资者的决策行为会受到其心理因素的影响,从而产生有限理性(Thaler,2005)。同样地,油气市场的投资者受个人偏好、投资技能、石油市场舆论及油价波动的影响,会产生非理性认知偏差,如过度自信、易得性偏差、代表性偏差以及锚定偏差等(Deeney et al.,2015)。这些心理偏差会影响投资者决策,从而使股票价格偏离其均衡价值。例如,过度自信的投资者主观上会更多地把前期投资收益归因于个人投资技能,而低估运气、机遇和外部力量在其中的作用,并且在交易时过分关注自己收集到的能够增强自信心的信息,而忽视损害自信心的信息,从而不可避免地产生盲目交易(Odean,1998)。此外,市场上纵然存在部分理性投资者,但由于套利限制的存在,他们并不能消除非理性投资者带来的系统性影响,从而使资产价格偏离其实际价值。反过来,股票定价偏差又会使投资者重新对股票价值进行判断,进一步产生认知和情绪偏差,这就形成了一种反馈机制。图 7.1 展示了投资者情绪对油气公司股票收益率的影响机制。

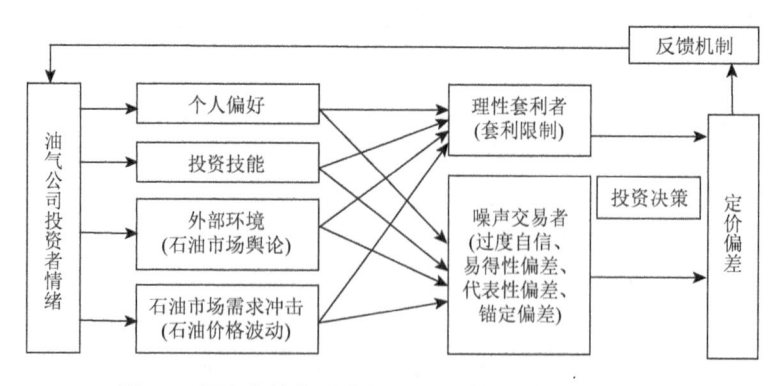

图 7.1 投资者情绪对油气公司股票收益率的影响机制

投资者情绪可以理解为投资者由于个人偏好、投资技能以及外部环境中的各

第 7 章　投资者情绪对油气公司股票收益率的影响研究

类舆论信息而对资产价格产生的带有偏差的预期（Lee et al.，1991）。投资者情绪反映了投资者对未来资产价格持乐观或悲观的态度，当投资者情绪具有整体性和系统性的偏差时，就会对资产价格产生影响（Baker and Wurgler，2006）。本章聚焦投资者情绪对油气公司股票收益率的影响。根据《BP 世界能源统计年鉴 2020》，2019 年，全球石油消费占一次能源消费的比例仍然相对最大，为 33.1%；天然气持续领涨全球一次能源消费，增速达 2.8%。石油和天然气作为重要的化石能源，其价格波动广受金融机构和上下游企业关注，对产业链上的油气公司经营和股票价格产生显著影响。例如，2014 年下半年以来，受油价持续下跌影响，埃克森美孚、雪佛龙、壳牌、道达尔等石油公司普遍采取压缩投资和裁员减负等措施，公司股票价格和利润随之波动。石油市场相关信息变化纷繁，如 OPEC 发布"减产协议"的新闻、GPR 及新闻媒体报道等，这些信息一方面反映在油价基本面影响因素的变动中，另一方面会造成石油市场有限理性和非理性投资者的噪声交易（Schmidbauer and Rösch，2012；Mensi et al.，2014）。因此，探究投资者情绪对油气公司股票价格的影响机制成为石油市场研究的重要方面。

现有研究对投资者情绪变量的构建方法层出不穷，如基于多个代理变量构造的综合投资者情绪指数（Baker and Wurgler，2006；姚尧之等，2018）、基于新闻报道（Narayan S and Narayan P K，2017；Gupta and Yoon，2018）和社交媒体评论（Reboredo and Ugolini，2018；部慧等，2018；于李胜等，2019）构造的投资者情绪指数，以及机构发布的调查类投资者情绪指数（Lemmon and Portniaguina，2006；Schmeling，2009）等。这些虽然可以反映基于某种信息来源渠道的投资者情绪，但是市场信息错综复杂，影响股票价格的因素众多，无法完全捕获所有信息来源形成的投资者情绪。因此，参考 He（2012），本章认为投资者情绪对股票价格的影响会反映在一天的收盘价中，并从股票价格变化中分离出投资者情绪指数。此外，以往文献多基于宏观或行业层面数据构建投资者情绪指数（Sayim et al.，2013；许海川和周炜星，2018），不利于市场参与者从微观层面把握投资者情绪对股票价格的影响。因此，本章基于公司层面数据，探究投资者情绪对油气公司股票收益率在不同时间尺度下的影响。此外，以往投资者情绪的构建主要采用周度或月度数据（Baker and Wurgler，2006；许海川和周炜星，2018），本章基于日度投资者情绪开展研究，可以更有效地捕捉和分析投资者情绪对市场信息的快速反应程度，刻画资产价格偏离均衡以及被校正的过程。

综上所述，本章将使用全球知名油气公司的日度股票价格数据，运用二项概率分布方法构建投资者情绪指数，研究不同时间尺度下投资者情绪指数对油气公司股票收益率的影响。本章试图回答以下问题：不同时间尺度下投资者情绪指数对油气公司股票收益率的影响如何？不同经济周期和股票价格走势下的情绪效应如何变化？正负投资者情绪指数对油气公司股票收益率的影响有何区别？

本章的研究贡献主要包括两个方面：第一，以往采用市场数据、媒体数据和调查问卷方法构建的投资者情绪指数无法从微观层面针对每个研究个体构建特定的投资者情绪指数，而且不能捕捉投资者情绪变化的持久性。本章运用每个油气公司当天股票价格数据构建投资者情绪指数，反映投资者对市场变化的持久性总体反应。第二，以往相关研究多运用国家和行业层面周度或月度数据，在测度不同时间尺度下投资者情绪指数对股票收益率的影响方面存在局限性。本章利用油气公司层面日度数据构建投资者情绪指数，有助于从更高频的时间尺度上把握投资者情绪在短期和长期股票交易中发挥的作用，从而为投资者进行资产配置和风险管理提供更可靠的决策支持。

7.2 国内外研究现状

投资者情绪已经成为当前油气市场资产定价研究的重要因素，本节将从投资者情绪测度方法和投资者情绪与油气市场资产价格的关系两个方面对现有相关文献进行评述。

投资者情绪测度的经典方法来自 Baker 和 Wurgler（2006），他们使用 DCEF、纽约证券交易所股票周转率、IPO 数量、IPO 首日收益率、股权融资比例和股利溢价 6 个代理变量进行 PCA，构造综合投资者情绪指数。学者广泛借鉴这种方法构建投资者情绪指数（文凤华等，2014；Deeney et al.，2015）。Huang 等（2015a）基于偏最小二乘法构建了校正的投资者情绪指数，对 Baker 和 Wurgler（2006）的投资者情绪指数进行了改进。然后是媒体类投资者情绪指数，包括根据新闻媒体、社交媒体、搜索引擎等构建的投资者情绪指数，如根据宏观新闻、OPEC 新闻、GPR、推特评论、谷歌搜索构建的投资者情绪指数（Yao et al.，2017；Li et al.，2019b；Gao et al.，2020）。最后是调查类投资者情绪指数，如美国圣路易斯联邦储备银行发布的金融压力指数、美国个人投资者协会（American Association of Individual Investors，AAII）发布的个人投资者情绪指数、Baker 等（2016）构建的美国 EPU 指数、美国密歇根大学发布的消费者信心指数和消费者情绪指数等。

虽然关于投资者情绪和油气市场资产价格关系的实证研究有限，但是已有文献表明投资者情绪对油价存在不可忽视的影响。例如，Du 和 Zhao（2017）研究了投资者情绪对 2003~2008 年油价的作用，结果表明投资者情绪在短期内对油价的影响为正，长期内对油价的影响为负，即短期油价对市场情绪存在过度反应，造成油价偏离均衡，但是长期这种资产价格偏误会被校正。He 等（2019）发现油价与个人投资者情绪之间存在双向非线性格兰杰因果关系，且影响程度随时间变化，其中，投资者情绪在 2000 年之后对油价影响更大。Reboredo 和 Ugolini（2018）发现推特情绪分歧指数对美国新能源公司股票波动率和成交量具有显著影响。

Zhang 和 Li（2019）通过 WA，发现投资者情绪会导致石油市场的极端风险，且持续时间较长；投资者情绪对油价的下行风险具有先导作用，而滞后于油价的上行风险。Elshendy 等（2018）利用四种信息来源（推特、谷歌趋势、维基百科和GDELT 新闻数据库）的媒体数据探究了投资者情绪对油价的预测作用，发现基于多种信息来源的油价预测结果好于仅依赖单一媒体平台的油价预测结果。具体而言，当推特中关于油价观点的语义复杂度低、维基百科和 GDELT 新闻数据库中关于油价的文章浏览量少时，油价将会上涨，且推特观点对预测油价最为迅速，其次为维基百科和 GDELT 新闻数据库，最后是谷歌趋势。

基于前人研究，发现投资者在交易中会不断应对和分析各种各样的新闻消息。面对同样的状况，有些投资者作出积极反应，有些投资者作出消极反应。持续的信息流形成了持续变化的市场情绪，交易日中最积极的情绪反映在当天的最高价中，最消极的情绪反映在当天的最低价中。虽然介于两极之间的投资者情绪会彼此抵消，但是其中一些情绪将持续影响股票价格，使其或多或少地靠近最高价或最低价直到股市收盘。这个动态过程不仅揭示了投资者情绪的存在，还显示了投资者情绪的持久性，后者是情绪效应研究中更应该关注的问题，但是目前鲜有研究关注于此。

此外，以往文献大多基于宏观或行业整体层面，或关注投资者情绪对油价的影响和预测作用，或研究投资者情绪对股票市场整体的影响机制，但是鲜有文献从微观层面探索投资者情绪对油气公司股票收益率的影响。近年来国际油价波动频繁，大量的网络媒体报道加快了投资者情绪的传播速度，进而对油气公司股票价格及收益率产生显著影响（Qadan and Nama，2018；Gupta and Banerjee，2019）。

基于此，参考 He（2012），本章构建二项概率分布模型，利用油气公司日度股票价格构建投资者情绪指数。在此基础上，探讨投资者情绪指数对油气公司股票收益率的作用机制。

7.3 研究方法与数据说明

7.3.1 研究方法

1. 投资者情绪指数的构建

根据 He（2012）的方法，本章构建二项概率分布模型，将投资者情绪的持久性从股票价格中分离出来，并以此构建针对每个油气公司的投资者情绪指数（具体构建过程参考 6.3 节）。正的投资者情绪指数说明最高价对收盘价的影响较大，负的投资者情绪指数说明最低价对收盘价的影响较大。可见，该指数能够有效测量投资者对各种相关新闻和信息的持续反应，较好地反映股票市场投资者情绪的动态性。

与以往的投资者情绪指数相比，本章构建的投资者情绪指数具有以下优势：第一，本章构建的投资者情绪指数可以更直观地反映投资者对市场信息的总体反应。对于投资者情绪度量的是投资者对新闻的反应还是反应的起因，很多投资者情绪变量趋向于后者，即注重研究引起投资者情绪的事件或新闻，而投资者情绪的定义是投资者对事件或新闻的情绪反应，所以重点应该是如何量化这种反应。在股票交易中，投资者通过买入或卖出股票形成的即时价格是情绪最直观的反应，因此本章运用一个交易日中油气公司股票价格变化度量投资者情绪指数具有合理性。第二，运用油气公司股票价格构建的投资者情绪指数不依赖于消息的种类，也不依赖于投资者对不同消息的情绪反应以及各种不确定因素，而直接将总的投资者情绪反映在股票价格中，能够较为完整地捕获情绪变化的动态性。

为了检验本章构建的投资者情绪指数的稳健性，本章将投资者情绪指数与以往投资者情绪代理变量进行回归分析。具体而言，参考Gallant等（1992），将油气公司股票日交易量去除线性和非线性时间趋势，以及自相关性，以处理后的油气公司股票日交易量为投资者情绪的代理变量，并对投资者情绪指数进行回归分析。同时，基于油气公司股票日度收盘价数据y_t和y_{t-1}，计算油气公司股票收益率：

$$r_t = 100 \times \ln(y_t/y_{t-1}) \tag{7.1}$$

2. 面板回归模型

为了分析投资者情绪指数对油气公司股票收益率的影响，参考Stambaugh等（2012）和Jiang等（2019），本章首先构建仅包含投资者情绪变量的基准面板回归模型：

$$\frac{1}{K}\sum_{\kappa=1}^{K} r_{i,t+\kappa} = b_0^{(K)} + b_1^{(K)} \text{Se}_{i,t} + v_i^{(K)} + \varsigma_{i,t+1 \to t+\kappa}^{(K)} \tag{7.2}$$

其中，i为油气公司；K为时间尺度；因变量$r_{i,t+\kappa}$为油气公司i以t为基期的向前κ期的股票收益率；$b_0^{(K)}$为回归模型截距项的均值；$\varsigma_{i,t+1 \to t+\kappa}^{(K)}$为随机扰动项；自变量$\text{Se}_{i,t}$为油气公司$i$第$t$期的投资者情绪指数；$b_1^{(K)}$为投资者情绪指数对股票收益率的影响系数；$v_i^{(K)}$为油气公司$i$的投资者情绪指数对股票收益率影响的异质性随机变量，反映了油气公司i的回归模型截距项与其均值$b_0^{(K)}$之间的差异，它随截面个体的变化而变化。

在式（7.2）中，因变量的移动平均结构造成的数据重叠可能导致系数估计偏差，因此，在估计前，参考Gonçalves和White（2005）提出的移动分块自举法预处理数据。参考Schmeling（2009），本章以10为单位对每个油气公司的所有样本进行移动分块自举，生成相同数量的样本数据，然后对总样本进行面板估计。

第 7 章 投资者情绪对油气公司股票收益率的影响研究

同时,考虑股票收益率作为一种典型的金融时间序列数据,具有很强的波动持续性,即长记忆性(Lin and Fei,2013;刘海飞等,2019),进一步,本章在式(7.2)的基础上加入油气公司股票收益率的滞后项,建立不同时间尺度下的面板回归模型:

$$\frac{1}{K}\sum_{\kappa=1}^{K}r_{i,t+\kappa} = b_0^{(K)} + b_1^{(K)}\text{Se}_{i,t} + b_2^{(K)}\frac{1}{K}\sum_{\kappa=1}^{K}r_{i,t+\kappa-1} + v_i^{(K)} + \varsigma_{i,t+1\to t+\kappa}^{(K)} \quad (7.3)$$

其中,$b_2^{(K)}$ 为油气公司滞后一期的股票收益率对当期股票收益率的影响系数,即油气公司股票收益率的动量效应。

考虑滞后一期的股票收益率 $\frac{1}{K}\sum_{\kappa=1}^{K}r_{i,t+\kappa-1}$ 与随机扰动项 $\varsigma_{i,t+1\to t+\kappa}^{(K)}$ 可能存在相关性,如果直接使用 OLS 方法估计式(7.3),估计系数可能是有偏的。因此,本章使用工具变量法估计式(7.3)①。具体而言,使用每个油气公司股票收益率和投资者情绪指数的滞后项作为工具变量。同时,考虑式(7.3)的投资者情绪指数对油气公司股票收益率的影响效应可能由其他宏观经济变量引起(Sayim et al.,2013;Jiang et al.,2019),为了检验在控制其他经济变量之后投资者情绪指数的影响是否仍然显著,本章在式(7.3)中加入控制变量进行稳健性检验:

$$\frac{1}{K}\sum_{\kappa=1}^{K}r_{i,t+\kappa} = b_0^{(K)} + b_1^{(K)}\text{Se}_{i,t} + b_2^{(K)}\frac{1}{K}\sum_{\kappa=1}^{K}r_{i,t+\kappa-1} + b_3^{(K)}\text{Mac}_t^{(K)} + v_i^{(K)} + \varsigma_{i,t+1\to t+\kappa}^{(K)} \quad (7.4)$$

其中,$\text{Mac}_t^{(K)}$ 为第 t 期宏观经济变量矩阵;$b_3^{(K)}$ 为宏观经济变量对油气公司股票收益率的影响系数矩阵。

另外,考虑投资者情绪指数在不同经济周期和不同股票价格走势下的影响可能存在差异,本章参照美国国家经济研究局对经济周期的定义(Chung et al.,2012),将全样本分为经济繁荣期和经济衰退期,构建虚拟变量进行回归。同时,考虑油气公司股票价格走势以及投资者情绪指数正负可能会影响投资者情绪指数和油气公司股票收益率的关系(Yu and Yuan,2011;Chau et al.,2016),本章分别将股票价格走势分为上行和下行两种情形,将投资者情绪指数分为正和负进行分析。具体地,在式(7.3)中加入虚拟变量 D,构建式(7.5):

$$\frac{1}{K}\sum_{\kappa=1}^{K}r_{i,t+\kappa} = b_0^{(K)} + b_{1,1}^{(K)}D_{i,t}\times\text{Se}_{i,t-1} + b_{1,2}^{(K)}(1-D_{i,t})\times\text{Se}_{i,t-1} + b_2^{(K)}\frac{1}{K}\sum_{\kappa=1}^{K}r_{i,t+\kappa-1}$$
$$+ v_i^{(K)} + \varsigma_{i,t+1\to t+\kappa}^{(K)} \quad (7.5)$$

其中,$\text{Se}_{i,t-1}$ 为油气公司 i 第 $t-1$ 期的投资者情绪指数;$D_{i,t}$ 为油气公司 i 第 t 期处于经济繁荣期(股票价格为上行趋势、投资者情绪指数为正)的虚拟变量;$1-D_{i,t}$

---

① 对于时间序列或面板数据,通常使用内生解释变量的滞后项作为工具变量。这是因为,一方面,内生解释变量与其滞后项相关;另一方面,因滞后变量已经发生,故为"前定"(从当期的角度看,其取值已经固定),可能与当期的扰动项不相关。

为油气公司 i 第 t 期处于经济衰退期（股票价格为下行趋势、投资者情绪指数为负）的虚拟变量。

7.3.2 数据说明

为了使研究样本具有代表性且减小面板回归模型运算负担，本章从DataStream数据库选取在纽约证券交易所上市的39个全球知名油气公司，其市值总和占能源类股票总市值的70%以上。变量包括油气公司交易日的最高价、最低价、收盘价和交易量。考虑所有样本公司的上市时间及数据的可获得性，样本区间为2002年12月16日~2020年8月14日，样本容量为173433个观测值。

7.4 投资者情绪指数对油气公司股票收益率的影响结果分析

7.4.1 投资者情绪指数的构建及检验结果

本节以埃克森美孚为例，对油气公司投资者情绪指数的构建及其检验进行说明。首先，利用式（7.1）~式（7.3）构建投资者情绪指数，2002年12月16日~2020年8月14日埃克森美孚日度投资者情绪指数的波动趋势如图7.2所示。可见，位于坐标轴上方的投资者情绪指数较位于坐标轴下方的投资者情绪指数更密集且占据面积更大，说明整体而言，在样本期内投资者对埃克森美孚的股票价格预期是积极的。

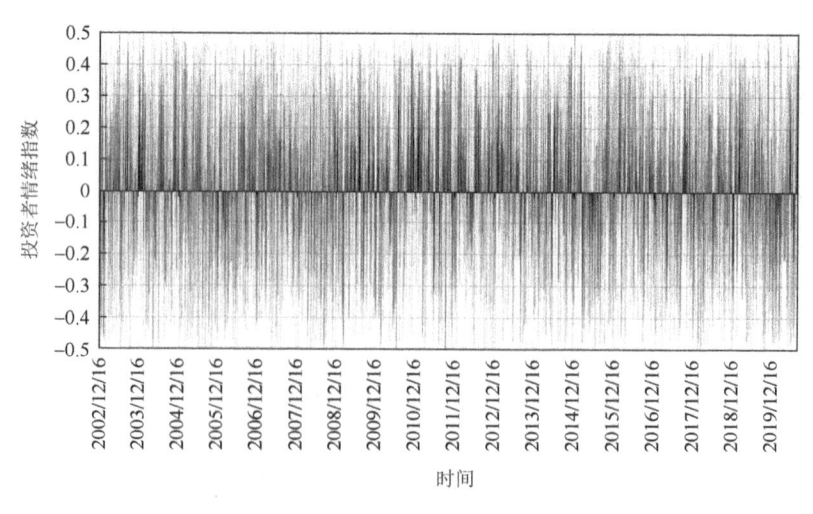

图7.2 埃克森美孚的投资者情绪指数

本节利用式（7.4）研判投资者情绪指数构建方法的稳健性，市值排名前十的油气公司的投资者情绪指数的稳健性检验结果如表 7.1 所示。大部分估计系数为负，表明当公司股票交易量增加时，相应的投资者情绪是消极的，这与已有研究结果相符（Chau et al., 2016）。当市场状况不佳时，股票价格下跌可能会加剧个人投资者的悲观情绪，进一步推动股票价格偏离基本面，一方面导致"羊群"投资者抛售股票，另一方面关注市场情绪的投机者会趁机抄底，从而导致市场交易量增加。综上所述，本章认为投资者情绪指数可以作为投资者情绪的代理变量。

表 7.1 市值排名前十的油气公司的投资者情绪指数的稳健性检验

公司名称	公司代码	Inv_t	常数项	F 统计量
埃克森美孚公司	XOM	−0.0815***	0.0251***	18.9921
		(−4.3580)	(5.4132)	
雪佛龙股份有限公司	CVX	−0.0549***	0.0158***	9.8120
		(−3.1324)	(3.4590)	
康菲石油公司	COP	0.0140*	0.0314***	3.5627
		(1.8875)	(6.8099)	
中国石油天然气股份有限公司	PTR	0.0147**	0.0164***	5.3157
		(2.3056)	(3.6281)	
道达尔公司	TOT	−0.0174	0.0212***	2.0792
		(−1.4420)	(4.5904)	
英国石油公司	BP	−0.0283	0.0000	0.36235
		(−0.5947)	(0.0009)	
中国石化集团公司	SNP	0.0079	0.0263***	0.5341
		(0.7308)	(5.8255)	
安桥公司	ENB	−0.0167***	0.0261***	6.9369
		(−2.6338)	(5.8055)	
巴西石油公司	PBR	−0.0041	0.0086*	0.08710
		(−0.2951)	(1.9013)	
挪威国家石油公司	EQNR	−0.0139	0.0217***	1.5415
		(−1.2416)	(4.7635)	

***、**和*分别表示估计系数在 1%、5%和 10%的水平下显著
注：Inv_t 表示以交易量为代理变量的投资者情绪指数；小括号内为 t 统计量值；F 统计量表示估计方程的整体显著性

7.4.2 描述性统计分析

市值排名前十的油气公司股票收益率及投资者情绪指数的描述性统计结果如表 7.2 所示。市值排名前十的油气公司股票收益率均值绝大多数为正值，且各油

气公司投资者情绪指数的自相关系数很小,表明投资者情绪指数受前一个交易日影响不大。由所有油气公司投资者情绪指数的面板单位根检验结果可知,投资者情绪指数序列是平稳的。此外,如表 7.3 所示,在 1% 的显著性水平下,油气公司投资者情绪指数与其股票收益率存在双向格兰杰因果关系。正如 Qiu 和 Welch(2004)指出,投资者情绪并不是凭空产生的,它与很多变量相关,如收益率、宏观经济变量等。投资者在接收一系列消息(新闻、股票市场行情和宏观政策变化等)后会产生积极或消极的情绪反应。因此,本章认为股票收益率与投资者情绪指数的双向关系是合理的。本章研究投资者情绪指数对油气公司股票收益率的影响,有助于深入理解投资者情绪指数在不同时间尺度下对投资者开展交易的作用,为投资者实施资产配置和风险管理提供更可靠的决策支持,为监管者制定政策和实施监管提供决策依据。

表 7.2　样本描述性统计

A:市值排名前十的油气公司样本描述性统计

公司名称	代码	公司股票收益率 均值	公司股票收益率 标准差	投资者情绪指数 均值	投资者情绪指数 标准差	投资者情绪指数 自相关系数
埃克森美孚公司	XOM	0.005	1.571	0.025	0.310	−0.029
雪佛龙股份有限公司	CVX	0.022	1.752	0.016	0.305	−0.040
康菲石油公司	COP	−0.009	1.873	0.031	0.308	−0.009
中国石油天然气股份有限公司	PTR	0.013	2.257	0.016	0.302	−0.074
道达尔公司	TOT	0.004	1.841	0.021	0.309	−0.022
英国石油公司	BP	−0.012	1.871	0.011	0.304	−0.007
中国石化集团公司	SNP	0.028	2.380	0.026	0.301	−0.048
安桥公司	ENB	0.035	1.602	0.026	0.300	0.005
巴西石油公司	PBR	0.021	3.302	0.009	0.301	−0.032
挪威国家石油公司	EQNR	0.017	2.272	0.022	0.304	−0.022

B:投资者情绪指数的面板单位根检验结果

检验方法	t 统计量	p 值	样本容量
LLC 检验	−807.90	0.00***	173433
IPS 检验	−525.31	0.00***	173433
PP-Fisher 检验	2855.94	0.00***	173433
ADF-Fisher 检验	3116.07	0.00***	173433

***表示单位根检验结果在 1% 的显著性水平下拒绝原假设,原假设为投资者情绪指数序列非平稳

注:LLC 检验指 Levin-Lin-Chu 检验,IPS 检验指 Im-Pesaran-Shin 检验,PP-Fisher 检验和 ADF-Fisher 检验分别指菲舍尔检验中的 Phillips-Perron 检验和扩展 Dickey-Fuller 检验

表 7.3 面板格兰杰因果关系检验

原假设	χ^2 统计量	p 值
投资者情绪指数不是油气公司股票收益率的格兰杰原因	11.7337	0.00***
油气公司股票收益率不是投资者情绪指数的格兰杰原因	52.3902	0.00***

***表示在1%的显著性水平下拒绝原假设，原假设为投资者情绪指数和油气公司股票收益率不存在格兰杰因果关系

注：基于AIC，面板格兰杰因果关系检验的滞后阶数设定为3

7.4.3 面板回归模型的实证结果分析

1. 基准面板回归模型结果分析

根据豪斯曼（Hausman）检验结果，本章使用随机效应模型，同时考虑面板数据可能存在异方差性和同期相关性，运用面板校正标准误差方法估计式（7.2），估计结果如表 7.4 所示。结果表明，投资者情绪指数对油气公司股票收益率的影响在不同时间尺度下都是显著负向的。具体来说，投资者情绪指数每增加1个单位，将会使油气公司未来一个交易日的股票收益率下降0.1227%，随着时间推移，投资者情绪指数对油气公司股票收益率的影响逐渐减小，但仍然显著。投资者情绪指数对接下来一周（5个交易日）、半个月（10个交易日）和一个月（22个交易日）的油气公司股票收益率的负向影响分别减小至-0.0695%、-0.0350%和-0.0237%。这与以往的研究结果相一致，即投资者情绪指数上升，未来收益率下降（Baker and Wurgler，2006；许海川和周炜星，2018）。Brown和Cliff（2005）指出，长期来看，投资者情绪高涨往往伴随着较低的股票收益率，Schmeling（2009）基于18个国家的面板数据模型证实消费者信心指数与股票收益率呈负相关。

表 7.4 基准面板回归模型的估计结果

参数	时间尺度/天			
	1	5	10	22
常数项	0.1202**	0.0894***	0.0897**	0.0892***
	(2.19)	(3.01)	(4.16)	(6.00)
$Se_{i,t-1}$	-0.1227*	-0.0695**	-0.0350*	-0.0237*
	(-1.92)	(-2.50)	(-1.77)	(-1.77)
R^2	0.0008	0.0037	0.0070	0.0154

***、**和*分别表示估计系数在1%、5%和10%的水平下显著

注：小括号内为z统计量值

从经济意义说，投资者情绪指数对油气公司股票收益率的影响随时间递减，这与以往关于噪声交易影响的研究相符（Schmeling，2009；Stambaugh et al.，2012）。

投资者情绪将导致获得有限信息的非理性交易者进行噪声交易，从而对油气公司股票交易造成需求冲击，这种需求冲击使得股票价格显著偏离均衡，所以投资者情绪指数对接下来一个交易日油气公司股票收益率的影响十分强烈且显著（Brown and Cliff，2005）。另外，对于获得充分信息的理性投资者，他们无法确定这种由噪声交易者带来的错误定价的持续时间，并且由于存在交易成本和卖空约束，他们无法完全消除噪声交易者带来的资产价格偏误。但是随着时间延长，投资者会根据市场信息变化调整策略，减少非理性的投资行为，最终投资者情绪指数对油气公司股票收益率的影响趋于零（Schmeling，2009）。

2. 考虑动量效应的面板回归模型结果分析

考虑股票收益率的长记忆特征，同时为了减小内生性造成的估计非有效性，本节运用式（7.3），加入工具变量进行可行广义最小二乘法变换，然后对变换的模型进行两阶段最小二乘法回归，所得估计结果如表 7.5 所示。

表 7.5 考虑动量效应的面板回归模型的估计结果

参数	时间尺度/天			
	1	5	10	22
常数项	0.1051***	0.0440***	0.0201***	0.0097***
	(10.71)	(9.97)	(17.24)	(11.83)
$Se_{i,t-1}$	1.7326**	−0.6815***	−0.3838***	−0.1908***
	(2.50)	(−20.91)	(−34.78)	(−25.87)
$r_{i,t-1}$	−0.4294***	0.7502***	0.9110***	0.9618***
	(−2.91)	(129.47)	(457.62)	(684.25)
R^2	0.0003	0.6714	0.8318	0.9190

***和**分别表示估计系数在 1%和 5%的水平下显著
注：小括号内为 z 统计量值

结果表明，考虑油气公司股票收益率的动量效应后，投资者情绪指数对接下来一个交易日的油气公司股票收益率的影响显著为正，为 1.7326%；一周后影响发生反转，为−0.6815%，随后逐渐减小。具体来说，投资者情绪指数对接下来半个月和一个月的股票收益率的影响分别为−0.3838%和−0.1908%。根据 Brown 和 Cliff（2005）提出的情绪效应理论，积极的投资者情绪短时间内会造成资产价格被过高估计，随后逐渐回归其内在价值，从而导致长期累计平均收益率的降低。对于油气公司来说，由于油气行业股票市场易受复杂的石油市场影响，面对多元市场信息造成的油价不确定性，投资者容易产生噪声交易，从而引发非理性交易行为。本章基于日度数据，发现乐观的投资者情绪会使未来一个交易日的油气公司股票收益率显著增加，而在一周后迅速变为负。这说明油气市场投资者对市场信息变化反应较为迅速，可以在短时间内纠正过度乐观的投资者情绪造成的价格偏误。这是因为在世界排名靠前的大型油气公司中，机构投资者持股比例大，他们的投资行为较为理性，能够快速识别噪声交易导致的资产价格过高估计，并通过抛售股票使其价格回归内在价值，也有可能是因为机构投资者太过理性以至于存在投资保守现象，对前一个交易日过度积极的投资者情绪存在担忧，从而抛售股票导致股票价格下跌。

此外，第一周内情绪效应对油气公司股票收益率的影响占主导，一周后股票收益率一期滞后值的影响更大，且显著为正，即动量效应显著。如表 7.5 所示，股票收益率的动量效应在未来第一个交易日显著为负，即前一个交易日油气公司股票收益率每增加 1 个单位，接下来一个交易日油气公司股票收益率降低 0.4294%。在其他时间尺度下，一周、半个月和一个月时油气公司股票收益率分别上涨 0.7502%、0.9110%和 0.9618%。该结果印证了油气公司股票收益率动量效应的存在，即前期的股票收益率对未来股票收益率会产生影响，这进一步说明在方程中加入前期股票收益率的必要性。

7.4.4 稳健性检验

本节考虑宏观经济变量、经济周期、股票价格走势对情绪效应的影响，以及正负投资者情绪指数的影响差异，以此检验本章上述主要结果是否稳健。

1. 宏观经济变量对情绪效应的影响

受日度数据频率的限制，参考 Sun 等（2016），本节将期限利差、短期无风险利率以及违约利差三个宏观经济变量加入式（7.4）的控制变量矩阵中。期限利差（Term）定义为 10 年期与 1 年期的国债价格之差，短期无风险利率（Rate）定义为 3 个月国库券利率，违约利差（Def）定义为穆迪 BAA 和 AAA 评级公司的债券收益率之差，日度宏观经济变量数据来自美国圣路易斯联邦储备银行。计算结果如表 7.6 所示。

表 7.6　投资者情绪指数与油气公司股票收益率：宏观经济变量的影响

参数	时间尺度/天			
	1	5	10	22
常数项	0.3002***	0.2583***	0.1175***	0.0588***
	(4.72)	(20.12)	(19.8)	(21.18)
$Se_{i,t-1}$	1.7375**	−0.6815***	−0.3838***	−0.1908***
	(2.48)	(−24.33)	(−22.69)	(−22.63)

续表

参数	时间尺度/天			
	1	5	10	22
$r_{i,t-1}$	−0.4301***	0.797***	0.9105***	0.9611***
	(2.85)	(123.51)	(345.43)	(734.59)
$\text{Term}_{i,t-1}$	−0.0694***	−0.0537***	−0.0238***	−0.1138***
	(−5.47)	(−16.77)	(−18.61)	(−18.31)
$\text{Rate}_{i,t-1}$	−0.04235***	−0.0428***	−0.0200***	−0.0099***
	(−3.46)	(−22.28)	(−19.74)	(−21.78)
$\text{Def}_{i,t-1}$	0.0033	−0.0079***	−0.0034***	−0.0033***
	(0.33)	(−3.18)	(−5.65)	(−8.49)
R^2	0.0003	0.6718	0.8320	0.9191

***和**分别表示估计系数在1%和5%的水平下显著

注：小括号内为 z 统计量值

结果表明，加入宏观经济变量后，本章上述主要发现仍然成立，即投资者情绪指数对油气公司股票收益率未来一个交易日的影响显著为正，此后变为负向并逐渐衰减。短期无风险利率、期限利差、违约利差对油气公司股票收益率的影响显著为负。

2. 经济周期对情绪效应的影响

考虑处于不同经济周期中投资者情绪指数的影响效应可能不同，本节探究不同经济周期下油气公司情绪效应的变化规律。参照美国国家经济研究局对经济周期的定义，本节划分经济繁荣期样本区间为2002年12月16日～2007年11月30日和2009年7月1日～2020年2月29日，经济衰退期样本区间为2007年12月1日～2009年6月30日和2020年3月1日～2020年8月14日。对式（7.5）进行回归，所得估计结果如表7.7所示。

表 7.7　投资者情绪指数与油气公司股票收益率：经济周期的影响

参数	时间尺度/天			
	1	5	10	22
常数项	0.0733***	0.0424**	0.0198***	0.0096***
	(3.36)	(7.46)	(14.51)	(13.78)
$\text{Se}_{i,t-1} \times D_{i,t}^{\text{BC}}$	1.2850*	−0.5966***	−0.3328***	−0.1635***
	(1.94)	(−22.34)	(−26.91)	(−24.04)
$\text{Se}_{i,t-1} \times (1-D_{i,t}^{\text{BC}})$	2.2622**	−1.3955***	−0.7688***	−0.3921***
	(2.65)	(−22.91)	(−31.23)	(−26.62)

续表

参数	时间尺度/天			
	1	5	10	22
$r_{i,t-1}$	−0.3522**	0.7621***	0.9132***	0.9628***
	(−2.10)	(137.51)	(332.95)	(811.49)
R^2	0.0002	0.6778	0.8351	0.9210

***、**和*分别表示估计系数在1%、5%和10%的水平下显著

注：$D_{i,t}^{BC}$ 表示油气公司 i 第 t 期处于经济繁荣期，$1-D_{i,t}^{BC}$ 表示油气公司 i 第 t 期处于经济衰退期；小括号内为 z 统计量值

可以发现，一方面，与全样本区间一样，不管是在经济繁荣期还是在经济衰退期，投资者情绪指数对油气公司股票收益率的影响都是在第一个交易日显著为正，在第一周变为负向，随后逐渐减小。另一方面，与经济繁荣期相比，在经济衰退期，投资者情绪指数对油气公司股票收益率的影响更大，持续时间更长。具体来说，在经济繁荣期，投资者情绪指数每增加 1 个单位，未来一个交易日油气公司股票收益率增加 1.2850%，在一周、半个月和一个月时收益率分别降低 0.5966%、0.3328%和 0.1635%。在经济衰退期，不同时间尺度下投资者情绪指数每增加 1 个单位对油气公司股票收益率的影响分别为 2.2622%、−1.3955%、−0.7688%和−0.3921%。本章的发现同以往相关研究结论基本一致（Chung et al., 2012）。这是因为在经济衰退期，即本章样本所处的全球金融危机和新冠肺炎疫情暴发期间，股票市场剧烈受挫，国际油价遭受恐慌性大幅下跌，投资者更易接收油气公司的负面消息，市场流动性收紧，投资者产生非理性交易的概率增大。此时，投资者噪声交易导致股票价格偏离基本面更多，从而导致投资者情绪指数对油气公司股票收益率的影响更显著。

3. 股票价格走势对情绪效应的影响

大量文献聚焦情绪效应对不同特征的油气公司是否会有异质性表现，如投资者情绪对价值型股票和成长型股票的影响以及投资者情绪对大市值和小市值股票的影响（Seok et al., 2019）。研究表明，受需求冲击较大且套利限制较多的股票受情绪效应的影响也会更大。本节探究股票价格走势对油气公司情绪效应的影响。对式（7.5）进行回归，估计结果如表 7.8 所示。

表 7.8　投资者情绪指数与油气公司股票收益率：股票价格走势的影响

参数	时间尺度/天			
	1	5	10	22
常数项	0.564**	0.04445***	0.0202***	0.0032***
	(4.01)	(7.71)	(10.70)	(13.44)

续表

参数	时间尺度/天			
	1	5	10	22
$Se_{i,t-1} \times D_{i,t}^{SP}$	1.8164***	−0.6271***	−0.3791***	−0.1900***
	(2.60)	(−18.84)	(−23.25)	(−22.90)
$Se_{i,t-1} \times (1-D_{i,t}^{SP})$	1.7108**	−0.7438***	−0.3892***	−0.1920***
	(2.51)	(−23.44)	(−28.65)	(−27.05)
$r_{i,t-1}$	−0.4366***	0.7483***	0.9110***	0.9636***
	(−2.96)	(123.90)	(358.03)	(763.06)
R^2	0.0003	0.6717	0.8318	0.9189

***和**分别表示估计系数在1%和5%的水平下显著

注：$D_{i,t}^{SP}$ 表示油气公司 i 第 t 期处于股票价格上行期，$1-D_{i,t}^{SP}$ 表示油气公司 i 第 t 期处于股票价格下行期；小括号内为 z 统计量值

结果表明，首先，不论油气公司股票价格处于上行阶段还是下行阶段，投资者情绪指数对油气公司股票收益率的影响都显著，在第一个交易日为正，此后一周变为负向并逐步减小，这与本章的主要实证结果是一致的。其次，在第一个交易日，与油气公司股票价格处于上行阶段相比，当油气公司股票价格处于下行阶段时投资者情绪指数的影响更大；在第一周内，油气公司股票价格处于下行时影响更大，此后逐渐趋同。具体来说，当油气公司股票价格处于上行时，投资者情绪指数每增加1个单位，油气公司股票收益率在未来一个交易日上涨1.8164%，而在一周、半个月和一个月时分别降低0.6271%、0.3791%和0.1900%；当油气公司股票价格处于下行时，投资者情绪指数对油气公司股票收益率在未来一个交易日、一周、半个月和一个月的影响分别为1.7108%、−0.7438%、−0.3892%和−0.1920%。因此，油气公司股票价格处于下行阶段时，油气公司股票收益率对投资者情绪指数的变动更加敏感且显著，这和已有相关研究相一致（金秀等，2018），也验证了"慢涨快跌"这一金融市场普遍现象的存在。在宏观经济和股票价格走势趋好时，投资者情绪上涨幅度比较稳定，投资者会更多地选择价值型股票进行投资，股票价格上涨较慢。在油气公司股票价格下行时，股市空头居多，投资者情绪受到利空消息的影响，容易出现大量的恐慌性交易（Tan et al., 2008），并在羊群效应带动下大量出货斩仓，此时股票价格下跌比较快，因此投资者情绪指数对油气公司股票收益率影响更大。

4. 投资者情绪指数对油气公司股票收益率的非对称影响

本节讨论正负投资者情绪指数对油气公司股票收益率的影响是否具有非对称性。利用式（7.5），构建虚拟变量，将正面投资者情绪设定为1、负面投资者情绪设定为0进行回归，结果如表7.9所示。

表7.9 投资者情绪指数对油气公司股票收益率的非对称影响

参数	时间尺度/天			
	1	5	10	22
常数项	0.0867***	0.0366***	0.0182***	0.0011**
	(4.46)	(11.60)	(4.62)	(2.04)
$Se_{i,t-1} \times D_{i,t}^{PSE}$	1.6547**	−0.6553***	−0.3767***	−0.1867***
	(1.96)	(−20.41)	(−23.22)	(−28.60)
$Se_{i,t-1} \times (1-D_{i,t}^{PSE})$	1.7914**	−0.7092***	−0.3911***	−0.1947***
	(2.02)	(−16.38)	(−17.21)	(−26.88)
$r_{i,t-1}$	−0.4264**	0.7502***	0.9110***	0.9637***
	(−2.30)	(118.20)	(323.34)	(661.36)
R^2	0.0003	0.6714	0.8318	0.9189

***和**分别表示估计系数在1%和5%的水平下显著

注：$D_{i,t}^{PSE}$ 表示油气公司 i 第 t 期的投资者情绪指数为正，$1-D_{i,t}^{PSE}$ 表示油气公司 i 第 t 期的投资者情绪指数为负；小括号内为 z 统计量值

结果表明，首先，不同极性的投资者情绪指数对油气公司股票收益率的影响在第一个交易日为正，在第一周后反转为负，此后逐渐减小，这和本章的主要发现是一致的。其次，在不同时间尺度下，负的投资者情绪指数对油气公司股票收益率的影响都大于正的投资者情绪指数。具体来说，正的投资者情绪指数每增加1个单位，油气公司股票收益率在未来一个交易日将上涨1.6547%，而在一周、半个月和一个月时分别降低0.6553%、0.3767%和0.1867%；负的投资者情绪指数每增加1个单位对油气公司股票收益率在未来一个交易日、一周、半个月和一个月时的影响分别为1.7914%、−0.7092%、−0.3911%和−0.1947%。

7.5 主要结论与启示

为了探究投资者情绪对油气公司股票收益率的影响机制，本章利用39个全球知名油气公司的日交易股票数据以及二项分布模型构建了日度投资者情绪指数，并通过构建不同时间尺度下的面板回归模型，探究其对油气公司股票收益率的异质性影响。主要结论如下。

第一，在本章的样本区间内，投资者情绪指数对下一个交易日油气公司股票收益率存在显著正向影响，而第一周后影响反转为负，此后逐渐衰减。具体来说，投资者情绪指数每增加1个单位，将使油气公司下一个交易日的股票收益率增

加 1.7326%，而对接下来一周和一个月的股票收益率的影响分别为–0.6815%和–0.1908%。这表明油气行业股票市场投资者在市场情绪高涨时买入将在下一个交易日获得正向收益，而在进行较长时期的投资时，逆市场情绪而行可以获得较高的中长期收益。

第二，考虑油气公司股票收益率的动量效应后，投资者情绪指数对油气公司股票收益率的影响比之前更大。在第一周内，投资者情绪指数在油气公司股票收益率的影响因素中占主导，而此后动量效应对股票收益率的影响更大。这表明投资者在依据市场情绪买卖油气公司股票时，关注前一周内市场情绪走向的指导意义更大。

第三，在经济衰退期和油气公司股票价格下行阶段，投资者情绪指数对油气公司股票收益率的影响要分别大于经济繁荣期和油气公司股票价格上行阶段的影响。这表明在市场行情不好时，投资者情绪恐慌，容易产生噪声交易和羊群行为，造成股票市场"慢涨快跌"的金融现象。此外，负的投资者情绪指数对油气公司股票收益率的影响更大，说明在市场情绪悲观时进行投资更易损失较多收益，投资者应当谨慎操作。

基于以上结论，本章为油气公司投资者和金融监管者提出如下建议：第一，本章的投资者情绪指数构建方法简单易行且具有一定合理性，投资者可以通过构建这种情绪指数为资产交易和风险管理提供决策支持，中国石油企业协会乃至中国证券监督管理委员会可以每日更新个股的投资者情绪指数，监测市场情绪变化，维持市场稳定交易；第二，油气市场投资者在进行短期投资时，应该关注前一周该股票的投资者情绪走向，并进行逆向交易以获得短期收益；第三，经济衰退及股票价格下行时油气公司情绪效应更大，因此，投资者在进行长期投资时应该注重把握宏观经济行情，在市场行情下行时密切关注投资者情绪的变化，谨慎买卖操作，而金融监管者在市场行情下行时应该出台相关维稳措施，防止股票价格大幅下跌，引发市场更大的恐慌。

第 8 章　原油期货收益率与对冲基金间的时变溢出效应研究

8.1　国际原油期货市场对对冲基金的影响

石油作为一种重要的能源，其价格波动对世界经济增长具有深刻的影响。过去几十年见证了石油金融化的不断推进（Zhang et al., 2017b）。随着全球通货膨胀加剧，包括石油在内的大宗商品市场交易活跃。2000 年《商品期货现代化法案》（Commodity Futures Modernization Act，CFMA）的出台使得监管更为宽松，2004 年后机构投资者在大宗商品期货市场的持仓量大增（Basak and Pavlova, 2016）。国际对冲基金在原油市场的投机活动发展迅速，对油价波动造成不可忽视的影响。过分投机活动可能阻碍石油期货市场发挥价格发现的功能，降低套期保值的有效性，提高市场交易的成本（Gkanoutas-Leventis and Nesvetailova, 2015；Yu et al., 2018），因此有必要研究对冲基金投机活动对油价变化的影响。

CFTC 把原油期货交易者划分为报告的商业交易者、报告的非商业交易者和未报告交易者。报告的非商业交易者由于不涉及潜在现货交易，通常被视为投机者，其中主要是对冲基金。截至 2019 年底，非商业持仓在纽约商业交易所（New York Merchantile Exchange，NYMEX）的原油期货和期权交易中占 33%。随着非商业持仓占比的增加，其对油价的影响不断增加（Li et al., 2016）。对冲基金是非商业持仓的主要力量，其持仓变化反映了投机者对未来油价涨跌的预期变化（Ding et al., 2014；Ji et al., 2019）。当对冲基金持仓增加时，投机者看涨未来油价；反之，投机者看跌未来油价。因此，对冲基金持仓变化实际上反映了原油期货市场的情绪变化。例如，2008 年全球金融危机前，对冲基金持仓比例由 1986 年的不足 5%大幅增长到 30%以上，这一增长与此前国际油价的大幅上涨和剧烈波动同步发生。因此，有必要通过定量分析揭示对冲基金与油价间的关联机制。

尽管已有许多关于油价和非商业持仓的研究，但大部分研究将非商业持仓直接定义为投机者持仓，这会在一定程度上引起投机者对油价影响的估计误差。实际上，对于投机者的认定应基于其交易行为（Kaufmann, 2011），非商业持仓中也存在非投机交易者，例如，掉期交易商的部分交易行为就是为了对冲相关实体企业的交易风险，不属于投机行为。此外，现有文献的研究主要集中于 2008 年全球金融危机期间，缺乏对 2014 年和 2020 年油价暴跌期间两者关系的研究。最后，现有研究主要揭示了两者的平均收益及其静态相关性，并没有体现其时变特征，也忽视了其相关性随时间的变化规律。

为此，本章聚焦于非商业持仓中占比最大的对冲基金净持仓与原油期货收益率的相关性，探究两者的时变关联机制。具体而言，本章首先通过线性和非线性格兰杰因果关系检验研究 2006 年 6 月 13 日～2020 年 8 月 4 日的原油期货收益率与对冲基金净持仓的因果关系。然后，通过 Hong 型时变信息溢出统计量研究原油期货收益率与对冲基金净持仓的时变信息溢出效应。最后，在 DP 型时变格兰杰因果关系检验中引入滚动窗口，研究原油期货收益率与对冲基金净持仓的时变非线性因果关系。希望这些研究结果能为投资者、分析人员和相关市场监管者提供科学依据与决策支持。

综合起来，本章的研究贡献主要表现在两个方面。首先，现有相关研究以静态分析为主，本章考虑对冲基金净持仓与原油期货收益率之间的动态关联机制，揭示两者新的溢出效应规律。其次，本章补充 2014 年和 2020 年油价暴跌期间对冲基金净持仓对原油期货收益率的信息溢出效应，弥补以往文献仅聚焦 2008 年全球金融危机期间油价暴跌时两者关系研究的不足。

8.2　国内外研究现状

现有研究主要从线性和非线性两方面阐述投机交易对油价的影响机制。例如，Zhang（2013）指出投机行为对油价有持续的线性影响但非线性影响较弱，尤其在价格剧烈波动时，投机行为对油价的线性冲击更加显著。此外，Li 等（2016）使用广义正规非线性时间序列（generalized normal nonlinear time-series，GNNTS）模型检验商业性和非商业性净多头对 WTI 油价的非线性影响，发现对冲者和套利者对 2008 年油价泡沫都有影响，并且他们的影响在 2011 年更为显著；另外，套利者会导致油价波动更加剧烈，而对冲者则不会。

上述文献均将非商业持仓定义为投机者持仓。这种划分过于简单且不细致。实际上，非商业持仓无法覆盖所有投机者，并且商业持仓中包含投机行为（Ederington and Lee，2002；Irwin and Sanders，2012）。此外，非商业持仓包含不同类型的交易者，他们与油价的关系各有差异。通过检验 2000～2009 年 WTI 原油期货与不同类型持仓变化的格兰杰因果关系，Buyuksahin 和 Harris（2011）指出，在这一时期非商业持仓变化受原油期货价格变化的驱使，但反之并不成立。同时，他们将非商业持仓分为对冲基金持仓（包含商品池交易者、商品交易顾问、控制客户账户的关联人员和其他资金管理者)、场内经纪人和交易员,发现对冲基金持仓与原油期货价格仍然存在上述关系,而场内经纪人和交易员则影响原油期货价格的变化。

在上述文献的相关性分析中,格兰杰因果关系检验是普遍使用的方法,并且许多新的检验方法由 Granger(1969)提出的格兰杰因果概念演变而来。例如,Sims(1972)将其与 VAR 模型相结合,这也是如今广泛使用的方法。参考 Sims(1972),VECM、GARCH 等模型也被引入格兰杰因果关系检验之中。此外,Haugh(1976)首次基于互相关系数提出统计量检验两组时间序列的相关性。Haugh 型统计量具有积累长时间信息溢出影响的优势,但无法确定不同时期的影响力;Hong(2001)通过核函数解决了该问题。上述研究方法主要应用于线性相关性分析(Baek and Brock,1992;Hiemstra and Jones,1993),然而金融时间序列往往存在非线性特征(Hsieh,1989,1991;Zhang et al.,2019b)。基于此,Baek 和 Brock(1992)提出了非线性格兰杰因果关系检验方法。Hiemstra 和 Jones(1994)通过非线性估计优化了 Baek 和 Brock(1992)的检验,并将其应用于股票量价关系研究中。此外,希姆斯特拉-琼斯(Hiemstra-Jones)检验同样被应用于原油市场研究(Moosa and Silvapulle,2000)。此后,Diks 和 Panchenko(2006)提出了检验非线性相关性的新统计量,避免了 Hiemstra-Jones 检验过度拒绝原假设的缺陷。

然而,上述研究方法往往只能描述整个样本区间内的整体相关性,难以确定相关性随时间的变化规律。实际上,已有少数关于时变相关性的研究。例如,Sato 等(2006)拓展了动态 VAR(dynamic VAR,DVAR)模型,并将其应用到时变格兰杰因果关系检验中。基于时变 VAR 模型在格兰杰因果变量的系数上存在平滑转换的假设,Christopoulos 和 León-Ledesma(2008)使用 Logistic 平滑转化自回归(Logistic smooth transition autoregressive,LSTAR)模型,将时间作为转换变量检验时变格兰杰因果关系。基于 Haugh(1976)和 Hong(2001)的研究,陆凤彬和洪永淼(2012)通过引入滚动窗口构建了时变信息溢出模型,该方法也被用于原油市场研究(Jammazi et al.,2017)。此外,Kolodziej 等(2014)通过卡尔曼滤波模型和资本资产定价模型(capital asset pricing model,CAPM)研究 WTI 现货价格和证券产品的时变联系。

综上所述,现有文献为原油期货价格与金融持仓间的相关性检验提供了大量方法和实证研究结果,但仍存在许多缺陷。首先,相关性实际上存在线性和非线性两方面特征,大部分研究只关注其中一方面,主要是线性特征。其次,现有文献研究整个样本期内的整体相关性,或将样本区间分成多个子样本研究相关性的变化,但这仍无法反映相关性随时间的连续变化。因此,一定程度上,这些结果仍停留在均值和静态研究层面。此外,在芝加哥期权交易所普遍使用的交易者持仓报告(Commitment of Traders,COT)中,非商业交易者的定义实际上比投机者和对冲基金更为宽泛,因此,将非商业交易者认定为投机性持仓是不合理也不科学的。最后,大多数现有相关研究聚焦 2008 年的油价暴跌,很少关注 2014 年和 2020 年的油价崩盘。因此,本章主要研究原油期货价格和投机性持仓的动态相关性,并比较 2008 年、2014 年和 2020 年原油期货价格暴跌的原因。

8.3 研究方法与数据说明

8.3.1 研究方法

1. 线性格兰杰因果关系检验

传统的格兰杰因果关系检验(Granger,1969)已被广泛使用,并且大多情况下基于 VAR 模型使用:

$$\begin{cases} x_t = A_1^p x_t + A_2^p r_t + \varepsilon_{x,t} \\ r_t = A_3^p x_t + A_4^p r_t + \varepsilon_{r,t} \end{cases}, t=1,2,\cdots,T \tag{8.1}$$

其中,$\{x_t\}$ 和 $\{r_t\}$ 为两个平稳时间序列(对冲基金净持仓与原油期货收益率);A_1^p、A_2^p、A_3^p 和 A_4^p 为根在单位圆之外的滞后 p 阶的多项式;误差项 $\varepsilon_{x,t}$ 和 $\varepsilon_{r,t}$ 线性独立且满足均值为零、方差为常数。如果式(8.1)中任一系数显著不为零,则称 $\{r_t\}$ 是 $\{x_t\}$ 的格兰杰原因;如果 A_2^p 和 A_3^p 中同时存在系数显著不为零,则称 $\{r_t\}$ 和 $\{x_t\}$ 互为格兰杰因果。

2. 非线性 DP 型格兰杰因果关系检验

在进行非线性 DP 型格兰杰因果关系检验之前,需要通过布罗克-德歇特-沙因克曼(Brock, Dechert and Sheinkman,BDS)检验确认时间序列是否存在非线性特征(Broock et al.,1996)。为了过滤线性影响,对自回归移动平均(autoregressive moving average,ARMA)模型的残差进行 BDS 检验。由于金融资产价格可能包含非线性信息,本章使用 Diks 和 Panchenko(2006)提出的统计量(DP 型格兰杰因果关系检验)来检验原油期货收益率与对冲基金之间的非线性相关性。原假设 $\{r_t\}$ 不是 $\{x_t\}$ 的非线性格兰杰原因的检验如下:

$$q_{DP} = E\left[f_{X,Y,Z}(x,y,z)f_Y(y) - f_{X,Y}(x,y)f_{Y,Z}(y,z)\right] = 0 \tag{8.2}$$

其中,$f(\cdot)$ 为联合概率密度函数,Diks 和 Panchenko(2006)将原假设扩展为三维变量空间 $W_t = (X_t, Y_t, Z_t)$,$X_t \equiv (X_{t-L_x+1}, X_{t-L_x+2}, \cdots, X_t)$,$Y_t \equiv (Y_{t-L_y+1}, Y_{t-L_y+2}, \cdots, Y_t)$,$Z_t \equiv X_{t+1}$。

为了便于计算,利用 Diks 和 Panchenko(2006)构建关于 q_{DP} 的一致统计量 $U_{\tilde{T}}(\Delta)$,其计算可简化成

$$U_{\tilde{T}}(\Delta) = \frac{(2\Delta)^{2d_X+d_Y+d_Z}}{\tilde{T}} \sum_i \widehat{r_0}(W_i) \tag{8.3}$$

其中，$W_i = \left(X_i^{L_X}, Y_i^{L_Y}, Z_i\right)$，$i = 1, 2, \cdots, \tilde{T}$，且

$$\widehat{r_0}(W_i) = \frac{1}{3}\left[\widehat{f_{X,Y,Z}}(X_i,Y_i,Z_i)\widehat{f_X}(X_i) - \widehat{f_{X,Y}}(X_i,Y_i)\widehat{f_{X,Z}}(X_i,Z_i)\right]$$
$$+ \frac{1}{3\tilde{T}}\sum_j \begin{bmatrix} I_{ij}^X \widehat{f_{X,Y,Z}}(X_j,Y_j,Z_j)(2\Delta)^{-d_X} + I_{ij}^{XYZ}\widehat{f_X}(X_j)(2\Delta)^{-d_X-d_Y-d_Z} \\ -I_{ij}^{XY}\widehat{f_{X,Y}}(X_j,Y_j)(2\Delta)^{-d_X-d_Z} - I_{ij}^{XY}\widehat{f_{X,Z}}(X_j,Z_j)(2\Delta)^{-d_X-d_Y} \end{bmatrix} \tag{8.4}$$

其中，$\tilde{T} = T - \max(L_X, L_Y)$ 为有效样本数量；$d_X = d_Y = d_Z = 1$；$\widehat{r_0}(W_i)$ 为 $r_0(W_i)$ 的估计值，用于计算 $U_{\tilde{T}}(\Delta)$ 的渐近值；I_{ij}^W 为示性函数，如果 $\|W_i - W_j\| \leq \Delta$，则 $I_{ij}^W = 1$，否则为 0；$\widehat{f_W}(W_i)$ 为 d_W 维随机向量 W 在 W_i 的估计值，表示为

$$\widehat{f_W}(W_i) = \frac{(2\Delta)^{-d_W}}{\tilde{T}-1} \sum_{j, j \neq 1} I_{ij}^W \tag{8.5}$$

由于频带宽度 Δ 的选择直接影响检验结果，为了提高检验结果的准确性，本章使用 Diks 和 Panchenko（2006）提出的渐近最优频带宽度计算方程：

$$\Delta^* = \min\left(C^*\tilde{T}^{-\frac{2}{7}}, 1.5\right)\widehat{r_0}(W_i) \tag{8.6}$$

其中，C^* 为由时间序列分布决定的常数。

$U_{\tilde{T}}(\Delta)$ 是 U 统计量，原序列满足独立性假设时，$T_s = \sqrt{\tilde{T}} \dfrac{U_{\tilde{T}}(\Delta)}{\hat{\sigma}_W} \to N(0,1)$，统计量的方差估计值 $\hat{\sigma}_W^2 = 9\text{Var}(\widehat{r_0}(W_i))$①。根据 T_s 统计量上尾 $N(0,1)$ 的检验结果，如果 T_s 统计量值超过临界值，则称 $\{r_t\}$ 是 $\{x_t\}$ 的非线性格兰杰原因。

3. Hong 型时变信息溢出统计量

1）白噪声

假设两个独立事件序列服从 ARMA-GARCH 平稳过程。基于 ARMA-GARCH 模型对两时间序列进行估计后得到残差序列，然后根据式（8.7）对其残差值进行标准化：

$$\left\{\eta_{i,t} = \frac{\varepsilon_{i,t}}{\sqrt{h_{i,t}}}\right\}, i = 1, 2 \tag{8.7}$$

其中，$\varepsilon_{i,t}$ 和 $h_{i,t}$ 分别为 ARMA-GARCH 模型的残差和方差。

---

① Var 表示求方差。

2）滚动窗口

令 M_r 为滚动窗口，则样本 $[T-M_{\text{roll}}+1,T]$ 用于构建滚动窗口区间。Hong 型统计量满足渐近 $N(0,1)$ 分布，因此 M_r 需要足够大。然而，如果 M_r 太大，则信息溢出的变化会被平滑掉。基于此，陆凤彬和洪永淼（2012）提出了 M_r 的选取标准：

$$M_r = \frac{2(z_{1-\text{Pr}_1/2} + z_{1-\text{Pr}_2/2})^2}{\left(\dfrac{\mu_0 - \mu_1}{\sigma}\right)^2} = \frac{2(z_{1-\text{Pr}_1/2} + z_{1-\text{Pr}_2/2})^2}{\varXi^2} \tag{8.8}$$

其中，$z_{1-\alpha/2}$ 为在 $N(0,1)$ 的显著性水平 α 下的临界值；Pr_1 为第一类错误的概率；Pr_2 为第二类错误的概率；$\dfrac{\mu_0-\mu_1}{\sigma}$ 为均值的标准化差异。

3）时变统计量

对于滚动窗口内的两个标准化残差序列，定义 $\rho_t(j,M_r)$ 为滞后阶数为 j 的互相关系数：

$$\rho_t(j,M_r) = \begin{cases} \dfrac{\sum_{i=0}^{M_r-j-1}\eta_{1,t-i-j}\eta_{2,t-i}}{\sqrt{\sum_{i=0}^{M_r-1}\eta_{1,t-i}^2 \sum_{i=0}^{M_r-1}\eta_{2,t-i}^2}}, & j=0,1,\cdots,M_r-1 \\[2ex] \dfrac{\sum_{i=0}^{M_r+j-1}\eta_{1,t-i+j}\eta_{2,t-i}}{\sqrt{\sum_{i=0}^{M_r-1}\eta_{1,t-i}^2 \sum_{i=0}^{M_r-1}\eta_{2,t-i}^2}}, & j=-1,-2,\cdots,1-M_r \end{cases} \tag{8.9}$$

Hong 型时变信息溢出统计量如式（8.10a）和式（8.10b）所示，其中，t 时刻由时间序列 2 对时间序列 1 的单向信息溢出检验如 $H_1(p,M_r)$：

$$H_1(p,M_r) = \left\{ M_r \sum_{j=1}^{M_r-1} K^2\left(\frac{j}{p}\right) r_t^2(j,M_r) - D_1^* \right\} \Big/ (2E_1^*)^{1/2} \tag{8.10a}$$

双向信息溢出检验如 $H_2(p,M_r)$：

$$H_2(p,M_r) = \left\{ M_r \sum_{j=2-M_r}^{M_r-2} K^2\left(\frac{j}{p}\right) r_t^2(j,M_r) - D_2^* \right\} \Big/ (2E_2^*)^{1/2} \tag{8.10b}$$

其中，p 为有效滞后阶数；D_1^*、D_2^*、E_1^* 和 E_2^* 为由核函数 $K(a)$ 决定的常数。Lu 等（2014）和 Jammazi 等（2017）指出在金融市场中长滞后期的动态相关性几乎为 0，因此本章采用 Bartlett 核函数：

$$K(a) = \begin{cases} 1-|a|, & |a| \leqslant 1 \\ 0, & \text{其他} \end{cases} \tag{8.11}$$

在两个时间序列相互独立的原假设下，当 $M_r \to \infty$ 时上述两个统计量服从 $N(0,1)$ 分布，即 $H_1(p,M_r) \sim N(0,1)$ 和 $H_2(p,M_r) \sim N(0,1)$。如果统计量超过上尾 $N(0,1)$ 的临界值，则称 t 时刻存在显著的信息溢出。

4. DP 型时变格兰杰因果关系检验方法

为了检验两个时间序列间的动态关系，本章将 Hong 型时变信息溢出统计量中的滚动窗口引入 DP 型格兰杰因果关系检验的 T 统计量中，t 时刻 T^* 统计量如下：

$$T^* = \sqrt{\tilde{M}_r} \frac{T_{\tilde{M}_r}(\Delta)}{\hat{\sigma}_W} \to N(0,1), \hat{\sigma}_W^2 = 9\mathrm{Var}(\widehat{r_0}(W_i)), \quad i \in [T-\tilde{M}_r, T-1] \quad (8.12)$$

其中，$\tilde{M}_r = M_r - \max(L_X, L_Y)$ 为滚动窗口的有效值。同样，对 T^* 统计量进行上尾 $N(0,1)$ 检验，如果统计量超过临界值，则称 $\{r_t\}$ 是 $\{x_t\}$ 的非线性格兰杰原因。

8.3.2 数据说明

原油期货市场中机构投资者的持仓可以通过每周五的 CFTC 报告反映。CFTC 报告分为两类：COT 和交易者分类持仓报告（disaggregated commitment of traders，DCOT）。两类报告都提供每周二的未平仓合约情况，而且这些合约可分为可报告头寸和非报告头寸[①]。两种报告的区别在于可报告头寸的分类。在 COT 中，交易者被分为商业交易者和非商业交易者两类。DCOT 中关于投资者的分类则更为细致，包括资金管理人、生产商/贸易商/加工商/用户、互换交易商和其他报告者。资金管理人被定义为代表客户利益管理和进行有组织的期货交易的交易商，通常被认为是对冲基金（Buyuksahin and Harris，2011）。因此，本章将 DCOT 中资金管理人的持仓定义为对冲基金持仓，并对其取对数。

由于纽约商业交易所的原油期货价格是国际油价的主要体现（Liu et al.，2015a），本章选取纽约商业交易所的 WTI 近月期货合约反映原油期货价格。该数据来自 EIA。此外，为了探究 2008 年和 2014 年油价暴跌时原油期货收益率与对冲基金净持仓的相关性变化，追溯到 2006 年 6 月 13 日，可得到 DCOT 的最早数据。最后，本章的样本区间设定为 2006 年 6 月 13 日~2020 年 8 月 4 日。

图 8.1 展示了样本期内原油期货价格和未平仓合约总持仓的变化。可以发现，2014 年以前，原油期货价格和未平仓合约总持仓具有相同的趋势。2014 年以后，

---

① 根据 CFTC 的注释，可报告持仓反映了超过特定头寸水平的交易者的期货和期权头寸，通常被认为是公司和机构投资者；非报告持仓反映了头寸没有达到特定水平的交易者的期货和期权头寸，通常被认为是小型交易者。

尽管原油期货价格经历了暴跌并且在低位徘徊，但未平仓合约总持仓仍旧呈现上升趋势直至 2018 年稍有下跌。

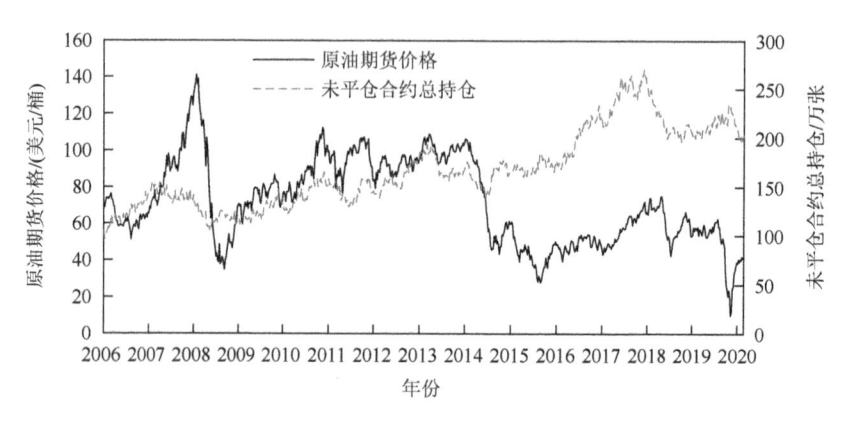

图 8.1　原油期货价格和未平仓合约总持仓的变化趋势

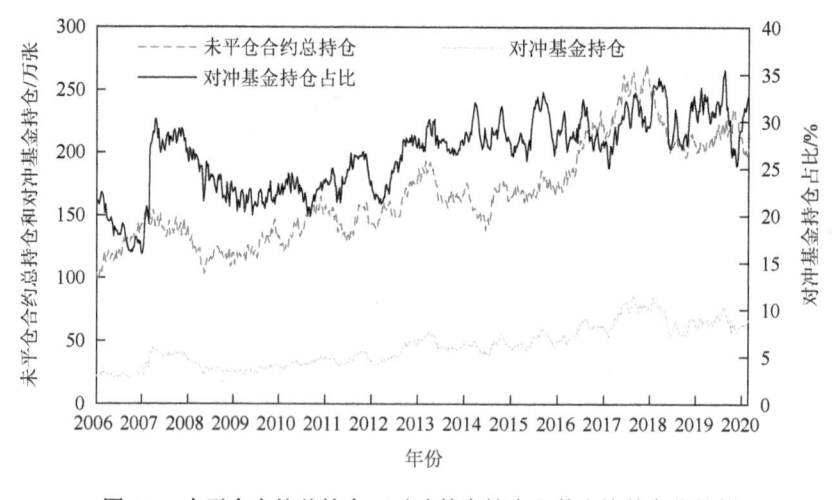

未平仓合约总持仓、对冲基金持仓及其占比的变化趋势如图 8.2 所示。可见，2008 年全球金融危机爆发前，原油期货价格、未平仓合约总持仓、对冲基金持仓及其占比均大幅增加。2008 年原油期货价格暴跌之后，对冲基金持仓及其占比有所下降，但近几年总体上不断攀升。由此可见，对冲基金在国际原油期货市场中扮演着重要角色。

图 8.2　未平仓合约总持仓、对冲基金持仓及其占比的变化趋势

图 8.3 描述了对冲基金持仓、对冲基金净持仓①和原油期货价格的变化。可以发现，原油期货价格和对冲基金净持仓的协同作用要强于原油期货价格和对冲基金持仓的协同作用。对冲基金持仓在 2009~2011 年与原油期货价格具有相同的上升趋势，但这种协同性在 2014 年后发生了变化。相比而言，对冲基金净持仓与原油期货价格在样本期内的趋势几乎一致。这表明，相比于对冲基金持仓，对冲基金净持仓对于原油期货价格更为敏感。

图 8.3　原油期货价格、对冲基金持仓和净持仓的变化趋势

对冲基金净持仓和原油期货收益率的描述性统计如表 8.1 所示。两组时间序列的 J-B 统计量均在 1%的水平下显著，说明它们不服从正态分布。根据偏度和峰度统计值，原油期货收益率和对冲基金净持仓均为左偏和尖峰，且 J-B 统计量拒绝序列为正态分布的原假设。滞后 12 期的 Q 统计量显示，原油期货收益率和对冲基金净持仓均在 1%的显著性水平下拒绝独立性原假设，说明两组序列均存在自相关性。此外，根据 ARCH-拉格朗日乘数（ARCH Lagrange multiplier，ARCH-LM）统计量，这两组序列呈现波动聚集性。这些性质与之前研究发现的原油期货收益率呈现厚尾、自相关和波动聚集性相一致（Baum and Zerilli，2016）。

表 8.1　对冲基金净持仓和原油期货收益率的描述性统计

统计量	对冲基金净持仓	原油期货收益率
均值	11.5906	−0.000674
标准差	2.3223	0.064315

① 对冲基金持仓=（非商业交易商的多头+非商业交易商的空头+2×非商业交易商的套利持仓）/2，对冲基金净持仓=非商业交易商的多头 − 非商业交易商的空头。

续表

统计量	对冲基金净持仓	原油期货收益率
偏度	−7.7821	−0.285087
峰度	69.8901	39.85385
J-B	145033.2000***	41774.83***
$Q(12)$	1897.1000***	26.279***
ARCH-LM(5)	4.97390***	90.2604***

***表示统计量在1%的水平下显著

注：对冲基金净持仓为对数值；原油期货收益率 $r_t = \ln(p_t/p_{t-1})$

此外，时间序列的平稳性通过了 ADF 检验、PP 检验和 KPSS 检验。表 8.2 显示原油期货收益率和对冲基金净持仓序列平稳，因此可以直接用 VAR 建模。同时，BDS 检验结果显示，原油期货收益率和对冲基金净持仓在 1%的显著性水平下拒绝独立性原假设，由此验证了它们之间存在非线性相关性。

表 8.2 单位根检验结果

变量	ADF	PP	KPSS
对冲基金净持仓	−5.9935***	−7.5031***	0.1207
原油期货收益率	−20.2703***	−24.7950***	0.0249

***表示在1%的水平下显著

注：ADF 检验和 PP 检验的原假设为存在单位根，而 KPSS 检验的原假设为不存在单位根

8.4 原油期货收益率与对冲基金净持仓的溢出效应分析

8.4.1 格兰杰因果关系检验结果

基于 SIC，本章构建滞后 1 阶的 VAR 模型对原油期货收益率和对冲基金净持仓进行格兰杰因果关系检验。根据线性和非线性 DP 型格兰杰因果关系检验方法，得到的结果分别如表 8.3 和表 8.4 所示。

表 8.3 线性格兰杰因果关系检验结果

原假设	χ_1^2	p 值
对冲基金净持仓不是原油期货收益率的格兰杰原因	9.3665	0.0092
原油期货收益率不是对冲基金净持仓的格兰杰原因	5.3738	0.0681

表 8.4 非线性 DP 型格兰杰因果关系检验结果

滞后阶数	H_0'：对冲基金净持仓不是原油期货收益率的格兰杰原因		H_1'：原油期货收益率不是对冲基金净持仓的格兰杰原因	
$L_x = L_y$	T^*	p 值	T^*	p 值
1	0.9376	0.1742	1.9453	0.0259
2	0.8264	0.2043	1.8030	0.0357
3	1.4744	0.0702	2.0157	0.0219
4	1.4883	0.0683	1.5433	0.0614
5	1.2985	0.0971	1.4602	0.0721
6	1.1493	0.1252	1.1908	0.1169
7	0.7525	0.2259	1.0457	0.1478
8	0.5585	0.2882	0.6028	0.2733

注：参考 Diks 和 Panchenko（2006），设式（8.6）中的 $C^* \approx 8$，得到最优频带宽度 $\varDelta^* = 1.29$，非线性格兰杰因果关系检验的滞后阶数 $L_x = L_y = 1, 2, \cdots, 8$

结果显示，对冲基金净持仓是原油期货收益率的线性格兰杰原因，但其他结果表现较弱。根据线性检验结果，对冲基金净持仓在 1%的显著性水平下是原油期货收益率的格兰杰原因，但原油期货收益率只在 10%的显著性水平下才是对冲基金净持仓的格兰杰原因。这说明对冲基金净持仓对原油期货收益率的线性影响要强于原油期货收益率对对冲基金净持仓的线性影响。这与 Zhang（2013）的研究结论一致，但与 Irwin 和 Sanders（2012）及 Sanders 和 Irwin（2014）的研究结论相反。研究结果的差异可能是因为使用了不同类型的持仓数据。在非线性检验结果中，当滞后阶数为 $L_x = L_y = 3, 4, 5$ 时，对冲基金净持仓在 10%的显著性水平下是原油期货收益率的格兰杰原因；当滞后阶数为 $L_x = L_y = 1, 2, 3, 4, 5$ 时，原油期货收益率在 10%的显著性水平下是对冲基金净持仓的格兰杰原因。这说明原油期货收益率对对冲基金净持仓的影响较为迅速，而对冲基金净持仓对原油期货收益率的影响存在较长的滞后性。

8.4.2 时变信息溢出效应检验结果

将关于原油期货收益率和对冲基金净持仓的 ARMA-GARCH 标准化残差进行 Hong 型时变信息溢出检验。根据 ARCH-LM 检验结果，所有 ARMA-GARCH 模型的回归系数为 0 的原假设在 5%的显著性水平下被接受。因此可以认为，两组 ARMA-GARCH 模型基本消除了波动集聚性。

根据陆凤彬和洪永淼（2012）的蒙特卡罗模拟结果，滞后阶数和滚动窗口的选取对 Hong 型时变信息溢出检验效果影响较弱。因此，参考陆凤彬和洪永淼

（2012），本章将式（8.10a）和式（8.10b）中的滞后阶数设置为 5[①]。为了研究 2008 年全球金融危机爆发前原油期货收益率和对冲基金净持仓的相关性，本章选取更小的滚动窗口 $M_r = 64$，此时式（8.8）中 $\Pr_1 = 0.05$、$\Pr_2 = 0.2$ 和 $\varXi = 0.5$（陆凤彬和洪永淼，2012）[②]。原油期货收益率与对冲基金净持仓的 Hong 型时变信息溢出检验结果如图 8.4 所示。

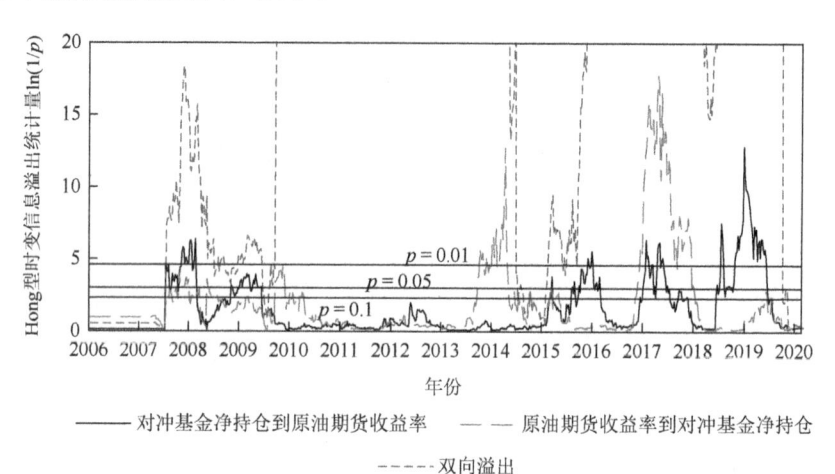

图 8.4　Hong 型时变信息溢出检验结果

为了更清楚地展示结果，本章将 Hong 型时变信息溢出统计量对应的 p 值取倒数并取对数得到 $\ln(1/p)$。$\ln(1/p)$ 越大，p 值越小，则 Hong 型时变信息溢出统计量越大，原油期货收益率与对冲基金净持仓间的信息溢出效应越明显。当 p 大于 0.01、0.05 和 0.1 时，原油期货收益率与对冲基金净持仓间存在显著的信息溢出效应。可以发现，原油期货收益率和对冲基金净持仓的溢出效应存在明显的时变特征。在样本期的大部分时间段，双向统计量的 p 值低于 0.01，这表明原油期货收益率和对冲基金净持仓间存在显著的双向信息溢出。同时，由原油期货收益率向对冲基金净持仓的单向信息溢出集中在 2008 年 3~6 月，2010 年 3~5 月和 2014 年 3~6 月的 p 值低于 0.05，2014 年 3~9 月和 2017 年 5 月~2018 年 5 月的 p 值低于 0.01。另外，由对冲基金净持仓向原油期货收益率的信息溢出集中在 2008 年 4~7 月、2009 年 6~10 月、2016 年 1~8 月、2017 年 6~12 月、2018 年 6~8 月、2019 年 6 月~2020 年 1 月，此时 p 值低于 0.01。

在 2008 年全球金融危机之前，WTI 油价由于不断受到投机行为影响而持续累积泡沫，并且自 2007 年急剧增加（Zhang and Yao，2016）。在此背景下，对冲

[①] 根据式（8.10a）和式（8.10b）中的统计量，Hong 型时变检验无法展现样本期 $t \in [1, M_r - 1]$ 的时变相关性。
[②] 采用更低第二类错误概率 $\Pr_2 = 0.05$ 和 $M_r = 100$ 时，所得结果与本节结果相似。

基金净持仓对原油期货收益率的信息溢出效应在 2008 年 4~7 月变得显著。为了应对 2008 年全球金融危机，包括欧盟和美国在内的大部分国家和地区实行了一系列扩张性的财政政策和宽松的货币政策，吸引了大量对冲基金涌入原油期货市场（Cukierman，2013；Grammatikos et al.，2015；Chen et al.，2016c），导致对冲基金净持仓再次增加。由此，对冲基金净持仓对原油期货收益率的信息溢出效应在 2009 年显著增强。然而，2010 年出台的《多德-弗兰克华尔街改革和消费者保护法》（*Dodd-Frank Wall Street Reform and Consumer Protection Act*）要求包括对冲基金在内的金融机构提供更多的披露信息，这对过度投机的对冲基金而言极为不利。在此背景下，对冲基金净持仓对原油期货收益率的信息溢出效应迅速减弱。2016 年 OPEC 成员和俄罗斯的限产导致油价上涨，再一次吸引对冲基金进入原油期货市场。根据正反馈机制（Tokic，2011），对冲基金进一步推动了油价的上涨，从而再次增强了对冲基金净持仓对原油期货收益率的影响。

此外，当油价经历剧烈波动时，由原油期货收益率向对冲基金净持仓的信息溢出效应显著；当油价持续上升时，存在显著的反向信息溢出。比较图 8.3 和图 8.4，可以发现，油价在 2008 年全球金融危机和 2014 年暴跌期间，以及在此后的油价快速上涨期间，如 2010 年 6 月~2011 年 10 月和 2017 年下半年，由原油期货收益率向对冲基金净持仓的单向信息溢出效应不断增强，即 p 值小于 0.1。另外，对冲基金净持仓在 2009 年 6~12 月、2016 年 6~11 月和 2018 年 1~5 月快速增加，这些时期对应的原油期货价格持续上涨。在这些时期的大部分时间段，由对冲基金净持仓向原油期货收益率的单向信息溢出的 p 值低于 0.05，这意味着对冲基金净持仓对原油期货收益率有显著的影响，并且会推高油价。基于以上分析，油价的剧烈波动增强了原油期货收益率对对冲基金净持仓的影响，这支持了 Buyuksahin 和 Harris（2011）的研究结果。同时，对冲基金净持仓在油价持续上升时对原油期货收益率有显著的影响，这证实了 de Long 等（1990）和 Tokic（2011）的正反馈机制。

最后，比较 2008 年和 2014 年由对冲基金净持仓向原油期货收益率的单向信息溢出效应的显著性，可以发现对冲基金净持仓在 2008 年原油期货价格泡沫形成中扮演了重要角色，这也导致之后的原油期货价格暴跌。但对冲基金净持仓对 2014 年油价暴跌不存在显著影响。根据图 8.3 和图 8.4，当 2008 年原油期货价格快速上涨时，由对冲基金净持仓向原油期货收益率的单向信息溢出显著。实际上，2008 年上半年，对冲基金在过度供给的情况下不断增加净持仓，推高了原油期货市场泡沫，从而导致油价一路飙升。这支持了 Tokic（2011）的分析，即投机者在推高 2008 年油价泡沫中扮演了重要角色。然而，当 2014 年下半年原油期货价格再次暴跌时，由对冲基金净持仓向原油期货收益率的单向信息溢出仅在油价暴跌过后才表现显著。在 2009 年对冲基金净持仓对油价影响力减弱后，对冲基金净持仓直到 2016 年才对原油期货收益率发挥显著影响。

8.4.3 时变非线性格兰杰因果关系检验结果

为了捕捉原油期货收益率与对冲基金净持仓间的非线性动态相关性，本章将滚动窗口引入 DP 型格兰杰因果关系检验中。杨子晖和赵永亮（2014）指出，DP 型格兰杰因果关系检验结果在样本量达到 200 个并且滞后阶数为 1 时才能更精确。因此，本章设 $M_r = 200$、$L_x = L_y = 1$ 和 $\Delta^* = 1.5$，结果如图 8.5 所示。

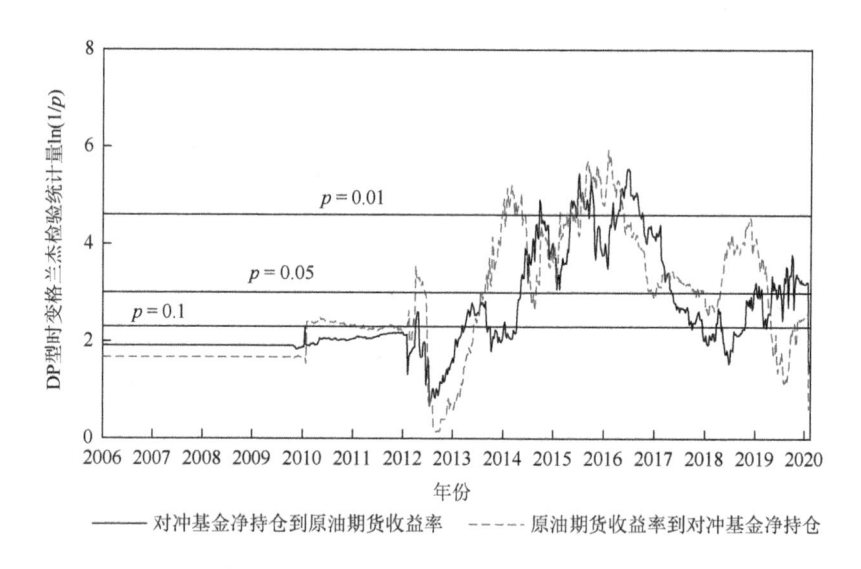

图 8.5 DP 型时变格兰杰因果关系检验结果

可以发现，首先，当原油期货价格经历剧烈波动时，原油期货收益率对对冲基金净持仓有显著影响。当 2014 年原油期货价格经历剧烈波动时，由原油期货收益率对对冲基金净持仓的 DP 型格兰杰因果关系检验 p 值保持在 0.01 以下。其次，当原油期货价格持续上涨时，对冲基金净持仓对原油期货收益率有显著影响。在 2016 年原油期货价格触底反弹时，对冲基金净持仓对原油期货收益率溢出效应的 DP 型格兰杰因果关系检验的 p 值保持在 0.05 以下。最后，对冲基金净持仓并不是 2014 年原油期货价格暴跌的主要原因，因为在该时间段内，对冲基金净持仓对原油期货收益率没有显著影响。此外，在 2020 年 3 月初油价暴跌期间，对冲基金净持仓是原油期货收益率下跌的格兰杰原因，反之不成立。可以发现，2019 年 12 月～2020 年 2 月，对冲基金净持仓对原油期货收益率溢出效应的 DP 型格兰杰因果关系检验的 p 值保持在 0.01～0.05，但原油期货收益率对对冲基金净持仓溢出效应的 DP 型格兰杰因果关系检验的 p 值大于 0.1。

以上检验结果表明，线性和非线性因果关系检验中，对冲基金净持仓都不是 2014 年原油期货价格暴跌的主要原因。根据 Zhang 和 Yao（2016）的研究，市场基本面是 2014~2015 年 WTI 油价下降的主导因素。2014 年，由于美国页岩油产量增加，美国原油产量显著超过预期。此外，利比亚和伊拉克等传统产油国恢复生产，导致全球市场原油供给增加。2014 年 10 月，OPEC 产油量达到 3025 万桶/天，超过 3000 万桶/天的上限（OPEC，2014）。因此，世界经济缓慢复苏导致原油需求增长缓慢，加上原油供给持续增加以及美元升值，这些因素综合作用导致油价下降。2020 年，新冠肺炎疫情对原油需求的影响以及"维也纳联盟"减产谈判的破裂导致原油市场供需失衡，引发油价在短期内急剧降低，而对冲基金的恐慌性抛售对油价暴跌起到了推波助澜的作用。

8.5 主要结论与启示

本章采用线性和非线性格兰杰因果关系检验、Hong 型时变信息溢出检验和 DP 型时变格兰杰因果关系检验方法，探究 2006~2020 年原油期货收益率与对冲基金净持仓之间的复杂关联机制，主要结论如下。

首先，对冲基金净持仓和原油期货收益率间存在显著的线性关系，但前者对后者的影响要强于后者对前者的影响。此外，原油期货收益率对对冲基金净持仓的影响较为迅速，而对冲基金净持仓对原油期货收益率的影响存在较长滞后性。

其次，原油期货收益率与对冲基金净持仓间的线性和非线性相关性存在时变特征。在原油期货价格剧烈波动时期，其对对冲基金净持仓的影响会明显增强；但只有在原油期货价格持续上涨时，对冲基金净持仓对原油期货价格的影响才会显著增大。原油期货收益率与对冲基金净持仓的相关性在 2014 年原油期货价格暴跌后不断增强。

最后，对冲基金净持仓在 2008 年原油期货价格泡沫形成中扮演了重要角色，并在此后的原油期货价格暴跌中发挥了重要作用，且对冲基金净持仓在 2020 年上半年油价暴跌中起到了推波助澜的作用。2014 年油价暴跌则更多地归咎于市场供需失衡的基本面因素。

基于上述研究结论，本章为原油市场利益相关者提出以下建议。

一方面，投资者应紧密关注对冲基金持仓占比以判断原油期货市场投资者情绪，进而预判原油期货价格的走势。投资者应该根据现货交易情况在期货市场实施反方向交易，进行套期保值，从而有效规避价格风险。

另一方面，我国应该逐步健全完善石油期货市场交易机制。石油期货市场的良好运作主要依赖于充分的信息披露机制、完善的期货市场交易规则和良好的市场监管制度，以约束期货市场上的过度投机行为。

第 9 章　考虑结构变化和长记忆性的国际油价波动率预测研究

9.1　国际油价的结构变化与长记忆特征

原油在全球经济发展中发挥着关键作用，探索油价波动特征，科学研判国际油价变动趋势，对全球经济金融发展至关重要。目前，已有大量学者构建各种模型开展油价波动率预测研究。在众多预测模型中，GARCH 族模型由于能够描述油价收益率的条件异方差性与油价波动率的集聚性、非对称性等特征，得到了广泛应用（Morana，2001；Cheong，2009；Mohammadi and Su，2010；林伯强和李江龙，2012；Salisu and Fasanya，2013）。自 Engle（1982）和 Bollerslev（1986）提出 ARCH 和 GARCH 模型后，学术界发展了一系列能反映波动率更多特征的 GARCH 族模型，如 GARCH 厚尾（GARCH heavy-tailed，GARCH-HT）模型（Politis，2004）、幂变换门限 GARCH（power-transformed and threshold GARCH，PTT-GARCH）模型（Pan et al.，2008）、EGARCH 模型（Nelson，1991）等。

然而，上述 GARCH 族模型存在明显不足，并不能刻画油价波动的一些复杂特征。首先，上述模型大多忽略了油价波动率由突发事件或外界冲击导致的结构变化，往往只能刻画单一波动状态下的波动率。然而已有很多学者指出，油价中普遍存在结构变化现象，突发事件和消息的冲击可能会使油价的结构发生显著变化，从而导致虚假的波动持续性（Zhang Y J and Zhang L，2015）。例如，柴建等（2017）构建结合 K-均值聚类方法的变点分析模型（product partition model K-means，PPM-KM）识别国际油价的拐点，发现原油市场 1986~2015 年存在 37 次显著价格突变。为了更加准确地刻画国际油价的实际波动，前人针对结构变化现象开展了大量研究，其中马尔可夫机制转换模型和改进的 ICSS 算法等得到了广泛应用，如 MRS-GARCH 模型（Sanzo，2018）。

其次，已有大量学者指出油价波动率具有明显的长记忆性，即过去的变化往往会持续影响未来，而大多数单变量 GARCH 族模型假设波动率的自相关函数按指数形式衰减，难以刻画油价波动率的长记忆性特征（Cont，2001；黄海南和钟伟，2007），因此，有学者提出了能描述油价波动率长记忆性的模型，如 FIGARCH、FIAPGARCH 和 HAR-GARCH 模型。

从上述研究看出，油价波动率的结构变化和长记忆性特征往往是对国际油价波动率进行合理建模和准确预测的关键。事实上，已有部分学者研究指出结构变化和长记忆性特征之间存在一些联系。例如，Diebold 和 Inoue（2001）研究发现结构突变可能会导致序列出现长记忆性特征；Baillie 和 Morana（2009）指出条件方差中存在的结构突变可能是长记忆性的一个合理来源，并通过允许条件方差存在时变截距，使得模型在刻画波动率的结构变化特征方面具有更多的灵活性；Granger 和 Hyung（2004，2013）研究表明，结构变化或机制转换会使时间序列产生虚假的波动持续性，因此，同时考虑时间序列的结构变化和长记忆性对提高模型的预测性能非常重要，可以避免"伪"长记忆性对模型的估计和预测结果产生影响，提高模型的准确性。同时，已有一些学者探讨油价波动率的结构变化和长记忆性，但是他们使用的模型只考虑油价波动率中的单一记忆特征。Klein 和 Walther（2016）指出，油价波动率往往具有不同的结构特征和记忆性。

为了克服现有模型的缺陷，本章引入 MM-GARCH 模型，该模型不同于 MRS-GARCH 模型，它主要通过对不同的方差成分进行动态结合，从而捕捉波动率序列中存在的长记忆性、短记忆性和不同结构特征，具有更强的灵活性。

本章试图回答两个问题：考虑结构变化和长记忆性的波动率预测模型对油价波动率预测较传统模型是否具有更好的效果？MM-GARCH 模型是否可以有效刻画油价波动率的结构变化和混合记忆性特征？

本章研究贡献主要包括两个方面：一是证实国际油价波动率中确实存在结构变化和长记忆性特征，而且 WTI 和 Brent 油价均具有不同的波动率结构；二是采用能刻画结构变化和长记忆性特征的 GARCH 族模型对油价波动率进行预测建模，证实此类模型在油价波动率预测方面的显著优势，特别是证实 MM-GARCH 模型可以动态刻画油价波动率中的结构变化和不同记忆性，具有优异的预测性能，从而弥补多数模型只考虑结构变化或记忆性的缺陷，为国际油价波动率预测模型的选择明确方向。

9.2 国内外研究现状

在现有研究中，人们广泛采用 GARCH 族模型预测油价波动率。例如，Hung 等（2008）采用基于不同分布假设的 GARCH 族模型预测国际原油和其他能源的价格波动率及 VaR，发现在预测资产价格波动率时能描述厚尾分布特征的 GARCH-HT 模型比基于 t 分布和正态分布的 GARCH 族模型表现更好。Giot 和 Laurent（2003）分别采用风险矩阵、基于 t 分布的 ARCH 模型以及非对称幂 ARCH（asymmetric power ARCH，APARCH）模型拟合和预测 WTI 和 Brent 油价波动率，

发现基于 t 分布的 APARCH 模型在所选模型中具有最好的预测性能。王鹏和吕永健（2018）同时基于时变高阶矩波动模型和标准 GARCH 族模型建立风险测度模型，发现时变高阶矩波动模型可以刻画原油市场收益分布中的时变偏度和时变峰度特征，更好地测度原油市场的极端风险，同时 GARCH-偏度-峰度-均值（GARCH skewness kurtosis mean，GARCHSK-M）模型表现出了相对最高的风险测度精确性。

然而，现有的 GARCH 族模型往往存在明显的不足，并不能刻画油价波动中的一些复杂特征，如结构突变、长记忆性等，为此，学者提出了一些改进后的模型来描述这些特征。例如，为了识别油价波动率中存在的结构突变，Ewing 和 Malik（2017）采用 ICSS 算法识别油价结构断点，并在此基础上将结构断点和 GARCH 族模型结合，预测油价波动率，发现能同时反映油价波动率非对称性和结构断点特征的模型具有更好的预测能力。Sanzo（2018）对 MRS-GARCH 模型进行改进并将其用于预测油价波动率，结果表明考虑结构变化的 MRS-GARCH 模型相较于其他 GARCH 族模型具有更好的拟合和预测性能。Zhang 等（2019b）基于大量实证计算和多种损失函数，发现考虑机制转换的 GARCH 族模型与单一机制 GARCH 族模型相比未必能提升油价波动率的样本外预测性能。

许多学者也针对波动率中存在的长记忆性进行了探究。例如，Kang 等（2009）采用 CGARCH 模型和 FIGARCH 模型预测 WTI、Brent 和 Dubai 原油现货价格波动率，发现它们的预测能力明显强于标准 GARCH 模型；Zhao 等（2019）尝试引入 ARCH 均值（ARCH in mean，ARCH-M）模型和极值理论中的阈顶点（peaks-over-threshold of extreme value theory，EVT-POT）模型预测国际油价的 VaR，结果表明考虑时变及长记忆性的 FIAPARCH-M-EVT（FIAPARCH in mean-extreme value theory）模型能够刻画油价波动率的长记忆性，所以相较于标准 GARCH、FIGARCH 模型等，该模型具有更好的预测能力。

除此之外，也有一些学者同时探讨了油价波动率的结构变化和长记忆性。例如，Arouri 等（2012）使用 ICSS 算法和考虑长记忆性的 GARCH 族模型对原油期货和现货价格的波动率进行拟合和预测，发现加入结构断点的 FIGARCH 模型往往表现出最好的预测能力；Sanzo（2018）将长记忆性和机制转换两种特征融入同一模型，提出了马尔可夫机制转换长记忆模型，并通过实证分析发现该模型在国际油价波动率预测方面具有更优异的性能。

多数相关研究只考虑油价波动率中的长记忆性或短记忆性，但是 Klein 和 Walther（2016）的研究指出油价波动率往往具有不同的结构特征和记忆性。Li 等（2013a）认为 MM-GARCH 模型可以通过权重系数将标准 GARCH 和 FIGARCH 模型相结合，捕捉波动率序列中存在的长记忆性、短记忆性和不同结构特征。Klein 和 Walther（2016）则使用 MM-GARCH 模型研究方差和 VaR 的预测问题，结果表明 MM-GARCH 模型可以动态描述波动率的结构特征和记忆性，所以其预测结果优于其他离散波动率模型。

尽管现有文献对 MM-GARCH 模型展开了部分研究，但是该模型在油价波动率预测方面是否具有优势、能否有效刻画油价波动的复杂特征尚待深入研究。因此，为了构建更准确的模型估计和预测油价波动率，本章引入 MM-GARCH 模型，深入探究考虑结构变化和混合记忆性的波动率预测模型是否具有更好的油价波动率预测效果。

9.3 研究方法与数据说明

9.3.1 研究方法

1. 改进的 ICSS 算法

本章首先采用改进的 ICSS 算法识别油价收益率的结构断点。ICSS 算法由 Inclan 和 Tiao（1994）提出，其通过构造 IT 统计量识别油价收益率序列中的结构断点。IT 统计量的具体形式为 $\text{IT} = \sup_s |\sqrt{T/2} D_s|$，其中，$D_s = \dfrac{C_s}{C_T} - \dfrac{s}{T}$，$C_s = \sum_{t=1}^{s} r_t^2$（$s = 1, 2, \cdots, T$）为油价收益率序列 r_t 的 ICSS。

IT 统计量以原序列零均值同方差为前提假设，而油价收益率序列往往表现为尖峰厚尾特征，且存在条件异方差和序列相关性，这就导致根据 IT 统计量所得的结构断点数量可能高于实际值（Sanso et al.，2004）。因此，本章采用改进的 IT（adjusted IT，AIT）统计量，该统计量可以捕获油价收益率序列的条件异方差和序列相关性特征，能够更加准确地识别出结构断点位置和数量。AIT 统计量的具体形式为 $\text{AIT} = \sup_s |T^{-1/2} G_s|$，其中，$G_s = \varpi^{-1/2}(C_s - (s/T)C_T)$，$\varpi = \dfrac{1}{T}\sum_{t=1}^{T}(r_t^2 - \sigma)^2 + \dfrac{2}{T}\sum_{\varpi=1}^{\varpi}(1 - \varDelta/(\varDelta+1))\sum_{t=\varDelta'+1}^{\varDelta}(r_t^2 - \sigma)(r_{t-\varDelta'}^2 - \sigma)$，$\sigma$ 为油价收益率序列的标准差，$\varDelta$ 为特定的频带宽度。AIT 统计量的渐近分布由布朗桥 $\sup_{r_0}|W^*(r_0)|$ 计算所得，临界值通过样本模拟产生。如果 AIT 统计量大于临界值，则拒绝原假设，表明油价收益率序列存在显著的结构断点；否则不能够拒绝原假设，表明油价收益率序列没有显著的结构断点。

2. FIGARCH 模型

GARCH(1,1)模型假设波动率的自相关函数呈指数形式衰减，无法刻画油价波动率的长记忆性。为了弥补 GARCH 族模型在非高度参数化下只能描述短期记忆的缺点，Baillie（1996）假设波动率的自相关函数按照双曲线形式衰减，提出了能采用更少参数、覆盖更长记忆的 FIGARCH 模型。FIGARCH(1, d, 1)模型的条件方差形式如下：

$$h_t = \alpha_0 + (1 - \beta_1 L - (1 - \upsilon L)(1 - L)^d)\varepsilon_t^2 + \beta_1 h_{t-1} \qquad (9.1)$$

其中，L 为滞后算子；d 为描述长记忆性的分整参数，且模型假定 $\alpha_0 > 0$，$0 \leq \beta_1 \leq \upsilon + d$，$0 \leq d \leq 1 - 2\upsilon$。这样能保证 $0 \leq d \leq 1$，可以充分描述波动率的长记忆性程度。当 $d = 0$ 时，FIGARCH 模型等同于 GARCH 模型，模型无法刻画长记忆性；当 $d = 1$ 时，FIGARCH 模型等同于单整 GARCH（integrated GARCH，IGARCH）模型，假定了波动率的永久记忆性。

3. MM-GARCH 模型

根据 Klein 和 Walther（2016）的研究，MM-GARCH 模型的主要思想是通过引入一个伯努利随机变量序列 $(Z_t)_{t=1,\cdots,T}$，将 GARCH(1,1)和 FIGARCH(1, d, 1)模型结合，因此能反映油价波动率中的结构变化和长记忆性。MM-GARCH 模型的条件方差形式如下：

$$h_t = Z_t h_{1,t} + (1 - Z_t) h_{2,t} \qquad (9.2)$$

其中，$h_{1,t} = \alpha_0 + \alpha_1 \varepsilon_{t-1}^2 + \beta_1 h_{1,t-1}$ 为 GARCH 模型的方差方程；$h_{2,t} = \alpha_0' + (1 - \beta_2 L - (1 - \upsilon L)(1 - L)^d)\varepsilon_t^2 + \beta_2 h_{2,t-1}$ 为 FIGARCH 模型的方差方程。为了获得动态的混合比率，模型引入伯努利随机变量 Z_t，$Z_t \in (0, 1)$，且满足 $P(Z_t = 1) = \pi_t$，$\ln\left(\dfrac{\pi_t}{1 - \pi_t}\right) = \lambda_0 + \lambda_1(r_{t-1} - \varepsilon_{t-1})$，即 $\pi_t = \dfrac{1}{1 + \exp(-\lambda_0 - \lambda_1(r_{t-1} - \varepsilon_{t-1}))}$。

为了满足模型的非负性和严格平稳性的假定，MM-GARCH 模型引入 Bollerslev 和 Mikkelsen（1996）的处理方法，将其中的 FIGARCH 部分（$h_{2,t}$）表述为类似 ARCH(∞)的形式：

$$h_{2,t} = \alpha_0' + (1 - \beta_2 L - (1 - L)^d)\varepsilon_t^2 + \beta_2 h_{2,t-1} = \dfrac{\alpha_0'}{1 - \beta_2} + \sum_{j=1}^{\infty} \ell_j \varepsilon_{t-j}^2 \qquad (9.3)$$

其中，ℓ_j 为 FIGARCH 权重，由 FIGARCH 参数计算得到。

4. 联合模型

参考 Ewing 和 Malik（2017），为了同时刻画油价波动率的结构变化和长记忆性复杂特征，本章将改进的 ICSS 算法和 GARCH 族模型相结合，主要思想是在 GARCH 族模型中加入结构断点：

$$r_t = \mu_t + \varepsilon_t, \quad \mu_t = \eta_t \sqrt{h_t}, \quad h_t = \alpha_0 + d_1 D_1 + \cdots + d_u D_u + \alpha_1 \varepsilon_{t-1}^2 + \beta_1 h_{t-1} \qquad (9.4)$$

其中，$D_1,\cdots,D_u$ 为一组虚拟变量序列，在每个结构断点处取值为 1，其他情况取值为 0。

5. 损失函数

参考 Hansen 和 Lunde（2005），本章采用多种损失函数作为评价预测偏差的标准，损失函数越大表示偏差越大，即模型的预测能力越低，反之亦然。具体函数形式如下：

$$\text{RMSE} = \sqrt{\frac{1}{N}\sum_{t=T-N+1}^{T}(\hat{h}_t - h_t)^2} \tag{9.5}$$

$$\text{MAE} = \frac{1}{N}\sum_{t=T-N+1}^{T}|\hat{h}_t - h_t| \tag{9.6}$$

$$\text{QLIKE} = \frac{1}{N}\sum_{t=T-N+1}^{T}(\ln\hat{h}_t - h_t/\hat{h}_t)^2 \tag{9.7}$$

$$\text{R}^2\text{LOG} = \frac{1}{N}\sum_{t=T-N+1}^{T}(\ln(h_t/\hat{h}_t))^2 \tag{9.8}$$

其中，$\hat{h}_t$ 和 h_t 分别为 t 时期油价波动率的预测值和实际值；T 为样本总区间；N 为样本外预测值的数目。RMSE 是均方根误差，MAE 是平均绝对误差，QLIKE 是由高斯似然函数得到的损失函数，R^{2}LOG 是将波动率实际值和预测值都取对数后求得的均方误差。

9.3.2 数据说明

本章采用 WTI 和 Brent 的日度原油现货价格，数据来源于 EIA。同时，本章以 WTI 和 Brent 油价的对数收益率作为研究对象，即 $r_t = \ln(p_t/p_{t-1})$，$t = 2,\cdots,T$，其中，p_t 表示原油现货价格。此外，本章采用日收益率的平方值（r_t^2）作为实际波动率的代理变量。

本章选用数据的样本区间为 1993 年 5 月 1 日～2017 年 3 月 1 日，并将 1993 年 5 月 1 日～2012 年 12 月 31 日作为样本内估计区间，将 2013 年 1 月 1 日～2017 年 3 月 1 日作为样本外预测区间。WTI 和 Brent 油价收益率序列的描述性统计结果见表 9.1。可以看出，它们具有相似的统计性质，这是因为长期来看，全球原油市场是高度一体化的（Fattouh，2010）。WTI 和 Brent 油价收益率的均值都接近 0，且标准差的结果表明 WTI 相较于 Brent 更加不稳定。WTI 和 Brent 油价收益率的偏度均为负数，峰度均大于 3，说明它们都具有明显的尖峰厚尾特征。同时，J-B 统计量在 1% 的显著性水平下拒绝油价收益率序列服从正态分布的原假设，说明它们都不服从正态分布，而存在厚尾分布的特征。L-B 检验的 Q^2 统计量在 1%的显著性水平下拒绝油价收益率平方序列不存在自相关的原假设，说明它们都存在显著的自相关性，即原油市场波动中存在 ARCH 效应。除此之外，ADF 检验结果表明，两种油价收益率序列都显著拒绝存在单位根的原假设，说明它们都是平稳序列，PP 和 KPSS 检验的结果也证明了这一点。

表 9.1　油价收益率序列描述性统计结果

统计量	WTI	Brent	统计量	WTI	Brent
均值	0.0002	0.0002	$Q(8)$	15.20 (0.0000)	32.45 (0.0000)
标准差	0.0253	0.0224	$Q^2(8)$	595.86 (0.0000)	599.10 (0.0000)
偏度	−0.1170	−0.0252	ADF	−77.3280 (0.0000)	−74.7385 (0.0000)
峰度	8.4745	8.209	PP	−72.88 (0.0000)	−70.14 (0.0000)
J-B	6364.52 (0.0000)	5543.6 (0.0000)	KPSS	0.048 (0.4808)	0.050 (0.4792)

注：小括号内为 p 值；$Q(8)$ 和 $Q^2(8)$ 分别为标准残差序列和标准残差平方序列的滞后阶数为 8 的 L-B 统计量

9.4　考虑结构变化和长记忆性的国际油价波动率预测结果分析

9.4.1　国际油价波动率样本内估计结果

本章采用改进的 ICSS 算法识别 Brent 油价收益率序列中的 5 个结构断点，分别是 2005 年 6 月 12 日、2008 年 9 月 11 日、2009 年 4 月 19 日、2012 年 11 月 19 日和 2014 年 7 月 9 日，并依此将样本期划分为 6 个区间，具体结果见表 9.2。2008 年 9 月的结构断点明显与全球金融危机关联密切，2014 年 7 月世界经济低迷和美国页岩油产量增长共同导致的油价暴跌同样造成油价收益率序列的断点。

表 9.2　Brent 油价收益率序列结构断点的识别结果

结构断点划分区间序号	时段	标准差	结构断点划分区间序号	时段	标准差
1	2000/1/1~2005/6/12	0.0264	4	2009/4/20~2012/11/19	0.0201
2	2005/6/13~2008/9/11	0.0196	5	2012/11/20~2014/7/9	0.0110
3	2008/9/12~2009/4/19	0.0573	6	2014/7/10~2017/3/1	0.0270

注：采用改进的 ICSS 算法识别油价收益率序列的无条件方差中的结构断点，样本期为 1993 年 5 月~2017 年 3 月

第 9 章 考虑结构变化和长记忆性的国际油价波动率预测研究

为了刻画国际原油市场中的结构变化和长记忆性特征，本节将 ICSS 算法与 GARCH 族模型结合，对 WTI 和 Brent 油价收益率序列进行估计。首先，为了判断考虑结构变化对 GARCH 族模型拟合效果的影响，本章比较标准 GARCH 和 FIGARCH 模型、加入结构断点的 GARCH 和 FIGARCH 模型的样本内估计结果，然后采用 MM-GARCH 模型进行重新拟合，并将其拟合结果与以上模型的拟合结果进行比较。鉴于油价收益率具有尖峰厚尾及非正态特征，本章采用服从 t 分布的 GARCH 族模型。上述五种模型的拟合结果见表 9.3 和表 9.4，结论如下。

表 9.3　WTI 油价收益率的样本内拟合结果

参数	GARCH	FIGARCH	GARCH + ICSS	FIGARCH + ICSS	MM-GARCH
μ	0.0003 (0.0002)	0.0005 (0.0003)	0.0002 (0.0002)	0.0002 (0.0001)	0.0005 (0.0001)
$\alpha_0(\times 10^{-4})$	0.0638 (0.0025)		0.0619 (0.1125)		0.0197 (0.0060)
α_1	0.0715 (0.0154)		0.0529 (0.0317)		0.0305 (0.0036)
β_1	0.9281 (0.0169)		0.9293 (0.0273)		0.9548 (0.0050)
$\alpha_0'(\times 10^{-4})$		0.7169 (0.2148)		0.4213 (0.2192)	0.0270 (0.0020)
υ		0.2675 (0.1386)		0.2833 (0.0901)	
β_2		0.4861 (0.0474)		0.4628 (0.0962)	0.4830 (0.1646)
d		0.3426 (0.0440)		0.2961 (0.0422)	0.9999 (0.0320)
λ_0					2.3533 (0.0071)
λ_1					−2.3320 (3.4366)
LL	−12271	−12188	−12144	−12138	−12113
AIC	4.4265	4.4109	4.3931	4.3010	4.2022
$Q(8)$	5.6112	4.8927	5.0412	4.7991	4.3319
$Q^2(8)$	20.6984	19.8529	17.7032	15.1220	11.3742

注：小括号内为 p 值，LL 为对数似然函数，$Q(8)$ 和 $Q^2(8)$ 分别为标准残差序列和标准残差平方序列的滞后阶数为 8 的 L-B 统计量

表 9.4 Brent 油价收益率的样本内估计结果

参数	GARCH	FIGARCH	GARCH + ICSS	FIGARCH + ICSS	MM-GARCH
μ	0.0003 (0.0004)	0.0002 (0.0001)	0.0002 (0.0002)	0.0003 (0.0003)	0.0004 (0.0002)
$\alpha_0 (\times 10^{-4})$	0.0165 (0.0040)		0.0302 (0.0311)		0.0000 (0.0000)
α_1	0.0529 (0.0154)		0.0418 (0.0059)		0.0257 (0.0039)
β_1	0.9453 (0.0099)		0.9150 (0.0104)		0.9841 (0.0048)
$\alpha_0' (\times 10^{-4})$		0.4155 (0.0023)		0.0275 (0.0177)	0.5341 (0.0412)
υ		0.2324 (0.0713)		0.2611 (0.0754)	
β_2		0.6642 (0.0881)		0.5681 (0.0732)	0.6654 (0.0340)
d		0.4421 (0.0401)		0.3566 (0.0492)	0.7344 (0.0100)
λ_0					1.7100 (0.0491)
λ_1					22.0040 (6.7441)
LL	−11741	−11725	−11712	−11701	−11685
AIC	4.4198	4.4110	4.3022	4.2911	4.2800
$Q(8)$	9.4515	8.9216	8.9330	7.4913	7.0223
$Q^2(8)$	16.2763	11.2541	11.5612	13.6234	10.8910

注：小括号内为 p 值，$Q(8)$ 和 $Q^2(8)$ 分别为标准残差序列和标准残差平方序列的滞后阶数为 8 的 L-B 统计量

（1）比较标准 GARCH 模型和加入结构断点的 GARCH 模型的估计结果，可以发现：①油价波动率中存在显著的集聚效应和结构变化。两种模型中 α_1 和 β_1 均显著异于 0，且 β_1 总大于 α_1，表明油价前期波动对当期波动影响更大，即具有波动集聚效应。此外，$\alpha_1 + \beta_1$ 接近 1，在加入结构断点之后，$\alpha_1 + \beta_1$ 明显减小，证明 WTI 和 Brent 油价波动率存在结构变化，忽略这一点会造成虚假的波动持续性（Arouri et al.，2012；Hillebrand，2005）。②在 GARCH 模型和 FIGARCH 模型加入 ICSS 算法识别的结构断点后，模型对 WTI 和 Brent 油价波动率的拟合性能得到了明显提高。以极大似然函数和 AIC 为例，加入结构断点的 GARCH 模型和 FIGARCH 模型得到的极大似然函数和 AIC 均表现更优异，这也验证了 Ewing 和 Malik（2017）的研究结论：在标准 GARCH 模型中加入结构断点可以解释油价波动率中的结构变化，进而有效减弱波动率中虚假的持续性，达到更好的拟合效果。

③在 GARCH 族模型中加入结构断点可以减弱残差序列中的剩余 GARCH 效应，减小自相关性，提高 GARCH 族模型对油价波动率的拟合优度。如 L-B 检验的统计结果所示，在标准 GARCH 模型和 FIGARCH 模型中考虑结构断点后，所得的 Q 统计量减小，说明自相关性减弱。

（2）比较 GARCH 族模型与 FIGARCH 族模型的估计结果，可以发现：①油价波动率具有长记忆性特征，无论是否考虑结构变化，FIGARCH(1, d, 1)模型估计的分整参数都显著异于 0。对 WTI 原油市场进行建模时，FIGARCH(1, d, 1)模型的 d 在考虑结构变化前后分别为 0.3426 和 0.2961，均介于 0~1，且在 5%的水平上显著，说明 WTI 油价波动率具有显著的长记忆性。对 Brent 原油市场进行建模时，两个模型的 d 分别为 0.4421 和 0.3566，均在 5%的显著性水平上拒绝原假设，同样证实了 Brent 油价波动率的长记忆性。②无论是否考虑结构变化，能刻画长记忆性的 FIGARCH(1, d, 1)模型均比 GARCH(1,1)模型的拟合效果更好，这可以通过比较模型拟合出来的极大似然函数和 AIC 得出。

（3）比较 MM-GARCH 模型与其他 GARCH 族模型的估计结果，可以发现：①WTI 和 Brent 两个原油市场具有不同的波动率结构，存在显著的结构变化和长记忆性，这可以通过 MM-GARCH 模型估计的 d 得出。由于 d 显著异于 0，FIGARCH 族模型不等同于 GARCH 族模型，波动率序列中存在显著不同的成分，即长记忆性与短记忆性（Zhang et al., 2019b）。长记忆性代表原油市场处于高波动期，序列的自相关系数呈双曲线形式缓慢衰减到 0；短记忆性代表原油市场处于低波动期，序列的自相关系数呈指数形式迅速衰减。②MM-GARCH 模型可以较好地刻画油价波动率中的结构变化和长记忆性特征。如 MM-GARCH 模型及其他 GARCH 族模型的估计结果所示，极大似然函数和 AIC 均表明 MM-GARCH 模型具有最好的拟合性能，优于加入结构断点且考虑长记忆性的 ICSS 算法与 FIGARCH 族模型的组合模型。这是由于 MM-GARCH 模型采用动态的权重系数将 GARCH 族模型和 FIGARCH 族模型结合起来，能较好地刻画油价波动率长记忆性特征，并反映出油价波动率中的不同结构特点（Baillie and Morana，2009）。

9.4.2 国际油价波动率样本外预测结果

为了比较 MM-GARCH 模型与其他 GARCH 族模型的样本外预测能力，本节计算四种损失函数下各模型向前 K 步（$K = 1, 5, 20$）预测的损失函数，从而评价各模型对油价波动率的预测能力。本节采用滚动预测的方法，即首先根据估计出的模型参数预测未来 K 天的波动率，然后窗口向前滚动 1 天确定新的估计区间，重新估计各模型的参数后再向前 K 步进行预测。依此类推，得到各模型在预测区间内的油价波动率预测值，然后计算其损失函数。采用较长的样本内数据是为了避免极大似然估计过程中出现最优化不收敛的情况。预测结果见表9.5。

表 9.5 油价波动率的样本外预测结果

步长	损失函数	GARCH	FIGARCH	ICSS + GARCH	ICSS + FIGARCH	MM-GARCH
A: WTI 油价波动率					
1天	RMSE（×10⁻⁴）	7.3865	7.3128	7.3483	7.2490	<u>7.1670</u>
	MAE（×10⁻⁴）	3.5043	3.3218	3.3321	3.3110	<u>2.9810</u>
	QLIKE	4.8521	4.8438	4.8371	4.8319	<u>4.8266</u>
	R²LOG	8.3200	8.1430	7.9876	7.5424	<u>7.0131</u>
5天	RMSE（×10⁻⁴）	7.3457	7.3957	7.2972	<u>7.2183</u>	7.3182
	MAE（×10⁻⁴）	3.7012	3.6620	3.5489	3.2129	<u>3.0241</u>
	QLIKE	5.3688	5.2602	5.2309	5.0972	<u>4.9843</u>
	R²LOG	8.6595	8.4012	8.3982	7.1843	<u>7.0210</u>
20天	RMSE（×10⁻⁴）	7.9081	7.7021	7.6543	7.5946	<u>7.4015</u>
	MAE（×10⁻⁴）	3.8109	3.6219	3.5921	3.5323	<u>3.0010</u>
	QLIKE	8.6391	8.1424	7.9780	<u>7.6039</u>	7.7306
	R²LOG	9.4970	9.1423	8.4522	<u>7.6978</u>	7.7013
B: Brent 油价波动率					
1天	RMSE（×10⁻⁴）	4.4844	4.4712	4.4732	4.4034	<u>4.3120</u>
	MAE（×10⁻⁴）	2.5844	2.3611	2.6112	2.2038	<u>2.0014</u>
	QLIKE	5.4227	5.4098	5.3594	<u>5.3169</u>	5.3295
	R²LOG	8.7161	8.3741	8.5413	7.1426	<u>7.1260</u>
5天	RMSE（×10⁻⁴）	4.5010	4.4992	4.4911	4.4321	<u>4.0221</u>
	MAE（×10⁻⁴）	2.8838	2.6120	2.7123	2.7805	<u>2.3821</u>
	QLIKE	5.9800	5.8729	5.7462	<u>5.5903</u>	5.6218
	R²LOG	9.8667	9.3862	9.7126	7.9440	<u>7.1510</u>
20天	RMSE（×10⁻⁴）	4.5994	4.5575	4.4981	4.4884	<u>4.2315</u>
	MAE（×10⁻⁴）	2.6553	2.5893	2.5319	2.2104	<u>2.1978</u>
	QLIKE	7.4847	7.2455	7.2390	7.1172	<u>7.0856</u>
	R²LOG	9.4068	8.9440	9.1143	8.3640	<u>7.0241</u>

注：加下划线的数字表示在同一种损失函数标准下，此模型得到的损失函数最小，即此模型在五个模型中具有相对较好的预测性能

（1）考虑结构变化的 GARCH 族模型比未考虑结构变化的 GARCH 族模型具有更好的预测能力。这一点在标准 GARCH 和 FIGARCH 模型上均表现明显。例如，在预测 WTI 油价波动率且预测步长为 1 天时，加入结构断点的 GARCH 模型所得的四种损失函数均小于未加入结构断点的 GARCH 模型对应的结果。在其他预测步长下，采用 ICSS 算法和 GARCH 族模型的组合模型预测油价波动率时得到的损失函数亦普遍小于标准 GARCH 模型的损失函数。FIGARCH 族模型在各预测步长下的情况与 GARCH 族模型的情况相似。以上结果均表明考虑结构变化可以提高 GARCH 族模型对油价波动率的预测性能。

（2）考虑油价波动率长记忆性的 FIGARCH 族模型比 GARCH 族模型的预测效果更好，这一点在有无加入结构断点时均表现明显。如表 9.5 所示，在预测 WTI 油价波动率且预测步长为 5 天时，采用 FIGARCH 族模型得到的损失函数基本上小于 GARCH 族模型对应的结果；在其他预测步长下，FIGARCH 族模型的预测效果也普遍优于 GARCH 族模型。在预测 Brent 油价波动率时，情况也基本相似。这些结果都表明，FIGARCH 族模型能刻画油价波动率的长记忆性，所以在预测油价波动率方面比 GARCH 族模型更具优势。

（3）同时考虑波动率结构变化和长记忆性特征的 GARCH 族模型往往具有相对较好的预测效果。例如，在预测 WTI 油价波动率且预测步长为 1 天时，在四种损失函数中，MM-GARCH 模型的预测效果均明显优于其他四个模型；当预测步长为 5 天时，MM-GARCH 模型在三种损失函数中表现最优；当预测步长为 20 天时，MM-GARCH 模型在 RMSE 和 MAE 损失函数中表现最优。在预测 Brent 油价波动率时，MM-GARCH 模型同样在大多数损失函数中表现出了较明显的优势。此外，从 ICSS 算法和 FIGARCH 族模型的组合模型与其他模型预测结果的比较中可以发现，该组合模型的预测性能仅次于 MM-GARCH 模型。Arouri 等（2012）的研究结果也表明，加入结构断点的 FIGARCH 族模型相较于大多数模型具有较优的性能。

9.4.3 稳健性检验

为了探究油价序列的取样频率是否会影响本章得出的核心结果，本节将使用上述五个 GARCH 族模型预测相同区间内的周频 WTI 和 Brent 油价波动率，结果见表 9.6。通过比较四种损失函数的结果，可以发现在不同预测步长下，MM-GARCH 模型仍然表现出明显优于其他模型的预测能力。此外，在大多数情况下，加入结构断点的 GARCH 族模型明显优于不考虑结构变化的 GARCH 族模型，能刻画长记忆性的 GARCH 族模型明显优于不考虑长记忆性的 GARCH 族模型。以上结果表明，在预测周频油价波动率时，9.4.2 节得到的结果是稳健的。

表 9.6　周频油价波动率的预测结果

步长	损失函数	GARCH	FIGARCH	ICSS + GARCH	ICSS + FIGARCH	MM-GARCH
\multicolumn{7}{c}{A：WTI 油价波动率}
1周	RMSE（×10^{-4}）	6.6195	6.5741	6.3992	6.2241	<u>5.9305</u>
	MAE（×10^{-4}）	3.1132	3.0341	3.0112	2.9421	<u>2.7400</u>
	QLIKE	6.7402	6.3572	6.2985	6.0427	<u>5.9450</u>
	R^{2}LOG	7.1536	6.9801	6.8278	6.3916	<u>5.8728</u>
2周	RMSE（×10^{-4}）	7.1253	7.1738	7.0783	7.0987	<u>7.0018</u>
	MAE（×10^{-4}）	3.5902	3.5521	3.4424	3.1165	<u>2.9334</u>
	QLIKE	7.9472	7.3940	7.0291	<u>6.7262</u>	6.9883
	R^{2}LOG	8.3997	8.1492	8.1463	6.9688	<u>6.8104</u>
3周	RMSE（×10^{-4}）	7.6218	7.4240	<u>7.1354</u>	7.3208	7.3781
	MAE（×10^{-4}）	3.6885	3.5070	3.4784	3.4210	<u>2.9110</u>
	QLIKE	8.7729	8.5004	8.3926	8.0645	<u>7.7381</u>
	R^{2}LOG	9.1471	8.8066	8.1441	7.4232	<u>7.4199</u>
\multicolumn{7}{c}{B：Brent 油价波动率}
1周	RMSE（×10^{-4}）	4.2650	4.2524	4.2543	4.1873	<u>4.0995</u>
	MAE（×10^{-4}）	2.4410	2.2267	2.4668	2.0756	<u>1.8813</u>
	QLIKE	7.3482	7.0862	6.5571	<u>6.3057</u>	6.4085
	R^{2}LOG	8.3275	7.9991	8.1596	6.8169	<u>6.8010</u>
2周	RMSE（×10^{-4}）	4.7710	4.7692	4.7615	4.7048	<u>4.3112</u>
	MAE（×10^{-4}）	3.2184	2.9575	3.0538	3.1193	<u>2.7368</u>
	QLIKE	8.5851	8.1339	8.0297	7.8194	<u>7.3255</u>
	R^{2}LOG	9.9220	<u>7.3150</u>	9.7741	8.0762	8.3421
3周	RMSE（×10^{-4}）	4.4354	4.3952	4.3382	4.3289	<u>4.0822</u>
	MAE（×10^{-4}）	2.5691	2.5057	2.4506	2.1420	<u>2.1299</u>
	QLIKE	9.1776	9.0038	8.5691	8.3884	<u>7.9901</u>
	R^{2}LOG	9.0505	8.6062	8.7697	8.0494	<u>6.7631</u>

注：加下划线的数字表示在同一种损失函数标准下，此模型得到的损失函数最小，即此模型在五个模型中具有相对较好的预测性能

9.5　主要结论与启示

为了探讨能刻画油价波动率中结构变化和长记忆性的 GARCH 族模型是否在油价波动率的建模和预测上更具优势，本章将能识别结构断点的 ICSS 算法与能刻画长记忆性的 GARCH 族模型相结合，对 WTI 和 Brent 油价波动率进行预测建模，并将预测结果与 MM-GARCH 模型所得结果进行比较，主要结论如下：

首先，WTI 和 Brent 油价波动率中确实存在结构变化和长记忆性特征。其次，MM-GARCH 模型可以较好地刻画油价波动率中存在的结构变化和长记忆性特征。最后，同时考虑结构变化和长记忆性特征可以提高模型对原油市场波动率的预测性能。

鉴于国际油价波动率具有结构变化和长记忆性特征，原油市场参与者在对市场波动性做出预判时，应该考虑油价波动率的结构变化和长记忆性，构建更加合理的模型分析油价波动规律，提高油价波动率预测精度，从而优化投资策略、规避投资风险。

未来还有若干可以继续拓展的研究方向。例如，本章采用基于 t 分布的 GARCH 族模型预测油价波动率，未来可以采用其他分布处理 GARCH 族模型中残差的厚尾现象，探索更好的预测效果。同时，未来可以使用 MM-GARCH 模型对更多原油衍生品的价格波动率进行预测分析，在此基础上进一步探索原油期权定价、风险管理和资产配置等问题。

第 10 章 基于 GARCH 族模型的结构变化对国际油价波动率预测建模的影响研究

10.1 国际油价波动率预测及研究诉求

油价波动率是原油市场研究中的重要问题，涉及投资组合、资产定价、市场预测和监管等多方面（Agnolucci，2009；Kang and Yoon，2013；Zhang Y J and Zhang J L，2018）。GARCH 族模型因为考虑油价收益率的条件异方差性，并且能够描述油价波动率的时变性、波动集聚性以及非对称性，所以得到了广泛应用（Cheong，2009；Mohammadi and Su，2010；Salisu and Fasanya，2013；Wei et al.，2010），但相关研究往往单纯考虑使用条件异方差来拟合和预测波动率，没有考虑波动率中可能存在的结构变化。事实上，资产价格波动的持久性、波动程度、模型的函数形式和参数值等可能会由外界的冲击而发生变化，而且 Diebold 和 Inoue（2001）使用蒙特卡罗模拟发现，忽视结构变化可能导致波动的持续性程度被高估。

为了刻画波动率中存在的结构变化，很多学者都做了尝试，其中，Hamilton 和 Susmel(1994)放松了单一机制 ARCH 族模型的假设,尝试将机制转换与 ARCH 族模型结合，提出了转换 ARCH（switching ARCH，SWARCH）模型，允许系数在各个状态下表现不同。Gray（1996）、Klaassen（2002）等基于 SWARCH 模型进一步提出了 MRS-GARCH 模型，此模型可以识别外界强冲击所导致的结构突变，并将其视为纯粹跳跃的过程，进而实现波动率在结构突变点前后不同结构状态之间的转换，刻画波动率在不同结构状态下的动态特征。此外，还有很多方法考虑时间序列中存在的结构变化，如 Inclan 和 Tiao（1994）提出的 ICSS 算法等。然而，以上方法通常仅能识别外界的强冲击所导致的结构突变，且把这些结构突变视为陡峭的、纯粹跳跃的、可以自我调整的，难以识别对外界冲击反应缓慢而产生的平滑的结构变化。

原油市场是一个极其复杂的系统，且随着原油期货市场和其他石油衍生品市场的快速发展，油价对各种事件的反应越来越敏感，往往受地缘政治、金融市场、突发事件等不同强度的影响而产生不同程度和形式的结构变化，如 2001 年美国 9·11 事件、2008 年全球金融危机、2011 年利比亚内战等事件对原油市场造成的影响程度是显著不同的。Chen 和 Huang（2018）指出，金融序列中的结构变化可能不是瞬间的，政策变化、偏好变化、技术进步和环境问题等所引起的变化通常表现为长期渐进性，所以有必要考虑金融序列中存在的平滑结构变化。

目前，已有很多学者基于此观点对不同市场进行研究。例如，Becker 等（2006）、Enders 和 Lee（2011）的研究表明，少数的傅里叶低频成分可以近似捕捉时间序列各种结构变化的行为，Enders 和 Holt（2014）、Teterin 等（2016）同样使用平滑转换的方式探究了原油市场与玉米市场之间的价格关系，研究结果均表明考虑平滑转换的 GARCH 族模型可以更准确地描述市场波动率中存在的结构变化特征，具有更好的拟合性能。

从现有研究可以看出，FFF-GARCH 模型可以识别不同的外界冲击所导致的不同形式和程度的结构变化，即结构突变和平滑结构变化。Enders 和 Lee（2012）也指出，灵活傅里叶形式的重要特征是不必假设结构突变的数量或时间是先验已知的，并将特定的突变时间、数量、形式的估计转化为方程中最优频数的估计，所以尝试将基于平滑转换的 FFF-GARCH 模型用于油价波动率的研究是必要的。因此，本章分别选用将结构变化视为平滑过程和跳跃过程的平滑转换和机制转换两种方式，考虑波动率中存在的多种结构变化，判断考虑结构变化特征能否提高 GARCH 族模型对油价波动率的预测性能，并对比考虑何种结构变化特征的模型预测性能更好。

本章的研究贡献主要包括两个方面：第一，通过考虑平滑转换和机制转换两种方法获得油价波动率预测结果，探索它们对 GARCH 族模型预测性能的改进效果，研究发现使用平滑转换方式处理油价波动率中的结构变化得到的预测结果明显优于机制转换方式，进而为油价波动率预测提供新的建模方向。第二，通过构建可以实现平滑转换的 FFF-GARCH 模型，发现灵活傅里叶形式的频数较低时可以有效捕捉波动率中平滑结构变化的行为，提高 GARCH 族模型的拟合和预测性能，从而进一步拓展现有关于结构变化的研究体系。

10.2 国内外研究现状

现有文献表明 GARCH 族模型能够较好地描述波动率的时变性、波动集聚性等特征，许多学者已经将 GARCH 族模型用于油价波动率的建模和预测，并对具备不同特点的 GARCH 族模型的预测性能进行比较（Kang et al., 2009；Marzo and Zagaglia, 2010；董秀成和王守春, 2011；Hou and Suardi, 2012；Charles and Darné, 2017；Wang et al., 2018b）。例如，Kang 等（2009）使用条件波动模型对三种油价波动的持续性进行评估，结果表明 CGARCH 和 FIGARCH 模型比 GARCH 和

IGARCH 模型更能捕获油价波动率的持续性。Marzo 和 Zagaglia（2010）研究了对称模型（GARCH 模型）和非对称模型（EGARCH、GJR-GARCH[①]模型）对油价的预测能力，结果表明 GED 下的 GARCH 模型在向前 1 步、22 步预测时优于其他模型，但向前 5 步预测的结果表明没有模型一直优于其他模型。Hou 和 Suardi（2012）使用涉及非参数方法的替代模型对油价波动率进行建模和预测，结果表明相比广泛使用的参数 GARCH 模型，非参数 GARCH 模型的样本外波动率预测性能更优越。

虽然许多文献根据油价波动率的特点对 GARCH 族模型进行调整和改进，但是多数文献忽略了油价波动率由突发事件或外界冲击而导致的结构变化。部分研究指出结构变化在原油市场中是明显存在的，且考虑结构突变的 GARCH 族模型往往对油价波动率具有更好的拟合和预测效果（Charles and Darné, 2009；Kang et al., 2011；Arouri et al., 2012；Mensi et al., 2014, 2015；Wang et al., 2016a；Ewing and Malik, 2017）。例如，Arouri 等（2012）通过 ICSS 算法识别由较强的外界冲击导致的结构突变点，然后使用考虑结构突变与长记忆性的 GARCH 族模型对原油现货及期货市场的波动率进行建模和预测，结果表明考虑结构突变的 FIGARCH 模型具有较好的预测性能。Ewing 和 Malik（2017）同样在非对称 GARCH 族模型估计中引入 ICSS 算法确定油价序列的结构突变点，结果表明，好消息和坏消息对油价波动的影响较未考虑结构突变时均显著增加，说明忽略结构突变可能导致 GARCH 族模型低估新闻对油价波动率的影响，即考虑结构突变的非对称 GARCH 族模型能够更好地拟合油价波动率。

除此之外，为了解决波动中存在的结构变化问题，也有学者尝试从结构转换的角度进行探究，进而使 GARCH 族模型获得更高的波动率预测精度（Cai, 1994；Fong and See, 2002；Vo, 2009；Mensi et al., 2014；Sanzo, 2018）。例如，Fong 和 See（2002）采用马尔可夫机制转换方法，允许 GARCH 族模型的均值方程和方差方程出现结构变化，以模拟油价日收益率的条件波动率，结果表明机制转换模型的表现均优于非机制转换模型。Sanzo（2018）使用马尔可夫转换 ARFIMA（Markov switching ARFIMA，MS-ARFIMA）模型对油价波动率进行预测，结果表明 MS-ARFIMA 模型对油价波动率具有更好的拟合和预测效果。然而，马尔可夫机制转换模型往往只能捕捉波动率中的结构突变，不能识别对外界冲击作出缓慢反应而产生的平滑结构变化，并且它把这些结构突变视为陡峭的、纯粹跳跃的，其可解释性和预测性较差。此外，Hansen（2001）指出，结构上的断裂似乎不太可能立即发生，而且允许结构变化需要一段时间生效似乎更加合理，研究结果也往往表明政策转换、偏好变化和技术进步引起的变化通常表现为长期缓慢的变化。

[①] GJR 模型由 Glosten、Jagannathan 和 Runkle 三位学者提出。

因此，也有学者提出平滑转换可以识别并解决不同程度和形式的结构变化。

实现平滑转换的主要方法基于 Gallant（1981）提出的灵活傅里叶形式，这一形式已经得到了广泛应用，其优点是不需要提前假设关于结构变化的先验信息、结构变化是平稳的、突然的，以及断裂的日期或数量等（Baillie and Morana，2009；Enders and Lee，2011，2012；Rodrigues and Taylor，2012；Enders and Holt，2012，2014；Teterin et al.，2016）。例如，Enders 和 Lee（2012）、Rodrigues 和 Taylor（2012）基于 Gallant（1981）的灵活傅里叶形式提出了傅里叶单位根检验并证明了此检验方法的可靠性。Enders 和 Lee（2012）使用灵活傅里叶形式刻画 VAR 模型估计中的结构断点，并且证明该形式可以拟合带有多个结构断点的时间序列数据。Teterin 等（2016）将灵活傅里叶形式加入双变量 GARCH 模型中，对美国原油市场和玉米期货市场之间的互动关系进行研究。

综上所述，尽管现有研究已经发现油价波动率中存在的结构变化，但结构变化如何能得到更好的刻画，考虑平滑转换能否提高 GARCH 族模型对油价波动率的预测性能，这些问题的研究仍未有进展。因此，本章基于前人对结构变化的研究结果，考虑用平滑转换和机制转换两种方式探讨油价波动率中存在的结构变化问题，判断基于结构变化的 GARCH 族模型是否对油价波动率有更优的预测性能。

10.3　研究方法与数据说明

10.3.1　研究方法

1. GARCH 族模型

为了捕获油价波动率的不对称性，反映坏消息和好消息对油价波动率的不同影响，除了标准 GARCH 模型，本章还使用 Glosten 等（1993）提出的 GJR-GARCH 模型和 Nelson（1991）提出的 EGARCH 模型，模型形式设定如下。GJR-GARCH 和 EGARCH 模型的条件方差分别设定为

$$r_t = \mu + \varepsilon_t \tag{10.1}$$

$$\varepsilon_t = \eta_t \sqrt{h_t} \tag{10.2}$$

$$h_t = \alpha_0 + \alpha_1 \varepsilon_{t-1}^2 + \beta_1 h_{t-1} + \xi \varepsilon_{t-1}^2 I_{(\varepsilon_{t-1} < 0)} \tag{10.3}$$

$$\ln h_t = \alpha_0 + \alpha_1 \left| \frac{\varepsilon_{t-1}}{\sqrt{h_{t-1}}} \right| + \beta_1 \ln h_{t-1} + \xi \frac{\varepsilon_{t-1}}{\sqrt{h_{t-1}}} \tag{10.4}$$

其中，$I_{(\varepsilon_{t-1}<0)}$ 为虚拟变量，当 $\varepsilon_{t-1} < 0$ 时，$I_{(\varepsilon_{t-1}<0)} = 1$；否则，$I_{(\varepsilon_{t-1}<0)} = 0$。只要 $\xi \neq 0$，

就存在杠杆效应。GJR-GARCH 模型同样要求各系数非负，且要求 $\alpha_1+\beta_1+\xi/2<1$ 来保证建模过程的平稳性。EGARCH 模型对系数没有非负的限制。

2. FFF-GARCH 模型

为了探究考虑平滑转换的 GARCH 族模型对油价波动率的预测性能是否更佳，本章将灵活傅里叶形式加入 GARCH、EGARCH、GJR-GARCH 模型中，即在它们的方差方程中加入灵活傅里叶形式，从而将结构突变的强度、次数、形式、时间等的估计转化为最优频数的确定（Teterin et al., 2016），同时可以识别和模拟油价波动率中的平滑结构变化，刻画油价波动率中存在的结构变化。

灵活傅里叶形式中三角函数项的主要形式为 $\sin(2\pi it/T)$ 和 $\cos(2\pi it/T)$，两者线性无关且正交，即正交基底，可以捕获任何可积函数的行为（Jone and Enders, 2014），加入三角函数项的 FFF-GARCH 模型的方差方程如下。FFF-GARCH 模型的方差方程为

$$h_t = \alpha_0 + \alpha_1 \varepsilon_{t-1}^2 + \beta_1 h_{t-1} + \sum_{i=1}^{k}\left(\phi_i \cos\frac{2\pi it}{T} + \psi_i \sin\frac{2\pi it}{T}\right) \quad (10.5)$$

FFF-EGARCH 模型的方差方程为

$$\ln h_t = \alpha_0 + \alpha_1 \left|\frac{\varepsilon_{t-1}}{\sqrt{h_{t-1}}}\right| + \beta_1 \ln h_{t-1} + \xi \frac{\varepsilon_{t-1}}{\sqrt{h_{t-1}}} + \sum_{i=1}^{k}\left(\phi_i \cos\frac{2\pi it}{T} + \psi_i \sin\frac{2\pi it}{T}\right) \quad (10.6)$$

FFF-GJR-GARCH 模型的方差方程为

$$h_t = \alpha_0 + \alpha_1 \varepsilon_{t-1}^2 + \beta_1 h_{t-1} + \xi \varepsilon_{t-1}^2 I_{(\varepsilon_{t-1}<0)} + \sum_{i=1}^{k}\left(\phi_i \cos\frac{2\pi it}{T} + \psi_i \sin\frac{2\pi it}{T}\right) \quad (10.7)$$

其中，k 为累积三角频数；T 为样本的总数量。参考 Teterin 等（2016），由于结构突变往往位于频谱低端，k 一般较小，本章取 $k=1,\cdots,5$；同时，FFF-GARCH 和 GARCH 模型具有相同的特点和约束条件。另外，参考 Baillie 和 Morana（2009），尽管使用灵活傅里叶形式的建模过程是平滑的，也可以准确估计结构突变，有效地对结构变化进行建模，且不用提前确定结构变化点的实际位置。

3. MRS-GARCH 模型

为了比较考虑结构突变的机制转换 GARCH 模型对油价波动率的预测性能，本章构建 MRS-GARCH 模型，刻画油价波动率在不同状态下的结构特征及其转换行为。本章选用两状态 MRS-GARCH 模型，不同状态下的条件方差 $h_t^{(i)}$ 的形式为

$$h_t^{(i)} = \alpha_0^{(i)} + \alpha_1^{(i)} \varepsilon_{t-1}^2 + \beta_1^{(i)} E_{t-1}\{h_{t-1}^{(i)}|s_t\} \quad (10.8)$$

$$E_{t-1}\{h_{t-1}^{(i)}|s_t\} = \sum_{j=i}^{2} \tilde{p}_{ji,t-1}[(\mu_{t-1}^{(j)})^2 + h_{t-1}^{(j)}] - \left[\sum_{j=i}^{2} \tilde{p}_{ji,t-1}\mu_{t-1}^{(j)}\right]^2 \qquad (10.9)$$

其中，0 表示高波动状态，1 表示低波动状态，两状态的转换概率矩阵为 $\begin{bmatrix} p_{00} & p_{01} \\ p_{10} & p_{11} \end{bmatrix} = \begin{bmatrix} p_{00} & 1-p_{00} \\ 1-p_{11} & p_{11} \end{bmatrix}$。$p_{ji}$ 为状态 j 向状态 i 的转换概率，$\tilde{p}_{ji,t} = \Pr(s_t = j|s_{t-1}=i, \Omega_{t-1}) = \frac{p_{ji}\Pr(s_t=j|\Omega_{t-1})}{\Pr(s_{t+1}=i|\Omega_{t-1})} = \frac{p_{ji}p_{j,t}}{p_{i,t-1}}$；$E_{t-1}\{h_{t-1}^{(i)}|s_t\}$ 为 $t-1$ 期方差的条件期望。

参考 Klaassen（2002），本章预测各个状态的方差，采用条件期望代替方差，并采用滤波概率对各状态方差加权得到该时刻方差的预测值。t 时刻下 i 状态向前预测 K 步的波动率为 $\hat{h}_{t,t+K}^{(i)} = \alpha_0^{(i)} + (\alpha_1^{(i)} + \beta_1^{(i)})E_t\{h_{t,t+K-1}^{(i)}|s_{t+K}\}$，则该时刻下方差的预测值为 $\hat{h}_{t,t+K} = \sum_{\kappa=1}^{K} \hat{h}_{t,t+\kappa} = \sum_{\kappa=1}^{K}\sum_{i=1}^{2} \Pr(s_{t+1}=i|\Omega_{t-1})\hat{h}_{t,t+\kappa}^{(i)}$。

4. 损失函数

参考 Hansen 和 Lunde（2005），本章采用多种损失函数评价预测误差，损失函数越大则误差越大，模型的预测能力越低，反之亦然。损失函数形式如下：

$$\text{MAE1} = \frac{1}{N}\sum_{t=T-N+1}^{T}\left|\sqrt{\hat{h}_t} + \sqrt{h_t}\right| \qquad (10.10)$$

$$\text{MAE2} = \frac{1}{N}\sum_{t=T-N+1}^{T}\left|\hat{h}_t - h_t\right| \qquad (10.11)$$

$$\text{MSE1} = \frac{1}{N}\sum_{t=T-N+1}^{T}\left(\sqrt{\hat{h}_t} - \sqrt{h_t}\right)^2 \qquad (10.12)$$

$$\text{MSE2} = \frac{1}{N}\sum_{t=T-N+1}^{T}\left(\hat{h}_t - h_t\right)^2 \qquad (10.13)$$

$$\text{QLIKE} = \frac{1}{N}\sum_{t=T-N+1}^{T}\left(\ln\hat{h}_t - h_t/\hat{h}_t\right)^2 \qquad (10.14)$$

$$R^2\text{LOG} = \frac{1}{N}\sum_{t=T-N+1}^{T}\left(\ln(h_t/\hat{h}_t)\right)^2 \qquad (10.15)$$

$$\text{MAPE} = \frac{1}{N}\sum_{t=T-N+1}^{T}\left|1 - \hat{h}_t/h_t\right| \qquad (10.16)$$

其中，h_t 和 $\hat{h}_t$ 分别为 t 时期油价波动率的实际值和预测值。由于波动率不可直接观测，参考 Kang 等（2009）和 Wei 等（2010），本章将日收益率的平方 r_t^2 作为实际波动率。T 为样本总区间；N 为样本外预测值数目。MAE1 和 MAE2 衡量了波动率实际值与预测值之间的平均绝对离差；MSE1 和 MSE2 考虑离差权重的影响，且离差越大,其对损失函数的贡献也越大,更合理地衡量差异;QLIKE是由高斯似然函数得到的损失函数;R²LOG为将波动率实际值和预测值都取对数后求得的均方误差;MAPE为平均绝对百分误差。

10.3.2 数据说明

本章选取WTI与Brent两种原油现货价格的日度数据作为研究对象,数据来源是EIA,样本区间为1995年1月3日～2018年1月2日,其中,样本内估计区间为1995年1月3日～2012年12月31日,样本外预测区间为2013年1月1日～2018年1月2日。本章采用对数百分收益率作为WTI和Brent油价收益率,即$r_t = 100 \times (\ln p_t - \ln p_{t-1})$,其中,$p_t$表示$t$时刻油价。

WTI和Brent油价收益率的描述性统计结果如表10.1所示。标准差的结果表明相较于Brent,WTI油价收益率波动性更大;峰度和偏度的值表明油价收益率序列具有明显的尖峰厚尾特征;同时,J-B统计量在1%的水平下显著,拒绝油价收益率序列服从正态分布的原假设。L-B统计量的值表明油价收益率序列不具有显著的自相关性,但油价收益率平方序列表现出显著的自相关性(Q统计量都很显著),这说明原油市场的波动性存在ARCH效应,且存在较为显著的持续性。ADF检验的结果表明,各序列都显著拒绝了存在单位根的原假设,因此可以认为油价收益率序列是平稳的。

表 10.1 WTI 和 Brent 油价收益率的描述性统计结果

序列	均值	标准差	最小值	最大值	偏度	峰度	J-B	$Q(10)$	$Q^2(10)$	ADF
WTI	0.0214	2.4400	−17.0917	16.4137	−0.1178	7.5436	4983.613 (0.0000)	28.632 (0.0010)	595.86 (0.0000)	−77.3280 (0.0001)
Brent	0.0246	2.2554	−19.8906	18.1297	−0.0252	7.8145	5629.517 (0.0000)	12.7812 (0.2361)	595.86 (0.0000)	−74.7385 (0.0001)

注:小括号内为p值;$Q(10)$、$Q^2(10)$分别为油价收益率序列和油价收益率平方序列的滞后阶数为10的L-B统计量;ADF是以最小AIC确定最优检验滞后阶数后得到的单位根检验结果

10.4 考虑不同结构变化类型的国际油价波动率预测结果分析

10.4.1 国际油价波动率样本内估计结果

前面的描述性统计结果表明油价收益率序列具有波动集聚性、时变性及非正

态性，并且具有尖峰厚尾特征，所以本章选用服从 t 分布的 GARCH 族模型对油价收益率序列进行估计，具体模型包括未考虑结构变化的 GARCH 族模型（线性 GARCH、非线性 GJR-GARCH、非线性 EGARCH 模型），考虑平滑转换的 FFF-GARCH 族模型（FFF-GARCH、FFF-GJR-GARCH、FFF-EGARCH 模型），以及考虑机制转换的两状态 MRS-GARCH 模型。

首先，为了研判使用平滑转换处理油价波动率中的结构变化对 GARCH 族模型拟合效果的影响，本章根据式（10.1）～式（10.4）和式（10.5）～式（10.7）分别估计 GARCH 和 FFF-GARCH 族模型，其中，各模型使用 Brent 油价收益率拟合出的结果见表 10.2～表 10.4，使用 WTI 油价收益率拟合出的结果见附表 1～附表 3，主要结果如下。

表 10.2 Brent 油价收益率的 GARCH 和 FFF-GARCH 模型估计结果

参数	GARCH	FFF-GARCH				
		$k=1$	$k=2$	$k=3$	$k=4$	$k=5$
μ	0.0954*** (3.36)	0.0960*** (3.39)	0.0967*** (3.42)	0.0972*** (3.43)	0.0967*** (3.41)	0.0987*** (3.49)
α_0	0.0419*** (3.20)	0.0767*** (3.72)	3.4213*** (3.96)	0.1365*** (4.01)	0.1470*** (4.01)	0.1697*** (4.00)
α_1	0.0409*** (7.32)	0.0422*** (6.77)	0.0433*** (6.27)	0.0435*** (6.18)	0.0437*** (5.11)	0.0447*** (6.00)
β_1	0.9512*** (140.91)	0.9429*** (109.09)	0.9318*** (83.30)	0.9294*** (79.15)	0.9272*** (75.45)	0.9218*** (98.32)
ϕ_1		0.0125* (1.37)	0.026** (1.93)	0.0276** (1.92)	0.0283** (1.87)	0.0283** (1.75)
ψ_1		−0.0283*** (−2.75)	−0.0321*** (2.69)	−0.0296*** (−2.43)	−0.0324*** (−2.54)	−0.0379*** (−2.64)
ϕ_2			−0.0050 (−0.50)	−0.0006 (−0.05)	−0.0033 (−0.28)	−0.0041*** (−0.31)
ψ_2			−0.0393*** (−2.83)	−0.0389*** (−2.71)	−0.0459*** (−2.79)	−0.0529*** (−2.87)
ϕ_3				−0.005 (−0.05)	−0.0102 (−0.88)	−0.0033 (−2.25)
ψ_3				−0.0174* (−1.54)	−0.0198* (−1.10)	−0.0239* (−1.66)
ϕ_4					0.0103 (0.91)	0.0177* (1.33)
ψ_4					0.0104 (0.92)	0.0061 (0.49)
ϕ_5						−0.0207* (−1.61)

续表

参数	GARCH	FFF-GARCH				
		$k=1$	$k=2$	$k=3$	$k=4$	$k=5$
ψ_5						0.0104 (0.83)
LL	−9873.9488	−9867.9566	−9862.0582	−9860.5305	−9859.6543	−9857.8162
AIC	4.3366	4.3349	4.3332	4.3334	4.3339	4.3339
SIC	4.3437	4.3447	4.3459	4.3489	4.3522	4.3551
$Q(10)$	10.5600	10.3852	9.5571	9.8700	9.7560	9.5051
$Q(20)$	21.2730	21.6684	20.0884	20.4740	20.3641	19.9900
$Q^2(10)$	24.3390***	17.7624**	15.0825	16.2324*	16.9790*	13.8980
$Q^2(20)$	31.8170**	24.6600	21.9755	22.7320	23.5792	20.1950

***、**和*分别代表在1%、5%和10%的水平下显著

注：小括号内为 t 值；$Q(10)$、$Q(20)$、$Q^2(10)$ 和 $Q^2(20)$ 分别为标准残差序列和标准残差平方序列滞后阶数为10和20的 L-B 统计量

表 10.3　Brent 油价收益率的 EGARCH 和 FFF-EGARCH 模型估计结果

参数	EGARCH	FFF-EGARCH				
		$k=1$	$k=2$	$k=3$	$k=4$	$k=5$
μ	0.0835*** (2.92)	0.0836*** (2.93)	0.0845*** (2.96)	0.0848*** (2.99)	0.0846*** (2.98)	0.0872*** (3.07)
α_0	−0.0575*** (−2.71)	−0.0530*** (−5.56)	−0.0386*** (−3.54)	−0.0289*** (−2.38)	−0.0204*** (−1.51)	−0.0097*** (−0.61)
α_1	0.0959*** (7.49)	0.0963*** (7.28)	0.0997*** (6.82)	0.1012*** (6.58)	0.0049*** (6.38)	0.1073*** (6.31)
β_1	0.9894*** (343.00)	0.9862*** (283.2)	0.9749*** (172.68)	0.9676*** (135.90)	0.9615*** (116.25)	0.9517*** (90.02)
ξ	−0.0245*** (−3.28)	−0.0273*** (−3.52)	−0.0345*** (−3.94)	−0.0387*** (−4.15)	−0.0438*** (−4.40)	−0.0465*** (−4.35)
ϕ_1		0.0015 (0.84)	0.0031* (1.36)	0.0041* (1.57)	0.0049** (1.71)	0.0063** (1.86)
ψ_1		−0.0039** (−1.92)	−0.0070*** (−2.59)	−0.0091*** (−2.88)	−0.0109*** (−3.09)	−0.0135*** (−3.22)
ϕ_2			−0.0011 (−0.50)	−0.0015 (−0.62)	−0.0020 (−0.74)	−0.0029 (−0.91)
ψ_2			−0.0099*** (−3.16)	−0.0128*** (3.40)	−0.0151*** (−3.55)	−0.0190*** (−3.65)
ϕ_3				0.0016 (0.68)	0.0021 (0.79)	0.0027 (0.87)
ψ_3				−0.0070** (−2.30)	−0.0082*** (−2.41)	−0.0102*** (−2.54)
ϕ_4					0.0064** (2.09)	−0.0102** (−2.21)

续表

参数	EGARCH	FFF-EGARCH				
		$k=1$	$k=2$	$k=3$	$k=4$	$k=5$
ψ_4					0.0018 (0.67)	0.0022 (0.70)
ϕ_5						−0.0053* (−1.55)
ψ_5						0.0046* (1.3378)
LL	−9873.9572	−9871.5938	−9864.286	−9860.5166	−9857.7246	−9855.4819
AIC	4.3371	4.3369	4.3346	4.3338	4.3335	4.3333
SIC	4.3441	4.3462	4.3463	4.3478	4.3498	4.3520
$Q(10)$	10.1243	9.8018	8.7156	8.9632	8.7706	8.5190
$Q(20)$	20.8510	21.1760	19.2652	19.5394	19.2948	18.9210
$Q^2(10)$	23.0232***	14.6180	11.1980	12.9505	13.4267	10.7382
$Q^2(20)$	31.1076**	21.5915	17.8930	19.0476	19.7104	16.6950

***、**和*分别代表在1%、5%和10%的水平下显著

注：小括号内为 t 值；$Q(10)$、$Q(20)$、$Q^2(10)$ 和 $Q^2(20)$ 分别为标准残差序列和标准残差平方序列滞后阶数为10和20的L-B统计量

表10.4　Brent油价收益率的GJR-GARCH和FFF-GJR-GARCH模型估计结果

参数	GJR-GARCH	FFF-GJR-GARCH				
		$k=1$	$k=2$	$k=3$	$k=4$	$k=5$
μ	0.0868*** (3.02)	0.0866*** (3.02)	0.0866*** (3.03)	0.0862*** (3.02)	0.0851*** (2.98)	0.0872*** (3.06)
α_0	0.0453*** (3.49)	0.0866*** (4.15)	0.1467*** (4.55)	0.1583*** (4.66)	0.1693*** (4.69)	0.1937*** (4.66)
α_1	0.0254*** (3.36)	0.0247*** (3.11)	0.0218*** (2.60)	0.0198** (2.36)	0.0189** (2.25)	0.0197** (2.28)
β_1	0.9512*** (140.45)	0.9403*** (107.26)	0.9267*** (81.94)	0.9246*** (79.02)	0.9224*** (76.21)	0.9163*** (69.20)
ξ	0.0280*** (3.08)	0.0342*** (3.44)	0.0429*** (3.84)	0.0458*** (4.03)	0.0476*** (4.10)	0.0488*** (4.03)
ϕ_1		0.0142* (1.52)	0.0312* (2.18)	0.0332** (2.21)	0.0331** (2.10)	0.0348** (2.04)
ψ_1		−0.0322*** (−3.03)	−0.038*** (−3.06)	−0.0339*** (−2.69)	−0.0371*** (−2.84)	−0.0425*** (−2.93)
ϕ_2			−0.0052 (−0.50)	0.0006 (0.05)	−0.0043 (−0.35)	−0.0045 (−0.33)
ψ_2			−0.0465*** (−3.23)	−0.0455*** (−3.10)	−0.0530*** (−3.21)	−0.0608*** (−3.26)
ϕ_3				−0.0055 (−0.50)	−0.0112 (−0.95)	−0.0049 (−0.36)

续表

参数	GJR-GARCH	FFF-GJR-GARCH				
		$k=1$	$k=2$	$k=3$	$k=4$	$k=5$
ψ_3				-0.0234** (-1.96)	-0.0246** (1.90)	-0.0292** (-1.92)
ϕ_4					0.0156* (1.31)	0.0228* (1.64)
ψ_4					0.0104 (0.90)	0.0060 (0.47)
ϕ_5						-0.0206* (-1.56)
ψ_5						0.0094 (0.72)
LL	-9869.19	-9861.9724	-9854.4242	-9852.0469	-9850.7064	-9849.1172
AIC	4.3350	4.3327	4.3302	4.3303	4.3304	4.3306
SIC	4.3420	4.3420	4.3419	4.3441	4.3467	4.3492
$Q(10)$	10.1240	9.8010	8.7153	8.9631	8.7700	8.5195
$Q(20)$	20.8514	21.1763	19.2650	19.5391	19.2943	18.9297
$Q^2(10)$	23.0230***	14.6182	11.1987	12.950	13.4263	10.7382
$Q^2(20)$	31.1072**	21.5910	17.8930	19.0472	19.7100	16.6951

***、**和*分别代表在1%、5%和10%的水平下显著

注：小括号内为 t 值；$Q(10)$、$Q(20)$、$Q^2(10)$ 和 $Q^2(20)$ 分别为标准残差序列和标准残差平方序列滞后阶数为 10 和 20 的 L-B 统计量

第一，α_1 和 β_1 均显著异于 0，且 β_1 大于 α_1，表明原油市场具有波动集聚效应，前一期波动率对当期波动率的影响更大。同时，$\alpha_1+\beta_1$ 接近 1，且加入三角函数项之后 $\alpha_1+\beta_1$ 明显减小，表明 WTI 和 Brent 油价波动率中存在结构变化，结构变化被忽略往往会造成虚假的波动持续性（Hillebrand, 2005）。FFF-GARCH 模型中三角函数项的加入可以解释这种结构变化，进而有效减弱波动率中虚假的持续性。从 FFF-GARCH 模型中三角函数项的估计系数 ϕ_i 和 ψ_i 可以看出，并非所有的系数都是显著的，这与结构变化的形式有关。由于结构变化的函数形式是未知的（Jone and Enders, 2014），不同的形式对应不同的可积函数，即对应不同的三角函数项的组合。

第二，原油市场中存在明显的杠杆效应，即好消息和坏消息对波动率有显著不同的影响，且三角函数项的加入会减小正负冲击对波动率影响的差别，从而减少被忽略的结构变化产生的估计误差。如表 10.3、表 10.4 和附表 1、附表 3 所示，ξ 在 1% 的水平下显著不为 0，并且 ξ 随三角频数的增加逐渐减小。同时，α_1 和 $\alpha_1+\xi$ 分别代表好消息和坏消息对波动率的影响程度，而三角函数项的加入使两者均显著减小，说明忽略结构变化会导致 GARCH 族模型高估好消息和坏消息对波动率的影响。

然后，为了比较不同 k 下 FFF-GARCH 模型的拟合性能，检验两个油价波动率中是否存在结构变化，以及被比较的两个模型的 LL 的差异是否显著，进而选取 FFF-GARCH 模型中最优 k，本章进行似然比检验（Neyman and Person，1928），结果如表 10.5 所示，结合表 10.2~表 10.4 和附表 1~附表 3 中样本内拟合指标的值，可得到以下发现。

表 10.5 似然比检验结果

模型		$s=k=1$	$s=k=2$	$s=k=3$	$s=k=4$	$s=k=5$
FFF-GARCH	WTI	0.02	0.04	0.73	0.77	0.41
	Brent	0.01	0.01	0.54	0.78	0.45
FFF-EGARCH	WTI	0.46	0.04	0.26	0.36	0.61
	Brent	0.31	0.00	0.11	0.23	0.34
FFF-GJR-GARCH	WTI	0.01	0.04	0.60	0.66	0.40
	Brent	0.00	0.00	0.31	0.61	0.52

注：表中数值为似然比检验的 p 值，即构造卡方统计量 $\chi^2 = 2\times(LL_A - LL_B)$ 检验原假设 H_0：$LL_A = LL_B$，H_1：$LL_A \neq LL_B$，拒绝原假设则表示模型 A 的拟合性能显著优于模型 B，其中，LL_A 为模型 A 的对数似然函数，LL_B 为模型 B 的对数似然函数；k 为 FFF-GARCH 模型中的累积三角频数；s 用于确定检验的两个模型，$s=k$ 表示似然比检验中模型 A 为三角频数为 k 的 FFF-GARCH 模型、模型 B 为三角频数为 $k-1$ 的 FFF-GARCH 模型（$k=0$ 表示未加入三角函数项的 GARCH 模型）

第一，油价波动率中确实存在结构变化。如表 10.5 所示，$k \neq 0$ 时，似然比检验统计量显著，即 $k=0$ 与 $k \neq 0$ 时模型所拟合出来的极大似然函数确实存在显著差异，也就是说，加入能够刻画结构变化的三角函数项后，FFF-GARCH 模型的拟合效果显著优于未考虑结构变化的 GARCH 模型。

第二，三角函数项的加入可以提高 GARCH 模型对油价波动率的拟合效果，且低频三角函数（$k=1$ 或 2）可较好地捕捉油价波动率中的结构变化。如表 10.5 所示，对于 FFF-GARCH 和 FFF-GJR-GARCH 模型，只有当 $k=1$ 或 2 时，模型估计出的最大似然函数才会显著优于三角频数为 $k-1$ 时模型的最大似然函数；对于 EGARCH 模型，当 $k=2$ 或 3 时，模型估计出的最大似然函数显著优于三角频数为 $k-1$ 时模型的最大似然函数。同时，样本内拟合指标的结果也支持该结果，如表 10.2~表 10.4 所示，LL 以及 AIC 的结果表明加入三角函数项的 FFF-GARCH 模型的拟合性能优于 GARCH 模型，但 SIC 结果表明模型中被估参数的数量过多时拟合效果不增反减，模型应在保持拟合优良性的同时，尽量避免自由参数过多而发生过度拟合。Enders 和 Lee（2012）通过研究也指出当傅里叶项数增加时，就会出现过度拟合现象。

第三，FFF-GARCH 模型可以减弱残差序列中的剩余 GARCH 效应，减小其自相关性，提高 GARCH 族模型对油价波动率的拟合优度，如 L-B 检验的统计结果所示，模型中加入三角函数项之后，Q 统计量减小。

进一步地，为了判断使用机制转换处理油价波动率的结构变化对 GARCH 族模型拟合效果的影响，检验油价波动率是否存在结构变化，本章根据式（10.8）和式（10.9）对 MRS-GARCH 模型进行估计，结果如表 10.6 所示，主要有以下发现。

表 10.6 MRS-GARCH 模型估计结果

参数	WTI	Brent	参数	WTI	Brent
$\mu^{(0)}$	0.5194 (0.944)	0.0763*** (2.695)	P_{00}	0.9976*** (433.166)	0.9392*** (40.767)
$\mu^{(1)}$	0.0807*** (2.462)	−0.7344*** (−3.408)	P_{11}	0.9997*** (3516.567)	0.9934*** (446.103)
$\alpha_0^{(0)}$	0.1466*** (4.903)	1.5589* (1.275)	LL	−9846.4841	−9614.2248
$\alpha_0^{(1)}$	1.0770** (2.578)	0.0028 (0.513)	AIC	4.3515	4.2257
$\alpha_1^{(0)}$	0.0629*** (7.672)	0.0845* (1.502)	SIC	4.3471	4.2307
$\alpha_1^{(1)}$	0.1913** (1.915)	0.0211*** (3.717)			
$\beta_1^{(0)}$	0.9116*** (88.148)	0.7581*** (4.619)			
$\beta_1^{(1)}$	0.0759 (0.249)	0.9711*** (178.976)			

***、**和*分别代表在 1%、5%和 10%的水平上显著
注：小括号内为 t 值

第一，原油市场具有显著的高、低波动状态，即存在明显的结构变化。不管是在高波动状态，还是在低波动状态，大部分参数估计值在 5%的水平下是统计显著的，且高、低波动状态的各项系数存在较大差异。

第二，考虑机制转换的 MRS-GARCH 模型相较于 GARCH 和 FFF-GARCH 模型具有更好的拟合效果，比较表 10.6 与表 10.2 和表 10.4 的结果，MRS-GARCH 模型的 LL 大于 GARCH 和 FFF-GARCH 模型，表明 MRS-GARCH 模型的拟合效果更好。

第三，原油市场从低（高）波动状态向高（低）波动状态的转换概率较小，即油价维持各自状态的时间较长，且在高波动状态的持续时间短于在低波动状态的持续时间。根据概率矩阵，状态转换概率 p_{01} 和 p_{10} 分别为 0.0608 和 0.0066，远小于油价在各自状态的概率 p_{00}（0.9392）和 p_{11}（0.9934），且维持于高波动状态的概率 p_{00} 小于维持于低波动状态的概率 p_{11}。

10.4.2 国际油价波动率样本外预测结果

为了比较 GARCH、FFF-GARCH 及 MRS-GARCH 模型的样本外预测结果,本章根据式(10.10)~式(10.16)计算七种损失函数下各模型向前 K 步(K = 1, 5, 10, 22)预测的损失函数,从而评价各模型对样本外油价波动率的预测能力。

本章采用滚动窗口预测,即首先根据估计出的模型参数预测未来 γ 天的波动率,然后窗口向前滚动 1 天确定新的估计区间,重新估计各模型的参数后再向前 K 步进行预测,依此类推,得到各模型在预测区间内的波动率预测值,并计算其损失函数,结果如表 10.7~表 10.10 所示,分别为各模型向前 1 步、5 步、10 步和 22 步预测误差。有以下发现。

表 10.7 油价波动率的向前 1 步预测误差

模型		MSE1	MSE2	MAE1	MAE2	QLIKE	R^2LOG	MAPE
A:Brent 油价波动率向前 1 步预测误差								
GARCH		2.0058	74.1867	1.1039	4.3886	2.1074	7.4903	2.5703
FFF-GARCH	$k=1$	1.9482	74.0014	1.0811	4.2741	2.1076	7.3728	2.4787
	$k=2$	1.9650	74.1959	1.0897	4.3013	2.1110	7.4463	2.4870
	$k=3$	1.9881	74.1917	1.0972	4.3432	2.1097	7.4771	2.5247
	$k=4$	2.0219	74.4302	1.1067	4.3951	2.1143	7.5185	2.5625
	$k=5$	2.0123	74.0680	1.1029	4.3893	2.1043	7.4784	2.5806
EGARCH		2.0523	74.9992	1.1172	4.4994	2.0858	7.5378	2.6728
FFF-EGARCH	$k=1$	1.9689	73.5884	1.0927	4.3646	2.0933	7.3995	2.5660
	$k=2$	1.9295	72.5523	1.0864	4.2970	2.0853	7.4091	2.5018
	$k=3$	1.9415	72.2860	1.0920	4.3150	2.0871	7.4409	2.5240
	$k=4$	1.9618	72.6251	1.0981	4.3360	2.0979	7.4949	2.5230
	$k=5$	1.9669	72.5301	1.0949	4.3391	2.1009	7.4450	2.5496
GJR-GARCH		1.9555	72.4969	1.0987	4.3363	2.0888	7.4984	2.5592
FFF-GJR-GARCH	$k=1$	1.8786	72.7258	1.0697	4.2016	2.0861	7.3146	2.4292
	$k=2$	1.9032	73.0232	1.0806	4.2378	2.0901	7.4100	2.4383
	$k=3$	1.9313	72.9513	1.09021	4.2868	2.0893	7.4606	2.4856
	$k=4$	1.9642	73.3007	1.0997	4.3336	2.0962	7.5087	2.5099
	$k=5$	1.9677	73.0864	1.0996	4.3457	2.0912	6.8493	2.5369
MRS-GARCH		2.0772	75.7662	1.1168	4.4497	2.1538	7.8772	2.5083

模型		MSE1	MSE2	MAE1	MAE2	QLIKE	R^2LOG	MAPE
\multicolumn{9}{	c	}{B: WTI 油价波动率向前 1 步预测误差}
GARCH		2.2801	107.3950	1.1796	5.1207	2.2818	7.0441	3.2542
FFF-GARCH	$k=1$	2.1933	107.0369	1.1477	4.9707	2.2749	6.8376	3.1267
	$k=2$	2.2019	107.0724	1.1532	4.9863	2.2763	6.8432	3.1196
	$k=3$	2.2149	106.9216	1.1582	5.0124	2.2741	6.8626	3.1483
	$k=4$	2.2347	107.1148	1.1648	5.0423	2.2811	6.8933	3.1645
	$k=5$	2.2110	106.5722	1.1553	5.0079	2.2711	6.8382	3.1629
EGARCH		2.4540	125.0676	1.2026	5.4487	2.2564	7.0292	3.6025
FFF-EGARCH	$k=1$	2.3197	125.1903	1.1717	5.2681	2.2467	6.8880	3.4758
	$k=2$	2.1792	105.1858	1.1486	4.9983	2.2435	6.8144	3.2894
	$k=3$	2.2048	104.1252	1.1584	5.0318	2.2436	6.8624	3.3204
	$k=4$	2.2437	109.1013	1.1637	5.0595	2.2560	6.8998	3.2189
	$k=5$	2.2273	136.7754	1.1553	5.1128	2.2495	6.8204	3.2954
GJR-GARCH		2.2429	105.6230	1.1766	5.0762	2.2721	7.0620	3.2447
FFF-GJR-GARCH	$k=1$	2.1413	105.7649	1.1376	4.8968	2.2620	6.8068	3.0801
	$k=2$	2.3487	115.0378	1.1736	5.0930	2.3384	6.9405	2.9636
	$k=3$	2.1728	106.1515	1.1504	4.9496	2.2633	6.8506	3.0980
	$k=4$	2.1976	106.4669	1.1592	4.9865	2.2722	6.8932	3.1121
	$k=5$	2.1837	106.1025	1.1529	4.9679	2.2651	6.8612	3.1165
MRS-GARCH		2.4168	113.2474	1.2039	5.4146	2.2807	7.0349	3.3380

注：表中为损失函数，加下划线的数字表示此模型在未加入三角函数（$k=0$）和加入不同频数（$k=1,\cdots,5$）的三角函数后的所有模型中损失函数最小，即此模型在所有模型中具有相对较好的预测性能

表10.8 油价波动率的向前 5 步预测误差

模型		MSE1	MSE2	MAE1	MAE2	QLIKE	R^2LOG	MAPE
\multicolumn{9}{	c	}{A: Brent 油价波动率向前 5 步预测误差}
GARCH		3.3401	485.0175	1.3869	13.2550	3.7305	0.8974	18.3511
FFF-GARCH	$k=1$	3.2431	482.3578	1.3530	12.8673	3.7314	0.8672	17.7323
	$k=2$	3.3010	485.1573	1.3660	12.9527	3.7355	0.8884	17.8184
	$k=3$	3.3413	485.2046	1.3769	13.1001	3.7337	0.8946	18.0620
	$k=4$	3.4461	492.2333	1.4013	13.3878	3.7387	0.9109	18.3048
	$k=5$	3.3577	481.8528	1.3787	13.2169	3.7274	0.8856	18.4030
EGARCH		3.1408	495.4635	1.3015	12.6316	3.7089	0.7978	17.7270
FFF-EGARCH	$k=1$	3.0404	477.2075	1.2738	12.2526	3.7119	0.7756	17.1060
	$k=2$	3.0198	465.8831	1.2741	12.1183	3.7151	0.7835	16.8356

续表

模型		MSE1	MSE2	MAE1	MAE2	QLIKE	R²LOG	MAPE
FFF-EGARCH	$k=3$	3.0440	<u>457.9674</u>	1.2918	12.2738	3.7145	0.7977	17.1222
	$k=4$	3.1070	462.0023	1.3124	12.4303	3.7238	0.8196	17.1634
	$k=5$	3.1304	458.6173	1.3165	12.5244	3.7294	0.8158	17.3541
GJR-GARCH		3.0314	<u>442.3095</u>	1.3257	12.5085	3.7095	0.8523	17.9731
FFF-GJR-GARCH	$k=1$	<u>2.9657</u>	445.0534	1.2981	12.2052	<u>3.7080</u>	<u>0.8288</u>	17.4504
	$k=2$	3.0329	462.2762	<u>1.2963</u>	<u>12.1961</u>	3.7135	0.8267	<u>17.0889</u>
	$k=3$	3.0538	458.4747	1.3065	12.3147	3.7110	0.8339	17.3758
	$k=4$	3.1607	466.2567	1.3314	12.5745	3.7180	0.8533	17.5262
	$k=5$	3.1823	454.4706	1.3544	12.8253	3.7131	0.8745	18.1851
MRS-GARCH		3.4455	511.1247	1.3822	13.3341	3.7223	0.8923	18.3824
B：WTI 油价波动率向前 5 步预测误差								
GARCH		4.0762	855.6037	1.4992	15.6745	3.9122	0.9393	22.4126
FFF-GARCH	$k=1$	<u>3.8809</u>	844.5528	<u>1.4353</u>	<u>14.9914</u>	3.9061	0.8698	<u>21.5191</u>
	$k=2$	3.9365	846.7692	1.4458	15.0774	3.9089	0.8755	21.4634
	$k=3$	3.9481	842.9088	1.4491	15.1208	3.9061	0.8798	21.6523
	$k=4$	4.0299	849.0374	1.4671	15.2899	3.9143	0.8985	21.7630
	$k=5$	3.9053	<u>833.0757</u>	1.4350	14.9928	<u>3.9014</u>	<u>0.8691</u>	21.7302
EGARCH		3.9189	1111.7945	1.3691	15.0220	3.8719	0.7802	22.3186
FFF-EGARCH	$k=1$	3.6295	989.7456	1.3273	14.3762	3.8694	0.7451	21.5557
	$k=2$	3.3756	786.7830	<u>1.3064</u>	<u>13.7674</u>	3.8702	<u>0.7302</u>	20.7263
	$k=3$	<u>3.3751</u>	<u>773.6991</u>	1.3167	13.8407	<u>3.8684</u>	0.7404	21.0129
	$k=4$	3.5492	814.4603	1.3418	14.0668	3.8823	0.7674	<u>20.6478</u>
	$k=5$	3.5614	1022.5252	1.3278	14.2215	3.8766	0.7464	20.8635
GJR-GARCH		3.8178	793.2420	1.4636	15.0906	3.8965	0.9244	22.4052
FFF-GJR-GARCH	$k=1$	<u>3.5928</u>	<u>791.1176</u>	1.3851	14.3184	<u>3.8847</u>	<u>0.8360</u>	21.2803
	$k=2$	4.6441	1012.4436	1.5099	15.9197	3.9701	0.9208	<u>20.0498</u>
	$k=3$	3.6832	798.4697	1.3993	14.4784	3.8848	0.8495	21.4143
	$k=4$	3.7208	819.0740	1.3945	14.4406	3.8960	0.8369	20.8751
	$k=5$	3.6392	808.6388	<u>1.3739</u>	<u>14.2653</u>	3.8869	0.8162	20.8901
MRS-GARCH		4.6382	982.5735	1.5540	17.0373	3.9001	0.9180	22.6818

注：表中为损失函数，加下划线的数字表示此模型在未加入三角函数（$k=0$）和加入不同频数（$k=1,\cdots,5$）的三角函数后的所有模型中损失函数最小，即此模型在所有模型中具有相对较好的预测性能

表 10.9 油价波动率的向前 10 步预测误差

模型		MSE1	MSE2	MAE1	MAE2	QLIKE	R^{2}LOG	MAPE
\multicolumn{9}{c}{A：Brent 油价波动率向前 10 步预测误差}
GARCH		4.4447	1196.6440	1.6196	22.0728	4.4343	0.5245	39.0403
FFF-GARCH	$k=1$	<u>4.3117</u>	1182.3797	<u>1.5789</u>	<u>21.4091</u>	4.4355	<u>0.5041</u>	<u>37.6511</u>
	$k=2$	4.4312	1194.8164	1.5983	21.6455	4.4402	0.5211	37.8451
	$k=3$	4.4879	1195.4062	1.6035	21.8105	4.4383	0.5244	38.3989
	$k=4$	4.7000	1228.8515	1.6410	22.3930	4.4439	0.5405	38.9440
	$k=5$	4.4735	<u>1179.5935</u>	1.5882	21.7892	<u>4.4310</u>	0.5128	39.1692
EGARCH		4.0159	1210.6342	1.4346	19.9006	4.4237	0.4112	35.0008
FFF-EGARCH	$k=1$	4.0530	1204.0494	<u>1.4325</u>	19.7330	4.4327	<u>0.4107</u>	33.8403
	$k=2$	4.1004	1206.0814	1.4371	19.7478	4.4333	0.4143	<u>33.5080</u>
	$k=3$	<u>4.0037</u>	1156.2027	1.4352	<u>19.6853</u>	<u>4.4259</u>	0.4158	34.4130
	$k=4$	4.1006	1165.2528	1.4646	19.9743	4.4340	0.4327	34.5592
	$k=5$	4.0710	<u>1127.9266</u>	1.4573	19.8865	4.4386	0.4323	35.1086
GJR-GARCH		3.7367	1023.3091	1.4782	19.8785	4.4103	0.4592	37.4532
FFF-GJR-GARCH	$k=1$	<u>3.6837</u>	<u>1012.6075</u>	1.4704	<u>19.6949</u>	<u>4.4095</u>	0.4585	37.1223
	$k=2$	3.9277	1137.9342	<u>1.4548</u>	19.7470	4.4180	<u>0.4443</u>	<u>35.3045</u>
	$k=3$	3.8910	1114.3185	1.4513	19.7306	4.4137	0.4436	35.9050
	$k=4$	4.0810	1142.1510	1.4912	20.2536	4.4213	0.4613	36.2187
	$k=5$	4.0519	1053.4228	1.5349	20.7810	4.4154	0.4915	38.7808
MRS-GARCH		4.5067	1275.2684	1.6033	22.1079	4.4250	0.5094	39.0366
\multicolumn{9}{c}{B：WTI 油价波动率向前 10 步预测误差}
GARCH		6.2148	2394.8202	1.8518	27.8987	4.6251	0.5894	47.1294
FFF-GARCH	$k=1$	<u>5.8769</u>	2339.2357	<u>1.7516</u>	<u>26.3996</u>	4.6195	0.5330	45.0979
	$k=2$	6.0193	2351.6060	1.7783	26.7232	4.6233	0.5408	44.9774
	$k=3$	6.0216	2334.4218	1.7813	26.8041	4.6199	0.5433	45.4167
	$k=4$	6.2130	2365.6751	1.8175	27.2873	4.6292	0.5639	45.6662
	$k=5$	5.9039	<u>2287.6678</u>	1.7551	26.4836	<u>4.6135</u>	<u>0.5326</u>	<u>45.4246</u>
EGARCH		5.51891	2942.8234	1.5496	24.4908	4.5970	0.4085	42.6713
FFF-EGARCH	$k=1$	5.2787	2547.1496	1.5291	23.8286	4.6019	0.3990	41.2600
	$k=2$	5.1847	2274.1580	1.5204	23.3223	4.6052	<u>0.3980</u>	<u>39.9729</u>
	$k=3$	<u>5.0585</u>	2214.6751	<u>1.5101</u>	23.1369	<u>4.5968</u>	0.3962	40.6948

续表

模型		MSE1	MSE2	MAE1	MAE2	QLIKE	R²LOG	MAPE
FFF-EGARCH	k=4	5.3538	2321.6673	1.5548	23.7712	4.6109	0.4188	40.1929
	k=5	5.2963	2502.5617	1.5392	23.8051	4.6046	0.4086	40.6855
GJR-GARCH		5.5383	2090.5029	1.7776	26.3118	4.6060	0.5631	47.1825
FFF-GJR-GARCH	k=1	<u>5.1311</u>	<u>2070.0496</u>	1.6373	24.3855	<u>4.5925</u>	0.4884	44.6605
	k=2	7.2683	2922.5682	1.8343	27.6558	4.6914	0.5794	<u>40.8217</u>
	k=3	5.2971	2097.7633	1.6650	24.8034	4.5925	0.4995	44.9905
	k=4	5.5360	2288.9781	1.6290	24.4186	4.6099	0.4815	42.4102
	k=5	5.3497	2240.3782	<u>1.5917</u>	<u>23.9471</u>	4.5995	<u>0.4626</u>	42.4671
MRS-GARCH		6.8824	2769.7299	1.8766	29.5505	4.6083	0.5491	47.3099

注：表中为损失函数，加下划线的数字表示此模型在未加入三角函数（$k=0$）和加入不同频数（$k=1,\cdots,5$）的三角函数后的所有模型中损失函数最小，即此模型在所有模型中具有相对较好的预测性能

表 10.10　油价波动率的向前 22 步预测误差

模型		MSE1	MSE2	MAE1	MAE2	QLIKE	R²LOG	MAPE
A：Brent 油价波动率向前 22 步预测误差								
GARCH		7.0428	3985.5130	2.06239	41.6684	5.2515	0.3631	89.5717
FFF-GARCH	k=1	<u>6.8137</u>	3867.4648	<u>1.9954</u>	<u>39.6311</u>	5.2541	<u>0.3482</u>	<u>85.8394</u>
	k=2	7.1318	3941.8446	2.0584	40.5535	5.2597	0.3654	86.3602
	k=3	7.2331	3952.4097	2.0849	41.3655	5.2571	0.3669	87.8764
	k=4	7.8025	4184.6482	2.1800	43.6711	5.2643	0.3851	89.3340
	k=5	7.06331	<u>3849.0846</u>	2.0547	41.4508	<u>5.2466</u>	0.3480	89.9485
EGARCH		8.8225	5001.5198	2.1205	42.2210	5.3546	0.3865	68.5377
FFF-EGARCH	k=1	9.4896	5283.7363	2.2026	43.6406	5.3762	0.4111	<u>66.4846</u>
	k=2	9.3867	5346.5045	2.1603	43.4379	5.3550	0.3837	66.8034
	k=3	8.2081	4790.8480	2.0141	40.8484	5.3139	0.3376	70.0899
	k=4	8.2281	4755.8592	2.0139	40.8105	5.3155	0.3406	70.6450
	k=5	<u>7.6022</u>	<u>4307.9501</u>	<u>1.9238</u>	<u>38.8610</u>	<u>5.3082</u>	<u>0.3264</u>	72.7387
GJR-GARCH		5.3678	3193.5699	1.7330	34.3667	5.2238	0.2732	81.8912
FFF-GJR-GARCH	k=1	<u>4.9403</u>	<u>2814.8624</u>	<u>1.7224</u>	<u>33.5591</u>	<u>5.2162</u>	0.2818	84.9127
	k=2	6.6201	4113.3700	1.8644	37.8046	5.2464	0.2838	<u>75.8686</u>
	k=3	6.2809	3910.9108	1.8290	37.1338	5.2375	<u>0.2731</u>	77.3387
	k=4	6.6496	4009.0066	1.8934	38.3910	5.2477	0.2920	78.1035
	k=5	5.7287	3041.1152	1.9090	37.7574	5.2237	0.3104	89.3709
MRS-GARCH		7.5723	4548.0996	2.0742	42.0854	5.2481	0.3725	88.7815

续表

模型		MSE1	MSE2	MAE1	MAE2	QLIKE	R²LOG	MAPE
\multicolumn{9}{c}{B：WTI 油价波动率向前 22 步预测误差}
GARCH		12.2163	9591.0052	2.6851	60.2511	5.4616	0.4785	107.2698
FFF-GARCH	$k=1$	11.4592	9170.2285	2.4927	55.5816	5.4586	0.4244	101.6864
	$k=2$	11.9140	9256.0552	2.5510	56.7897	5.4647	0.4344	101.3982
	$k=3$	11.8584	9149.0162	2.5659	57.2340	5.4598	0.4351	102.6518
	$k=4$	12.4480	9383.8240	2.6601	59.1160	5.4732	0.4624	103.3247
	$k=5$	11.3971	8816.6048	2.5078	56.1895	5.4505	0.4190	103.2122
EGARCH		13.8036	11646.9355	2.4418	54.7278	5.6072	0.4735	80.2153
FFF-EGARCH	$k=1$	14.1396	11136.2114	2.4985	55.4730	5.6261	0.4900	77.8659
	$k=2$	14.2669	11154.3271	2.4880	55.5596	5.6134	0.4759	76.6397
	$k=3$	13.2422	10596.2182	2.3806	53.5068	5.5755	0.4363	78.8007
	$k=4$	13.8567	11057.0796	2.4382	55.0493	5.5857	0.4466	78.2820
	$k=5$	12.9220	10432.0837	2.3496	53.1162	5.5631	0.4236	80.1524
GJR-GARCH		10.1107	7663.42217	2.5050	54.9172	5.4342	0.4358	107.6330
FFF-GJR-GARCH	$k=1$	9.1414	7449.7647	2.2545	49.7198	5.4196	0.3598	100.8325
	$k=2$	15.1772	12059.4235	2.5746	57.7435	5.5831	0.4812	86.1915
	$k=3$	9.4975	7568.1842	2.3125	51.1706	5.4192	0.3677	101.8710
	$k=4$	11.4496	9582.4754	2.2926	51.768	5.4731	0.3735	89.7561
	$k=5$	10.8358	9242.7350	2.2020	50.1612	5.4558	0.3494	90.1591
MRS-GARCH		12.3370	10186.0138	2.5801	60.4306	5.4681	0.4075	106.2032

注：表中为损失函数，加下划线的数字表示此模型在未加入三角函数（$k=0$）和加入不同频数（$k=1,\cdots,5$）的三角函数后的所有模型中损失函数最小，即此模型在所有模型中具有相对较好的预测性能

第一，考虑平滑转换可以提高 GARCH 族模型对油价波动率的预测性能，且同时考虑平滑转换和杠杆效应的 FFF-GJR-GARCH 模型具有更好的油价波动率预测性能。具体而言，FFF-GARCH 模型得到的损失函数普遍小于 GARCH 模型得到的损失函数，考虑杠杆效应的最优 k 下的 FFF-GJR-GARCH 模型相较于最优 k 下的 FFF-GARCH 模型具有更小的损失函数，且明显小于 GARCH 模型的损失函数。

第二，在向前 1 步预测中，k 通常取 1 或 2 就能较好地捕捉波动率中存在的结构变化。如表 10.7 所示，对于 GARCH 和 GJR-GARCH 模型，k 为 1 时的预测效果最佳；而对于 EGARCH 模型，k 为 2 时的预测效果最佳，此结果也与似然比检验结果一致。

第三，在向前多步预测中，FFF-GARCH 模型的预测结果仍然优于 GARCH 模型，但是没有固定的 k 使 FFF-GARCH 模型始终优于其他模型。这可以通过似然比检验的结果解释，即 $k>2$ 时，k 的增加不会显著提高模型的拟合性能。然而，如表 10.8～表 10.10 所示，虽然没有固定的最优 k，但是在向前 5 步和 10 步预测中，对于 FFF-GARCH 和 FFF-GJR-GARCH 模型，$k=1$ 或 5 时的损失函数相对较小，对于 FFF-EGARCH 模型，$k=2$ 或 3 时的损失函数相对较小；根据向前 22 步预测结果，FFF-GARCH 和 FFF-GJR-GARCH 模型在 $k=1$ 时的损失函数相对较小，FFF-EGARCH 模型在 $k=5$ 时的损失函数相对较小。

第四，从不同步长的预测结果可以看出，考虑结构突变的 MRS-GARCH 模型未必能提高 GARCH 模型对油价波动率的预测性能，这与 Zhang 等（2019b）所得结果一致。如表 10.7～表 10.10 所示，MRS-GARCH 模型所得的损失函数通常高于 GARCH 和 FFF-GARCH 模型。

综上所述，在同时保证模型较优和自由参数最小时，考虑平滑转换的 FFF-GARCH 模型在 k 取 1 或 2 时就能较好地捕捉油价波动率中存在的多种程度的结构变化，从而提高 GARCH 模型对油价波动率的预测效果，而考虑结构突变的 MRS-GARCH 模型不能提高 GARCH 模型对油价波动率的预测性能。因此，本章认为 FFF-GARCH 模型的预测性能优于 MRS-GARCH 模型，即三角函数项的加入可以有效捕捉油价波动率中不同程度和形式的结构变化行为，更准确地识别各种冲击导致的油价波动率的结构变化，从而提高 GARCH 族模型对波动率的预测精度，而机制转换只能识别一些突发的事件或政策带来的程度较大的结构突变，无法识别原油市场对外部冲击或政策作出缓慢反应而产生的程度较小的结构变化。

此外，机制转换往往将波动率中的结构突变视为跳跃的过程，由于结构变化识别不准确，结构突变的次数、强度、时间等的不确定导致模型估计产生较大的误差，从而未必能提高 GARCH 族模型对油价波动率的预测精度。类似地，Jone 和 Enders（2014）提出，即使已知结构突变的次数和强度，结构突变的函数形式仍然是难以确定的，结构突变函数形式的错误设定可能与完全忽略结构问题一样带来估计误差。幸运的是，平滑转换可以较好地解决这些问题，因为其具有不需要知道关于结构变化的先验信息等优点，可以避免确定结构变化的时间、形式、数量等复杂问题（Becker et al.，2004；Harvey et al.，2008）。

简单来说，在预测油价波动率时，原油市场的复杂性往往导致结构变化的次数较多，难以确定结构突变的次数、时间、形式等，在这种背景下，相较于机制转换，平滑转换是更值得考虑的一种方式，从平滑转换的角度进行探究即通过三角函数项的加入捕捉油价波动率中平滑结构变化和结构突变等多种程度的结构变化行为，并将平滑结构变化和结构突变的强度、次数、形式、时间等的估计转化为最优频数的确定，从而避免考虑机制转换可能产生的估计误差，获得更高的预测精度。

10.4.3 稳健性检验

选择适当的预测窗口对模型的预测性能至关重要（Mensi et al., 2014; Sanzo, 2018），然而，学者就如何选择最优的预测窗口仍没有达成共识。因此，为了确保实证结果的稳健性，本章选取不同的样本内估计区间和外预测区间对模型进行重新估计和预测，所选区间为原样本数据的子区间，即 2006 年 1 月 3 日～2018 年 1 月 2 日，其中，样本内估计区间为 2006 年 1 月 3 日～2014 年 12 月 31 日，样本外预测区间为 2015 年 1 月 1 日～2018 年 1 月 2 日。除此之外，为了判断不同频率的数据是否会影响本章得出的核心结果，选取 1995 年 1 月 3 日～2018 年 1 月 2 日的周数据进行稳健性检验，其中，样本内估计区间为 1995 年 1 月 3 日～2012 年 12 月 31 日，样本外预测区间为 2013 年 1 月 1 日～2018 年 1 月 2 日。

稳健性检验中更换数据区间后，向前 1 步的日数据预测结果如表 10.11 所示，向前 1 步的周数据预测结果如表 10.12 所示[①]。检验结果表明：首先，不论是日数据还是周数据，FFF-GARCH 模型得到的损失函数仍普遍小于 GARCH 模型得到的损失函数；考虑杠杆效应的 FFF-GJR-GARCH、FFF-EGARCH 模型相较于 FFF-GARCH 模型仍具有较优的拟合和预测性能，且当 $k=1$ 或 2 时 FFF-GARCH 模型即可较好地捕捉油价波动率中存在的结构变化。其次，考虑机制转换的 MRS-GARCH 模型的预测结果通常劣于 GARCH 模型，更劣于考虑平滑转换的 FFF-GARCH 模型，说明使用平滑转换方式处理油价波动率中的结构变化问题得到的预测结果优于机制转换方式。综上所述，不同区间和频率的样本数据不会影响本章得出的核心结果。

表 10.11　新的样本区间下油价波动率的向前 1 步日数据预测误差

模型		MSE1	MSE2	MAE1	MAE2	QLIKE	R²LOG	MAPE
A：Brent 油价波动率向前 1 步预测误差								
GARCH		2.8783	118.4281	1.3807	6.3469	2.7419	7.3158	3.8062
FFF-GARCH	$k=1$	2.8212	118.1469	1.3669	6.2103	2.7317	7.3759	3.6747
	$k=2$	2.9552	118.9733	1.4097	6.4463	2.7240	7.5689	3.8473
	$k=3$	2.8815	118.5742	1.3849	6.3268	2.7335	7.4171	3.7601
	$k=4$	2.8680	118.4004	1.3799	6.3062	2.7299	7.3881	3.7589
	$k=5$	2.8267	118.2843	1.3682	6.2128	2.7331	7.4017	3.6657
EGARCH		2.9062	119.6269	1.3880	6.4581	2.7910	7.3032	3.9080

---

① 由于稳健性检验所得表格过多，本节仅展示向前 1 步的预测结果。实际上，向前 5 步、10 步、22 步的预测结果同样保持稳健。

续表

模型		MSE1	MSE2	MAE1	MAE2	QLIKE	R²LOG	MAPE
FFF-EGARCH	$k=1$	2.7176	117.2916	1.3422	6.1073	2.7153	7.1611	3.6005
	$k=2$	2.7438	<u>116.1038</u>	<u>1.3123</u>	<u>5.9035</u>	2.7110	7.1899	3.6524
	$k=3$	2.7191	116.5033	1.3388	6.0763	<u>2.7043</u>	<u>7.1659</u>	3.5359
	$k=4$	<u>2.7102</u>	119.3805	1.3149	5.9471	2.7740	7.0690	3.3598
	$k=5$	2.7130	121.0104	1.3519	6.1548	2.7990	7.3742	<u>3.2693</u>
GJR-GARCH		2.7648	116.1590	1.3599	6.2083	2.7459	7.2268	3.9453
FFF-GJR-GARCH	$k=1$	<u>2.7107</u>	115.5351	<u>1.3026</u>	<u>5.9902</u>	<u>2.6953</u>	<u>7.1165</u>	3.5152
	$k=2$	2.7479	<u>115.5217</u>	1.3521	6.1326	2.7098	7.2603	3.0955
	$k=3$	2.7501	115.7353	1.3517	6.1396	2.7125	7.2248	3.1895
	$k=4$	2.7429	116.4693	1.3303	6.0259	2.7670	7.1410	5.1856
	$k=5$	2.7258	116.3279	1.3447	6.1041	2.7032	7.2012	<u>3.0732</u>
MRS-GARCH		2.9022	117.2463	1.3945	6.4290	2.7073	7.3622	3.9204
B：WTI 油价波动率向前 1 步预测误差								
GARCH		2.9422	151.0018	<u>1.3547</u>	6.8488	2.7395	6.1535	4.6550
FFF-GARCH	$k=1$	<u>2.8681</u>	<u>149.6738</u>	1.3585	<u>6.7390</u>	<u>2.7453</u>	6.1670	<u>4.4633</u>
	$k=2$	2.9770	150.7418	1.3842	6.9132	2.7485	6.2553	4.6520
	$k=3$	2.9184	150.3822	1.3623	6.8120	2.7447	<u>6.1308</u>	4.5716
	$k=4$	2.9396	150.4378	1.3720	6.8490	2.7462	6.2072	4.6032
	$k=5$	2.8776	149.7712	1.3639	6.7622	2.7451	6.1861	4.4663
EGARCH		2.9908	151.5217	1.3552	6.9387	2.7402	6.0253	4.9754
FFF-EGARCH	$k=1$	<u>2.8890</u>	<u>150.1019</u>	1.3419	6.6812	2.7731	<u>5.9493</u>	4.4777
	$k=2$	2.8306	149.2797	<u>1.3192</u>	<u>6.6535</u>	2.7351	6.0658	4.4973
	$k=3$	2.9233	174.0723	1.3345	6.7342	2.7411	5.9963	<u>4.3814</u>
	$k=4$	2.9080	151.3256	1.3543	6.8060	<u>2.7283</u>	6.1351	4.5523
	$k=5$	2.8947	160.4923	1.3242	6.4660	3.2671	6.2085	4.7933
GJR-GARCH		2.8479	148.5359	1.3511	6.7363	2.7391	6.0570	4.5940
FFF-GJR-GARCH	$k=1$	<u>2.8079</u>	<u>148.4172</u>	1.3433	<u>6.6341</u>	2.7351	<u>5.9855</u>	4.3651
	$k=2$	2.8594	148.5269	1.3599	6.7553	2.7348	6.1203	4.5072
	$k=3$	2.8352	148.9897	1.3468	6.7030	2.7404	6.0258	4.4519
	$k=4$	2.8431	148.6132	1.3553	6.7308	<u>2.7321</u>	6.1106	4.4935
	$k=5$	2.8161	149.6196	1.3470	6.6717	2.7349	6.0726	<u>4.3644</u>
MRS-GARCH		2.9717	152.7225	1.3894	6.8390	2.7522	6.7771	4.6641

注：表中为损失函数，加下划线的数字表示此模型在未加入三角函数（$k=0$）和加入不同频数（$k=1,\cdots,5$）的三角函数后的所有模型中损失函数最小，即此模型在所有模型中具有相对较好的预测性能

表 10.12 新的数据频率下油价波动率的向前 1 步周数据预测误差

模型		MSE1	MSE2	MAE1	MAE2	QLIKE	R^2LOG	MAPE
\multicolumn{9}{c}{A：Brent 油价波动率向前 1 周预测结果}
GARCH		7.9318	1014.1275	2.1564	16.7566	3.4660	8.9988	244.5733
FFF-GARCH	$k=1$	7.5650	1005.3861	2.0946	16.1687	3.4590	8.8120	229.0731
	$k=2$	7.6311	1013.1246	2.1168	16.3298	3.4646	8.8428	212.0364
	$k=3$	7.7561	1012.5583	2.1378	16.5687	3.4588	8.8748	213.8519
	$k=4$	8.1195	1028.5880	2.1817	17.0909	3.4729	8.9426	289.7845
	$k=5$	7.7700	1007.6381	2.1207	16.5404	3.4490	8.7915	277.4971
EGARCH		8.0069	998.0400	2.1687	17.3323	3.4080	8.9088	263.0069
FFF-EGARCH	$k=1$	7.9318	1004.1275	2.1564	16.9983	3.2435	8.9988	271.9318
	$k=2$	7.3197	995.6378	2.1486	16.7566	3.3660	8.8954	242.2735
	$k=3$	7.5861	1014.9452	2.1601	17.2361	3.4136	8.8144	260.3335
	$k=4$	7.3781	1009.2635	2.1696	17.5742	3.4560	8.8632	259.3964
	$k=5$	7.5138	1026.8532	2.1726	17.9764	3.2695	8.8387	263.2954
GJR-GARCH		7.6906	964.1318	2.1611	16.6938	3.3474	9.0746	275.7120
FFF-GJR-GARCH	$k=1$	6.9161	933.3836	2.0401	15.6027	3.7979	8.6774	217.8359
	$k=2$	6.8331	929.6210	2.0548	15.6447	3.7324	8.6696	204.9714
	$k=3$	6.9291	923.7754	2.0743	15.8237	3.7868	8.7280	214.0948
	$k=4$	7.3145	937.9689	2.1275	16.3624	3.4216	8.8447	217.0952
	$k=5$	7.2067	954.6082	2.0596	15.8927	3.9279	8.6809	238.4732
MRS-GARCH		7.5811	1010.9231	2.1123	15.9111	3.4979	8.9126	215.2483
\multicolumn{9}{c}{B：WTI 油价波动率向前 1 周预测结果}
GARCH		6.6818	613.7182	2.0820	14.9263	5.0181	6.4767	142.6115
FFF-GARCH	$k=1$	6.4081	612.3462	2.0166	14.4421	4.9104	6.2403	126.9099
	$k=2$	6.5587	624.5300	2.0410	14.7062	5.2020	6.2018	113.9125
	$k=3$	6.6091	620.1714	2.0527	14.8260	5.1392	6.2567	118.1202
	$k=4$	6.7683	626.1900	2.0750	15.0730	5.3010	6.3113	123.3149
	$k=5$	6.5353	610.1143	2.0246	14.7040	4.9714	6.2836	116.7165
EGARCH		7.6269	685.8374	2.0817	15.9947	4.9249	8.0570	139.6089
FFF-EGARCH	$k=1$	7.8723	694.8733	1.9978	14.7135	4.5435	8.0478	120.3980
	$k=2$	7.2257	673.9493	1.9791	14.8451	4.3160	7.5234	117.1735
	$k=3$	6.9728	683.2849	1.9471	15.6514	4.9848	7.4849	126.8325
	$k=4$	7.9178	696.0594	2.1974	15.7278	4.4551	7.8054	123.9169
	$k=5$	7.3863	690.8532	2.1613	14.9764	4.5935	7.7957	119.1352

续表

模型		MSE1	MSE2	MAE1	MAE2	QLIKE	R²LOG	MAPE
GJR-GARCH		6.4766	584.4140	2.0704	14.7477	4.9151	6.4841	150.9886
FFF-GJR-GARCH	$k=1$	<u>5.9723</u>	578.5564	<u>1.8743</u>	<u>14.0458</u>	<u>4.5642</u>	<u>6.0310</u>	131.6879
	$k=2$	6.0081	580.6211	1.9809	14.1839	4.6585	6.1187	<u>117.0604</u>
	$k=3$	6.0771	<u>573.4248</u>	1.9988	14.3148	4.6768	6.0965	123.7845
	$k=4$	6.2781	588.1221	2.0359	14.6609	4.8835	6.1755	131.9520
	$k=5$	6.1003	583.9793	1.9893	14.3044	4.6639	6.0881	128.2972
MRS-GARCH		6.5752	635.7162	2.1038	14.9727	4.9581	6.3772	138.9433

注：表中为损失函数，加下划线的数字表示此模型在未加入三角函数（$k=0$）和加入不同频数（$k=1,\cdots,5$）的三角函数后的所有模型中损失函数最小，即此模型在所有模型中具有相对较好的预测性能

10.5 主要结论与启示

为了判断考虑不同结构变化处理方法的 GARCH 族模型能否得到更优的油价波动率预测结果，本章分别选用平滑转换和机制转换两种方式对油价波动率中存在的结构变化问题进行深入探讨和比较分析，将能够对结构变化进行平滑建模的三角函数项加入 GARCH 族模型中构建了 FFF-GARCH 模型，并与能够实现油价波动率机制转换的 MRS-GARCH 模型开展比较研究，得到主要结论如下。

首先，通过平滑转换方式处理油价波动率中结构变化的 FFF-GARCH 模型可以明显提高 GARCH 族模型的拟合和预测性能，且 k 取 1 或 2 就能有效地捕捉油价波动率中存在的不同程度和形式的结构变化。

其次，采用机制转换方法处理结构变化问题的 MRS-GARCH 模型可以提高 GARCH 族模型对油价波动率的拟合性能，但其预测性能并没有明显改善。

最后，FFF-GARCH 模型的预测性能优于 MRS-GARCH 模型，即采用平滑转换处理油价波动率中的结构变化问题所得到的预测结果优于机制转换。这表明平滑转换相较于机制转换可以更高效准确地捕捉油价波动率中的结构变化，减少由结构变化识别不准确，结构突变的形式、时间、强度、次数的不确定等问题带来的估计偏差，降低 GARCH 族模型对油价波动率的预测误差。

本章的研究结论具有重要的理论建模意义与实际应用价值，能源经济学家，能源政策制定者和能源市场从业者可以通过平滑转换方法更高效准确地识别油价波动率中不同程度和形式的结构变化，从而可以对油价波动率进行更准确的预测分析。除此之外，多机制模型的预测性能未必优于单一机制模型的预测性能，不能简单地通过机制转换方式处理油价波动率中的结构变化，不能简单地认为多机制模型的预测效果就更好。

在未来研究过程中,还有大量工作值得去做。例如,可以尝试将平滑转换与其他常用于预测油价波动率的模型进行结合,如 HAR 模型(Corsi,2009;Çelik and Ergin,2014)、随机波动率(stochastic volatility,SV)模型(Kim et al.,1998;Chib et al.,2002)等,进而比较不同的结构变化处理方式对模型预测性能的影响。除此之外,本章选取最优 k 的范围为 1~5 的整数,实际上,Becker 等(2004)、Omay(2015)的研究表明,k 取分数可能更适用于描述长期的结构变化,因此将来可以探究加入分数频数的灵活傅里叶形式能否提高 GARCH 族模型对油价波动率的预测性能。

第11章 基于HAR族模型的结构变化对国际油价波动率预测建模的影响研究

11.1 问题的提出

结构变化已成为影响油价波动率预测的重要因素，因此探索如何准确预测油价波动率在世界范围内备受关注。其中，使用低频数据的GARCH族模型因其考虑油价收益率的条件异方差性，并且能够描述油价波动率的时变性等特征，受到了广泛青睐（Cheong，2009；Mohammadi and Su，2010；Salisu and Fasanya，2013；Wei et al.，2010；胡爱梅和王书平，2012），但GARCH族模型难以充分刻画全天的资产价格波动信息，所以在实际应用中往往存在一定的缺陷。

同时，随着计算机技术的快速发展，日内的高频数据变得更易获得，而且相较于低频数据，它能够进一步刻画日内交易信息，因此使用高频数据进行波动率预测的研究也迅速展开，且相关研究通常采用HAR-RV族模型，它相比于GARCH和SV族模型等传统的波动率度量方法具有无模型、计算方便，且能够更加精确地刻画金融市场波动率特征等优势（Buncic and Gisler，2017；龚旭和林伯强，2018；Liu et al.，2018）。该模型基于Muller等（1997）提出的异质市场假说，在自回归模型中引入日度、周度和月度滞后变量，能够较好地描述投资者的异质性，并且衍生出一系列能反映波动率更多复杂特征的HAR族模型（Liu et al.，2018；Ceylan，2014；瞿慧和程思逸，2016；Çelik and Ergin，2014；Buncic and Gisler，2017）。

然而，现有研究中的HAR族模型往往忽略油价波动率中存在的结构变化，即波动的持久性、波动的程度、模型的函数形式和参数值等可能会由于外界的冲击发生变化（如1998年亚洲金融危机、2008年全球金融危机、2014年美国页岩油气革命）。Diebold和Inoue（2001）使用蒙特卡罗模拟指出，被忽视的结构变化可能会产生虚假的长记忆性，并且如果不考虑结构变化，波动的持续性程度可能会被高估。Elder和Serletis（2008）的研究也证实了这种观点。实际上，结构变化已成为油价波动率预测中不可忽略的影响因素。

为了解决波动率中存在的结构变化，很多学者都做了尝试，开发了很多方法检验时间序列中是否存在结构突变。例如，Inclan和Tiao（1994）提出ICSS算法检验时间序列的无条件方差中是否存在结构突变；Bai和Perron（1998）提出内生多重结构突变检验法识别多个未知的突变点及其发生的时间等。这些方法在原油市场中也得到了广泛应用。例如，Kang 等（2011）、Ewing 和 Malik（2017）使用 ICSS 算法对 WTI 和 Brent 原油市场进行结构断点识别，并将其与 GARCH 族模型结合，在考虑结构突变的条件下预测油价波动率并取得了较好的预测结果。Wen 等（2016）采用 ICSS 算法对 WTI 和 Brent 原油期货市场进行结构断点识别，然后引入了 16 个具有结构断裂的 HAR 族模型进行预测，结果表明考虑结构突变的 HAR 族模型具有较好的预测性能。

虽然以上方法都可以刻画油价波动率中出现的结构变化，但是它们通常擅长识别外界强冲击所带来的结构突变，且把这些结构突变视为陡峭的、纯粹跳跃的、可以自我调整的，难以识别或并未考虑对于对外界冲击作出缓慢反应而产生的平滑结构变化。Phillips 等（2017）研究发现油价波动率中确实存在平滑的结构变化。Hansen（2001）在研究中也指出，结构上的断裂似乎不太可能立即发生，而且允许结构变化需要一段时间生效似乎更加合理。研究结果也往往表明，政策转换、偏好变化和技术进步引起的变化通常表现为长期逐渐的变化。Enders 和 Holt（2014）、Teterin 等（2016）也提出，资本市场的价格变化往往是一个持续的过程，所以对价格波动率中的结构变化进行平滑建模是合理的。

可见，为了研判外界冲击或突发事件导致的结构变化对油价波动率预测的影响，本章构建基于平滑转换的 FFF-HAR 族模型研究油价波动率预测问题是合理的，也是必需的。除此之外，从多个角度探究波动率中存在的结构变化以找到更有效地解决结构变化问题的方法，对能源市场从业者等也有重要的现实意义，能够帮助其对油价波动率进行更准确的预测，进而更有利于原油期权定价、风险管理和资产配置等问题的解决。

因此，本章回答两个问题，即结构变化因素是否会影响 HAR 族模型的预测精度？考虑不同的结构变化处理方式能否提高 HAR 族模型对油价波动率的预测性能？除此之外，尽管有些单一模型的预测能力相对较好，但它们的预测效果通常是时变的且不稳定的，并且可能存在单一模型受结构变化的影响程度不同等问题（Rapach et al., 2010; Stock and Watson, 2004），因此，本章还进一步对单一模型进行组合，以判断均值组合模型是否更有利于刻画油价波动率中的结构变化。

本章主要通过以下方法拓展前人的相关研究：首先，通过灵活傅里叶形式设定 HAR 族模型的截距项，构建考虑平滑转换的 FFF-HAR 族模型，进而判断将结构变化视为平滑过程能否提高 HAR 族模型对油价波动率的预测性能。其次，采用改进的 ICSS 算法识别油价波动率中存在的结构断点，并将其与 HAR 族模型结合构建 SB-HAR 族模型，进而判断将结构变化视为陡峭过程能否提高 HAR 族模型对油价波动率的预测性能。最后，使用滚动窗口预测法对油价波动率进行预测，采用多种损失函数、迪博尔德-卡马里亚诺（Diebold-Mariano，DM）检验及经济价值检验作为评价预测误差的标准，并选用 GARCH 和均值组合模型作为比较模型，判断考虑不同的结构变化处理方式能否提高 HAR 族模型对油价波动率的预测性能。

本章的研究贡献主要包括三个方面：第一，在预测模型的选择方面，以往研究通常选择使用低频数据的 GARCH 族模型，本章利用高频数据中所包含的信息对油价波动率进行预测，研究发现考虑结构变化的 HAR 族模型的预测性能显著优于 GARCH 族模型，说明包含日内交易信息的高频数据更有利于预测油价波动率，HAR 族模型能够更好地反映投资者的异质性。第二，在结构变化的刻画方面，以往研究通常将结构变化过程视为陡峭的、突变的过程，本章将结构变化过程视为平滑的过程，构建可以实现平滑转换的 FFF-HAR 族模型，并发现 FFF-HAR 族模型可以有效地捕捉波动率中的结构变化行为。第三，本章进一步使用新构建的 FFF-HAR 和 SB-HAR 族模型对未来油价波动率进行预测，发现两者均提高 HAR 族模型的预测性能和经济价值，且均值组合模型通常具备更好的预测能力和更高的投资组合经济价值。

11.2 国内外研究现状

对油价波动率合理建模、提高油价波动率的预测精度是学术界和市场参与者持续追求的目标。在前人的相关研究中，大多采用 GARCH 族模型对油价波动率进行预测，且现有文献表明 GARCH 族模型能够较好地描述波动率的时变性、波动聚集性等特征，但此类模型主要使用日度低频数据进行预测，无法反映日内的波动信息（胡淑兰等，2015；Cheong，2009；Salisu and Fasanya，2013）。

随着高频数据变得更易获得和存储，学者开始逐渐重视其包含的日内交易信息，并且使用 HAR 族模型对波动率进行拟合和预测，衍生出一系列能反映波动率更多复杂特征的 HAR 族模型（Chevallier and Sevi，2011；Liu et al.，2018；Ceylan，2014；瞿慧和程思逸，2016；Çelik and Ergin，2014；Buncic and Gisler，2017）。例如，Andersen 等（2007）使用非参数方法，把已实现波动率分解为连续和跳跃两部分，构建 HAR 连续样本路径方差-离散跳跃方差-隔夜返回（HAR continuous sample path variation-discontinuous jump variation-overnight return，HAR-CJN）模型，结果表明隔夜收益率更有利于波动率的预测。Corsi 和 Renò（2012）提出杠杆 HAR-RV（leverage HAR-RV，LHAR-RV）模型，该模型加入了累积的日度、周度和月度滞后负收益率，进而探究了波动率中存在的杠杆效应。Patton 和 Sheppard（2015）在 HAR-RV 族模型中加入符号跳跃变差（signed jump variation，ΔJ），构建 HAR-ΔJ 模型，并指出市场上存在杠杆效应。陈浪南和杨科（2013）通过建立 HAR 连续样本路径方差-离散跳跃方差-周内 FIGARCH（HAR continuous sample path variation- discontinuous jump variation-day of the week FIGARCH，HAR-CJ-D-FIGARCH）模型对上海证券综合指数收益率的长记忆性、杠杆效应等特征进行刻画。

除此之外，由于 HAR 族模型形式简单，可以描述收益率序列的长记忆性等特征，并且故事性更强，所以在油价波动率预测建模中得到广泛使用（Sévi, 2014; Degiannakis and Filis, 2018; Ma et al., 2017; Yao et al., 2019）。例如，Ma 等（2019a）使用基于范围的已实现波动率 HAR（HAR range-based realized volatility，HAR-RRV）模型及其扩展模型，研究跳跃强度对石油期货市场中期货波动率的影响，结果发现包含显著跳跃及跳跃强度的 HAR 族模型预测准确性较高。Gkillas 等（2020）在 HAR 族模型中加入金融压力因素，探究了金融压力在预测油价波动率中的作用，结果表明金融压力指标有助于改善 HAR 族模型对油价波动率的预测性能。Yao 等（2019）将层次聚类技术引入 HAR 族模型中，提出了一种新型的层级聚类 HAR 族模型，且在模拟和实证检验中都获得了更高的预测精度。以上研究成果均表明，HAR 族模型可以描述丰富的日内交易信息，已经在金融市场的波动率预测中得到广泛应用，且现有相关模型已经针对已实现波动率进行了多个角度的分解，可以形象地描述油价波动率中存在的杠杆效应、日内跳跃等特征。

多数相关文献忽略了原油市场由突发事件或外界冲击导致的价格波动率的结构变化，但结构变化在原油市场中是明显存在的，也有学者指出考虑结构突变的 HAR 族模型对油价波动率具有更好的预测结果。例如，龚旭和林伯强（2018）在经典 HAR-RV、考虑已实现半方差（realized semivariance）的 HAR-S-RV、考虑杠杆成分（leverage effect variable）的 PSlev 模型的基础上，同时考虑原油期货市场中的跳跃风险和结构突变因素，指出考虑两者能显著提高现有绝大多数 HAR 族模型对油价波动率的预测精度。Ma 等（2017）在现有的 HAR 族模型中引入马尔可夫机制转换刻画波动率中存在的结构变化现象，构建了带机制转换的 HAR 族模型，研究结果表明考虑机制转换显著地提高了 HAR 族模型的油价波动率预测性能。因此，结构变化已经成为油价波动率预测中不可忽略的重要因素，并且引起了学者的广泛关注。

尽管以上研究中的模型能够解决波动率中存在的结构突变问题，但它们很难识别原油市场对外界冲击作出缓慢反应而产生的平滑结构变化，并且往往把这些结构突变视为陡峭的、纯粹跳跃的。Li 和 Enders（2018）的研究指出，金融市场中往往会发生多次结构变化，因此，尝试对油价波动率中的结构变化进行平滑建模非常有必要，它可以识别并解决不同程度和形式的结构变化。

实现平滑转换的主要方法是 Gallant（1981）提出的灵活傅里叶形式，这一形式已经得到广泛的应用，其优点是不需要掌握关于结构变化的先验信息、结构变化是平稳的还是突然的，以及结构变化的日期或者数量等（Enders and Lee, 2011;

Rodrigues and Taylor, 2012; Enders and Holt, 2012, 2014; Teterin et al., 2016)。例如，Enders 和 Lee（2012）、Rodrigues 和 Taylor（2012）基于 Gallant（1981）的灵活傅里叶形式提出了傅里叶单位根检验并证明了此检验方法的可靠性。Enders 和 Lee（2012）使用调整后的灵活傅里叶形式控制了 VAR 建模过程中的结构断裂，并且证明了调整后的灵活傅里叶形式可以拟合带有多个结构断裂的时间序列。Baillie 和 Morana（2009）尝试将几个低频三角函数纳入 FIGARCH 模型的条件方差方程中对 FIGARCH 模型进行调整，即使用平滑转换的方式处理 EMV 中存在的结构变化。Teterin 等（2016）将灵活傅里叶形式加入双变量 GARCH 模型中，对美国原油市场和玉米期货市场之间的变化关系进行研究，结果表明考虑平滑转换的 GARCH 族模型更有利于说明市场价格波动率中存在的结构变化，具有更好的拟合性能。因此，现有研究表明对金融市场价格波动率中的结构变化进行平滑建模是合理的，并且使用灵活傅里叶形式实现平滑转换的方式通常能够取得较为优异的表现，但还未有学者尝试将灵活傅里叶形式与 HAR 族模型结合，并将其应用到油价波动率的预测中。

综上所述，尽管现有研究已经证实油价波动率中存在结构变化，但如何更好地刻画和预测结构变化，考虑不同结构变化处理方式能否提高 HAR 族模型对油价波动率的预测性能，这些问题仍有待探究。因此，本章基于前人对结构变化的研究，将结构变化分别视为平滑过程和陡峭过程，系统研究不同的结构变化处理方式对 HAR 族模型预测性能的影响。

11.3 研究方法与数据说明

11.3.1 研究方法

1. 已实现波动率的计算与分解

参考 Andersen 等（2003），本章使用已实现波动率，即金融资产日内收益率的平方和，对资产价格波动率进行度量：

$$\mathrm{RV}_t = r_{t_2}^2 + r_{t_3}^2 + \cdots + r_{t_m}^2 = \sum_{i=2}^{m} r_{t_i}^2 \tag{11.1}$$

其中，$r_{t_i}^2$ 为第 t 日的第 i 个收益率（$i=2,\cdots,m$）。

金融市场往往出现非正常的波动，即发生跳跃行为。为了考虑这种跳跃行为，参考 Huang 和 Tauchen（2005），本章通过相对跳跃测度对已实现波动率进行分解，即离散跳跃方差和连续样本路径方差，构建检验第 t 日内是否发生跳跃行为的统计量：

$$ZJ_t = \frac{(RV_t - RBV_t)/RV_t}{\sqrt{\left[\left(\frac{\pi}{2}\right)^2 + \pi - 5\right]\frac{1}{m}\max\left\{1, \frac{RTP_t}{RBV_t^2}\right\}}} \qquad (11.2)$$

其中，RBV_t 为第 t 日的已实现双次幂变差，具体形式为 $RBV_t = \frac{\pi}{2}\frac{m}{m-1}\sum_{i=3}^{m}|r_{t_i}r_{t_{i-1}}|$；$RTP_t$ 为第 t 日的已实现三次幂变差，具体形式为 $RTP_t = \frac{1}{m}\zeta_{4/3}^{-3}\sum_{i=3}^{m}|r_{t_i}r_{t_{i-1}}r_{t_{i-2}}|^{4/3}$，$\zeta_{4/3}$ 为调整因子，取值为 $\sqrt{2}\frac{\Gamma(7/6)}{\Gamma(1/2)}$，$\Gamma(\cdot)$ 表示伽马函数，由跳跃成分引起的波动性部分可以定义为离散跳跃方差，如 $JV_t = I_{\{ZJ_t > \Phi_{1-\alpha}\}}(RV_t - RBV_t)$，其中，$I_{\{\cdot\}}$ 为示性函数，若 $ZJ_t > \Phi_{1-\alpha}$，则 $I_{\{\cdot\}} = 1$；若 $ZJ_t \leqslant \Phi_{1-\alpha}$，则 $I_{\{\cdot\}} = 0$。连续样本路径方差可以表示为 $CV_t = RV_t - JV_t = I_{\{ZJ_t > \Phi_{1-\alpha}\}}RBV_t + I_{\{ZJ_t \leqslant \Phi_{1-\alpha}\}}RV_t$。

除此之外，为了考虑已实现波动率的非对称特征，参考 Barndorff-Nielsen 等（2010），本章将已实现波动率分解为负已实现半方差和正已实现半方差，分别表示为 $RS_t^- = \sum_{i=0}^{m}r_{t_i}^2 I(r_{t_i} < 0)$ 和 $RS_t^+ = \sum_{i=0}^{m}r_{t_i}^2 I(r_{t_i} \geqslant 0)$，若 $r_{t_i} < 0$，则 $I(r_{t_i} < 0) = 1$，否则取 0；若 $r_{t_i} \geqslant 0$，则 $I(r_{t_i} \geqslant 0) = 1$，否则取 0。

2. HAR 族模型

为了刻画原油市场高频数据的波动特征，本章选取 Corsi（2009）提出的 HAR-RV 模型作为基准模型：

$$\overline{RV}_{i,t+K} = c + g_1^{(d)} RV_{t,d} + g_1^{(w)} RV_{t,w} + g_1^{(m)} RV_{t,m} + \varepsilon_{i,t+K} \qquad (11.3)$$

其中，c 为常数；$\overline{RV}_{i,t+K}$ 为 t 到 $t+K$ 之间的平均已实现波动率；$RV_{t,d}$ 为日内已实现波动率，代表短期投资者；$RV_{t,w}$ 为日内已实现波动率的周平均，代表中期投资者，$RV_{t,w} = \frac{1}{5}(RV_{t,d} + RV_{t-1,d} + \cdots + RV_{t-4,d})$；$RV_{t,m}$ 为日内已实现波动率的月平均，代表长期投资者，$RV_{t,m} = \frac{1}{22}(RV_{t,d} + RV_{t-1,d} + \cdots + RV_{t-21,d})$；$\varepsilon_{i,t+K}$ 为扰动项，服从正态分布。

同时，参照 Andersen 等（2007），本章在 HAR-RV 族模型的基础上引入日滞后连续样本路径方差和离散跳跃方差以提高模型的预测精度，构建基于离散跳跃方差（discontinuous jump variation）的 HAR-RV-J 模型和基于连续样本路径方差和离散跳跃方差（continuous sample path variation-discontinuous jump variation）的 HAR-CJ 模型：

$$\overline{\mathrm{RV}}_{i,t+K} = c + g_1^{(d)} \mathrm{RV}_{t,d} + g_1^{(w)} \mathrm{RV}_{t,w} + g_1^{(m)} \mathrm{RV}_{t,m} + g_2^{(d)} J_{t,d} + \varepsilon_{i,t+K} \quad (11.4)$$

$$\overline{\mathrm{RV}}_{i,t+K} = c + g_3^{(d)} C_{t,d} + g_3^{(w)} C_{t,w} + g_3^{(m)} C_{t,m}$$
$$+ g_2^{(d)} J_{t,d} + g_2^{(w)} J_{t,w} + g_2^{(m)} J_{t,m} + \varepsilon_{i,t+K} \quad (11.5)$$

其中，c 为常数；$C_{t,d}$ 为日内连续样本路径方差；$C_{t,w}$ 为日内连续样本路径方差的周平均，$C_{t,w} = \frac{1}{5}(C_{t,d} + C_{t-1,d} + \cdots + C_{t-4,d})$；$C_{t,m}$ 为日内连续样本路径方差的月平均，$C_{t,m} = \frac{1}{22}(C_{t,d} + C_{t-1,d} + \cdots + C_{t-21,d})$；同理，$J_{t,d}$ 为日内离散跳跃方差；$J_{t,w}$ 为日内离散跳跃方差的周平均，$J_{t,w} = \frac{1}{5}(J_{t,d} + J_{t-1,d} + \cdots + J_{t-4,d})$；$J_{t,m}$ 为日内离散跳跃方差的月平均，$J_{t,m} = \frac{1}{22}(J_{t,d} + J_{t-1,d} + \cdots + J_{t-21,d})$；$\varepsilon_{i,t+K}$ 为扰动项，服从正态分布。

参照 Patton 和 Sheppard（2015），本章利用正/负已实现半方差 RS_t^+ 和 RS_t^- 探讨已实现波动率中的杠杆效应，构建基于正/负已实现半方差的 HAR-RS 模型；并考虑离散跳跃方差对预测的影响，构建 HAR-RS-J 模型：

$$\overline{\mathrm{RV}}_{i,t+K} = c + g_1^{(dp)} \mathrm{RS}_{t,d}^+ + g_1^{(wp)} \mathrm{RS}_{t,w}^+ + g_1^{(mp)} \mathrm{RS}_{t,m}^+ + g_1^{(dn)} \mathrm{RS}_{t,d}^-$$
$$+ g_1^{(wn)} \mathrm{RS}_{t,w}^- + g_1^{(mn)} \mathrm{RS}_{t,m}^- + \varepsilon_{i,t+K} \quad (11.6)$$

$$\overline{\mathrm{RV}}_{i,t+K} = c + g_1^{(dp)} \mathrm{RS}_{t,d}^+ + g_1^{(wp)} \mathrm{RS}_{t,w}^+ + g_1^{(mp)} \mathrm{RS}_{t,m}^+ + g_1^{(dn)} \mathrm{RS}_{t,d}^- + g_1^{(wn)} \mathrm{RS}_{t,w}^-$$
$$+ g_1^{(mn)} \mathrm{RS}_{t,m}^- + g_2^{(d)} J_{t,d} + \varepsilon_{i,t+K} \quad (11.7)$$

其中，c 为常数；$\mathrm{RS}_{t,d}^+$ 为日内正已实现半方差；$\mathrm{RS}_{t,w}^+$ 为日内正已实现半方差的周平均，$\mathrm{RS}_{t,w}^+ = \frac{1}{5}(\mathrm{RS}_{t,d}^+ + \mathrm{RS}_{t-1,d}^+ + \cdots + \mathrm{RS}_{t-4,d}^+)$；$\mathrm{RS}_{t,m}^+$ 为日内正已实现半方差的月平均，$\mathrm{RS}_{t,m}^+ = \frac{1}{22}(\mathrm{RS}_{t,d}^+ + \mathrm{RS}_{t-1,d}^+ + \cdots + \mathrm{RS}_{t-21,d}^+)$；同理，$\mathrm{RS}_{t,d}^-$ 为日内负已实现半方差；$\mathrm{RS}_{t,w}^-$ 为日内负已实现半方差的周平均，$\mathrm{RS}_{t,w}^- = \frac{1}{5}(\mathrm{RS}_{t,d}^- + \mathrm{RS}_{t-1,d}^- + \cdots + \mathrm{RS}_{t-4,d}^-)$；$\mathrm{RS}_{t,m}^-$ 为日内负已实现半方差的月平均，$\mathrm{RS}_{t,m}^- = \frac{1}{22}(\mathrm{RS}_{t,d}^- + \mathrm{RS}_{t-1,d}^- + \cdots + \mathrm{RS}_{t-21,d}^-)$；$\varepsilon_{i,t+K}$ 为扰动项，服从正态分布。

为了考虑结构突变的影响，本章在上述 HAR 族模型的基础上加入改进的 ICSS 算法识别的结构断点（structural breakpoints），构建考虑结构突变的 HAR 族模型，分别为 SB-HAR-RV、SB-HAR-RV-J、SB-HAR-CJ、SB-HAR-RS、SB-HAR-RS-J 模型：

$$\overline{\mathrm{RV}}_{i,t+K} = c + g_1^{(d)} \mathrm{RV}_{t,d} + g_1^{(w)} \mathrm{RV}_{t,w} + g_1^{(m)} \mathrm{RV}_{t,m}$$
$$+ d_1 D_1 + \cdots + d_u D_u + \varepsilon_{i,t+K} \quad (11.8)$$

$$\overline{\mathrm{RV}}_{i,t+K} = c + g_1^{(d)} \mathrm{RV}_{t,d} + g_1^{(w)} \mathrm{RV}_{t,w} + g_1^{(m)} \mathrm{RV}_{t,m}$$
$$+ g_2^{(d)} J_{t,d} + d_1 D_1 + \cdots + d_u D_u + \varepsilon_{i,t+K} \quad (11.9)$$

$$\overline{\mathrm{RV}}_{i,t+K} = c + g_3^{(d)} C_{t,d} + g_3^{(w)} C_{t,w} + g_3^{(m)} C_{t,m} + g_2^{(d)} J_{t,d} + g_2^{(w)} J_{t,w} + g_2^{(m)} J_{t,m}$$
$$+ d_1 D_1 + \cdots + d_u D_u + \varepsilon_{i,t+K} \quad (11.10)$$

$$\overline{\mathrm{RV}}_{i,t+K} = c + g_1^{(dp)} \mathrm{RS}_{t,d}^+ + g_1^{(wp)} \mathrm{RS}_{t,w}^+ + g_1^{(mp)} \mathrm{RS}_{t,m}^+ + g_1^{(dn)} \mathrm{RS}_{t,d}^- + g_1^{(wn)} \mathrm{RS}_{t,w}^-$$
$$+ g_1^{(mn)} \mathrm{RS}_{t,m}^- + d_1 D_1 + \cdots + d_u D_u + \varepsilon_{i,t+K} \quad (11.11)$$

$$\overline{\mathrm{RV}}_{i,t+K} = c + g_1^{(dp)} \mathrm{RS}_{t,d}^+ + g_1^{(wp)} \mathrm{RS}_{t,w}^+ + g_1^{(mp)} \mathrm{RS}_{t,m}^+ + g_1^{(dn)} \mathrm{RS}_{t,d}^- + g_1^{(wn)} \mathrm{RS}_{t,w}^-$$
$$+ g_1^{(mn)} \mathrm{RS}_{t,m}^- + g_2^{(d)} J_{t,d} + d_1 D_1 + \cdots + d_u D_u + \varepsilon_{i,t+K} \quad (11.12)$$

其中，参考 Ewing 和 Malik（2017），$D_1,\cdots,D_u$ 为一组虚拟变量序列，在每个结构断点处取值为 1，其他情况取值为 0。

除此之外，为了实现波动率中不同结构状态之间的平滑转换，本章通过灵活傅里叶形式设定 HAR 族模型的截距项 c，将结构突变的强度、次数、形式、时间等的估计转化为最优频数的确定（Teterin et al.，2016），从而使模型的截距是时变和自适应的，实现对波动率中结构变化的描述[①]。参考陈浪南和杨科（2013），构建 FFF-HAR 族模型：

$$\overline{\mathrm{RV}}_{i,t+K} = c + g_1^{(d)} \mathrm{RV}_{t,d} + g_1^{(w)} \mathrm{RV}_{t,w} + g_1^{(m)} \mathrm{RV}_{t,m}$$
$$+ \sum_{i=1}^{k} \left(\phi_i \cos \frac{2\pi \mathrm{i} t}{T} + \psi_i \sin \frac{2\pi \mathrm{i} t}{T} \right) + \varepsilon_{i,t+K}$$
$$(11.13)$$

$$\overline{\mathrm{RV}}_{i,t+K} = c + g_1^{(d)} \mathrm{RV}_{t,d} + g_1^{(w)} \mathrm{RV}_{t,w} + g_1^{(m)} \mathrm{RV}_{t,m} + g_2^{(d)} J_{t,d}$$
$$+ \sum_{i=1}^{k} \left(\phi_i \cos \frac{2\pi \mathrm{i} t}{T} + \psi_i \sin \frac{2\pi \mathrm{i} t}{T} \right) + \varepsilon_{i,t+K}$$
$$(11.14)$$

$$\overline{\mathrm{RV}}_{i,t+K} = c + g_3^{(d)} C_{t,d} + g_3^{(w)} C_{t,w} + g_3^{(m)} C_{t,m} + g_2^{(d)} J_{t,d} + g_2^{(w)} J_{t,w} + g_2^{(m)} J_{t,m}$$
$$+ \sum_{i=1}^{k} \left(\phi_i \cos \frac{2\pi \mathrm{i} t}{T} + \psi_i \sin \frac{2\pi \mathrm{i} t}{T} \right) + \varepsilon_{i,t+K} \quad (11.15)$$

$$\overline{\mathrm{RV}}_{i,t+K} = c + g_1^{(dp)} \mathrm{RS}_{t,d}^+ + g_1^{(wp)} \mathrm{RS}_{t,w}^+ + g_1^{(mp)} \mathrm{RS}_{t,m}^+ + g_1^{(dn)} \mathrm{RS}_{t,d}^- + g_1^{(wn)} \mathrm{RS}_{t,w}^-$$
$$+ g_1^{(mn)} \mathrm{RS}_{t,m}^- + \sum_{i=1}^{k} \left(\phi_i \cos \frac{2\pi \mathrm{i} t}{T} + \psi_i \sin \frac{2\pi \mathrm{i} t}{T} \right) + \varepsilon_{i,t+K} \quad (11.16)$$

[①] 灵活傅里叶形式中三角函数项的主要形式为 $\sin(2\pi \mathrm{i} t/T)$ 和 $\cos(2\pi \mathrm{i} t/T)$，两者线性无关且正交，即正交基底，可以捕获任何可积函数的行为（Jone and Enders，2014）。Baillie 和 Morana（2009）指出尽管使用灵活傅里叶形式的建模过程是平滑的，但是它已被证明可以准确地估计结构突变，并且允许对结构变化进行有效的建模，而不用提前确定变化点的实际位置。

$$\overline{RV}_{i,t+K} = c + g_1^{(dp)} RS_{t,d}^+ + g_1^{(wp)} RS_{t,w}^+ + g_1^{(mp)} RS_{t,m}^+ + g_1^{(dn)} RS_{t,d}^- + g_1^{(wn)} RS_{t,w}^- + g_1^{(mn)} RS_{t,m}^-$$
$$+ g_2^{(d)} J_{t,d} + \sum_{i=1}^{k}\left(\phi_i \cos\frac{2\pi \mathrm{i} t}{T} + \psi_i \sin\frac{2\pi \mathrm{i} t}{T}\right) + d_1 D_1 + \cdots + d_u D_u + \varepsilon_{i,t+K}$$
(11.17)

其中，k 为累积三角频数；T 为样本容量。参考 Teterin 等（2016），由于结构突变往往位于频谱低端，k 一般较小，本章取 $k = 1, 2, 3, 4, 5$。

3. GARCH 族模型

为了比较不同类型的模型对油价波动率的预测精度，本章选用 GARCH(1,1) 模型作为对比模型，对波动率进行拟合和预测。

除此之外，本章在 GARCH(1,1) 模型的基础上，进一步考虑在条件方差方程中加入滞后 1 期的已实现波动率 $RV_{t-1,d}$ 作为解释变量，得到的 GARCH-RV(1,1) 模型的方差方程具体形式如下：

$$h_t = \alpha_0 + \alpha_1 \varepsilon_{t-1}^2 + \beta_1 h_{t-1} + RV_{t-1,d} \tag{11.18}$$

为了刻画油价波动率的结构突变，参考 Ewing 和 Malik（2017），本章将改进的 ICSS 算法所识别的结构断点和灵活傅里叶形式分别与 GARCH(1,1) 和 GARCH-RV(1,1) 模型相结合，得到的各模型方差方程具体形式如下：

$$h_t = \alpha_0 + d_1 D_1 + \cdots + d_u D_u + \alpha_1 \varepsilon_{t-1}^2 + \beta_1 h_{t-1} \tag{11.19}$$

$$h_t = \alpha_0 + \sum_{i=1}^{k}\left(\phi_i \cos\frac{2\pi \mathrm{i} t}{T} + \psi_i \sin\frac{2\pi \mathrm{i} t}{T}\right) + \alpha_1 \varepsilon_{t-1}^2 + \beta_1 h_{t-1} \tag{11.20}$$

$$h_t = \alpha_0 + d_1 D_1 + \cdots + d_u D_u + \alpha_1 \varepsilon_{t-1}^2 + \beta_1 h_{t-1} + RV_{t-1,d} \tag{11.21}$$

$$h_t = \alpha_0 + \sum_{i=1}^{k}\left(\phi_i \cos\frac{2\pi \mathrm{i} t}{T} + \psi_i \sin\frac{2\pi \mathrm{i} t}{T}\right) + \alpha_1 \varepsilon_{t-1}^2 + \beta_1 h_{t-1} + RV_{t-1,d} \tag{11.22}$$

其中，$D_1, \cdots, D_u$ 为一组虚拟变量序列，在每个结构断点处取值为 1，其他情况取值为 0；$RV_{t-1,d}$ 为滞后 1 期的已实现波动率。

4. 均值组合模型

为了探索能够更好地描述原油市场结构变化特点的模型，参考 Zhang 等（2019a），本章采用均值组合方法分别对考虑结构变化的 10 个 HAR 族模型和 4 个 GARCH 族模型进行组合，得到均值组合模型。以 HAR 族组合模型为例，t 时刻组合后的预测值为 FFF-HAR-RV 和 SB-HAR-RV 等 10 个模型在 t 时刻所得预测值的均值，即均值组合预测方程为 $\hat{h}_{t,\text{combine-HAR-type}} = \frac{1}{10}(\hat{h}_{t,\text{FFF-HAR-RV}} + \cdots + \hat{h}_{t,\text{FFF-HAR-RS-J}} + \hat{h}_{t,\text{SB-HAR-RV}} + \cdots + \hat{h}_{t,\text{SB-HAR-RS-J}})$。

5. 损失函数

参考 Hansen 和 Lunde（2005），本章采用多种损失函数评价预测误差，损失函数越小表示预测误差越小，即模型具有更好的预测能力。损失函数具体形式如下：

$$\text{MSE1} = \frac{1}{N} \sum_{t=T-N+1}^{T} (\sqrt{\hat{h}_t} - \sqrt{h_t})^2 \tag{11.23}$$

$$\text{MSE2} = \frac{1}{N} \sum_{t=T-N+1}^{T} (\hat{h}_t - h_t)^2 \tag{11.24}$$

$$\text{MAE} = \frac{1}{N} \sum_{t=T-N+1}^{T} |\hat{h}_t - h_t| \tag{11.25}$$

$$\text{QLIKE} = \frac{1}{N} \sum_{t=T-N+1}^{T} (\ln \hat{h}_t - h_t/\hat{h}_t)^2 \tag{11.26}$$

$$R^2\text{LOG} = \frac{1}{N} \sum_{t=T-N+1}^{T} (\ln(h_t/\hat{h}_t))^2 \tag{11.27}$$

其中，h_t 为 t 时期波动率的真实值；$\hat{h}_t$ 为 t 时期波动率的预测值；T 和 N 分别为样本总区间和样本外预测值数目。

11.3.2 数据说明

本章使用的数据为 WTI 连续原油期货交易合约的 5 分钟高频数据，选取的样本区间为 2007 年 2 月 1 日～2018 年 4 月 1 日，其中，2007 年 2 月 1 日～2014 年 1 月 31 日为样本内估计区间，2014 年 2 月 1 日～2018 年 4 月 1 日为样本外预测区间。按照已实现波动率的估计与分解方法对高频数据进行计算，得到多个变量并对其进行描述性统计，结果如表 11.1 所示。可以看出，各变量的峰度、偏度均偏离标准正态分布，表现出明显的尖峰厚尾特征；J-B 统计量在 1% 的水平下均显著，同样证明了各变量明显呈非正态分布，存在厚尾分布的特征；$Q(10)$ 统计量表明各变量的自相关性较强，即 WTI 原油期货市场具有明显的长记忆特征；ADF 检验的结果表明所有变量都显著拒绝存在单位根的原假设，即各序列均是平稳的。参考 Wen 等（2016），本章将已实现波动率作为油价真实波动率的代理变量。

表 11.1 WTI 原油市场高频数据各变量描述性统计结果

变量	均值	标准差	偏度	峰度	J-B 统计量	$Q(10)$	ADF 统计量
$RV_{t,d}$	2.6743	4.0973	4.2815	26.8213	77134.05***	14524.00***	−2.8724**
$RV_{t,w}$	2.6752	3.6256	3.7639	19.9105	41187.69***	24461.00***	−2.9586**

续表

变量	均值	标准差	偏度	峰度	J-B 统计量	$Q(10)$	ADF 统计量
$RV_{t,m}$	2.6758	3.4775	3.7021	18.1966	34148.45***	28021.00***	−2.9731**
$C_{t,d}$	2.5464	4.0240	4.4024	27.9214	84094.77***	15923.00***	−2.8063*
$C_{t,w}$	2.5474	3.6209	3.8194	20.3343	43134.62***	24930.00***	−2.9288**
$C_{t,m}$	2.5481	3.4876	3.7243	18.3798	34896.89***	28042.00***	−3.0949**
$J_{t,d}$	0.1278	0.6725	9.5261	121.4300	173219.0***	46.67***	−27.5867***
$J_{t,w}$	0.1277	0.3292	4.9879	35.3057	137141.9***	4461.80***	−7.6170***
$J_{t,m}$	0.1277	0.1717	2.6928	12.8042	14952.82***	18844.00***	−5.0020***
$RS_{t,d}^{+}$	1.3377	2.3195	5.7814	54.8514	339571.0***	8242.50***	−3.3756**
$RS_{t,w}^{+}$	1.3382	1.8557	3.6982	19.5231	39396.11***	21603.00***	−2.9695**
$RS_{t,m}^{+}$	1.3387	1.7298	3.5554	16.9670	29354.48***	27760.00***	−2.7383**
$RS_{t,d}^{-}$	1.3365	2.1439	4.4148	29.3657	93063.73***	12798.00***	−3.2765***
$RS_{t,w}^{-}$	1.3369	1.8531	3.9589	22.4653	53083.06***	23838.00***	−2.7838**
$RS_{t,m}^{-}$	1.3371	1.7648	3.8240	19.3965	39117.35***	27983.00***	−2.7056**

***、**、*分别代表在 1%、5%和 10%的水平下显著

注：$Q(10)$表示各变量序列的滞后阶数为 10 的 L-B 统计量

11.4 基于 HAR 族模型的国际油价波动率预测结果分析

11.4.1 国际油价结构断点识别

本章采用改进的 ICSS 算法识别 WTI 油价波动率序列中存在的 5 个结构断点，并依此将样本期划分为 6 个区间，具体结果见表 11.2。其中，2008 年 9 月的全球金融危机爆发和 2014 年 7 月的世界经济低迷及美国页岩油产量增长这两个事件导致油价波动率序列出现较为明显的结构断点。这也验证了大多数研究的观点：油价往往由突发事件或者外界冲击产生结构突变（Ewing and Malik，2010）。

表 11.2 WTI 油价波动率序列的结构断点识别结果

序号	突变点	时间段	标准差
—	—	2007/2/1～2008/9/15	5.317
1	2008/9/15	2008/9/16～2009/10/20	23.450

续表

序号	突变点	时间段	标准差
2	2009/10/20	2009/10/21～2011/11/4	2.014
3	2011/11/4	2011/11/5～2012/11/20	4.982
4	2012/11/20	2012/11/21～2014/7/23	1.930
5	2014/7/23	2014/7/24～2018/4/1	6.742

11.4.2 国际油价波动率样本内估计结果

前面的描述性统计结果表明，WTI 期货市场的已实现波动率具有非线性特征和长记忆性。基于此，使用 HAR 族模型对 WTI 油价的已实现波动率进行建模是合理的。因此，为了刻画 WTI 油价波动率的结构突变特征，判断考虑结构突变对 HAR 族模型样本内估计能力的影响，本节将 ICSS 算法分别与 HAR 族模型结合对油价波动率进行拟合。根据式（11.3）～式（11.12），运用 OLS 回归对 HAR 族模型和考虑结构突变的 HAR 族模型的参数进行估计，且使用纽维-韦斯特（Newey-West）的异方差-自相关一致（heteroskedasticity and autocorrelation consistent，HAC）办法修正参数的标准差和 t 统计量，并比较两者的样本内估计结果，各模型的结果分别见表 11.3～表 11.5。主要有以下发现。

（1）油价波动率具有持续性和杠杆效应。如表 11.3～表 11.5 所示，通过观察 HAR 族模型的参数估计结果，可以发现日已实现波动率 $RV_{t,d}$、周已实现波动率 $RV_{t,w}$ 和月已实现波动率 $RV_{t,m}$ 的系数大部分显著且为正值，说明油价波动率具有明显的持续性。此外，从表 11.3～表 11.5 中 HAR-RS、HAR-RS-J、SB-HAR-RS、SB-HAR-RS-J 等模型的估计结果可以看出，相较于负已实现半方差 $RS_{t,d}^-$、$RS_{t,w}^-$、$RS_{t,m}^-$ 的系数，正已实现半方差 $RS_{t,d}^+$、$RS_{t,w}^+$、$RS_{t,m}^+$ 的系数大多不显著，说明相较于正已实现半方差，负已实现半方差中包含更多的对原油期货未来价格波动的样本内估计信息，即原油期货市场存在明显的杠杆效应，好消息和坏消息对该市场的冲击不同。

（2）原油期货市场具有明显的结构突变现象，且加入结构断点后模型的估计效果更好。如表 11.3～表 11.5 所示，加入结构断点的 HAR 族模型的调整后的 R^2 均大于对应的未加入结构断点的 HAR 族模型，说明考虑结构突变的 HAR 族模型具有较好的样本内估计效果。

（3）原油期货市场存在日内跳跃现象，且考虑日内跳跃风险有助于提高模型的样本内估计效果。如表 11.3～表 11.5 所示，通过对比 HAR-RV、HAR-RS 模型和 HAR-RV-J、HAR-RS-J 模型的估计结果，可以发现日内离散跳跃方差 $J_{t,d}$ 的系数都显著为负，且加入跳跃因素后的 HAR-RV-J、HAR-RS-J 模型的调整后的 R^2 大于 HAR-RV 和 HAR-RS 模型，说明考虑跳跃风险有助于提高模型的拟合效果。

第11章 基于HAR族模型的结构变化对国际油价波动率预测建模的影响研究

表11.3 HAR族模型的样本内拟合结果（向前1天）

参数	HAR-RV	HAR-RV-J	HAR-CJ	HAR-RS	HAR-RS-J	SB-HAR-RV	SB-HAR-RV-J	SB-HAR-CJ	SB-HAR-RS	SB-HAR-RS-J
c	0.0749 (0.9700)	0.1128 (1.5000)	0.1538* (1.9200)	0.0985 (1.3100)	0.1351 (0.0660)	0.1907 (1.1400)	0.2589 (1.5800)	0.7413*** (3.1000)	0.2006 (1.2000)	
$RV_{t,d}$	0.0355 (0.6400)	0.0708 (1.1700)				0.0349 (0.6300)	0.0703 (1.1600)			
$RV_{t,w}$	0.5143*** (4.2200)	0.4987*** (4.1700)				0.5132*** (4.2000)	0.4973*** (4.1500)			
$RV_{t,m}$	0.4218*** (4.0000)	0.4019*** (3.8300)				0.3914*** (3.5200)	0.3723*** (3.3600)			
$C_{t,d}$			0.0582 (0.9600)					0.0577 (0.9500)		
$C_{t,w}$			0.5328*** (4.2800)					0.5322*** (4.2700)		
$C_{t,m}$			0.3796*** (3.5200)					0.3498*** (3.0900)		
$J_{t,d}$		−0.3328*** (−3.7400)	−0.1553 (−1.6300)		−0.3306*** (0.0000)		−0.3346*** (−3.7200)	−0.1557* (−1.6400)		−0.3335*** (−3.5700)
$J_{t,w}$			0.0283 (0.0800)					0.0297 (0.0800)		
$J_{t,m}$			0.4139 (0.9990)					0.2613 (0.5500)		
$RS_{t,d}^+$				−0.0315 (−0.3100)	−0.0021 (0.9840)				−0.0320 (−0.3100)	−0.0023 (−0.0200)

续表

参数	HAR-RV	HAR-RV-J	HAR-CJ	HAR-RS	HAR-RS-J	SB-HAR-RV	SB-HAR-RV-J	SB-HAR-CJ	SB-HAR-RS	SB-HAR-RS-J
$RS^+_{t,w}$				0.4758** (2.1500)	0.4554** (2.1335)				0.4682** (2.1600)	0.4573** (2.1200)
$RS^+_{t,m}$				−0.2449 (−0.9500)	−0.2304 (−0.3660)				−0.2651 (−1.0300)	−0.2501 (−0.9900)
$RS^-_{t,d}$				0.1205 (1.3100)	0.1636* (1.6855)				0.1196 (1.3000)	0.1632* (1.7800)
$RS^-_{t,w}$				0.4397** (1.9808)	0.4282* (1.8360)				0.4364* (1.9300)	0.4249* (1.9000)
$RS^-_{t,m}$				1.1635*** (3.3800)	1.1085*** (3.8760)				1.1282*** (3.2400)	1.0742*** (3.1100)
Adj.R^2	0.3352	0.3676	0.3771	0.3479	0.3737	0.6870	0.7291	<u>0.7493</u>	0.6915	0.7343

***、**和*分别代表在1%、5%和10%的水平下统计显著。Adj.R^2为各模型调整后的R^2。加下划线的数字表示该模型的R^2最大。

注：小括号内为t值；

表 11.4　HAR 族模型的样本内拟合结果（向前 5 天）

参数	HAR-RV	HAR-RV-J	HAR-CJ	HAR-RS	HAR-RS-J	SB-HAR-RV	SB-HAR-RV-J	SB-HAR-CJ	SB-HAR-RS	SB-HAR-RS-J
c	0.1066* (1.8400)	0.1374** (2.4300)	0.2146*** (4.1100)	0.1420** (2.5200)	0.1694*** (3.1200)	0.2567** (2.0500)	0.3120** (2.5600)	0.3482*** (2.5800)	0.2717** (2.2200)	0.3221*** (2.7200)
$RV_{t,d}$	0.0836** (2.2100)	0.1122** (2.5700)				0.0828** (2.1900)	0.1115** (2.5600)			
$RV_{t,w}$	0.3924*** (5.2600)	0.3797*** (5.0800)				0.3909*** (5.3200)	0.3779*** (5.1400)			0.0005*** (2.8815)
$RV_{t,m}$	0.4847*** (6.8100)	0.4685*** (6.4700)				0.4483*** (6.1100)	0.4328*** (5.7900)			
$C_{t,d}$			0.0693* (1.8800)					0.1001** (2.3100)		
$C_{t,w}$			0.4889*** (6.0600)					0.4088*** (5.2200)		
$C_{t,m}$			0.4491*** (8.8930)					0.4131*** (5.3700)		
$J_{t,d}$		-0.2705*** (-3.5100)	-0.0575 (-0.9900)		-0.2477*** (-3.5000)		-0.2710*** (-3.5600)	-0.6454 (-1.0700)		-0.2495*** (-3.5500)
$J_{t,w}$			-0.0034 (-0.0200)					-0.0773 (-0.3500)		
$J_{t,m}$			1.0709*** (3.2500)					0.6120* (1.6700)		
$RS_{t,d}^+$				-0.0922 (-1.4300)	0.1143* (1.6600)				0.0917 (1.4400)	0.1139* (1.6800)

续表

参数	HAR-RV	HAR-RV-J	HAR-CJ	HAR-RS	HAR-RS-J	SB-HAR-RV	SB-HAR-RV-J	SB-HAR-CJ	SB-HAR-RS	SB-HAR-RS-J
$RS_{t,w}^+$				0.2525** (2.0008)	0.2372* (1.9100)				0.2558** (2.0700)	0.2399** (1.9700)
$RS_{t,m}^+$				−0.5160*** (−2.6500)	−0.5051*** (−2.6100)				−0.5377*** (−2.8000)	−0.5265*** (−2.7500)
$RS_{t,d}^-$				0.0668 (1.4200)	0.1636 (0.0740)				0.0657 (1.4200)	0.0983** (2.0200)
$RS_{t,w}^-$				0.4199*** (2.9000)	0.4112*** (2.8700)				0.4159*** (2.9900)	0.4073*** (2.9600)
$RS_{t,m}^-$				1.5754*** (6.5100)	1.5343*** (6.3000)				1.5316*** (6.4200)	−1.4912*** (−6.2100)
Adj.R^2	0.7340	0.7492	0.7632	0.7485	0.7584	0.8971	0.8981	0.8983	0.9028	<u>0.9037</u>

***、**和*分别代表在1%、5%和10%的水平上统计显著；Adj.R^2为各模型调整后的R^2，加下划线的数字表示该模型的R^2最大

注：小括号内为t值；

表 11.5 HAR 族模型的样本内拟合结果（向前 22 天）

参数	HAR-RV	HAR-RV-J	HAR-CJ	HAR-RS	HAR-RS-J	SB-HAR-RV	SB-HAR-RV-J	SB-HAR-CJ	SB-HAR-RS	SB-HAR-RS-J
c	0.2252*** (4.3700)	0.2491*** (4.9000)	0.1517*** (4.3090)	0.2724*** (5.5100)	0.2923*** (6.0200)	0.4976*** (4.8900)	0.5396*** (5.3700)	0.4564*** (4.1700)	0.5172*** (5.3500)	0.5531*** (5.8200)
$RV_{t,d}$	0.0567* (1.7700)	0.0789** (2.1600)				0.0552* (1.7800)	0.0770** (2.1800)			
$RV_{t,w}$	0.4732*** (6.3900)	0.4633*** (6.1800)				0.4700*** (6.7100)	0.4602*** (6.4800)			
$RV_{t,m}$	0.3896*** (6.2800)	0.3771*** (5.9900)				0.3252*** (5.2700)	0.3134*** (5.0100)			
$C_{t,d}$			0.1009** (2.3240)					0.0674* (1.8900)		
$C_{t,w}$			0.4101*** (5.7532)					0.4854*** (6.3600)		
$C_{t,m}$			0.4491*** (4.8642)					0.2978*** (4.5600)		
$J_{t,d}$		−0.2097*** (−3.1800)	−0.0655 (−0.3020)		−0.1792*** (−3.2400)		−0.2062*** (−3.3300)	−0.0564 (−1.0800)		
$J_{t,w}$			−0.0783 (−0.7320)					−0.0030 (−0.0200)		
$J_{t,m}$			0.7123** (2.4453)					1.0670*** (3.0300)		
$RS_{t,d}^+$				0.0671 (1.3400)	0.0831 (1.5600)				0.0662 (1.3900)	0.0820 (1.6200)

续表

参数	HAR-RV	HAR-RV-J	HAR-CJ	HAR-RS	HAR-RS-J	SB-HAR-RV	SB-HAR-RV-J	SB-HAR-CJ	SB-HAR-RS	SB-HAR-RS-J
$RS^+_{t,w}$				0.2649** (2.1000)	0.2539** (2.0100)				0.2711** (1.9900)	0.2598** (2.1600)
$RS^+_{t,m}$				−0.9336*** (−5.1700)	−0.9257*** (−5.1300)				−0.9664*** (−5.5500)	−0.9584*** (−5.5000)
$RS^-_{t,d}$				0.0369 (0.7400)	0.0603 (1.1300)				0.0349 (0.7300)	0.0581 (1.1500)
$RS^-_{t,w}$				0.5288*** (3.8800)	0.5225*** (3.8600)				0.5213*** (4.1500)	0.5151*** (4.1300)
$RS^-_{t,m}$				1.8341*** (8.1600)	1.8042*** (8.0100)				1.7466*** (8.2300)	−1.7179*** (−8.2600)
Adj.R^2	0.7777	0.7984	0.8278	0.8149	0.8256	0.8657	0.8670	0.8679	0.8824	<u>0.8835</u>

***、**和*分别代表在1%、5%和10%的水平下统计显著；小括号内为估计系数的 t 值；Adj.R^2 为各模型调整后的 R^2，加下划线的数字表示该模型的 R^2 最大

另外，通过分析各模型向前1天、向前5天、向前22天的估计结果，可以发现，周和月滞后变量起着重要作用，考虑跳跃因素和杠杆效应的 SB-HAR-RS-J 模型大多数情况下具有更好的估计效果。从表11.3～表11.5中可以看出，首先，大多数周、月滞后变量的系数显著，大多数日滞后变量的系数不显著，且相较于离散跳跃方差，连续样本路径方差的系数更显著，表明周、月滞后变量和连续样本路径包含更多的样本内估计信息；其次，调整后的 R^2 表明，SB-HAR-CJ、SB-HAR-RS-J 模型相较于其他模型往往显示出较强的样本内估计能力，而未考虑结构突变和跳跃因素的 HAR-RV 和 HAR-RS 模型估计效果相对较差。

11.4.3 国际油价波动率样本外预测结果

为了刻画 WTI 油价波动率的结构突变特征，判断不同的结构突变处理方法能否提高 HAR 族模型对油价波动率的预测性能，本节首先将改进的 ICSS 算法和灵活傅里叶形式分别与 HAR 族模型结合对油价波动率进行预测，并选用 GARCH(1,1) 和均值组合模型作为对比模型，以比较不同类型模型的预测精度。其次，本节采用滚动窗口预测法，计算不同损失函数下各模型向前 K 步（$K=1,5,22$）预测的损失函数，从而评价各模型对样本外波动率的预测能力，结果如表11.6～表11.8所示，分别为各模型向前1步、5步、22步预测误差，有如下发现。

表 11.6 HAR 族模型的向前 1 步预测误差

损失函数	k	MSE1	MSE2	MAE	QLIKE	R²LOG
A：未考虑结构变化的各模型向前1步预测误差						
HAR-RV		0.2857	4.9831	1.1946	1.5646	0.3445
HAR-CJ		<u>0.2039</u>	<u>4.1127</u>	0.9829	<u>0.9392</u>	<u>0.3335</u>
HAR-RV-J		0.2116	4.2689	<u>0.9794</u>	1.3971	0.3961
HAR-RS		0.2154	4.3453	1.0177	1.3823	0.4143
HAR-RS-J		0.2070	4.3780	1.0115	1.2143	0.3844
GARCH		0.6452	6.9064	2.1195	1.3312	0.7548
GARCH-RV		0.5045	5.1471	3.4041	1.3241	0.6041
B：加入结构断点的各模型向前1步预测误差						
SB-HAR-RV		0.2192	4.4640	1.0731	1.3192	0.4066
SB-HAR-CJ		<u>0.1979</u>	4.2891	<u>0.9410</u>	<u>0.7818</u>	0.3690
SB-HAR-RV-J		0.2291	<u>4.0107</u>	1.0765	1.3768	0.4627
SB-HAR-RS		0.2275	4.3513	1.0599	1.3259	0.4521

续表

损失函数	k	MSE1	MSE2	MAE	QLIKE	R²LOG
SB-HAR-RS-J		0.2192	4.4640	1.0731	1.3192	<u>0.3566</u>
SB-GARCH		0.5176	6.8729	3.0369	1.4143	1.1455
SB-GARCH-RV		0.5061	5.9060	3.5891	1.3284	1.0273
C：加入灵活傅里叶形式的各模型向前1步预测误差						
FFF-HAR-RV	2	<u>0.1908</u>	4.3011	0.9187	1.3088	0.3921
FFF-HAR-CJ	1	0.2112	<u>4.1258</u>	<u>0.8085</u>	<u>0.7318</u>	<u>0.2556</u>
FFF-HAR-RV-J	3	0.1974	4.1272	0.9834	0.7468	0.3869
FFF-HAR-RS	1	0.2106	4.1167	0.9972	0.9362	0.2841
FFF-HAR-RS-J	2	0.1928	4.3400	0.8531	0.9194	0.2976
FFF-GARCH	2	0.6736	6.3729	1.0294	1.1309	1.1837
FFF-GARCH-RV	4	0.4460	5.1483	2.5492	1.3902	0.9374
D：均值组合模型向前1步预测误差						
HAR 族组合模型		<u><u>0.0885</u></u>	<u><u>2.2459</u></u>	<u><u>0.5492</u></u>	<u><u>0.6143</u></u>	<u><u>0.1263</u></u>
GARCH 族组合模型		0.4192	1.7676	0.8175	0.9006	0.6695

注：加单下划线的数字表示此模型在同组的模型中损失函数最小，加双下划线的数字表示此模型在所有模型中的损失函数最小

表 11.7　HAR 族模型的向前 5 步预测误差

损失函数	k	MSE1	MSE2	MAE	QLIKE	R²LOG
A：未考虑结构变化的各模型向前5步预测误差						
HAR-RV		0.1231	1.5437	0.8517	0.8915	0.2461
HAR-CJ		0.1262	1.5340	<u>0.8480</u>	<u>0.8206</u>	<u>0.2582</u>
HAR-RV-J		0.1266	1.5588	0.8592	0.9914	0.2581
HAR-RS		0.1224	1.5487	0.8513	0.8814	0.2429
HAR-RS-J		<u>0.1192</u>	<u>1.5006</u>	0.8498	0.8310	0.2484
GARCH		1.1316	7.0005	3.8941	1.5980	1.5412
GARCH-RV		0.9088	5.9367	3.5892	1.4586	1.3217
B：加入结构断点的各模型向前5步预测误差						
SB-HAR-RV		0.1229	1.4881	0.8282	0.9688	0.2494
SB-HAR-CJ		<u>0.1056</u>	1.4302	0.8009	0.8451	<u>0.2141</u>
SB-HAR-RV-J		0.1164	1.4636	0.8066	0.9331	0.2282
SB-HAR-RS		0.1120	1.4415	0.7995	0.8606	0.2164

第11章 基于HAR族模型的结构变化对国际油价波动率预测建模的影响研究

续表

损失函数	k	MSE1	MSE2	MAE	QLIKE	R²LOG
SB-HAR-RS-J		0.1101	<u>1.4010</u>	<u>0.7965</u>	<u>0.7484</u>	0.2257
SB-GARCH		1.1500	6.9541	3.8659	1.5779	1.3064
SB-GARCH-RV		0.6703	4.6222	2.9080	1.4706	0.8686
C：加入灵活傅里叶形式的各模型向前5步预测误差							
FFF-HAR-RV	3	0.1228	1.3865	0.8401	0.9617	0.2253
FFF-HAR-CJ	1	0.0941	<u>1.3836</u>	0.8229	<u>0.8094</u>	<u>0.2085</u>
FFF-HAR-RV-J	2	0.1090	1.3936	0.7996	0.8371	0.2091
FFF-HAR-RS	2	0.1192	1.4127	0.7200	0.8461	0.2138
FFF-HAR-RS-J	1	<u>0.0815</u>	1.3862	<u>0.6832</u>	0.8148	0.2097
FFF-GARCH	4	0.9645	5.9841	3.1324	1.5302	1.2866
FFF-GARCH-RV	1	0.6418	4.2660	2.5762.	1.4063	1.0997
D：均值组合模型向前5步预测误差							
HAR族组合模型		<u>0.0558</u>	<u>0.9380</u>	<u>0.4791</u>	<u>0.6904</u>	<u>0.1463</u>
GARCH族组合模型		0.4800	2.9721	1.0479	1.6603	0.8842

注：加单下划线的数字表示此模型在同组的模型中损失函数最小，加双下划线的数字表示此模型在所有模型中的损失函数最小

表 11.8 HAR族模型的向前22步预测误差

损失函数	k	MSE1	MSE2	MAE	QLIKE	R²LOG
A：未考虑结构变化的各模型向前22步预测误差							
HAR-RV		0.0999	1.2448	0.7591	0.8225	0.1916
HAR-CJ		0.0961	1.1796	0.7464	0.8925	0.1900
HAR-RV-J		0.0987	1.2197	0.7545	0.8302	0.1922
HAR-RS		0.0991	1.2378	0.7560	0.8149	0.1902
HAR-RS-J		<u>0.0850</u>	<u>1.0873</u>	<u>0.7046</u>	<u>0.7046</u>	<u>0.1678</u>
GARCH		1.4888	9.8707	3.7737	1.7623	1.6851
GARCH-RV		0.9929	5.1072	3.7248	1.7284	1.5041
B：加入结构断点的各模型向前22步预测误差							
SB-HAR-RV		0.0913	1.1567	0.7414	0.6922	0.1642
SB-HAR-CJ		0.0884	1.1222	0.7248	0.6811	0.1583

续表

损失函数	k	MSE1	MSE2	MAE	QLIKE	R²LOG
SB-HAR-RV-J		0.0903	1.1426	0.7360	0.6969	0.1631
SB-HAR-RS		0.0906	1.1470	0.7400	0.6868	0.1633
SB-HAR-RS-J		<u>0.0801</u>	<u>0.9999</u>	<u>0.6851</u>	<u>0.5746</u>	<u>0.1564</u>
SB-GARCH		1.1214	8.1725	3.8974	2.1426	1.9284
SB-GARCH-RV		0.8034	7.5618	2.9276	2.0111	1.7590
C：加入灵活傅里叶形式的各模型向前 22 步预测误差					
FFF-HAR-RV	2	0.1035	1.1371	0.7399	0.6792	0.1528
FFF-HAR-CJ	1	0.0682	1.1003	0.6511	0.6882	<u>0.1397</u>
FFF-HAR-RV-J	3	0.0863	1.1288	0.7122	0.6896	0.1535
FFF-HAR-RS	4	0.0871	1.1370	0.7339	0.6494	0.1472
FFF-HAR-RS-J	2	<u>0.0811</u>	<u>0.9702</u>	<u>0.6793</u>	<u>0.5714</u>	0.1498
FFF-GARCH	1	0.9123	7.6603	3.6610	2.1003	1.1878
FFF-GARCH-RV	1	0.6188	6.3914	3.2569	1.8535	0.8527
D：均值组合模型向前 22 步预测误差					
HAR 族组合模型		<u><u>0.0576</u></u>	<u><u>0.6354</u></u>	<u><u>0.4363</u></u>	<u><u>0.4920</u></u>	<u><u>0.0916</u></u>
GARCH 族组合模型		0.5900	4.9416	1.9753	1.6098	1.2627

注：加单下划线的数字表示此模型在同组的模型中损失函数最小，加双下划线的数字表示此模型在所有模型中的损失函数最小

（1）考虑结构变化和跳跃风险因素可以显著提高现有 HAR-RV、HAR-RS 等模型的预测能力。如表 11.6～表 11.8 所示，通过比较不考虑结构突变和跳跃风险的 HAR 族模型（HAR-RV、HAR-RS 模型）和相应的考虑这两种因素的 HAR 族模型（SB-HAR-RV-J、SB-HAR-RS-J 模型）对油价波动率的预测精度，可以发现不同预测步长下的 SB-HAR-RV-J 和 SB-HAR-RS-J 模型的损失函数大多小于 HAR-RV 和 HAR-RS 模型的损失函数。

（2）相较于考虑结构断点的 HAR 族模型，考虑平滑转换的 HAR 族模型的预测性能较优，且在不同预测步长下，同时使用连续样本路径方差和离散跳跃方差的 FFF-HAR-CJ 模型往往具有更优的预测性能。如表 11.6 所示，在 1 步预测中，除损失函数 MSE1 外，C 组 HAR 族模型的损失函数均小于 B 组 HAR 族模型的损失函数，且 FFF-HAR-CJ 模型或 FFF-HAR-RV-J 模型的多数损失函数相对更小。在多步预测中，如表 11.7 和表 11.8 所示，C 组 HAR 族模型的损失函数大多数情况下同样小于 B 组 HAR 族模型的损失函数，且 FFF-HAR-RS-J 模型或 FFF-HAR-CJ 模型具

有最优的预测性能。除此之外，表 11.6~表 11.8 的结果表明，在 FFF-HAR 族模型中，最优 k 一般为 1 或 2，说明低频三角函数就能够较好地捕捉油价波动率的结构变化，而三角函数项增加时，反而可能出现过度拟合的现象（Enders and Lee，2012）。

（3）相较于考虑结构变化的单一模型，均值组合模型通常具备更优的预测性能，且在不同预测步长下表现均稳健。如表 11.6~表 11.8 所示，通过比较 D 组中均值组合模型和 A、B、C 组中单一模型对油价波动率的预测精度，可以发现不论是 HAR 族模型还是 GARCH(1,1)模型，均值组合模型得到的损失函数均明显小于单一模型得到的损失函数。该结果说明均值组合模型更有利于油价波动率的预测，且在考虑结构变化时，同时加入灵活傅里叶形式与结构断点的均值组合模型可以有效解决该问题，即不同的单一模型受结构变化的影响程度可能会不同，从而取得更高的预测精度。

（4）相较于 GARCH 族模型，HAR 族模型在短期、中期和长期波动率的样本外预测中都具有更高的预测精度，而使用低频数据的 GARCH 族模型即便加入已实现波动率作为额外的解释变量，预测精度仍低于 HAR 族模型。如表 11.6~表 11.8 所示，HAR 族模型预测所得的损失函数明显小于 GARCH 族模型，损失函数 MSE、MAE 的结果比较更加支持此观点。除此之外，通过比较 GARCH 模型与 GARCH-RV 模型的结果，可以发现高频数据中包含的日内交易信息显著提高 GARCH 族模型的预测性能。结果也表明，GARCH 族模型往往在短期预测中取得较好的预测结果，而 HAR 族模型更适合长期预测。

综上所述，对 HAR 族模型，当考虑油价波动率的结构突变进行预测时，平滑转换是一种有效的方式，可以得到与第 10 章类似的结论。相较于识别和加入结构断点的方式，灵活傅里叶形式的加入可以更好地捕捉油价波动率中平滑结构变化和结构突变等多种程度的结构变化行为，并将平滑结构变化和结构突变的强度、次数、形式、时间等的估计转化为最优频数的确定，减小结构变化识别不准确带来的误差，进而提高 HAR 族模型的预测精度。

11.4.4 稳健性检验

首先，为了探究本章核心结果是否稳健，本节尝试选用不同的滚动窗口长度重新进行样本外预测，即将样本外预测区间更改为 2012 年 4 月 1 日~2018 年 4 月 1 日，对应的样本内估计区间为 2007 年 2 月 1 日~2012 年 3 月 31 日，向前 1 步的预测结果见表 11.9。通过比较多种损失函数的结果，可以发现在更改滚动窗口长度后，FFF-HAR 族模型仍然表现出优于其他模型的预测能力，且 FFF-HAR 和 SB-HAR 族模型均提高了 HAR 族模型的拟合和预测性能。以上结果表明，在选用不同的滚动窗口长度时，本章得到的核心结果是稳健的。

表 11.9　新的滚动窗口下 HAR 族模型的向前 1 步预测误差

损失函数	k	MSE1	MSE2	MAE	QLIKE	R²LOG
A：未考虑结构变化的各模型向前 1 步预测误差							
HAR-RV		0.3175	5.5427	1.4496	1.9375	0.5099
HAR-CJ		0.2565	5.0183	<u>1.2842</u>	<u>1.6883</u>	<u>0.4260</u>
HAR-RV-J		<u>0.2527</u>	4.9689	1.3031	1.8229	0.4567
HAR-RS		0.2685	5.0018	1.3771	1.8713	0.4488
HAR-RS-J		0.2600	<u>4.8700</u>	1.3709	1.7639	0.4394
GARCH		0.6883	7.2641	3.3925	2.1346	0.9568
GARCH-RV		0.6949	7.0471	3.5172	2.0704	0.9142
B：加入结构断点的各模型向前 1 步预测误差							
SB-HAR-RV		0.2874	4.9331	1.2432	1.7302	0.4867
SB-HAR-CJ		0.2490	<u>4.5027</u>	<u>1.0514</u>	1.5001	<u>0.4105</u>
SB-HAR-RV-J		0.2573	4.6405	1.1348	<u>1.3792</u>	0.4397
SB-HAR-RS		0.2495	4.7753	1.1109	1.4882	0.4200
SB-HAR-RS-J		<u>0.2192</u>	4.7442	1.1235	1.4442	0.4260
SB-GARCH		0.6337	7.0193	3.0509	1.9403	0.9381
SB-GARCH-RV		0.6010	6.8362	3.4873	1.8893	0.8230
C：加入灵活傅里叶形式的各模型向前 1 步预测误差							
FFF-HAR-RV	2	0.2581	4.6881	1.1170	1.5808	0.4021
FFF-HAR-CJ	3	0.2269	4.5195	1.0005	<u><u>1.0129</u></u>	<u><u>0.2607</u></u>
FFF-HAR-RV-J	2	0.2183	4.5461	1.1680	1.0294	0.2711
FFF-HAR-RS	3	<u>0.2036</u>	4.4773	1.0626	1.1394	0.2732
FFF-HAR-RS-J	2	0.2138	4.6000	<u>0.9732</u>	1.3783	0.3186
FFF-GARCH	1	0.6399	6.6483	1.8542	1.8854	1.3665
FFF-GARCH-RV	2	0.6143	6.7203	1.5008	1.8075	0.9469
D：均值组合模型向前 1 步预测误差							
HAR 族组合模型		<u><u>0.1174</u></u>	<u><u>3.5425</u></u>	<u><u>0.6088</u></u>	<u><u>0.8824</u></u>	<u><u>0.1943</u></u>
GARCH 族组合模型		0.5236	5.9902	1.2964	1.4200	0.6258

注：加单下划线的数字表示此模型在同组的模型中损失函数最小，加双下划线的数字表示此模型在所有模型中的损失函数最小。

其次，本节运用 DM 统计量检验基于不同损失函数的不同预测模型在不同预测步长上的预测能力，结果见表 11.10。其中，DM 检验的原假设为：两个模型预测能力的差异在统计学上不显著，拒绝原假设则意味着它们的预测误差之间存在显著差异，且比较模型的预测误差显著小于基准模型的预测误差。结果如下。

表 11.10　不同波动率预测模型的 DM 检验结果

损失函数	$K=1$ MSE2	$K=1$ MAE	$K=5$ MSE2	$K=5$ MAE	$K=22$ MSE2	$K=22$ MAE
A：以 HAR-RV 模型作为基准模型							
HAR-CJ	−0.8704***	−0.2117***	−0.0097*	−0.0037	−0.0692**	−0.0127**
HAR-RV-J	−0.7142***	−0.2152***	0.0151	0.0075***	−0.0291**	−0.0046*
HAR-RS	−0.6378***	−0.1769***	0.0050	−0.0004	−0.0110**	−0.0031*
HAR-RS-J	−0.6051***	−0.1831***	−0.0431**	−0.0019*	−0.1615***	−0.0545***
GARCH	1.9233	0.9249	5.4568	3.0424	8.6219	3.0146
GARCH-RV	0.1640	2.2095	4.3930	2.7375	3.8584	2.9657
SB-HAR-RV	−0.5191***	−0.1215***	−0.0556***	−0.0235**	−0.0921***	−0.0177
FFF-HAR-RV	−0.6820***	−0.2759***	−0.1572***	−0.0116*	−0.1077***	−0.0192**
B：以 HAR-CJ 模型作为基准模型							
HAR-RV-J	0.1562	−0.0035**	0.0248	0.0112	0.0401	0.0081
HAR-RS	0.2326	0.0348	0.0147	0.0033	0.0582	0.0096
HAR-RS-J	0.2653	0.0286	−0.0334***	0.0018	−0.0923***	−0.0418***
GARCH	2.7937	1.1366	5.4665	3.0461	8.6911	3.0273
GARCH-RV	1.0344	2.4212	4.4027	2.7412	3.9276	2.9784
SB-HAR-CJ	0.3513	0.0902	−0.0459***	−0.0198***	−0.0229**	−0.0050
FFF-HAR-CJ	0.0131	−0.1744***	−0.1504***	−0.0251***	−0.0793***	−0.0953*

***、**和*分别代表在1%、5%和10%的水平下统计显著

注：表中数值为两个模型损失函数之间的差值，即 $\text{MSE}(L_1)-\text{MSE}(L_2)$ 或 $\text{MAE}(L_1)-\text{MAE}(L_2)$，负值即表明模型 L_1 优于模型 L_2，其中，L_1 和 L_2 分别表示比较模型和基准模型；K 表示预测步长

（1）在 MSE2 和 MAE 两种损失函数下，考虑跳跃因素和杠杆效应的模型比基准模型具备更优异的样本外预测性能。如 A 组结果所示，与基准模型（HAR-RV 模型）相比，考虑跳跃因素的 HAR-CJ 和 HAR-RV-J 模型的 DM 检验结果大多数显著拒绝原假设，说明考虑日内跳跃因素的模型预测性能明显优于未考虑该因素的 HAR-RV 模型；除此之外，与基准模型（HAR-RV 模型）相比，除向前 5 步的 DM 检验结果，考虑杠杆效应的 HAR-RS 和 HAR-RS-J 模型的 DM 检验结果均显著拒绝原假设，说明考虑原油市场杠杆效应的模型预测性能明显优于 HAR-RV 模型。

（2）考虑结构变化的 FFF-HAR 和 SB-HAR 族模型均提高了 HAR 族模型的预测性能。如 A 组结果所示，与基准模型（HAR-RV 模型）相比，除基于 MAE 的向前 22 步检验结果外，考虑结构突变因素的 SB-HAR-RV 和 FFF-HAR-RV 模型的 DM 检验结果均显著拒绝原假设，说明考虑结构突变因素的模型预测性能明显优

于 HAR-RV 模型；同样，B 组结果也验证了此结论，即以 HAR-CJ 模型作为基准模型时，SB-HAR-CJ 和 FFF-HAR-CJ 的 DM 检验结果大多显著拒绝原假设。

11.4.5 预测结果的经济价值评估

DM 检验从统计意义上检验了各模型的预测精度是否存在显著差异，本章构建的模型是否具有明显的经济价值仍需进一步的检验，即模型预测精度的提升是否有利于提高投资组合的实际收益，因此，本节从投资者经济价值增加的角度进一步检验各模型预测结果的优劣，使用的方法为均值方差波动率策略（Ferreira and Santa-Clara，2011；Zhang et al.，2018b）。

假设投资者对两种金融资产组成的投资组合进行投资，其中一种是无风险资产，另一种是原油期货资产，那么该投资组合在 t 时刻的效用 U_t 可以定义如下：

$$U_t(r_t^P) = E_t(r_t^P) - 0.5\chi \text{Var}_t(r_t^P) \\ = w_t(r_t^e + r_t^f) + (1 - w_t)r_t^f - 0.5\chi w_t^2 \sigma_t^2 \tag{11.28}$$

其中，$E_t(\cdot)$ 和 $\text{Var}_t(\cdot)$ 分别为该投资组合收益率 r_t^P 在 t 时刻的均值和方差；w_t 为原油期货资产的权重；r_t^e 为原油期货资产的超额收益率；r_t^f 为无风险收益率；σ_t^2 为油价波动率；χ 为投资者的风险厌恶系数，χ 越大表明投资者的风险厌恶程度越高[①]。通过最大化效用 U_t，可以得到最优权重 w_t^* 的计算结果如下：

$$w_t^* = \frac{1}{\chi}\left(\frac{\hat{r}_{t+1}^e}{\hat{\sigma}_{t+1}^2}\right) \tag{11.29}$$

其中，$\hat{r}_{t+1}^e$ 和 $\hat{\sigma}_{t+1}^2$ 分别为原油期货资产超额收益率和波动率的样本外预测值。本节使用历史移动平均法预测原油期货资产超额收益率（Campbell and Thompson，2008），并使用前面的各模型预测油价波动率。同时，参考 Wang 等（2016b），本章设定最优权重 w_t^* 为 0~1.5，从而限定卖空和不超过 50% 的杠杆率。因此，本章构建的投资组合的收益率 r_{t+1}^P 可以表示为

$$r_{t+1}^P = w_t^*(r_{t+1}^e + r_{t+1}^f) + (1 - w_t^*)r_{t+1}^f \tag{11.30}$$

除投资组合收益率外，本章还采用另一种常用指标衡量该投资组合的表现，即确定性等价回报（certainty equivalent return，CER），该指标计算公式如下：

$$\text{CER} = \hat{\mu}_P - \frac{\chi}{2}\hat{\sigma}_P^2 \tag{11.31}$$

其中，$\hat{\mu}_P$ 和 $\hat{\sigma}_P^2$ 分别为投资组合的收益率 r_t^P 的均值和方差。

根据上述方法，本章基于各模型的波动率预测结果提出不同最优权重下的投

[①] 为了使实证结果更加稳健，本章分别取 χ 等于 3、6、9（Zhang et al.，2019b），并基于这三种状态评估模型的经济价值。

资组合策略，并计算不同策略下的投资组合收益率均值（R）和 CER，两者越高，说明根据该模型波动率预测值进行投资的实际收益越大，取得的投资组合经济价值越高，该模型在实际应用中产生的经济价值越高，具体检验结果如表 11.11 所示。

表 11.11 各模型样本外预测的经济价值评价结果

损失函数	k	$\chi=3$ R	$\chi=3$ CER	$\chi=6$ R	$\chi=6$ CER	$\chi=9$ R	$\chi=9$ CER
A：未考虑结构变化的模型经济价值评价结果							
HAR-RV		15.9254	8.7482	15.1135	7.9375	14.5099	5.8265
HAR-CJ		16.1748	8.5574	15.0076	8.9422	15.0045	5.9073
HAR-RV-J		16.0203	7.5246	14.4480	6.0472	15.0870	4.9936
HAR-RS		15.2975	8.0472	11.6523	4.0252	12.3382	4.5820
HAR-RS-J		12.9425	4.9765	12.0463	6.0833	8.7194	3.0475
GARCH		7.8184	2.6654	6.8561	2.3975	5.0311	1.9059
GARCH-RV		7.6052	2.9429	7.9053	2.4885	5.3572	1.0484
B：加入结构断点的模型经济价值评价结果							
SB-HAR-RV		18.0472	10.5504	15.6651	8.0024	14.0982	5.7927
SB-HAR-CJ		19.0066	10.1842	16.3698	10.0942	14.9985	5.0925
SB-HAR-RV-J		19.9411	12.1632	15.3800	7.2046	14.3028	6.2550
SB-HAR-RS		14.0424	9.5028	14.3057	8.9008	9.9047	3.8466
SB-HAR-RS-J		13.2461	5.3906	12.9998	5.9743	12.0572	4.5840
SB-GARCH		8.6927	3.2094	8.1253	4.3389	6.2951	3.2277
SB-GARCH-RV		9.9763	4.0574	9.8265	4.2426	7.8522	3.2947
C：加入灵活傅里叶形式的模型经济价值评价结果							
FFF-HAR-RV	2	17.6591	9.0261	15.0682	8.3228	13.9512	6.3004
FFF-HAR-CJ	3	19.0572	11.8689	17.7573	9.8925	17.6911	9.9255
FFF-HAR-RV-J	2	18.9418	12.0038	17.0520	8.9033	16.1108	7.2920
FFF-HAR-RS	3	13.0275	6.9748	16.4471	10.0908	12.2749	6.1267
FFF-HAR-RS-J	2	11.4482	4.0983	12.9468	5.5579	11.9521	5.3360
FFF-GARCH	1	8.1529	2.8460	8.4968	4.0575	6.0971	2.9578
FFF-GARCH-RV	2	9.0001	4.4574	10.9753	4.6593	7.9586	2.8856
D：均值组合模型经济价值评价结果							
HAR 族组合模型		25.6560	16.5588	21.0706	13.8925	19.9281	10.1110
GARCH 族组合模型		12.9475	5.0054	12.2330	5.4821	7.8450	4.6901

注：加单下划线的数字表示此模型在同组模型中的 R 或 CER 最大，加双下划线的数字表示此模型在所有模型中的 R 或 CER 最大

首先，考虑结构变化的各模型确定的投资组合的 R 和 CER 都相对较高，说明考虑结构变化能提高预测模型的经济价值，但加入结构断点与加入灵活傅里叶形式的 HAR 族模型的表现无明显差异，如表 11.11 所示，B 组和 C 组中的两者大多优于 A 组，但 B 组和 C 组的结果没有明显的差异，说明模型之间的经济价值相差不大。

其次，同时考虑结构变化和跳跃因素的模型往往具有更高的 R 和 CER。例如，当 $\chi=6$ 和 $\chi=9$ 时，FFF-HAR-CJ 和 SB-HAR-CJ 模型表现出的经济价值都相对较高，当 $\chi=3$ 时，SB-HAR-RV-J 模型表现出最高的经济价值，FFF-HAR-CJ 模型次之。

最后，D 组检验结果明显优于其他三组，表明组合后的 HAR-RV 族模型通常具备最高的经济价值，即相较于考虑结构变化的单一模型，均值组合模型具备更高的经济价值。

总的来说，在不同预测步长下，考虑结构变化的已实现波动率模型比未考虑结构变化的已实现波动率模型获得的投资组合经济价值更高，且均值组合模型通常具备最高的投资组合经济价值，即在实际应用中产生的经济意义最大。该结果在不同的投资者风险厌恶状态下均具有稳健性。

11.5 主要结论与启示

为了判断考虑不同结构变化处理方法的 HAR 族模型是否可以更好地预测油价波动率，本章将结构变化分为平滑过程和陡峭过程两种类型，对油价波动率中存在的结构变化问题进行深入探讨，将 HAR 族模型与能够对结构变化进行平滑建模的三角函数项结合，构建了 FFF-HAR 族模型，并选用考虑结构断点的 SB-HAR 族模型作为对比研究，得到主要结论如下。

第一，国际原油市场存在明显的结构突变现象，且不同类型的事件往往导致不同程度的结构变化，如局部的地缘政治事件或政策调整等往往会导致较小程度的结构变化，而战争或金融危机等可能导致较大程度的结构突变，低频三角函数的加入即可较好地描述油价波动率中不同程度的结构变化。

第二，对 HAR 族模型，考虑结构变化的 FFF-HAR 和 SB-HAR 族模型均提高了 HAR 族模型的估计和预测性能，且通过平滑转换方式处理油价波动率中结构变化的 FFF-HAR 族模型的预测性能大多优于加入结构断点的 SB-HAR 族模型。除此之外，相较于考虑结构变化的单一模型，使用均值组合模型对油价波动率进行预测通常能够取得更加优异的预测结果和投资组合经济价值表现。

第三，考虑结构突变的 HAR 族模型的预测性能显著优于考虑结构突变的 GARCH 和 GARCH-RV 族模型，说明包含更多日内交易信息的高频数据更有利于预测油价波动率，而使用低频数据的 GARCH 族模型即使加入已实现波动率作为高频数据信息来源，其预测精度仍低于对已实现波动率直接建模的 HAR 族模型。

第四，将结构突变视为平滑过程的模型预测结果大多优于将其视为陡峭过程的模型，说明平滑转换可以更高效准确地捕捉油价波动率中的结构变化，减少由结构变化识别不准确，结构突变的形式、时间、强度、次数的不确定等问题带来的估计偏差，进而减少模型对油价波动率的预测误差。

本章的研究结论表明能源经济学家、能源政策制定者和能源市场从业者应重视结构变化特征对油价波动率预测的影响，考虑通过平滑转换的方法更准确地识别油价波动率中不同程度和形式的结构变化，从而实现对油价波动率更准确的预测。另外，本章提出的 FFF-HAR 族模型更有利于原油市场风险管理、期权定价和资产配置等问题的研究，例如，可以通过新模型得到的油价波动率预测值，更准确地计算 VaR、条件风险价值（conditional value at risk，CVaR）等风险度量指标，从而进行更有效的风险管理，实现对原油期权更准确的定价，降低与其他金融资产组合的不确定性等。

第 12 章 基于混合方法的国际油价波动率预测研究

12.1 问题的提出

近年来,油价波动率已被应用于多种决策过程,包括宏观经济政策制定、VaR 计算、金融风险评估、期权定价和投资组合管理战略等(Sadorsky,2006;Xu and Ouenniche,2012)。同时,随着原油在经济增长中的地位越发重要,油价波动率的预测逐渐受到政府、投资者、分析师和学者越来越多的关注,他们提出了大量的预测方法,主要可分为以下三类:时间序列模型、隐含波动率模型和混合模型。

Zhang 等(2015)对现有用于油价及其波动率预测的典型模型进行了系统的回顾,并指出科学选用合适的预测模型对油价波动率的准确预测至关重要。其中,GARCH 族模型由于能够有效模拟油价收益率中条件方差的时变性和集聚特征,被广泛应用于油价波动率预测中。然而,标准 GARCH 模型(如常用的 GARCH(1,1) 模型)通常要求所有参数非负,以确保油价收益率的正方差性。鉴于油价的波动往往呈现不对称特征,本章选用 EGARCH 模型对油价波动率进行预测(Nelson,1991),该模型已被证明能够准确估计油价波动的不对称性,并且不存在参数为正的约束条件(Mohammadi and Su,2010)。

实际上,油价波动率的预测精度不仅与模型选择有关,通常还受到波动率状态的影响。具体来说,油价变化受到许多基本面因素(包括原油库存水平、供应中断和需求冲击)以及一些非基本面因素(包括美元汇率、投机活动、股市动荡、地缘政治事件)的影响(Zhang et al.,2008b;Zhang and Wei,2011;Zhang,2013;Wu and Zhang,2014)。这些因素往往会导致油价发生结构突变,并随着时间的推移呈现出多种波动状态(Zhang et al.,2015;Zhang Y J and Zhang L,2015;Zhang and Yao,2016)。因此,为了获得更准确的油价波动率预测结果,本章构建考虑不同状态的新的波动率预测模型。

此外,由于油价驱动因素具有复杂性,使用单一模型的波动率预测方法通常很难取得较好的预测效果。基于油价波动的特点和现有预测方法,本章引入 ECM 来提高预测性能。具体来说,在原有预测模型的基础上,本章引入 LSSVM 模型对残差序列进行预测(Suykens and Vandewalle,1999;Suykens et al.,2001;Yuan and Lee,2015),并利用残差序列模型对原始预测结果进行修正,通过反复的误差修正得到最终的油价波动率预测结果,直至预测精度满足要求。

本章旨在提出一种新方法来提高油价波动率预测的准确性，主要研究贡献如下：首先，建立ECM，在不扭曲原始油价波动率序列的情况下对结果进行修正预测；其次，利用隐马尔可夫、GA和LSSVM模型构造一种新的混合预测方法；最后，将构建的新模型的预测结果和常用的GARCH族模型及其他相关预测模型进行比较，结果表明新的油价波动率预测模型表现出较优的预测性能。

12.2 国内外研究现状

对于大宗商品和金融市场参与者而言，对油价波动率建模及预测是至关重要且复杂的问题（Bouri et al.，2017；Kilian and Vigfusson，2011；Mi et al.，2016；Tang et al.，2015；Zhang and Wang，2013；Zhang and Yao，2016）。

前人相关研究主要使用计量经济学方法（GARCH、VAR族模型等）、机器学习方法（ANN、SVM等）和小波技术等预测油价收益率和波动率，并不断改进模型和算法设计，以提高预测精度，预测性能也在不断提高。因此，本章将从油价预测方法的角度对相关文献进行回顾。

在油价波动率的预测研究中，GARCH族模型因其在捕获数据的时变特征方面表现出色而被广泛使用（Agnolucci，2009；Marzo and Zagaglia，2010；Mohammadi and Su，2010；Hou and Suardi，2012；Wang and Wu，2012；张金良和谭忠富，2013；Wang and Nishiyama，2015；Lux et al.，2016）。但是，标准GARCH模型本质上是对称的，所以当考虑偏斜的时间序列时，它的预测结果可能会产生偏差（Franses and van Dijk，1996）。为了解决这个问题，一些非线性和非对称GARCH模型被用于预测油价波动率，如Glosten等（1993）的GJR-GARCH模型和Nelson（1991）的EGARCH模型。

然而，上述GARCH族模型仅包含一种油价波动率的变化机制，并且通常以相同的模式拟合样本内和样本外数据，忽略了潜在的结构变化（Lamoureux and Lastrapes，1990；Timmermann，2000）。实际上，油价在受到重大突发事件影响后，其波动过程会转变为另一种状态。例如，2003~2008年世界经济发展平稳，原油需求量大幅增加，油价呈现加速上涨的特征；2008年全球金融危机之后，全球经济复苏缓慢，油价上涨动力不足，2009年3月~2014年7月的油价上涨主要靠产油国大幅减产支撑。因此，不同经济周期下的油价波动特征也会有所不同。

因此，采用机制转换模型来刻画油价在不同状态下的波动特征很有必要。Cai（1994）、Hamilton和Susmel（1994）将机制转换过程（Hamilton，1988，1989）引入GARCH族模型，考虑波动率中潜在的结构变化。特别是，MRS-GARCH模型允许马尔可夫链中的机制具有不同的GARCH行为，即不同的波动结构，从而将 GARCH 族模型扩展为动态形式，获得了更好的拟合和预测效果（Marcucci，2005；Zhang Y J and Zhang L，2015）。

然而，MRS 框架中的波动状态通常由条件方差方程和一个主观确定的基准值来描述，这种主观性可能导致模型对各种波动状态产生有偏定义，进而使油价波动率预测出现相对较大的误差。因此，本章尝试将隐马尔可夫模型（Eddy，1996）应用于油价波动率预测，该方法不仅可以准确描述不同波动状态，而且可以消除主观设定基准值造成的波动状态误判（Holzmann and Schwaiger，2016；Dias et al.，2015）。

12.3　研究方法与数据说明

12.3.1　研究方法

1. 隐马尔可夫模型

Baum 和 Petrie（1966）首次提出了隐马尔可夫模型，该模型建立在对多变量观测的时间序列建模的概率框架上。Lee 等（2010）研究表明，一些突发事件（如伊拉克入侵科威特）会导致条件方差的永久性成分增加，表现为油价中发生的结构突变，隐马尔可夫模型可捕捉油价波动率的结构突变。隐马尔可夫模型主要基于马尔可夫过程，可以用以下要素来描述（Rabiner，1989）。

（1）s：马尔可夫链的状态。将马尔可夫链的状态表示为 $s=\{s_1,s_2,\cdots,s_{\tilde{N}}\}$，其中，$\tilde{N}$ 为状态数，t 时期马尔可夫链的状态定义为 s_t。

（2）OS：每个马尔可夫状态的观测符号。将各马尔可夫状态的观测符号表示为 $\text{OS}=\{\text{OS}_1,\text{OS}_2,\cdots,\text{OS}_{\tilde{M}}\}$，其中，$\tilde{M}$ 为观测符号数量。

（3）$\text{STP}=\{p_{ij}\}$：状态转换概率矩阵。由状态 s_i 转换至状态 s_j 的概率定义为 $p_{ij}=\Pr[s_{t+1}=s_j|s_t=s_i]$，$1\leqslant i,j\leqslant \tilde{N}$。

（4）$\text{SEP}=\{b_j(\tilde{m})\}$：状态 s_j 下符号发射概率分布，其中，$b_j(\tilde{m})=\Pr[v_{\tilde{m}}|s_t=s_j]$，$1\leqslant j\leqslant \tilde{N},1\leqslant \tilde{m}\leqslant \tilde{M}$。

（5）$\Pi=\{\Pi(i)\}$：初始状态概率分布，其中，$\Pi(i)=\Pr[s_1=s_i]$，$1\leqslant i\leqslant \tilde{N}$。隐马尔可夫模型的具体建模过程可参考 Baum 和 Petrie（1966）。

2. LSSVM 模型

LSSVM 模型最初由 Suykens 和 Vandewalle（1999）提出，本章选择该模型是因为 LSSVM 模型可以通过求解一组线性方程来获得全局解，这使得该模型比常用的 SVM 模型运算速度更快。LSSVM 模型具体描述如下：给定一组样本 $\{y_t,x_t\}_{t=1}^{T}$，

其中，x_t 为输入向量，y_t 为样本对应的输出值，用近似线性逼近的方法可表示为

$$y(x) = w^{\mathrm{T}} \Gamma(x) + c_{\mathrm{bias}} \tag{12.1}$$

其中，$\Gamma(x)$ 为将样本数据映射到更高维特征空间的非线性函数；w 为权重向量；c_{bias} 为偏置项。

LSSVM 模型的目标函数为

$$\min\left(\frac{1}{2}\|w\|^2 + \frac{c_{\mathrm{reg}}}{2}\sum_{t=1}^{T^{(\mathrm{tr})}}\sigma_t^2\right) \tag{12.2}$$

其中，约束条件为 $y_t = w^{\mathrm{T}}\Gamma(x_t) + \zeta_t^{(\mathrm{tr})} + c_{\mathrm{bias}}$，$t=1,2,\cdots,T^{(\mathrm{tr})}$；$c_{\mathrm{reg}}$ 为正则化常数；σ_t 为训练误差。

根据 Kuhn-Tucker 条件（Kuhn and Tucker，1950），LSSVM 模型的最终结果可以表示为

$$y(x) = \sum_{t=1}^{T^{(\mathrm{tr})}} \hat{\lambda}_t K(x, x_t) + c_{\mathrm{bias}} \tag{12.3}$$

其中，$K(x, x_t)$ 为核函数，本章使用应用广泛的径向基函数（radial basis function，RBF）核函数（Schölkopf et al.，1997；Keerthi and Lin，2003）。

宽度为 ω 的 RBF 核函数具体表示为

$$K(x, x_t) = \exp(-0.5\|x - x_t\|^2 / \omega^2) \tag{12.4}$$

3. 油价波动率预测的混合方法

本章预测油价波动率的过程包括以下步骤。

（1）采用隐马尔可夫模型对油价波动率的状态进行识别和描述。

（2）基于识别出的油价波动率状态，构建 EGARCH 模型①对油价波动率 Vo_t 进行预测，并得到预测值 $\widehat{\mathrm{Vo}_t}$。

（3）计算油价波动率的残差序列 $\mathrm{Re}_t = \mathrm{Vo}_t - \widehat{\mathrm{Vo}_t}$，并检验残差序列值是否小于 0.0001，如果不满足，则执行步骤（4），否则执行步骤（6）。

（4）使用 LSSVM 模型预测油价波动率的残差序列，并将残差序列预测值表示为 $\widehat{\mathrm{Re}_t}$，则总的油价波动率预测值可表示为 $\widehat{\mathrm{Vo}_t} + \widehat{\mathrm{Re}_t}$。

（5）计算残差序列的精度 $\mathrm{Re}'_t = \mathrm{Re}_t - \widehat{\mathrm{Re}_t}$，并检验其是否满足精度要求。如果不满足要求，则继续执行步骤（4），否则执行步骤（6）。

（6）油价波动率的最终预测结果为原始油价波动率的预测值和残差序列的预测值之和。

---

① 考虑油价波动率的非对称特征，采用 EGARCH 模型估计油价波动率，模型具体形式详见 10.3.1 节。

4. 预测结果的精度评估

由于评估油价波动率的损失函数有很多，且没有唯一确定的最优评价标准（Lopez，2001），本章使用六种损失函数评估油价波动率的预测精度，具体函数形式如式（12.5）～式（12.10）所示。实际上，本章使用的损失函数在此前研究中也得到了广泛运用（Brailsford and Faff，1996；Lopez，2001；Marcucci，2005；Wei et al.，2010）。

$$\text{MSE} = \frac{1}{N} \sum_{t=T-N+1}^{T} (h_t - \hat{h}_t)^2 \qquad (12.5)$$

$$\text{MAE} = \frac{1}{N} \sum_{t=T-N+1}^{T} \left| h_t - \hat{h}_t \right| \qquad (12.6)$$

$$\text{HMSE} = \frac{1}{N} \sum_{t=T-N+1}^{T} (1 - h_t/\hat{h}_t)^2 \qquad (12.7)$$

$$\text{HMAE} = \frac{1}{N} \sum_{t=T-N+1}^{T} \left| 1 - h_t/\hat{h}_t \right| \qquad (12.8)$$

$$\text{QLIKE} = \frac{1}{N} \sum_{t=T-N+1}^{T} (\ln \hat{h}_t + h_t/\hat{h}_t)^2 \qquad (12.9)$$

$$R^2 \text{LOG} = \frac{1}{N} \sum_{t=T-N+1}^{T} (\ln(h_t/\hat{h}_t))^2 \qquad (12.10)$$

其中，h_t 和 $\hat{h}_t$ 分别为 t 时期油价波动率的实际值和预测值；T 为样本总区间；N 为样本外预测值数目。

12.3.2 数据说明

本章选取 WTI 与 Brent 两种原油现货价格的日度数据作为研究对象，验证 12.3.1 节构建的混合预测方法的有效性。Wei 等（2010）研究表明，GARCH 族模型能够较为准确地预测油价波动率，因此本章将构建的新方法与 Wei 等（2010）的预测结果进行比较。为了能够得到准确可信的比较结果，本章使用和 Wei 等（2010）相同的数据集，即从 EIA 获得 1992 年 1 月 6 日～2009 年 12 月 31 日的日度数据，并将样本内估计区间设置为 1992 年 1 月 6 日～2006 年 12 月 31 日，将样本外预测区间设置为 2007 年 1 月 1 日～2009 年 12 月 31 日。除此之外，本章还利用 2019 年的 Brent 油价，将新方法与文献中其他常用方法的预测性能进行比较，以检验新方法的优越性。

本章用 p_t 表示 t 时期油价，采用对数百分收益率计算 WTI 和 Brent 油价收益率，即 $r_t = 100 \times (\ln p_t - \ln p_{t-1})$，并采用油价收益率的平方作为实际波动率（Merton，

1980; Li et al., 2013b)。表 12.1 提供了 WTI 和 Brent 油价收益率的描述性统计结果。可以看出，WTI 和 Brent 油价收益率具有相似的统计特征，两者的均值接近零。J-B 统计量在 10%的水平下显著，表明油价收益率拒绝服从正态分布的原假设，峰度和偏度也证明了这一点。从 L-B 统计结果可以看出油价收益率序列不具有自相关性。ADF 检验和 PP 检验的结果都显著拒绝了存在单位根的原假设，因此可以认为油价收益率序列是平稳的。ARCH 效应检验的 F 统计量表明两种油价收益率序列都存在 ARCH 效应，因此，GARCH 族模型可用于估计和预测油价波动率。

表 12.1 油价收益率序列描述性统计结果

统计量	WTI	Brent	统计量	WTI	Brent
均值	0.03	0.03	J-B	4429.50*	4801.22*
标准差	2.48	2.32	$Q(20)$	49.21*	45.15*
最大值	16.41	18.13	ADF	−26.58*	−16.51*
最小值	−17.19	−19.89	PP	−67.55*	−65.45*
偏度	−0.19	−0.09	ARCH(20)	34.52*	22.56*
峰度	4.87	5.07			

*代表在 10%的水平上统计显著

12.4 国际油价波动率的预测结果分析

12.4.1 WTI 原油市场的预测结果

Wei 等（2010）采用线性和非线性 GARCH 族模型描述油价波动率的多种特征，包括波动集聚性、长记忆性和非对称性等，并且使用的模型对油价波动率均表现出比较好的预测性能。因此，为了获得更有说服力的结果，本章将提出的新方法的预测性能与 Wei 等（2010）的预测结果进行比较。具体的预测步骤如下。

（1）使用参数 N 为 1~10 的隐马尔可夫模型对油价波动率进行描述，研究发现，当 $N=6$ 时，隐马尔可夫模型可以准确地拟合 WTI 油价收益率，并且拟合效果优于其他隐马尔可夫模型。

（2）建立 EGARCH 模型预测油价波动率 σ_t^2，模型估计的参数 ω、α、β 和 γ 分别为 1.84、0.53、0.89 和 0.07。

（3）使用 LSSVM 模型预测残差序列 R_t，参数 c、σ 和 b 分别为 45、1.3 和 2.5。

（4）总的油价波动率序列的预测值用 $\widehat{\sigma_t^2} + \widehat{R_t}$ 表示，其中，$\widehat{\sigma_t^2}$ 和 $\widehat{R_t}$ 分别为油价波动率和残差序列的预测值。

表 12.2 展示了不同损失函数下各模型向前 K 步（$K = 1, 5, 20$）预测的损失函数，并得出以下发现：首先，本章构建的新方法得到的这六种损失函数几乎都小于 Wei 等（2010）中的 GARCH 族模型的损失函数，表明在大多数情况下，新方法优于常用的 GARCH 族模型，能够更为准确地预测油价波动率。因此，本章提出的新方法可以为能源经济学家或原油市场分析师预测油价波动率提供重要参考。其次，本章提出的新方法及其他非线性 GARCH 族模型的预测性能要优于线性 GARCH 族模型（如标准 GARCH 模型），这是因为相较于线性 GARCH 族模型，它们可以更好地刻画油价波动率中的杠杆效应。此外，从表 12.2 中可以看出，随着预测步长从 1 天增加到 20 天，新方法的预测性能逐步提升。

表 12.2　WTI 油价波动率的预测误差

损失函数	MSE	MAE	HMSE	HMAE	QLIKE	R^2LOG
A：向前 1 步预测误差						
GARCH	0.933	0.963	0.020	0.000	0.890	0.020
IGARCH	0.690	0.000	0.049	0.008	0.974	0.000
GJR-GARCH	0.847	0.000	0.017	0.000	0.087	0.000
EGARCH	0.058	0.000	0.660	0.499	0.086	0.000
APARCH	0.846	0.031	0.016	0.000	0.162	0.000
FIGARCH	0.514	0.074	0.008	0.000	0.281	0.000
FIAPARCH	0.501	0.668	0.000	0.000	0.312	0.028
HYGARCH	0.546	0.000	0.006	0.000	0.190	0.000
新方法	0.032	0.001	0.000	0.001	0.034	0.000
B：向前 5 步预测误差						
GARCH	0.018	0.264	0.095	0.001	0.028	0.625
IGARCH	0.016	0.001	0.075	0.046	0.008	0.000
GJR-GARCH	0.294	0.314	0.098	0.002	0.031	0.972
EGARCH	0.116	0.291	0.131	0.024	0.153	0.019
APARCH	0.286	0.835	0.072	0.002	0.029	0.610
FIGARCH	0.974	0.952	0.289	0.119	0.935	0.209
FIAPARCH	0.792	0.601	0.234	0.144	0.737	0.229
HYGARCH	0.967	0.029	0.277	0.918	0.158	0.000
新方法	0.023	0.000	0.082	0.001	0.007	0.000

续表

损失函数	MSE	MAE	HMSE	HMAE	QLIKE	R²LOG
C：向前 20 步预测误差							
GARCH	0.935	0.648	0.048	0.000	0.127	0.658
IGARCH	0.144	0.009	0.029	0.008	0.110	0.000
GJR-GARCH	0.938	0.648	0.040	0.000	0.125	0.372
EGARCH	0.010	0.002	0.001	0.000	0.000	0.000
APARCH	0.522	0.821	0.037	0.002	0.108	0.620
FIGARCH	0.966	0.230	0.002	0.001	0.856	0.011
FIAPARCH	0.868	0.346	0.362	0.181	0.879	0.006
HYGARCH	0.519	0.062	0.658	0.838	0.564	0.001
新方法	0.001	0.002	0.011	0.000	0.000	0.000

注：GARCH、IGARCH、GJR-GARCH、EGARCH、APARCH、FIGARCH、FIAPARCH 和 HYGARCH（hyperbolic GARCH，双曲 GARCH）模型的预测结果来自 Wei 等（2010）的实证结果部分，所使用的样本为 1992 年 1 月 6 日～2009 年 12 月 31 日的日度数据

12.4.2 Brent 原油市场的预测结果

为了验证新方法的优越性和稳健性，本章还使用 2019 年 Brent 原油市场的数据重新预测，以检测模型的预测性能，并将结果与现有文献中一些公认的方法进行比较，包括 EGARCH 模型、EGARCH 与 LSSVM 的组合模型（记为 EL 模型）、隐马尔可夫模型与 EGARCH 的组合模型（记为 HE 模型）。此外，由于油价波动率的预测准确性可能会在不同的样本区间内发生变化（Zhang，2013），本章随机选择三个样本区间，即向前 1 步、向前 5 步和向前 20 步，分别对应 2019 年 1 月 4 日、2019 年 3 月 1～7 日及 2019 年 12 月 1～29 日的预测区间。此外，本章计算以上预测结果的 MSE 和 MAE，结果如表 12.3 所示。

表 12.3 Brent 油价波动率预测误差

预测步长	EGARCH		EL		HE		新方法	
	MSE	MAE	HMSE	HMAE	QLIKE	R²LOG	MSE	MAE
向前 1 步	0.082	22.60	0.082	15.20	0.073	11.10	0.044	2.39
向前 5 步	0.072	11.90	0.076	5.69	0.062	7.78	0.036	0.93
向前 20 步	0.063	8.42	0.063	5.21	0.053	5.14	0.023	0.72
均值	0.072	14.31	0.074	8.70	0.063	8.01	0.034	1.35

MSE 和 MAE 均表明，在所有预测步长下，本章提出的新方法的损失函数均

小于其他公认的预测方法的损失函数。具体而言，在三个预测步长下，新方法得到的 MAE 均值为 1.35，这远小于使用 EGARCH、EL 和 HE 模型得到的 MAE 均值（分别为 14.31、8.70 和 8.01）。同样，新方法在三个预测步长内的 MSE 均值为 0.034，也远小于 EGARCH、EL 和 HE 模型得到的 MSE 均值（0.072、0.074 和 0.063）。

无论任何步长下的预测，新方法得到的 MSE 和 MAE 都比其他公认的预测方法小得多，新方法在较长时间内都具有较好的油价波动率预测性能。这些结果表明，在新方法中，隐马尔可夫模型可以准确地捕获油价波动率的结构变化，LSSVM 模型可以很好地修正预测结果。

此外，与 EL 模型相比，新方法的损失函数明显下降，表现出更好的预测性能，从而证实了隐马尔可夫模型可以捕获油价波动率中的结构变化。最后，HE 模型的预测性能似乎不如新方法，这也解释了使用 ECM 对油价波动率进行预测可能会达到更高的准确性。总体而言，与文献中公认的预测方法相比，本章提出的新方法的预测结果更准确、适应能力更强。

12.5 主要结论与启示

本章提出了一种基于隐马尔可夫、EGARCH 和 LSSVM 模型的混合预测方法，用于预测油价波动率，并将提出的新方法与公认的 GARCH 族模型及其他一些相关预测方法的性能进行了比较，同时对 WTI 和 Brent 油价波动率的预测结果进行了评估和比较。

结论显示，与 Wei 等（2010）使用的 GARCH 族模型相比，本章的新方法可以显著提高油价波动率预测的准确性。与其他公认的预测方法相比，新方法预测性能的优越性可以归为三个原因：首先，隐马尔可夫模型可以较好地捕获油价波动率的结构变化；其次，EGARCH 模型可以很好地描述油价波动率的不对称性；最后，LSSVM 模型可以修正模型的预测结果。通过综合发挥每个模型的优势，新方法可以更好地预测油价波动率中的复杂模式。

在未来的研究中，可以尝试将新方法结合其他先进的波动率预测模型，也可以考虑将影响油价波动率的其他复杂因素引入新方法，以便得到更好的油价波动率预测结果。

第13章 股票市场高频数据对国际油价收益率的预测研究

13.1 金融市场对石油市场的影响及研究诉求

近年来，石油市场和金融市场之间的关系引起了广泛关注，大量研究表明石油市场和金融市场尤其是股票市场关系密切（Creti et al., 2013；Mensi et al., 2013；Broadstock and Filis, 2014；Du and He, 2015；Pan et al., 2016；Wang and Liu, 2016）。一方面，股票市场对石油市场存在强烈冲击。首先，全球股票市场的一体化越来越明显，股价成为反映全球经济的一个重要指标，对全球石油需求产生很大影响，从而导致油价波动（Chen, 2014）；其次，由于受到资本逐利性的影响，国际游资在股票市场和石油市场之间频繁游走，大肆投机，成为油价剧烈震荡的重要推力（Zhang and Wei, 2011；Zhang, 2013）。另一方面，石油市场对股票市场存在一定冲击，油价的大幅波动对石油输出国和石油进口国的经济都会造成很大影响，进而影响股票市场（Kilian, 2008a, 2008b, 2009；Wang et al., 2013；Baumeister and Peersman, 2013；钟婉玲等, 2022）。

金融市场和石油市场之间的密切关系促使大量学者利用金融市场的信息预测油价走势（Chen, 2014；Liu et al., 2015b；Guglielmo et al., 2015），目前大多预测工作针对月度或季度油价序列。然而金融市场数据不受后期修正约束，很容易获取比石油市场更高频的数据，于是产生了一个新问题：使用相对来说更高频的金融市场数据对低频油价进行预测能否提高预测精度？目前，这方面的研究比较少见。采用高频数据对低频变量进行预测需要解决数据频率不一致的问题。其中，使用较为广泛的方法是Ghysel等（2004）提出的MIDAS模型，该模型一经提出就受到大量关注，不仅被广泛应用于诸多研究领域，而且模型形式得到了进一步的拓展（Clements and Galvao, 2008；Foroni and Marcellino, 2014；Andreou et al., 2013）。为了探讨股票市场高频数据是否有助于提高油价预测的精度，本章采用MIDAS模型，选取MSCI、标准普尔500指数、美国证交所石油板块指数、英国富时100指数这四个知名国际股票指数的高频数据对低频WTI和Brent油价进行预测，并依据预测结果为投资者提供一些决策支持。

本章的研究贡献主要有两点：第一，本章采用具有代表性的国际股票市场高频数据预测低频国际基准油价，突破高频股票指数在低频油价预测过程中应用较少的局限，证实高频股票指数在油价预测中具有一定优势；第二，本章采用 MIDAS 模型预测油价，解决高频数据对低频变量进行预测时数据频率不相同的问题，揭示石油市场预测的新特点。

13.2 国内外研究现状

近年来，石油市场和金融市场之间是否存在关联机制这一问题引起了学术界的广泛关注。大量研究表明，石油市场收益率和金融市场收益率之间关系密切，且这种关系表现出时变性、非对称性的特点（Creti et al., 2013；Mensi et al., 2013；Broadstock and Filis, 2014；Du and He, 2015；Pan et al., 2016；Wang and Liu, 2016）。例如，Mensi 等（2013）指出股票市场波动会对石油市场产生显著影响。Du 和 He（2015）研究发现，股票市场对石油市场具有显著的正向风险溢出效应。Creti 等（2013）指出石油市场和股票市场的关系特征随着时间变化。Pan 等（2016）研究表明，石油市场和金融市场的收益之间存在紧密联系，这种联系在不同时段的强度和方向不同，表现出时变性的特点，此外，对于石油输出国和石油进口国来说，石油市场和金融市场之间联系的强度和方向存在差异，具有非对称性。Broadstock 和 Filis（2014）选用中国、美国两个国家的五类行业股票指数，对石油市场和金融市场之间的联系进行分析，发现石油市场和金融市场间联系紧密，这种联系具有时变性和非对称性特点，并且对于不同国家、不同行业来说，联系的强弱和方向存在差异。

由于石油市场和金融市场之间存在紧密联系，不少学者开始利用金融市场信息预测油价（Kang and Ratti, 2013；Chen, 2014；Liu et al., 2015b；Guglielmo et al., 2015；Drachal, 2016），并指出利用金融市场所包含的有效信息将有助于石油市场的预测。例如，Chen（2014）采用石油敏感型行业股票数据对油价进行预测，结果发现在油价的短期预测上，石油敏感型行业股票指数具有很强的预测能力。

在运用金融市场数据预测油价的同时，有学者提出了一个新问题（Baumeister et al., 2015）：金融市场数据由于不受修订限制，相对于石油市场，其更容易获取更高频的数据；与低频数据相比，高频数据包含更多的信息，同时包含额外的噪声，那么使用金融市场高频数据预测低频油价能否提高预测精度呢？事实上，这个问题不仅在石油市场预测上受到关注，在其他领域也是如此。在预测宏观经济的研究中，有大量文献表明使用月度数据预测季度的宏观经济变量（如 GDP、通货膨胀率）能够提高预测精度（Hamilton, 2008；Clements and Galvao, 2008, 2009；Ghysels and Wright, 2009；Armesto et al., 2010；Andreou et al., 2013）。例如，Andreou 等（2013）采用金融市场日度数据预测季度宏观经济变量，研究发现与季度数据相比，日度数据具有更好的预测能力。但也有研究表明，使用高频数据对预测油价无显著帮助。例如，Baumeister等（2015）采用金融市场高频数据预测低频油价时发现，大多数情况下使用高频数据会使预测能力有所提高，但这种提高并不显著。因此，高频数据与低频数据相比是否具有更强的预测能力还存在很大争议。

使用高频数据对低频变量进行预测时，需要使用相应的混频模型来解决混频问题。近年来，混频模型引起学者的广泛关注，其中，MIDAS模型得到了普遍应用。MIDAS模型通过分布滞后多项式来设定模型，允许在同一个模型中出现不同频率的抽样。MIDAS模型由Ghysels等（2004）提出，随后，Ghysels等（2005，2006）将MIDAS模型运用到预测中，证明了该模型在预测中的有效性。MIDAS模型起初多被应用于波动率预测（Forsberg and Ghysels，2007；Corsi，2009；Chen et al.，2011），取得了较好的预测效果。近年来，MIDAS模型也常被应用于宏观经济预测。例如，用月度数据预测季度宏观经济变量（Armesto et al.，2009；Clements and Galvao，2009；Frale and Monteforte，2011；Monteforte and Moretti，2013）或者用日度金融数据预测季度或月度宏观经济变量（Andreou et al.，2013；Ghysels and Wright，2009）。Baumeister等（2015）将MIDAS模型运用到石油市场的预测中，Duarte等（2017）借助MIDAS模型，利用高频自动柜员机/销售点（automatic teller machine/point of sale，ATM/POS）终端数据对个人消费进行预测。

与此同时，MIDAS模型也得到进一步拓展，产生了很多以MIDAS模型为基础的拓展模型，如无约束MIDAS（unconstrained MIDAS，U-MIDAS）、自回归MIDAS（autoregressive MIDAS，AR-MIDAS）、ADL-MIDAS模型。最初的MIDAS模型具有严格限制，必须使用非线性最小二乘法来估计。例如，Andreou等（2013）所提到的MIDAS模型。随后，Foroni和Marcellino（2014）、Foroni等（2015）提出了一种简化的MIDAS模型，即U-MIDAS模型，U-MIDAS模型可以使用OLS回归进行估计。Clements和Galvao（2008）提出一个简单的AR-MIDAS模型，使用非线性最小二乘法对该模型进行估计，研究发现采用月度数据显著改善了对当前季度及未来5个季度产出增长的预测。Andreou等（2013）提出了ADL-MIDAS模型，即在MIDAS模型中加入自回归项，作为U-MIDAS模型的一个拓展。He和Lin（2018）采用ADL-MIDAS模型预测中国能源需求总量及其结构。此外，Pan等（2018）提出了一种时变参数MIDAS（time-varying parameters，TVP-MIDAS）模型，即在MIDAS模型中加入函数系数，以达到参数估计时变的效果。

归结起来，现有文献证实了股票市场与石油市场之间联系密切，利用股票市场包含的有效信息预测油价能达到很好的预测效果，但是目前采用股票市场相对高频的数据预测石油市场低频变量的研究比较少，股票市场高频数据是否有助于提高油价预测精度是一个有待探讨的问题。因此，本章尝试对此进行研究。

13.3 研究方法与数据说明

13.3.1 研究方法

1. 基本 MIDAS 模型

MIDAS 模型的基本思想是基于不同频率抽样的简化式回归，主要通过分布滞后多项式来设定模型形式，允许在同一个模型中出现不同频率的抽样。该模型的基本形式如下：

$$r_{t+K} = c + b_1 B(L^{1/f}; o) x_t^{(f)} + \varepsilon_t \tag{13.1}$$

其中，r_{t+K} 为因变量（油价收益率）的向前 K 步预测值；$x_t^{(f)}$ 为高频自变量（如日度、周度股价收益率）；K 为预测步长；$B(L^{1/f}; o) = \sum_{p=0}^{P} w(p; o) L^{p/f}$，$w(p; o)$ 为参数化权重函数，$L^{p/f}$ 为滞后算子且满足 $L^{p/f} x_t^{(f)} = x_{t-p/f}^{(f)}$，$p = 0, 1, 2, \cdots, P$ 为高频数据的滞后阶数，f 为混频数据的频率倍差，假设低频变量 r_t 能够在 $t-1$ 到 t 的时间区间内被观测到 1 次，而高频变量 $x_t^{(f)}$ 在同样的时间区间内能够被观测到 f 次。例如，用月度数据来预测季度变量时，在一个季度内，季度变量能观测到 1 个数据，而月度变量能观测到 3 个数据，所以 $f = 3$（Hamilton，2008；Foroni and Marcellino，2014）。

MIDAS 模型的权重函数有多种形式，如 Almon 函数、指数 Almon 函数、Beta 函数、步函数、U-MIDAS 函数等（Ghysels et al.，2007；Ghysels and Wright，2009）。本章选取三种使用较为广泛的权重函数：指数 Almon 函数、Beta 函数和 U-MIDAS 函数。其中，指数 Almon 函数的使用最为广泛，原因在于其具有所有权重为正、权重系数之和为 1、使方程获得逼近零误差的良好性质（Ghysels et al.，2007）。下面介绍指数 Almon 函数，其他权重函数可参考 Ghysels 和 Wright（2009）。指数 Almon 函数的一般形式如下：

$$w(p; o) = \frac{\exp(o_1 p + \cdots + o_M p^M)}{\sum_{p=1}^{P} \exp(o_1 p + \cdots + o_M p^M)} \tag{13.2}$$

其中，$o = [o_1, o_2, \cdots, o_M]$ 为参数向量；M 为参数个数。

在实际计算中，一般会采用两参数的指数 Almon 函数（Clements and Galvao，2008；Baumeister et al.，2015），即 $M = 2$，$o = [o_1, o_2]$，其一般形式如下：

$$w(p;o) = \frac{e^{o_1 p + o_2 p^2}}{\sum_{p=1}^{P} e^{o_1 p + o_2 p^2}} \tag{13.3}$$

2. ADL-MIDAS 模型

Andreou 等（2013）提出 ADL-MIDAS 模型作为 MIDAS 模型的一个拓展，其基本思想是在 MIDAS 模型的基础上加入自回归分布滞后项。ADL-MIDAS 模型可写成

$$r_{t+K} = c + b_0 r_{t-p^{(l)}} + b_1 B(L^{1/f};o) x_t^{(f)} + \varepsilon_t \tag{13.4}$$

其中，$p^{(l)}$ 为低频变量的滞后阶数；$r_{t-p^{(l)}}$ 为低频变量 r_t 的 $p^{(l)}$ 阶滞后；K 为预测步长。在估计过程中，ADL-MIDAS 模型的其余参数以及权重函数的设置都与基本 MIDAS 模型相同。

3. 联合预测模型

已有研究表明，联合预测模型比单变量模型预测更加精确（Timmermann，2006）。为了提高预测精度，本章借鉴 Timmermann 提出的多变量联合预测思想，采用 Stock 和 Watson（2004）、Andreou 等（2013）提出的联合权重函数，将几个预测精度比较高的模型联合起来进行预测。

令 $\hat{r}_{j,t+K}$ 表示在 t 时期利用第 j 个模型进行 K 步样本外预测得到的油价收益率，联合预测模型如下：

$$r_{c,t+K} = \sum_{j=1}^{N_{\text{mol}}} w_{j,t}^K \hat{r}_{j,t+K}, \quad w_{j,t}^K = (w_{1,t}^K, w_{2,t}^K, \cdots, w_{N_{\text{mol}},t}^K) \tag{13.5}$$

其中，N_{mol} 为模型的个数；$(w_{1,t}^K, w_{2,t}^K, \cdots, w_{N_{\text{mol}},t}^K)$ 为各模型的权重向量。

联合权重函数有多种形式，本章采用三种比较常见的形式（Ghysels and Wright，2009）：①等权重函数形式 $w_{j,t}^K = 1/N_{\text{mol}}$；②AIC 权重函数形式 $w_{j,t}^K = e^{-(\text{AIC}_j)} / \sum_{j=1}^{N_{\text{mol}}} e^{-(\text{AIC}_j)}$；③BIC 权重函数形式 $w_{j,t}^K = e^{-(\text{BIC}_j)} / \sum_{j=1}^{N_{\text{mol}}} e^{-(\text{BIC}_j)}$。

4. ADL 模型

本章选用的低频模型为 ADL 模型，模型形式如下：

$$r_t = c + b_0^{(1)} r_{t-1} + b_0^{(2)} r_{t-2} + \cdots + b_0^{(p^{(l)})} r_{t-p^{(l)}} + \sum_{i=0}^{p^{(e)}} b_1^{(i)} x_{t-i}^{(f)} + \varepsilon_t \tag{13.6}$$

其中，$p^{(l)}$ 为低频变量的滞后阶数；$x_{t-i}^{(f)}$ 为外生变量的滞后值；$p^{(e)}$ 为外生变量的

最大滞后阶数；$b_1^{(i)}$ 为估计系数。

根据 AIC 值最小原则，经过多次比较，本章确定因变量和外生变量的滞后阶数均为 1（$p^{(l)} = p^{(e)} = 1$），将模型简化成

$$r_t = a + b_0^{(1)} r_{t-1} + b_1^{(0)} x_t^{(f)} + b_1^{(1)} x_{t-1}^{(f)} + \varepsilon_t \tag{13.7}$$

本章用 MSPE 表示均方预测误差，评价上述模型的预测效果（Chen，2014；Wang et al.，2015；Baumeister et al.，2015）：

$$\text{MSPE} = \frac{1}{N} \sum_{i=T-N+1}^{T} (\hat{r}_t - r_t)^2 \tag{13.8}$$

其中，$\hat{r}_t$ 为油价收益率的预测值；r_t 为油价收益率的实际值；T 为总的样本区间；N 为预测值的个数。

另外，借鉴 Chen（2014）和 Baumeister 等（2015），本章将基准模型设置为 AR(1)模型，用 rMSPE 表示待评估模型与基准模型的均方预测误差比率：

$$\text{rMSPE} = \frac{\text{MSPE}(r^{SP})}{\text{MSPE}(r^{AR})} \tag{13.9}$$

其中，r^{SP} 为采用待评估模型预测油价收益率；r^{AR} 为采用基准模型预测油价收益率。如果 rMSPE 小于 1，则该模型的预测精度优于基准模型，反之，则不如基准模型。为了检验 $\text{MSPE}(r^{SP})$ 和 $\text{MSPE}(r^{AR})$ 之间的差异是否显著，本章采用 Diebold 和 Mariano（1995）提出的 DM 检验方法进行显著性检验。

5. MF-VAR 模型

为了验证 MIDAS 模型的预测能力，本章对 MIDAS 和 MF-VAR 模型的预测结果进行比较。MF-VAR 模型由 Zadrozny（1988）提出，模型形式如下：

$$A(L)X_t = \varepsilon_t \tag{13.10}$$

其中，$A(L)$ 为自回归多项式；$X_t = [x_t^{d'}, x_t^{m'}]'$，$x_t^d$（$x_t^m$）为日度（月度）变量；$\varepsilon_t$ 为白噪声序列。

13.3.2 数据说明

本章涉及三种频率数据的分析。首先，分别采用日度和月度股票指数预测月度 WTI、Brent 油价收益率，并比较预测结果，讨论与低频数据相比，高频数据能否提高预测精度。其次，采用周度股票指数预测月度 WTI 和 Brent 油价收益率，作为稳健性检验，探究采用日度数据预测得到的结果是否适应于周度数据。最后，

考虑基本面因素的影响,在预测中引入两个基本面变量,进一步开展稳健性检验。本章选用数据的样本区间为 1993 年 12 月~2019 年 12 月,并将样本内估计区间设置为 1993 年 12 月~2011 年 12 月,样本外预测区间设置为 2012 年 1 月~2019 年 12 月,采用递归窗口进行样本估计。本章设置多个预测步长,预测范围为 1~24 个月,预测间隔为 3 个月,即预测步长设置为 1 个、3 个、6 个、9 个、12 个、15 个、18 个、21 个和 24 个月。

本章涉及的数据包括月度 WTI 和 Brent 油价收益率,月度宏观经济变量数据,以及月度、周度、日度股票指数。其中,WTI 和 Brent 油价收益率数据来自 EIA。为了探讨股票市场高频数据对油价的预测效果,本章采用 4 个具有代表性的国际股票指数作为预测因子,分别是:①MSCI,该指数涵盖了 24 个发达国家市场的 6000 多种大、中、小、微型证券,被普遍认为可反映全球市场状况,常被应用于石油市场研究(Chen,2014;Drachal,2016);②标准普尔 500 指数,该指数记录了美国 500 家上市公司的股票指数,覆盖了 400 种工业股票、20 种运输业股票、40 种公用事业股票和 40 种金融业股票,采样面广、代表性强,被普遍认为是一种理想的股票指数期货合约的标的,在研究石油市场和股票市场间联系时常被应用(Kang and Ratti,2013;Broadstock and Filis,2014);③美国证交所石油板块指数,该指数作为经典的石油敏感型行业股票指数,被广泛应用于油价预测,Kang 和 Ratti(2013)、Chen(2014)、Baumeister 等(2015)研究发现使用石油敏感型行业股票指数尤其是石油股票指数有助于预测油价;④英国富时 100 指数,该指数是在伦敦证券交易所上市的最大的 100 家公司的股票指数,由《金融时报》编制,被称为英国经济的晴雨表,也是欧洲最重要的股票指数之一,常被用于研究石油市场和股票市场间的联系(Zhang and Wei,2011)。

标准普尔 500 指数和美国证交所石油板块指数来自雅虎财经,MSCI 和英国富时 100 指数来自 Wind 数据库。为了考虑基本面因素的影响,本章引入两个变量:全球石油产量(global oil production,GOP)和全球经济指数(global economic index,GEI)。毋庸置疑,石油供应是石油市场的一个重要影响因素,参考 Chen 等(2016b)和 Wang 等(2015),本章采用 GOP 的增长率作为石油供应的代理变量。同时,全球经济情况与石油需求联系密切,参考 Wang 等(2015),本章引入 Kilian(2009)提出的 GEI 作为全球石油需求的一个代理变量。其中 GOP 数据来自 EIA,GEI 数据来源于 Kilian 的个人主页(https://www.nber.org/people/lutz_kilian?page=1&perPage=50)。

本章选取 1993 年 12 月~2019 年 12 月的 WTI、Brent 原油现货月度价格以及上述 4 个股票指数的月度、周度、日度收盘价格,并将收益率 r_t 作为分析的变量,收益率可写成 $r_t = \ln(p_t/p_{t-1}) \times 100$,其中,$p_t$ 表示当期油价或股票指数收盘价格。

13.4 基于混频模型的国际油价收益率预测结果分析

13.4.1 基于日度股票指数的油价收益率预测结果

1. 基于 MSCI 的预测结果分析

根据式（13.1）、式（13.4）和式（13.7），本章选用 1993 年 12 月～2019 年 12 月的日度 MSCI 对月度 WTI 和 Brent 油价收益率进行预测，结果见表 13.1。

表 13.1 基于 MSCI 的油价收益率预测误差

预测步长/月	基本 MIDAS			ADL-MIDAS			ADL
	指数 Almon	Beta	U-MIDAS	指数 Almon	Beta	U-MIDAS	
A：WTI 油价收益率的预测结果								
1	0.9826	0.9954	1.0051	0.9094	0.9056	0.9404**	0.9271
3	1.0114	0.9892	1.0103	0.9092**	0.9349	0.9517	0.9055
6	1.0105	0.9893	1.0052	0.9255**	0.9333	0.9425	0.9209
9	0.9698	0.9959	1.0522	0.9388**	0.9261	0.9543	0.9312
12	0.9464	0.9734	1.0789	0.8925**	0.8928**	0.9865	0.8825**
15	1.0128	1.0481	1.0555	0.9329	0.9236	0.9929	0.9011**
18	1.0121	1.0096	1.026	0.9315	0.9336	0.9447	0.9243
21	1.0227	1.0371	1.0122	0.9493	0.9504	0.9658	0.9328
24	1.0093	1.0355	1.0916	0.9932	0.9513	0.9659	0.9196
B：Brent 油价收益率的预测结果								
1	0.8992	0.8901	1.0222	0.8602**	0.8588**	0.8942**	0.9221
3	0.9018	0.9283	1.0125	0.8725**	0.8809**	0.9301	0.9265
6	0.9239	0.9316	1.0201	0.9074	0.8877	0.9137	0.8979
9	0.9294	0.9416	0.9098	0.8417**	0.8919**	0.9087**	0.9087
12	0.9093**	0.8984	0.9812	0.8843	0.8939	0.9145	0.9114
15	0.9313	0.9421	0.9511	0.8838**	0.8822**	0.9266	0.9294
18	0.8949	0.9195	0.9263	0.8783**	0.8963**	0.8874**	0.9277
21	0.9212	0.9044	0.9304	0.8765**	0.8661**	0.8936	0.9309
24	0.9148	0.8901**	0.9275	0.8983**	0.8769**	0.9014**	0.9132

**表示 DM 检验结果在 5%的水平上显著

注：表中数值为 rMSPE，如果 rMSPE<1，则该模型的预测精度优于基准模型

第一，采用高频 MSCI 预测 WTI 和 Brent 油价收益率会获得不同的结果。预测 WTI 油价收益率时，在除 $K=1, 9$ 之外的 7 个步长下 ADL 模型的预测效果优于各种形式的 MIDAS 模型，低频数据表现出更好的预测能力。对 Brent 油价收益率的预测中，所有步长下 ADL-MIDAS 模型的预测能力均优于基本 MIDAS 模型。

第二，使用高频 MSCI 预测油价收益率时，ADL-MIDAS 模型比基本 MIDAS 模型的预测效果更好，这在预测 WTI 和 Brent 油价收益率时均表现明显。以 Brent 油价收益率预测为例，ADL-MIDAS 模型在所有预测步长下均有较好的预测效果，尤其是采用指数 Almon 和 Beta 的 ADL-MIDAS 模型在所有预测步长下的预测能力均优于其他模型。ADL-MIDAS 模型在基本 MIDAS 模型的基础上加入自回归项，考虑了内生变量的滞后效应，因此具有更好的预测能力（Andreou et al.，2013）。

第三，使用高频 MSCI 预测 WTI 和 Brent 油价收益率时，采用指数 Almon 和 Beta 的混频模型比采用 U-MIDAS 的混频模型的预测效果更好。这在预测 Brent 油价收益率时表现更为明显，无论是基本 MIDAS 模型还是 ADL-MIDAS 模型，采用指数 Almon 和 Beta 的混频模型在大多数预测步长下的预测能力优于采用 U-MIDAS 的混频模型。

2. 基于标准普尔 500 指数的预测结果分析

根据式（13.1）、式（13.4）和式（13.7），本章选用 1993 年 12 月～2019 年 12 月的日度标准普尔 500 指数对月度 WTI 和 Brent 油价收益率进行预测，结果见表 13.2。

表 13.2　基于标准普尔 500 指数的油价收益率预测误差

预测步长/月	基本 MIDAS			ADL-MIDAS			ADL
	指数 Almon	Beta	U-MIDAS	指数 Almon	Beta	U-MIDAS	
A：WTI 油价收益率的预测结果							
1	1.0048	0.9676	1.0443	0.8952**	0.8961	1.0043	0.9616
3	1.0130	1.0134	1.0238	0.9212**	0.9211**	0.9705	0.9617
6	1.0422	1.0418	1.0738	0.9862	0.9844	1.0052	0.9613**
9	0.9678	0.9687	1.1027	0.8993**	0.9579	1.0017	0.9618
12	1.0536	1.0487	1.1055	0.9566	0.9491	0.9112**	0.9636
15	1.0211	1.0211	1.1017	0.9362**	0.9693	0.9877	0.9654
18	1.0041	1.0152	1.0159	0.9163**	0.9234**	0.9178**	0.9593

续表

预测步长/月	基本 MIDAS 指数 Almon	基本 MIDAS Beta	基本 MIDAS U-MIDAS	ADL-MIDAS 指数 Almon	ADL-MIDAS Beta	ADL-MIDAS U-MIDAS	ADL
21	1.0348	1.0322	1.0133	0.9436	0.9421	0.9222**	0.9649
24	1.0443	0.9979	1.0437	0.9332**	0.9271**	0.9554	0.9616
B：Brent 油价收益率的预测结果							
1	0.8877	0.8878	1.0211	0.8352**	0.8363**	0.9657	0.9644
3	0.8766	0.8669**	1.0016	0.8252**	0.8243**	0.9567	0.9645
6	0.9787	0.9823	1.0217	0.9287	0.9309	0.9735	0.9656
9	0.8776	0.8721	0.8824	0.8354**	0.8277**	0.8337**	0.9657
12	0.8841	0.8831	0.9162	0.8308**	0.8437**	0.8746	0.9666
15	0.8992	0.8923	0.9924	0.8573**	0.8493**	0.9468	0.9678
18	0.9244	0.9173	1.0105	0.8754**	0.8855	0.9679	0.9655
21	0.9622	0.9682	1.0087	0.9072	0.8976	0.9479	0.9644
24	0.9231	0.9151	0.9887	0.8758	0.8841	0.9277	0.9657

**表示 DM 检验结果在 5%的水平上显著

注：表中数值为 rMSPE，如果 rMSPE＜1，则该模型的预测精度优于基准模型

第一，采用标准普尔 500 指数预测油价收益率时，高频数据的效果明显优于低频数据。对于 WTI 和 Brent 油价收益率的预测，所有预测步长下 ADL-MIDAS 模型的预测结果表现最优，且大多数情况下 MSPE 的减少是显著的，高频标准普尔 500 指数在油价收益率预测上表现出较明显的优势。在预测 Brent 油价收益率时，预测步长为 3 个月的情况下，ADL-MIDAS 模型与基准模型相比减少了约 18%的 MSPE。

第二，使用高频标准普尔 500 指数对 WTI 和 Brent 油价收益率进行预测时，ADL-MIDAS 模型比基本 MIDAS 模型的预测效果更好。这点在预测 WTI 油价收益率时表现更为突出，采用指数 Almon 和 Beta 的 ADL-MIDAS 模型在所有预测步长下的预测能力均优于基准模型。基本 MIDAS 模型未表现出显著优于基准模型的预测能力。

第三，采用高频标准普尔 500 指数预测油价收益率时，采用指数 Almon 和 Beta 的混频模型比采用 U-MIDAS 的混频模型的预测效果更好。这点在预测 Brent 油价收益率时表现更为明显，采用指数 Almon 和 Beta 的基本 MIDAS 模型在任何步长下的预测均优于基准模型，采用 U-MIDAS 的基本 MIDAS 模型在超过一半步长下的预测比基准模型差；采用指数 Almon 和 Beta 的 ADL-MIDAS 模型在所有预测步长下的预测效果均是最优的。

3. 基于美国证交所石油板块指数的预测结果分析

根据式（13.1）、式（13.4）和式（13.7），本章选用 1993 年 12 月～2019 年 12 月的日度美国证交所石油板块指数对月度 WTI 和 Brent 油价收益率进行预测，结果见表 13.3。

表 13.3 基于美国证交所石油板块指数的油价收益率预测误差

预测步长/月	基本 MIDAS			ADL-MIDAS			ADL
	指数 Almon	Beta	U-MIDAS	指数 Almon	Beta	U-MIDAS	
A：WTI 油价收益率的预测结果							
1	0.9133**	0.9256	0.9133	0.8925**	0.9147	0.8974**	0.8803**
3	0.9468	1.0198	0.9925	0.8867**	0.8912**	0.9015**	0.8784**
6	0.9366	1.0076	1.1321	0.9113	0.8923**	1.0316	0.9036
9	1.0785	0.9885	1.1127	0.9093	0.8936**	1.0588	0.8994**
12	1.1306	1.0816	1.1816	0.9647	0.9936	1.0297	0.9088
15	0.9898	1.1005	1.1222	0.9483	0.9878	1.0304	0.8895
18	1.0067	0.9819	1.1251	0.9218	0.9357	0.9804	0.8969
21	1.1045	1.0429	1.3817	1.0903	0.9904	1.0936**	0.8949**
24	1.0819	1.0253	0.9912	0.9619	0.9361	0.9418	0.8868**
B：Brent 油价收益率的预测结果							
1	0.9388	0.9577	1.0198	0.8515**	0.8761	0.9578	0.8897
3	0.8903	0.9021	0.9948	0.8723	0.8816	0.9113	0.8906
6	0.8818	0.8942	0.9808	0.8501**	0.8538**	0.9072	0.8928
9	0.9039	0.8935	0.9593	0.8468**	0.8606	0.8905**	0.9021
12	0.8705	0.9004	0.9707	0.8257**	0.8479**	0.8774**	0.8963
15	0.9208	0.8839	0.9595	0.8448**	0.8178**	0.8818	0.8858
18	0.8967	0.9047	0.9462	0.8797	0.8887	0.9015	0.8758
21	0.9167	0.8795	0.9652	0.9082	0.8945	0.9201	0.8607**
24	0.9006	0.9214	0.9108	0.8902	0.8949	0.8958	0.8896

**表示 DM 检验结果在 5%的水平上显著
注：表中数值为 rMSPE，如果 rMSPE＜1，则该模型的预测精度优于基准模型

第一，采用美国证交所石油板块指数高频数据预测 WTI 和 Brent 油价收益率的结果存在很大差异。预测 WTI 油价收益率时，在 $K=1, 3, 6, 9$ 的步长下，基本 MIDAS 和 ADL 模型均有较好的预测表现。但在长期预测中，ADL 模型的预测性能明显超过基本 MIDAS 模型。预测 Brent 油价收益率时，情况相反，ADL-MIDAS

模型的预测效果明显优于 ADL 模型，具体而言，除 $K = 18, 21, 24$ 之外的 6 个步长下，ADL-MIDAS 模型的预测效果均表现为最优。

第二，使用高频美国证交所石油板块指数预测油价收益率时，ADL-MIDAS 模型比基本 MIDAS 模型的预测效果更好。其中，在预测 WTI 油价收益率时，采用指数 Almon 和 Beta 的 ADL-MIDAS 模型在除 $K = 21$ 之外的所有步长下的预测结果均优于基准模型，基本 MIDAS 模型与基准模型相比未表现出显著的优势。

第三，采用高频美国证交所石油板块指数预测油价收益率时，采用指数 Almon 和 Beta 的 ADL-MIDAS 模型比采用 U-MIDAS 的 ADL-MIDAS 模型预测效果更好。例如，预测 Brent 油价收益率时，采用指数 Almon 和 Beta 的 ADL-MIDAS 模型的预测能力在所有预测步长下均优于采用 U-MIDAS 的 ADL-MIDAS 模型，且在大多数步长下表现最优。

第四，比较表 13.3 和表 13.2、表 13.1，可以发现使用美国证交所石油板块指数预测油价收益率比其他股票指数的预测效果更好。例如，采用美国证交所石油板块指数预测 WTI 油价收益率时，大多数预测步长下 ADL 模型与基准模型相比降低的 MSPE 超过了 10%，其预测效果明显优于 MSCI 和标准普尔 500 指数。此外，$K = 1$ 时，采用指数 Almon、Beta、U-MIDAS 的 ADL-MIDAS 模型以及 ADL 模型的 rMSPE 分别为 0.8925、0.9147、0.8974 和 0.8803，均表现出较强的预测能力，这也验证了 Chen（2014）的观点，即石油敏感型行业股票指数尤其是石油行业股票指数在短期油价收益率预测中表现出很强的预测能力。

4. 基于英国富时 100 指数的预测结果分析

根据式（13.1）、式（13.4）和式（13.7），本章选用 1993 年 12 月～2019 年 12 月的日度英国富时 100 指数对月度 WTI 和 Brent 油价收益率进行预测，结果见表 13.4。

表 13.4　基于英国富时 100 指数的油价收益率预测误差

预测步长/月	基本 MIDAS			ADL-MIDAS			ADL
	指数 Almon	Beta	U-MIDAS	指数 Almon	Beta	U-MIDAS	
A：WTI 油价收益率的预测结果								
1	0.9846	0.9617	1.0249	0.8941**	0.8879**	0.9823	0.9679
3	0.9837	0.9738	0.9794	0.9139**	0.9149**	0.9303**	0.9694
6	0.9618	0.9673	1.0305	0.9185**	0.9182**	0.9705	0.9669
9	1.0275	1.0313	1.0469	0.9455**	0.9515	0.9609	0.9649
12	1.0182	1.0317	1.0217	0.9339**	0.9489	0.9587	0.9664

续表

预测步长/月	基本 MIDAS			ADL-MIDAS			ADL
	指数 Almon	Beta	U-MIDAS	指数 Almon	Beta	U-MIDAS	
15	1.02671	0.9979	1.0182	0.9404**	0.9327**	0.9782	0.9658
18	1.0032	0.9902	1.0294	0.9371**	0.9317**	0.9916	0.9631
21	1.0114	1.0448	1.0406	0.9341**	0.9662	0.9738	0.9644
24	1.0085	1.0244	1.0616	0.9507	0.9308**	0.9762	0.9643
B：Brent 油价收益率的预测结果							
1	0.9109	0.9147	0.9342	0.8592**	0.8759	0.8692	0.9639
3	0.9039	0.8906	0.9112	0.8457**	0.8457**	0.8873	0.9630
6	0.8917	0.8882	0.9191	0.8442**	0.8491**	0.8962	0.9614
9	0.8771	0.8751	0.9092	0.8356**	0.8339**	0.8708	0.9614
12	0.87342	0.8753	0.8939	0.8221**	0.8502**	0.8548**	0.9589
15	0.8883	0.8935	0.9144	0.8418**	0.8459**	0.8591	0.9599
18	0.9189	0.9251	0.9041	0.8582**	0.8863	0.8543**	0.9581
21	0.9319	0.9218	0.9278	0.8714	0.8645	0.8718	0.9569
24	0.8843	0.8997	0.8935	0.8351**	0.8458**	0.8504**	0.9552

**表示 DM 检验结果在 5%的水平上显著

注：表中数值为 rMSPE，如果 rMSPE<1，则该模型的预测精度优于基准模型

第一，采用英国富时 100 指数预测油价收益率时，高频数据的效果明显优于低频数据。在对 WTI 和 Brent 油价收益率预测时，设置的 9 个预测步长中，ADL-MIDAS 模型的预测能力均比基准模型更好，且在大多数步长中，MSPE 的减少是显著的。此外，预测 WTI 油价收益率时，表现最好的 ADL-MIDAS 模型与基准模型相比 MSPE 减少 11%。预测 Brent 油价收益率时，该比值减小 18%，均体现了高频数据的明显优势。

第二，使用高频英国富时 100 指数预测 WTI 和 Brent 油价收益率时，ADL-MIDAS 模型比基本 MIDAS 模型的预测效果更好。ADL-MIDAS 模型在所有预测步长下对 WTI 和 Brent 油价收益率的预测均表现最优。

第三，采用高频英国富时 100 指数预测油价收益率时，采用指数 Almon 和 Beta 的混频模型比采用 U-MIDAS 的混频模型具有更好的预测效果。这在预测 WTI 和 Brent 油价收益率时均表现明显，无论是基本 MIDAS 模型还是 ADL-MIDAS 模型，采用指数 Almon 和 Beta 的混频模型在绝大多数预测步长中的预测效果均优于采用 U-MIDAS 的混频模型。

13.4.2 稳健性检验

1. 联合预测结果分析

根据 13.4.1 节的分析，采用指数 Almon、Beta 和 U-MIDAS 的 ADL-MIDAS 模型均具有较好的预测效果，于是本节选取这三个模型进行联合预测。具体而言，分别选择等权重、AIC、BIC 三种形式的权重函数对三个模型进行联合，并将联合预测的结果和相应的 ADL 模型进行比较。因为采用三种权重函数的联合预测结果相差较小，所以这里只展示采取 AIC 权重函数对 WTI 和 Brent 油价收益率进行联合预测的结果。除了 rMSPE 外，本章还引入待评估模型与基准模型的均方根预测误差比率 rRMSFE 作为判断预测能力的标准。具体结果见表 13.5。

表 13.5　联合预测误差

预测步长/月	WTI 油价收益率				Brent 油价收益率			
	MSCI	标准普尔500指数	美国证交所石油板块指数	英国富时100指数	MSCI	标准普尔500指数	美国证交所石油板块指数	英国富时100指数
A：rMSPE								
1	0.9193**	0.9296**	0.9132**	0.9397**	0.8797**	0.8798**	0.8888**	0.8697**
3	0.9232	0.9169**	0.9317**	0.9252**	0.8848**	0.8488**	0.8608**	0.8775**
6	0.9417	0.9627	0.9511	0.9174	0.9185	0.9164**	0.8414**	0.8333**
9	0.9004**	0.9205**	0.9569	0.9262**	0.8677**	0.8569**	0.8606**	0.8497**
12	0.9237	0.9459	1.0265	0.9379	0.8567**	0.8413	0.8899**	0.8679**
15	0.9441	0.9596	0.9708	0.9223**	0.8819	0.8362**	0.8765**	0.8522**
18	0.9347	0.9418**	0.9688	0.9169**	0.8486**	0.8593**	0.8903**	0.8818**
21	0.9813	0.9401**	0.9424**	0.9759	0.8749**	0.8375**	0.9147	0.8793
24	1.0837	0.9267**	0.9667	0.9564**	0.8594**	0.8617**	0.8849**	0.8453**
B：rRMSFE								
1	0.9476**	0.9387**	0.9406**	0.9456**	0.8967**	0.9108**	0.9303**	0.9266**
3	0.9497	0.9488	0.9668**	0.9597**	0.9107**	0.8978**	0.9388**	0.9375**
6	0.9797	0.9477	0.9574	0.9694**	0.9338**	0.9308**	0.9136**	0.9192**
9	0.9432**	0.9384**	0.9555	0.9803	0.9125**	0.9007**	0.9258**	0.9377**
12	0.9807	0.9536	0.9886	0.9787**	0.9007**	0.9267**	0.9114**	0.9255**
15	0.9565	0.9787	0.9704	0.9603**	0.8955**	0.9367**	0.9067**	0.8063**
18	0.9664	0.9695**	0.9687	0.9747**	0.9278**	0.9193**	0.9068	0.9163**
21	1.0057	0.9514**	0.9504	0.9792	0.9198**	0.9158**	0.9319	0.9409
24	0.9818	0.9498**	0.9593	0.9963	0.9254**	0.9488	0.9244**	0.9138

**表示 DM 检验结果在 5%的水平上显著

注：如果 rMSPE 和 rRMSFE 小于 1，则该模型的预测精度优于基准模型

可以看出，首先，对三个 ADL-MIDAS 模型进行加权平均，联合预测 WTI 和 Brent 油价收益率时，其预测效果优于基准模型。其次，除 MSCI 和美国证交所石油板块指数对 WTI 油价收益率的预测外，高频数据的预测效果在大多数情况下明显优于低频数据。例如，采用高频标准普尔 500 指数预测 WTI 和 Brent 油价收益率时，在大多数情况下，高频数据的预测能力优于低频数据；采用高频英国富时 100 指数预测油价收益率时，在除 $K=21,24$ 外的所有预测步长下，高频数据的预测结果都比低频数据更好。但是，预测 WTI 油价收益率时，采用高频 MSCI 和美国证交所石油板块指数在大多数情况下的预测效果劣于采用低频数据的预测效果。以美国证交所石油板块指数为例，仅在 $K=1,3$ 时，高频数据的预测效果比低频数据好，与低频数据相比，高频数据未表现出显著的优势。该结果与 Baumeister 等（2015）的结果基本一致。

造成 WTI 和 Brent 油价收益率预测结果存在差异的原因可能是在样本区间内，WTI 和 Brent 油价形成机制不同，例如，WTI 油价更多地取决于美国中陆地区开采的一系列原油混合产品，Brent 油价根据英国和挪威北海四处油田的原油产量确定（Chen et al.，2015）。另外，两种基准原油的市场份额和关注度也存在差异，导致其国际影响力不同。

2. 基于周度股票指数的预测结果分析

为了探究 13.4.1 节得到的结论是否同样适应于周度数据，本节将所用到的四类股票指数日度数据更换成周度数据，使用周度股票指数对月度 WTI 和 Brent 油价收益率进行预测，对 13.4.1 节得到的结果进行稳健性检验。在 13.4.1 节的分析中发现，采用指数 Almon 的 ADL-MIDAS 模型具有很好的预测能力，所以本章针对采用指数 Almon 的 ADL-MIDAS 模型进行稳健性检验，结果见表 13.6。

表 13.6　基于周度数据的油价收益率预测误差

预测步长/月	WTI 油价收益率				Brent 油价收益率			
	MSCI	标准普尔500 指数	美国证交所石油板块指数	英国富时100 指数	MSCI	标准普尔500 指数	美国证交所石油板块指数	英国富时100 指数
A：rMSPE									
1	0.9044**	0.9519**	0.8945**	0.8825**	0.8625**	0.8913**	0.8839	0.8222**
3	0.8919**	0.9538**	0.9292	0.9001**	0.8684**	0.8824**	0.8867	0.8208**
6	0.9179	0.9686	0.9561	0.9136**	0.8363**	0.8855**	0.8677**	0.8242**
9	0.9217	0.9048**	0.9219	0.8851**	0.8335**	0.8804**	0.8637**	0.8617**
12	0.9118**	0.9427**	0.9451	0.9453**	0.8355**	0.8675**	0.8657**	0.8692**
15	0.9736	0.9519**	1.0082	0.9982	0.8433**	0.8743**	0.8594**	0.8678**

续表

预测步长/月	WTI 油价收益率				Brent 油价收益率			
	MSCI	标准普尔500指数	美国证交所石油板块指数	英国富时100指数	MSCI	标准普尔500指数	美国证交所石油板块指数	英国富时100指数
18	0.9315	0.9572**	0.9495	0.9471**	0.8433**	0.8658**	0.844**	0.8632**
21	0.9655	0.9641	0.9377	0.9563**	0.8689**	0.8685**	0.8593**	0.8789**
24	0.9785	0.9492**	0.9637	0.9614**	0.8363**	0.8459**	0.8605**	0.8749**
B：rRMSFE								
1	0.9495**	0.9751**	0.9458**	0.9406**	0.9302**	0.9436**	0.9368	0.9058**
3	0.9459**	0.9781**	0.9596	0.9488**	0.9337**	0.9404**	0.9419	0.9057**
6	0.9606	0.9855	0.9803	0.9578**	0.9153**	0.9427**	0.9323**	0.9091**
9	0.9597	0.9516**	0.9591**	0.9423**	0.9151**	0.9395**	0.9307**	0.9287**
12	0.9547**	0.9705**	0.9712	0.9726**	0.9138**	0.9315**	0.9298**	0.9322**
15	0.9857	0.9764**	1.0044	0.9992	0.9194**	0.9354**	0.9287**	0.9365
18	0.9652	0.9807**	0.9752	0.9747**	0.9194**	0.9293**	0.9147**	0.9306**
21	0.9822	0.9805	0.9672	0.9723**	0.9305**	0.9304**	0.9272**	0.9367**
24	0.9881	0.9735**	0.9814	0.9817**	0.9146**	0.9185**	0.9304**	0.93562**

**表示 DM 检验结果在 5%的水平上显著

注：如果 rMSPE 和 rRMSFE 小于 1，则该模型的预测精度优于基准模型

可以发现，借助 ADL-MIDAS 模型，采用周度股票指数预测月度 WTI 和 Brent 油价收益率能取得良好的预测效果。在设置的所有预测步长中，ADL-MIDAS 模型的预测能力均优于基准模型，而且在大多数情况下明显优于 ADL 模型。预测结果表明，在油价收益率的预测上，周度数据与月度数据相比具有一定的优势，换言之，13.4.1 节得到的结果（高频股票指数在预测油价收益率上具有一定优势）同样适用于采用周度数据的预测。

3. 加入基本面因素的预测结果分析

为了探究考虑基本面因素影响后 13.4.1 节得到的结果是否依然成立，本节在预测中加入两个基本面变量作为预测因子。同样，本节针对采用指数 Almon 的 ADL-MIDAS 模型进行稳健性检验，结果见表 13.7。可以发现，加入两个基本面变量预测月度 WTI 和 Brent 油价收益率时，在大多数步长下日度数据的预测能力优于月度数据。例如，采用高频英国富时 100 指数预测 WTI 油价收益率时，在除 $K=9, 12$ 外的所有预测步长下，高频数据的预测结果都比低频数据更好。考虑基本面因素的影响，13.4.1 节得到的结果也适用。

表 13.7　加入基本面变量的油价预测误差

预测步长/月	WTI 油价收益率				Brent 油价收益率			
	MSCI	标准普尔500指数	美国证交所石油板块指数	英国富时100指数	MSCI	标准普尔500指数	美国证交所石油板块指数	英国富时100指数
A：rMSPE								
1	0.9502**	0.9219**	0.9294**	0.9323**	0.9207**	0.9448**	0.9424**	0.9893**
3	0.9958**	0.9364**	0.9592**	0.9516**	0.9467**	0.9469**	0.9527**	0.9984
6	1.0136	0.9606**	0.9247**	0.9555**	0.9405**	0.9599**	0.9452**	0.9866**
9	0.9523**	0.9705**	1.0047	1.0126	0.9783**	0.9915**	0.9527**	0.9935**
12	0.9249**	0.9604**	1.0307	1.0039	0.9996**	0.9919**	0.9589**	0.9956**
15	0.9675**	0.9534**	0.9669**	0.9992**	1.0041	1.0084	0.9334**	0.9687**
18	0.9376**	0.9397**	0.9066**	0.9758**	1.0223	0.9743**	0.9163**	0.9594**
21	0.9276**	0.9284**	0.8549**	0.9906**	1.0036	0.9807**	0.9097**	0.9477**
24	1.0225	0.9505**	0.9116**	0.9885**	0.9959**	1.0028	0.9192**	0.9534**
B：rRMSFE								
1	0.9752**	0.9607**	0.9646**	0.9655**	0.9592**	0.9737**	0.9733**	0.9953**
3	0.9979	0.9674**	0.9808**	0.9764**	0.9722**	0.9722**	0.9749**	0.9994
6	1.0062	0.9805**	0.9624**	0.9807**	0.9708**	0.9809**	0.9718**	0.9924**
9	0.9755**	0.9848**	1.0025	1.0057	0.9885**	0.9954**	0.9755**	0.99637**
12	0.9624**	0.9797**	1.0155	1.0014	0.9998**	0.9967**	0.9798**	0.9976**
15	0.9846**	0.9766**	0.9846	0.9993**	1.0037	1.0056	0.9658**	0.9836**
18	0.9688**	0.9694**	0.9542**	0.9885**	1.0125	0.9885**	0.9588**	0.9787**
21	0.9623**	0.9629**	0.9238**	0.9939**	1.0016	0.9902**	0.9543**	0.9746**
24	1.0105	0.9737**	0.9494**	0.9924**	0.9972**	1.0007	0.9581**	0.9763**

**表示 DM 检验结果在 5%的水平上显著

注：如果 rMSPE 和 rRMSFE 小于 1，则该模型的预测精度优于基准模型

4. 与其他模型预测结果的比较

本章将 MIDAS 模型和已有文献证明在油价预测方面具有良好预测能力的两个模型（分别是 Zadrozny（1988）提出的 MF-VAR 模型以及 Chan 和 Grant（2016）提出的 SV 模型）进行比较。由于高频英国富时 100 指数具有很好的预测能力，本章针对英国富时 100 指数进行检验，探讨当使用相同频率的英国富时 100 指数预测油价收益率时，MIDAS 模型是否比 MF-VAR 和 SV 模型的预测效果更好。结果表明，在大多数情况下，MIDAS 模型的预测结果明显优于 MF-VAR 和 SV 模型。MF-VAR 模型的预测结果见表 13.8[①]。

---

① SV 模型的预测结果可向作者索取。

表 13.8 采用 MF-VAR 模型的油价预测结果

预测步长/月	WTI 油价收益率 rMSPE	WTI 油价收益率 rRMSFE	Brent 油价收益率 rMSPE	Brent 油价收益率 rRMSFE
1	1.0493	1.1374	0.9779	1.0835
3	1.0286	0.9127	0.9707	0.9466
6	1.0479	1.0958	1.0214	1.0219
9	1.0973	1.1563	1.0747	1.2347
12	1.0553	1.1396	1.0634	1.1036
15	1.0766	1.1407	1.9147	1.1214
18	1.0812	1.1074	1.1749	1.1404
21	1.0758	1.1527	1.5296	1.1823
24	1.1057	1.1518	1.2017	1.1561

注：如果 rMSPE 和 rRMSFE 小于 1，则该模型的预测精度优于基准模型。

可以发现，采用英国富时 100 指数预测月度 Brent 油价收益率时，除 $K=1,3$ 外的所有预测步长下，MF-VAR 模型的预测能力均劣于基准模型。预测月度 WTI 油价收益率时，在设置的所有预测步长中，rRMSFE 均大于 1，表明预测油价收益率时基准模型的预测能力明显优于 MF-VAR 模型。然而，从表 13.4 中可以看出，采用英国富时 100 指数预测油价收益率时，MIDAS 模型的预测能力明显优于基准模型和 ADL 模型。综上所述，在预测油价收益率方面，MIDAS 模型比 MF-VAR 模型更适合。

13.5 主要结论与启示

为了探究股票市场高频数据与低频数据相比是否有助于提高预测油价收益率的精度，本章采用多种形式的 MIDAS 模型，选取 MSCI 等四种国际股票指数的高频和低频数据分别预测 WTI 和 Brent 油价收益率，并对预测结果进行比较，得到主要结论如下。

（1）采用股票指数预测 WTI 和 Brent 油价收益率时，在大多数情况下基于高频数据的预测效果优于低频数据。本章借助 MIDAS 模型整合股票指数高频数据包含的信息来预测低频油价收益率，发现日度和周度数据比月度数据包含更多有助于预测油价收益率的信息，利用这些信息可以提高油价预测的精度，可见高频数据所包含的有效信息不应被忽视，而更应得到充分利用。

（2）采用混频模型预测油价收益率时，MIDAS 模型的预测效果优于 MF-VAR 模型。此外，ADL-MIDAS 模型比基本 MIDAS 模型更适合，在大多数情况下，

ADL-MIDAS 模型的预测效果明显优于基本 MIDAS 模型。此外,采用指数 Almon 和 Beta 的 MIDAS 模型比采用 U-MIDAS 的 MIDAS 模型表现出更好的油价预测能力。

（3）在预测油价收益率时，石油行业股票指数具有很好的预测能力。本章通过比较四种股票指数低频数据和高频数据的预测结果，发现使用美国证交所石油板块指数预测油价收益率的效果比其他股票指数更好。可见，石油行业股票指数可以作为预测油价收益率的一个有效预测因子，为投资者和市场分析师提供重要参考。

（4）采用股票指数预测油价收益率时，与 WTI 油价收益率相比，高频数据的优势在预测 Brent 油价收益率时表现更为明显。例如，采用 MSCI 和美国证交所石油板块指数的高频数据预测 WTI 油价收益率时并不能提高预测精度，但在预测 Brent 油价收益率时高频数据的预测效果明显优于低频数据。

总体来看，在油价收益率的预测上，股票市场的高频数据与低频数据相比具有一定的优势，可以借助合适的 MIDAS 模型，利用这种优势，提高预测精度。同时，本章的结论也能为石油市场相关投资者和分析师提供一些决策建议，例如，考虑股票市场对石油市场的明显影响，石油市场参与者应该关注股票市场的波动，进而使风险管理更加高效；在利用股票指数数据预测油价收益率时，更应该重视高频数据的变动，提取高频数据包含的有用信息可以使预测更加准确，更好地遴选投资策略。

本章仍存在一些可以拓展的方向，在数据可获得的前提下，可以考虑使用更高频的股票市场数据（如日内数据）进行预测，而且可以考虑使用行业股票数据进行分析。另外，本章采用的 MIDAS 模型均为单变量 MIDAS 模型，未来可以考虑将其拓展为多变量 MIDAS 模型或者将 MIDAS 模型和其他模型结合，可能会获得更多有意义的结果。

第14章　WTI油价对中国传统能源行业的动态信息溢出研究

14.1　国际原油市场与中国传统能源行业的关联机制

尽管国际油价对中国新能源行业的影响极其有限（Cooke，2016），但是中国传统能源行业受到国际油价的影响更为直接，其与原油市场的关系更为密切（Hamdi et al.，2019；Adekunle et al.，2020；Das and Kannadhasan，2020）。虽然已有许多文献探讨了国际油价对中国传统能源行业的影响，但少有文献对中国传统能源行业进行进一步的子行业细分，以探究国际油价对中国传统能源行业的异质性影响。实际上，不同能源子行业由于所处产业链和行业属性不同，其对国际油价冲击的反应可能存在差异。

为此，本章将中国传统能源行业分为石油与天然气开采业、煤炭采选业、石油加工及炼焦业、电力/热力生产和供应业以及采掘服务业，并探究国际油价收益率对中国各传统能源行业股票收益率的影响。首先，通过 Hong 型信息溢出检验和 DP 型格兰杰因果关系检验方法研究国际油价收益率与中国各传统能源行业股票收益率的整体相关性。然后，利用 Hong 型时变信息溢出检验方法研究国际油价收益率对中国各传统能源行业股票收益率的动态线性影响。最后，用 DP 型时变格兰杰因果关系检验方法研究国际油价收益率对中国各传统能源行业股票收益率的动态非线性影响。

本章的主要贡献包括三点：第一，将研究维度延伸至中国传统能源子行业，弥补以往相关研究往往聚焦于整个能源行业而忽视经济内部复杂性的局限性。第二，揭示国际油价收益率与中国传统能源行业股票收益率的相关性随时间连续变化的特征。现有文献虽然也研究不同时段两者的不同相关性，但主要将总样本划分成多个子样本来讨论，缺乏对两者连续时变相关性的探究，本章采用 Hong 型时变信息溢出检验描述两者的连续时变相关关系。第三，揭示国际油价收益率与中国传统能源行业股票收益率的非线性相关关系。现有大部分研究仅刻画两者的线性相关性，但金融时间序列往往存在非线性信息，本章采用改进后的 DP 型格兰杰因果关系检验方法揭示国际油价收益率和中国传统能源行业股票收益率的非线性相关关系。

14.2 国内外研究现状

作为世界第二大经济体和原油消费国，国际原油市场和中国股票市场的关系引起了国内外学者的广泛关注。已有研究发现中国股权分置改革后国内股票市场与国际原油市场的联系逐步加强。例如，Li 等（2012）利用考虑结构突变的面板协整检验方法，发现中国股票市场的价格突变主要集中在 2007 年 6～7 月、2008 年 11～12 月，即 2007 年 5 月 30 日 A 股市场的印花税上调和 2008 年全球金融危机对国际油价与中国股票市场的相关性产生了影响，而且研究发现成品油定价机制的改革进一步加强了国际油价与中国股票市场的联系。Bouri 等（2017）运用 Hong 型信息溢出统计量发现在 2013 年 3 月 27 日中国成品油定价机制改革后，Brent 油价收益率开始对中国金融业产生影响，并且中国各行业的股票收益率对 Brent 油价收益率产生反馈效应。

已有研究表明国际油价变动会对中国石油相关行业的股票收益率产生显著影响。例如，Cong 等（2008）通过多元 VAR 模型发现油价冲击会提高中国股票市场中制造业和部分石油公司的股票收益率，而且油价波动的加剧会使采矿业和石化行业的股票投机性需求增加，并推动其股票收益率上涨。金洪飞和金荦（2010）通过双因子 GED-GARCH(1,1)-M 模型研究了国际油价对中国 14 个行业股票收益率的影响，发现油价对中国石油和天然气行业的股票收益率有显著的正向影响。刘建和蒋殿春（2010）利用 VAR 模型对中国 38 个行业的股票收益率与国际油价收益率进行分析，发现国际油价波动对我国原油消费或石化相关行业的影响最大，其次是成品油消费行业。Li 等（2017）将中国石油产业链上的公司分为采掘业、冶炼业和销售业三类，发现产业链底端的公司股价对油价变动最为敏感。

格兰杰因果关系检验可以有效描述原油市场和股票市场间的相关性，且被不断发展和广泛应用。目前应用最为广泛的是引入 VAR 模型之后的格兰杰因果关系检验，VECM、GARCH 等模型也被相继引入格兰杰因果关系检验中。然而，上述这些检验只能描述两个序列间的线性相关性，忽视了检测金融序列中的非线性信息。为此，Baek 和 Brock（1992）提出了非线性因果关系检验方法。为了克服金融时间序列分布不确定的情况，Hiemstra 和 Jones（1994）提出了非参数的非线性因果关系检验方法，但该检验方法在使用中会出现过度拒绝的现象，因此 Diks 和 Panchenko（2006）对其原假设进行了改进。

同时，以上检验方法均只能用于检验整个样本期内的相关性，无法捕捉两个序列相关性的时变性特征。为解决该问题，部分学者对 VAR 模型进行了改进。Sato 等（2006）建立了基于小波的时变系数 VAR 模型，可以用于时变格兰杰因果关系检验。Christopoulos 和 León-Ledesma（2008）提出采用平滑转换的时变系数模型，以检验时变的格兰杰因果关系。此外，陆凤彬和洪永淼（2012）通过引入滚动窗口的方法，将 Haugh 型和 Hong 型信息溢出统计量动态化。

综上所述，现有文献已为国际原油市场与股票市场间关联机制的研究提供了大量的研究方法和实证结果，对中国传统能源行业的研究也在不断深入，但仍有许多工作有待进一步开展。第一，尽管已有许多文献讨论国际油价对中国传统能源行业股票市场的影响，但少有文献对传统能源行业子行业开展深入分析；第二，现有文献对市场大跌等特殊时段的分析通常集中于 2008 年全球金融危机前后，而缺乏对 2014 年、2020 年国际油价暴跌和 2015 年中国股票市场崩盘等重点时段的分析；第三，现有研究主要将总样本划分成多个子样本来讨论国际油价收益率和股票收益率相关性随时间的变化规律，而缺乏对连续时间下两者关系的细致探究；第四，现有大部分研究仅刻画两者的线性相关性，但金融时间序列往往存在非线性信息，导致市场之间的关联机制比较复杂。因此，本章采用 Hong 型时变信息溢出检验和改进后的 DP 型时变格兰杰因果关系检验，深入分析国际油价收益率对中国各传统能源行业股票收益率的动态时变影响，并着重分析重点时段的关联机制。

14.3　研究方法与数据说明

14.3.1　研究方法

1. Hong 型信息溢出检验

本章根据 Haugh（1976）提出的检验两时间序列独立性的统计量，度量原油市场和中国传统能源行业股票市场间的信息溢出效应，并引入 Hong（2001）提出的核函数为相关系数赋予不同的权重，体现相关性的时变性（具体步骤参见 8.3 节）。

2. Hong 型时变信息溢出检验

虽然 Hong 型信息溢出检验方法能捕捉两市场间的信息溢出效应，但无法刻画金融时间序列的时变性特征，因此，参考陆凤彬和洪永淼（2012），本章在 Hong 型信息溢出统计量的基础上引入滚动窗口，使之具有时变性质（具体步骤参见 8.3 节）。

3. DP 型格兰杰因果关系检验

Hong 型信息溢出检验仅能刻画国际油价收益率与能源行业股票收益率间的线性关系，但是金融资产价格间可能包含非线性信息。因此，本章使用 Diks 和

Panchenko（2006）提出的统计量检验两者的非线性相关性，它可以克服 Hiemstra 和 Jones（1994）提出的非参数检验存在过度拒绝原假设（不存在非线性关系）的缺陷（具体步骤参见 8.3 节）。

4. DP 型时变格兰杰因果关系检验

根据 Hong 型时变信息溢出统计量的构建思路，同样将滚动窗口引入 T 统计量中，构建 DP 型时变格兰杰因果关系检验 T 统计量（具体步骤参见 8.3 节）。

14.3.2 数据说明

WTI 油价被很多投资者视为国际原油市场的基准价，被广泛应用于相关研究中（Chiou and Lee，2009；Ding et al.，2016）。因此，本章选择 WTI 油价作为国际油价的代表，2004 年 1 月 5 日～2020 年 9 月 8 日的 WTI 油价走势如图 14.1 所示。数据来源为 EIA。

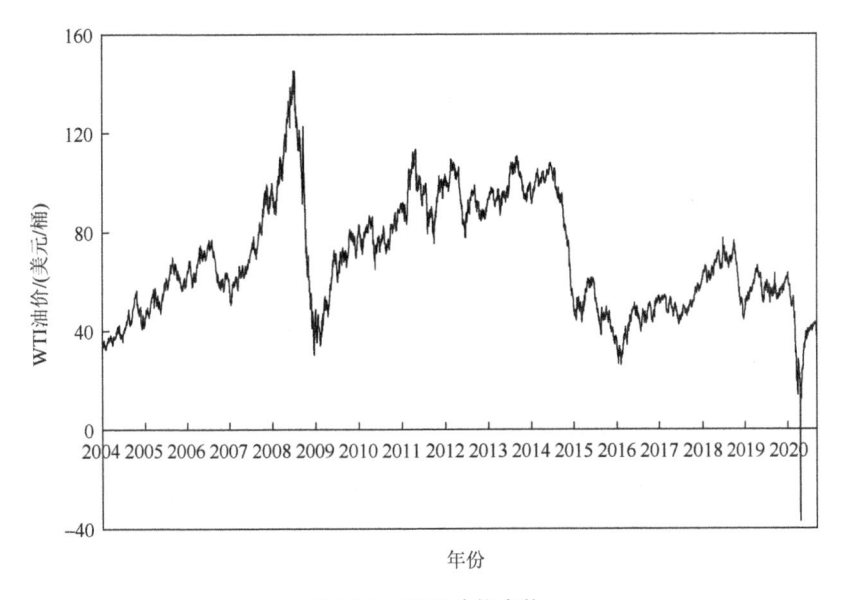

图 14.1 WTI 油价走势

本章根据中国证券监督管理委员会 2012 年的行业分类，将传统能源行业细分为石油与天然气开采业、煤炭采选业、石油加工及炼焦业、电力/热力生产和供应业和采掘服务业。为了探究 2004 年油价剧烈波动以来 WTI 油价收益率对中国传统能源行业的影响，本章将样本区间设置为 2004 年 1 月 5 日～2020 年 9 月 8 日。由于部分行业指数近年来才开始使用，缺乏前期数据，本章参考中国证券监督管理委员会 2012 年版行业分类对各行业上市公司进行人工统计。在股票市场中，IPO 和分红配股往往会造成股价异常波动，同时个股长期停牌会造成数据缺失。为此，本章根据以下条件对样本区间内所有行业的原始数据进行选择和处理：①个股首发时间不在样本区间内；②个股停牌期间股价以上一交易日为准；③上市公司有众多的行业，选择个股市值前十的 A 股上市公司作为行业代表。

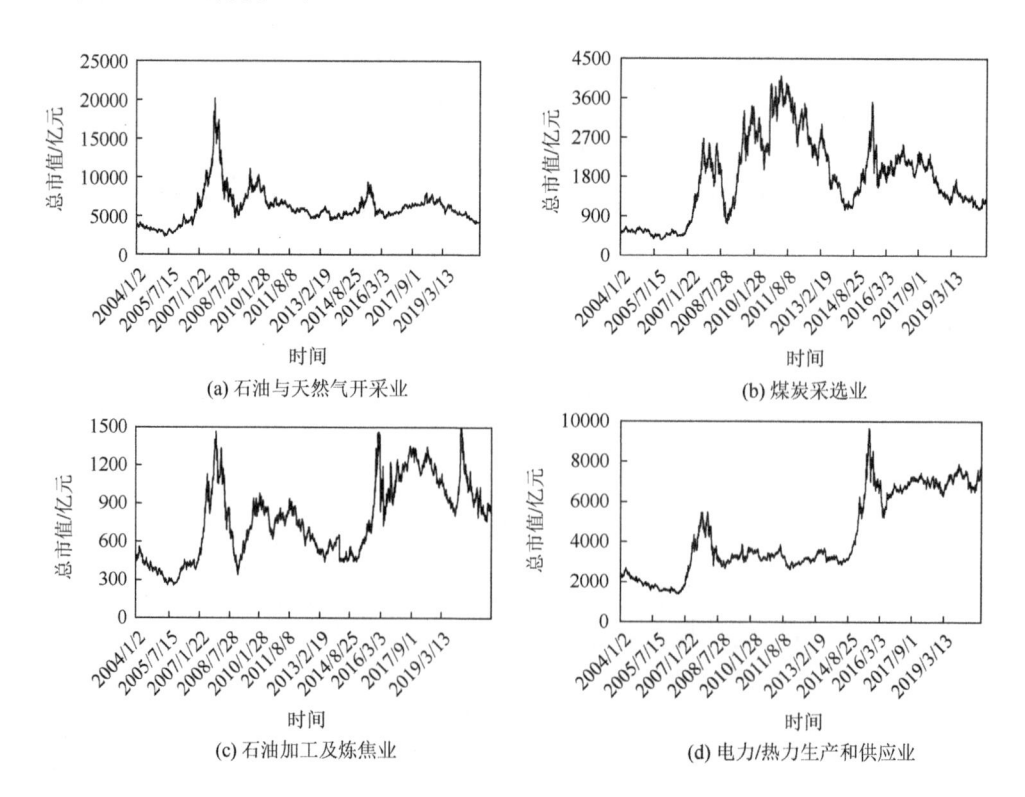

中国各传统能源行业的总市值如图 14.2 所示。市值越大的公司对行业的影响力越大，因此本章以上市公司的个股总市值为权重，加权平均计算各行业的股票收益率：

$$r_{\text{index},t} = \sum_i \frac{\text{cap}_{i,t}}{\sum_j \text{cap}_{j,t}} r_{i,t} \tag{14.1}$$

其中，$r_{\text{index},t}$ 为 t 时刻各传统能源行业的股票收益率；$r_{i,t} = \ln(p_{i,t}/p_{i,t-1})$ 为 t 时刻个股 i 的收益率；$p_{i,t}$ 为 t 时刻个股 i 的股价；$\text{cap}_{i,t}$ 为 t 时刻个股 i 的总市值。t 时刻 WTI 油价收益率的计算公式同行业股票收益率。后面所用的 r_{OGE}、r_{CMP}、r_{PPC}、r_{EHS}、r_{MS} 和 r_{WTI} 分别为石油与天然气开采业（OGE）、煤炭采选业（CMP）、石油加工及炼焦业（PPC）、电力/热力生产和供应业（EHS）和采掘服务业（MS）的股票收益率和 WTI 油价收益率。

(a) 石油与天然气开采业

(b) 煤炭采选业

(c) 石油加工及炼焦业

(d) 电力/热力生产和供应业

(e) 采掘服务业

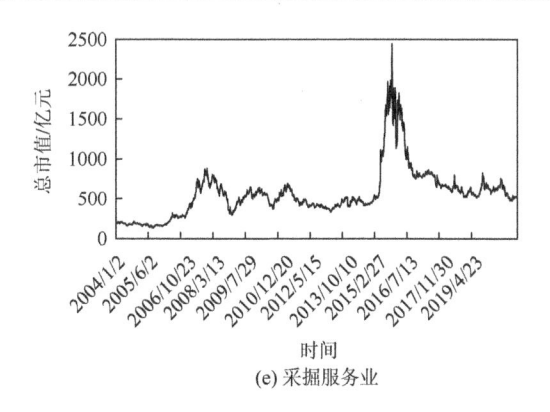

图 14.2　我国传统能源行业的总市值变化趋势

WTI 油价收益率与中国各传统能源行业股票收益率的描述性统计结果如表 14.1 所示。可以看出，WTI 油价收益率与各传统能源行业股票收益率在 2004～2020 年的均值均为正值，但接近 0；收益率的波动程度较小，且大致相同；各传统能源行业股票收益率在分布上均呈现出左偏尖峰，WTI 油价收益率呈现出右偏尖峰，结合 J-B 统计量可以发现各收益率均不服从正态分布。

表 14.1　WTI 油价收益率和传统能源行业股票收益率的描述性统计

统计量	r_{WTI}	r_{OGE}	r_{CMP}	r_{PPC}	r_{EHS}	r_{MS}
均值	0.0002	0.0002	0.0004	0.0005	0.0003	0.0005
标准差	0.0291	0.0215	0.0265	0.0220	0.0167	0.0260
偏度	0.8271	−0.7622	−0.4282	−1.0447	−1.9040	−3.7670
峰度	35.0530	14.9302	6.5261	12.5050	29.5189	69.1195
J-B 统计量	174006.4***	24446.37***	2225.14***	16005.91***	121299.6***	748423.6***

***表示在 1%的显著性水平下拒绝原假设

金融市场往往存在与日期相关的非正常收益率和波动率，这种现象称为日历效应，中国股票市场也不例外（Zhang et al.，2017c）。为了剔除日历效应对研究结果的影响，本章采用 Hiemstra 和 Jones（1994）提出的二步法对 WTI 油价收益率和各传统能源行业股票收益率的均值方差进行调整：

$$r_t = A_t b_0 + \varepsilon_t \tag{14.2}$$

$$\ln\left(\hat{\varepsilon}_t^2\right) = D_t b_1 + v_t^2 \tag{14.3}$$

其中，D_t 为包含周度及月度虚拟变量的向量；b_0 和 b_1 为回归系数向量；ε_t 和 v_t^2 为回归方程的误差修正项；$\hat{\varepsilon}_t$ 为式（14.2）的最小二乘估计误差。用方差方程（14.3）对各时间序列进行标准化：

$$r_t^* = \frac{\hat{\varepsilon}_t}{\exp\left(D_t \hat{b}_1 / 2\right)} \quad (14.4)$$

其中，$\hat{b}_1$ 为 b_1 的最小二乘估计值，本章在之后的分析中均使用经过日历调整和标准化的时间序列 $\{r_t^*\}$。

另外，由于中国股票市场与纽约商业交易所交易时间存在时差问题，t 时刻中国股票市场的消息能够影响 t 时刻纽约商业交易所的产品价格，而 $t-1$ 时刻纽约商业交易所的消息能够影响 t 时刻中国股票市场的股价。为了排除单纯由时差问题而产生的因果关系，本章借鉴 Bekiros（2014）的处理方法，将原假设变为 $r_{\text{index},t-1}$ 不是 $r_{\text{WTI},t-1}$ 的格兰杰原因，同时 $r_{\text{WTI},t-1}$ 不是 $r_{\text{index},t-1}$ 的格兰杰原因，其中，$r_{\text{WTI},t-1}$ 为 t 时刻 WTI 油价收益率，$r_{\text{index},t-1}$ 为 t 时刻中国各传统能源行业的股票收益率。

14.4 WTI 油价收益率和中国传统能源行业股票收益率的溢出效应分析

14.4.1 静态格兰杰因果关系检验结果分析

1. Hong 型信息溢出检验结果分析

在进行信息溢出检验前，本章对各收益率序列进行自相关性和平稳性检验，结果如表 14.2 所示。根据 Q 统计量，所有收益率时间序列在 5% 的显著性水平下拒绝不存在自相关性的原假设，因此需要建立 ARMA 模型。此外，ADF、PP 和 KPSS 检验结果均显示，各收益率序列均符合平稳性过程。

表 14.2　WTI 油价收益率和传统能源行业股票收益率的 Q 检验和单位根检验结果

统计量	r_{WTI}	r_{OGE}	r_{CMP}	r_{PPC}	r_{EHS}	r_{MS}
$Q(5)$	42.5140***	9.9816**	16.8800***	43.5830***	7.7187***	22.1820***
$Q(10)$	53.2640***	32.5450***	21.7070**	60.1890***	15.6180***	37.6400***
ADF	−44.6617***	−62.5219***	−60.5884***	−58.2445***	−62.1447***	−59.8471***
PP	−67.5644***	−62.5124***	−60.5762***	−58.0601***	−62.1363***	−59.7493***
KPSS	0.1031	0.2369	0.1651	0.1039	0.1644	0.0637

和*分别表示在 5%和 1%的显著性水平下拒绝原假设

注：ADF 和 PP 检验的原假设为序列存在单位根，KPSS 检验的原假设为序列不存在单位根

本章利用 ARMA-GARCH 模型对各收益率序列的波动性进行建模，然后对

ARMA-GARCH 模型所得残差进行标准化处理，进而将各传统能源行业股票收益率分别与 WTI 油价收益率进行 Hong 型信息溢出检验①。参考 Hong（2001），将滞后阶数设为 5、10、20 分别进行检验，得到 Hong 型信息溢出检验结果，如表 14.3 所示。

表 14.3　Hong 型信息溢出检验结果

H_0	滞后阶数		
	5	10	20
$r_{WTI} \to r_{OGE}$	29.2799***	23.4535***	17.8169***
$r_{WTI} \leftarrow r_{OGE}$	11.8022***	8.9077***	6.7101***
$r_{WTI} \leftrightarrow r_{OGE}$	23.6483***	17.8391***	13.2419***
$r_{WTI} \to r_{CMP}$	26.4935***	20.5487***	15.5290***
$r_{WTI} \leftarrow r_{CMP}$	16.2706***	12.6910***	9.2080***
$r_{WTI} \leftrightarrow r_{CMP}$	20.9074***	15.6434***	11.3711***
$r_{WTI} \to r_{PPC}$	19.2215***	14.6461***	10.4821***
$r_{WTI} \leftarrow r_{PPC}$	12.1901***	9.8863***	7.3301***
$r_{WTI} \leftrightarrow r_{PPC}$	15.3534***	11.5414***	8.0695***
$r_{WTI} \to r_{EHS}$	8.6166***	6.3008***	4.9241***
$r_{WTI} \leftarrow r_{EHS}$	8.9585***	6.5505***	4.3167***
$r_{WTI} \leftrightarrow r_{EHS}$	6.7475***	4.4956***	3.0610***
$r_{WTI} \to r_{MS}$	36.0666***	28.7237***	21.1870***
$r_{WTI} \leftarrow r_{MS}$	17.3519***	12.7461***	9.0237***
$r_{WTI} \leftrightarrow r_{MS}$	28.7642***	21.3299***	14.9920***

***和**分别表示在 1%和 5%的显著性水平下拒绝原假设

首先，无论是单向信息溢出检验还是双向信息溢出检验，WTI 油价收益率与各传统能源行业股票收益率均存在显著的信息溢出效应。具体而言，WTI 油价收益率是各传统能源行业股票收益率的格兰杰原因，这与 Bouri 等（2017）的结果基本一致，但他们认为只有在 2013 年后能源行业股票收益率才是 WTI 油价收益率的格兰杰原因，与本章结果略有差异。这可能是由选取的原油基准价格和能源行业标的不同造成的。

其次，通过对单向信息溢出统计量的进一步分析，发现 WTI 油价收益率对各传统能源行业股票收益率的信息溢出效应大多强于反向的信息溢出效应，并且信

---

① 对 r_{WTI}、r_{OGE}、r_{CMP}、r_{PPC}、r_{EHS} 和 r_{MS} 分别建立 ARMA(2, 2)-GARCH(1, 1)、ARMA(2, 2)-GARCH(1, 1)、ARMA(2, 2)-GARCH(1, 1)、ARMA(2, 2)-GARCH(1, 2)、ARMA(2, 2)-GARCH(1, 1)和 ARMA(1, 1)-GARCH(1, 1)模型。

息溢出效应随着有效滞后阶数的增大而减弱。这表明 WTI 油价收益率和各传统能源行业股票收益率间的信息溢出会随着时间推移而减弱。

参考 Broock 等（1996），本章将距离设为 0.5 倍标准差，并将维数设为 2、3、4、5，分别对 WTI 油价收益率和各传统能源行业股票收益率进行 BDS 检验。结果显示，各维数下收益率数据在 ARMA 模型过滤掉线性特征后仍在 1%的显著性水平下拒绝原假设，说明 WTI 油价收益率和各传统能源行业股票收益率均存在非线性相关性。

2. DP 型格兰杰因果关系检验结果分析

考虑本章采用的收益率序列均服从偏度分布，EGARCH 模型能够较好地描述正负冲击对条件方差的非对称影响（Hiemstra and Jones，1994），因此，本章利用 EGARCH 模型过滤收益率序列的波动集聚性[①]。然后，将 WTI 油价收益率分别与各传统能源行业股票收益率建立二元 VAR 模型。参考 Diks 和 Panchenko（2006），在计算最优频带宽度 Δ^* 时设常数 $C^* \approx 8$，因此，根据式（8.6），本章设 $\Delta^* = 0.7$，并在滞后阶数 $L_x = L_y = 1, 2, \cdots, 8$ 时分别进行 DP 型格兰杰因果关系检验，结果如表 14.4 所示。

表 14.4　EGARCH 模型过滤后的 DP 型格兰杰因果关系检验结果

H_0	滞后阶数							
	1	2	3	4	5	6	7	8
$r_{WTI} \to r_{OGE}$	0.7736	−0.2957	−0.6197	−0.5379	−0.6506	0.9641	0.3282	0.6987
$r_{WTI} \leftarrow r_{OGE}$	1.9432**	−0.2780	0.4650	−0.9992	0.4195	0.4122	0.7674	0.2305
$r_{WTI} \to r_{CMP}$	1.7993**	−0.2475	−0.1481	0.4648	1.1095	−0.4602	−1.1810	−1.2732
$r_{WTI} \leftarrow r_{CMP}$	0.7445	0.2487	−0.1982	−0.6362	−0.6272	−0.6363	0.0596	−0.3780
$r_{WTI} \to r_{PPC}$	2.1126**	0.7787	0.9141	0.6670	0.5726	−0.2300	0.3899	−0.3066
$r_{WTI} \leftarrow r_{PPC}$	0.5564	0.8163	0.3635	1.1706	0.7549	1.2792	0.5166	0.4184
$r_{WTI} \to r_{EHS}$	2.1126**	0.7787	0.9141	0.6670	0.5726	−0.2300	0.3899	−0.3066
$r_{WTI} \leftarrow r_{EHS}$	0.5564	0.8163	0.3635	1.1706	0.7549	1.2792	0.5166	0.4184
$r_{WTI} \to r_{MS}$	1.0939	0.6465	−0.2656	0.1696	0.6869	0.5038	−1.0073	−1.3567
$r_{WTI} \leftarrow r_{MS}$	0.1047	−0.4558	0.6009	0.8371	0.6257	0.2094	0.0775	0.8377

***和**分别表示在 1%和 5%的显著性水平下拒绝原假设

可以发现，WTI 油价收益率只对煤炭采选业、石油加工及炼焦业和电力/热力

---

① 对去日历效应后的收益率建立 EGARCH(p, q, γ)模型，其中，p 为 ARCH 项，q 为 GARCH 项，γ 为不对称项。对 r_{WTI}、r_{OGE}、r_{CMP}、r_{PPC}、r_{EHS} 和 r_{MS} 分别建立 EGARCH(1, 1, 1)、EGARCH(2, 2, 1)、EGARCH(1, 1, 0)、EGARCH(1, 1, 0)、EGARCH(1, 1, 0)和 EGARCH(1, 1, 0)模型。

生产和供应业三个行业的股票收益率在滞后阶数为 1 时存在显著非线性影响。此外,只有石油与天然气开采业的股票收益率在 1 阶滞后下是 WTI 油价收益率的非线性格兰杰原因。

14.4.2 时变格兰杰因果关系检验结果分析

1. Hong 型时变信息溢出检验结果分析

参考陆凤彬和洪永淼(2012),本章为降低第一类错误和第二类错误,设 $Pr_1 = Pr_2 = 0.05$,并设相对允许误差 $\varXi = 0.5$,此时滚动窗口 $M_r \approx 100$。蒙特卡罗模拟结果显示:在滚动窗口一定的情况下,检验效果随着有效滞后阶数的增大而减弱,因此本章设滞后阶数 $p=5$。对 WTI 油价收益率和中国各传统能源行业股票收益率 ARMA-GARCH 模型后的标准化残差进行单向 Hong 型时变信息溢出检验[①],其中,原假设为 $r_{\text{WTI},t}$ 不是 $r_{\text{index},t}$ 的线性格兰杰原因。图 14.3 分别显示了 WTI 油价收益率对中国石油与天然气开采业、煤炭采选业、石油加工及炼焦业、电力/热力生产和供应业及采掘服务业股票收益率的 Hong 型时变信息溢出统计量对应的 p 值。

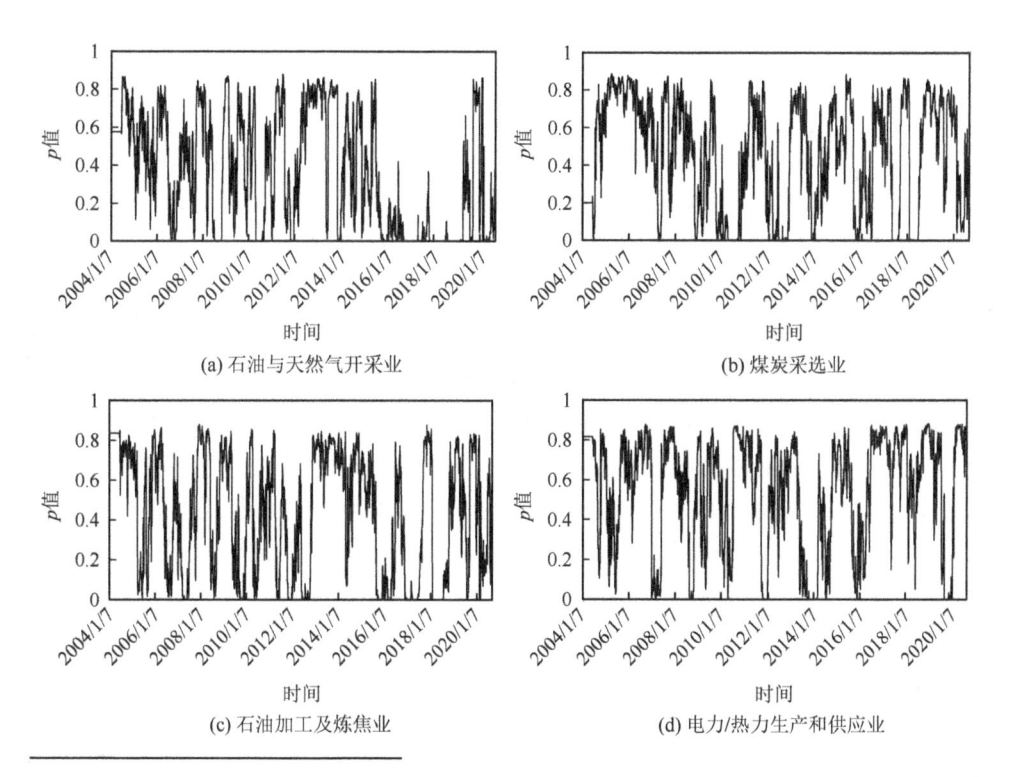

(a) 石油与天然气开采业

(b) 煤炭采选业

(c) 石油加工及炼焦业

(d) 电力/热力生产和供应业

---

① 模型设定同 14.4.1 节,本节主要关注 WTI 油价收益率对中国传统能源行业股票收益率的信息溢出,因此仅展示单向的动态溢出结果。

(e) 采掘服务业

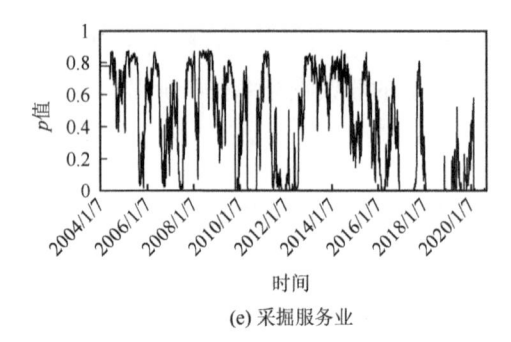

图 14.3　WTI 油价收益率对中国传统能源行业股票收益率的单向
Hong 型时变信息溢出检验结果

（1）WTI 油价收益率对中国各传统能源行业股票收益率的线性影响存在明显的时变性。WTI 油价收益率对各传统能源行业股票收益率在 2012 年中、2013 年末、2015 年末～2016 年初和 2020 年初四个时间段均有显著的信息溢出效应。特别地，2005 年中国股权分置改革期间，WTI 油价收益率对石油加工及炼焦业和采掘服务业股票收益率的信息溢出均有增强趋势，且伴有显著的信息溢出。这与 Li 等（2012）发现 2005 年股权分置改革显著影响了油价与中国股票市场相关性的结果相符。同时，2006～2008 年 WTI 油价收益率对石油与天然气开采业股票收益率产生了显著的信息溢出效应，这与 Li 等（2012）发现中国采掘行业结构突变点的时间相似。石油与天然气开采业、石油加工及炼焦业和采掘服务业股票收益率在 2012 年均显著受到 WTI 油价收益率的信息溢出，但之后一年均没有受到其影响。这与 Li 等（2017）发现油价冲击对中国石油行业在 2012 年存在结构突变点相符。

（2）WTI 油价收益率对中国各传统能源行业股票收益率的线性影响存在显著的行业异质性。从图 14.3 中可以发现，WTI 油价收益率在 2005 年只对石油加工及炼焦业和电力/热力生产和供应业股票收益率的信息溢出显著。这说明股权分置改革只加强了 WTI 油价收益率与石油加工及炼焦业和电力/热力生产和供应业股票收益率的线性联系，但对石油与天然气开采业、煤炭采选业和采掘服务业股票收益率没有显著影响。此外，图 14.3 显示，石油加工及炼焦业与采掘服务业股票收益率受到 WTI 油价收益率影响的变化趋势大致相同，煤炭采选业与电力/热力生产和供应业股票收益率受到 WTI 油价收益率影响的变化趋势相似。

（3）WTI 油价下跌增强了其收益率对中国传统能源行业股票收益率的信息溢出效应。结合图 14.1 可以发现，WTI 油价收益率对中国各传统能源行业股票收益率信息溢出显著的时期基本都处于 WTI 油价下跌阶段。除煤炭采选业和采掘服务业以外，2008 年 WTI 油价暴跌之后，中国石油与天然气开采业、石油加工及炼焦业、电力/热力生产和供应业受到的信息溢出效应显著增强，这与 Li 等（2012）发现 2008 年全球金融危机改变了国际原油对采掘行业的影响相符。此外，在 2014～2016 年和 2020 年 3～4 月 WTI 油价暴跌阶段，WTI 油价收益率对石油与天然气开采业、煤炭采选业、电力/热力生产和供应业股票收益率的信息溢出明显增强。

（4）传统能源行业股票市值的过度上涨减弱了 WTI 油价收益率对中国传统能源行业股票收益率的信息溢出效应，并且 WTI 油价收益率往往在中国传统能源行业股价低位或下挫时期对其产生显著影响。结合图 14.2 可以发现，当中国传统能源行业股票总市值达到高点时，WTI 油价收益率的信息溢出会明显减弱，并在其市值下降时显著增强。例如，2008 年全球金融危机爆发之前，中国各传统能源行业的股票总市值迅速上涨，达到 21 世纪以来的最大值，同时 WTI 油价收益率对中国各传统能源行业股票收益率的信息溢出明显减弱；全球金融危机爆发之后，股票市场迅速下挫，WTI 油价收益率对中国各传统能源行业股票收益率的信息溢出开始增强，并且除采掘服务业外其他传统能源行业均在 5% 的显著性水平下存在信息溢出效应。在 2015 年 A 股大盘股灾爆发时同样存在这种现象。

这种现象可能与投资者情绪有关（Ding et al.，2017）。股票市场投资者会根据能源行业股票市场的表现来判断油价对其股票收益率的影响（Lee and Zeng，2011）。当中国传统能源行业板块过热时，投资者盲目追涨的情绪使其更多地关注不断上升的股票，忽视其他渠道的信息，从而减弱 WTI 油价收益率对中国传统能源行业股票收益率的信息溢出。

2. DP 型时变格兰杰因果关系检验结果分析

根据杨子晖和赵永亮（2014）的蒙特卡罗模拟分析，观测值至少达到 200 个，非线性格兰杰因果关系检验的结果才准确。因此，本章在同样考虑降低第一类错误和第二类错误的情况下设 $\text{Pr}_1 = \text{Pr}_2 = 0.05$，并且设相对允许误差 $\varXi = 0.25$，此时滚动窗口 $M_r \approx 200$，式（8.6）中最优频带宽度 $\varDelta^* = 1.5$。同时，参考杨子晖和赵永亮（2014），滞后阶数 $L_x = L_y = 1$ 时检验结果最优，并且随着滞后阶数的增大，检验结果做出误判的次数增多，因此设滞后阶数 $L_x = L_y = 1$。

首先对 WTI 油价收益率和中国各传统能源行业股票收益率建立 EGARCH 模型，其次提取模型标准化残差并建立二元 VAR 模型，最后对 VAR 模型残差进行 DP 型时变格兰杰因果关系检验，其中，原假设为 $r_{\text{WTI},t}$ 不是 $r_{\text{index},t}$ 的非线性格兰杰原因，检验统计量对应的 p 值如图 14.4 所示。

石油与天然气开采业

煤炭采选业

石油加工及炼焦业

电力/热力生产和供应业

采掘服务业

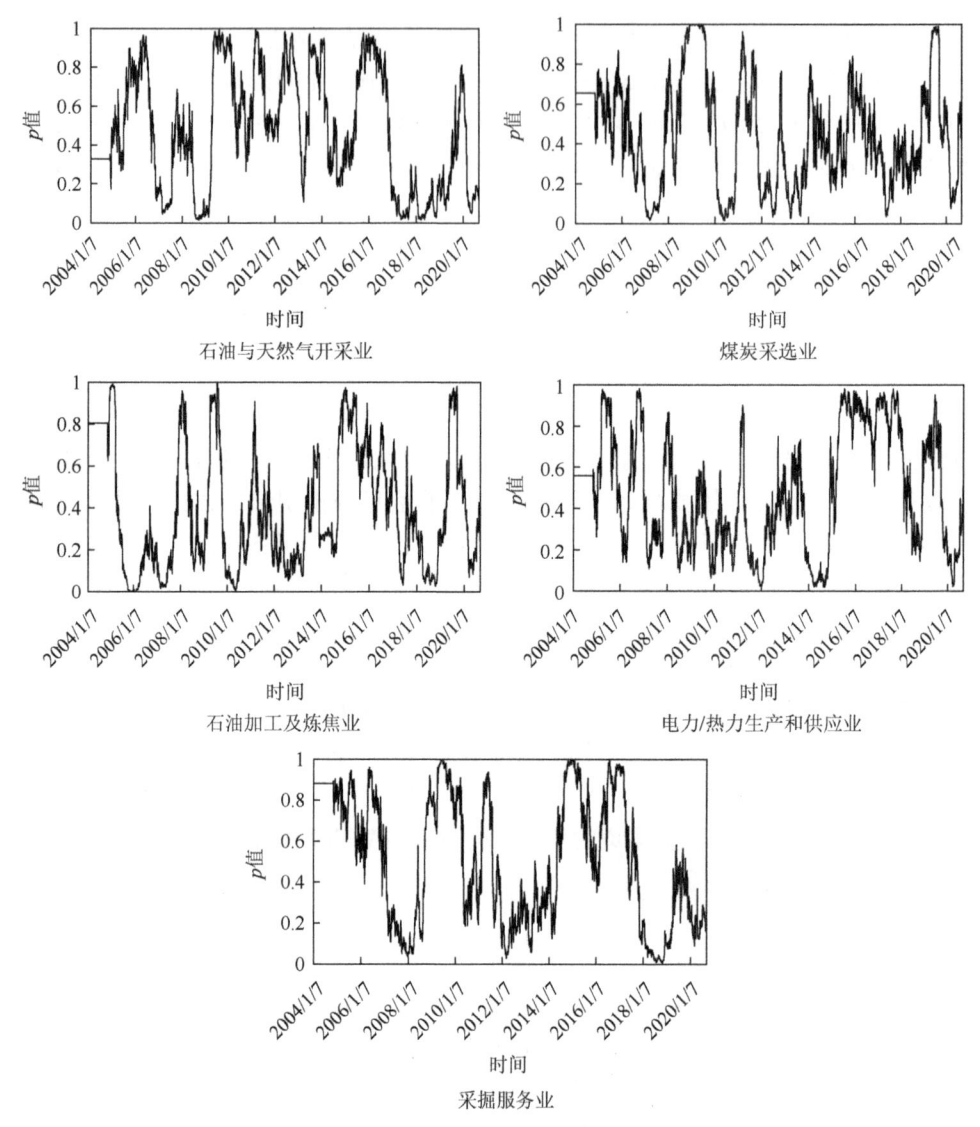

图 14.4　WTI 油价收益率对中国传统能源行业股票收益率的
DP 型时变格兰杰因果关系检验结果

（1）WTI 油价收益率对中国各传统能源行业股票收益率的非线性影响同样存在明显的时变性特征，但这种非线性影响强度稍弱于线性影响。具体而言，中国各传统能源行业股票收益率受到 WTI 油价收益率的非线性影响都经历了自 2004 年开始先减弱后加强的阶段。2008 年全球金融危机爆发后，WTI 油价暴跌、股票市场崩盘加强了 WTI 油价收益率对中国石油与天然气开采业、煤炭采选业、石油加工及炼焦业和采掘服务业股票收益率的非线性影响。此后，中国各传统能源行业股票收益率偶尔受到 WTI 油价收益率的显著非线性影响。2018 年 OPEC 增产导致的油价暴跌、股票市场动荡也加强了 WTI 油价收益率对中国石油与天然气开采业、煤炭采选业、石油加工及炼焦业和采掘服务业股票收益率的非线性影响，时变效应显著。比较图 14.3 和图 14.4，可以发现 WTI 油价收益率对中国各传统能源行业股票收益率的非线性影响稍弱于线性影响。

（2）WTI 油价收益率对中国各传统能源行业股票收益率的非线性影响存在明显的行业异质性。2005~2013 年以及 2018 年，WTI 油价收益率对中国煤炭采选业和石油加工及炼焦业股票收益率的非线性影响多次在 5%的水平下显著。其中，WTI 油价收益率对中国煤炭采选业股票收益率的非线性影响主要集中于 2010 年后，对石油加工及炼焦业股票收益率的非线性影响主要集中于 2010 年前。但 WTI 油价收益率对中国石油与天然气开采业和采掘服务业股票收益率的非线性影响达到 1%的显著性水平的时期仅限于 2008 年和 2018 年，对中国电力/热力生产和供应业的非线性影响仅在 2014 年和 2020 年较为显著。由此可见，WTI 油价收益率对中国煤炭采选业和石油加工及炼焦业股票收益率的非线性影响强于其他传统能源行业，行业之间存在显著的异质性。

（3）中国传统能源行业股票市值的急剧攀升会阻碍 WTI 油价收益率对其收益率的非线性信息传导。除了在油价下跌时期，在油价上升时期 WTI 油价收益率同样会对中国传统能源行业股票收益率产生显著的非线性影响。例如，2008 年油价暴跌期间，WTI 油价收益率对中国石油与天然气开采业以及采掘服务业股票收益率产生显著的非线性影响。2008 年前，在油价上升时期，WTI 油价收益率对中国石油加工及炼焦业股票收益率有显著的非线性影响。同时，WTI 油价收益率在 2010 年对中国煤炭采选业、石油加工及炼焦业以及电力/热力生产和供应业股票收益率产生显著的非线性影响。这说明油价变化并不是影响 WTI 油价收益率与中国各传统能源行业股票收益率非线性联系的关键因素。

结合图 14.2 可以发现，WTI 油价收益率对中国传统能源行业股票收益率产生显著非线性影响的时间往往是传统能源行业的股票总市值处于低位或者急剧下降时；2008 年和 2015 年，当中国传统能源行业的股票总市值达到近几年的最高点时，WTI 油价收益率对中国传统能源行业股票收益率的非线性影响迅速减弱。这与图 14.3 的线性结果一致，这说明股票市场过热时投资者盲目追涨的非理性行为在阻碍线性信息传导的同时会对非线性信息溢出造成阻碍。

14.5 主要结论与启示

本章采用 Hong 型信息溢出检验和 DP 型格兰杰因果关系检验方法，分别从线性和非线性两方面着重探究了 2004~2020 年 WTI 油价收益率对中国各传统能源行业股票收益率的动态影响，主要结论如下。

（1）样本区间内，WTI油价收益率与中国各传统能源行业股票收益率整体上存在显著的线性相关性，而非线性联系较弱。

（2）无论是线性影响还是非线性影响，WTI油价收益率对中国各传统能源行业股票收益率的影响均具有明显的时变性特征和行业异质性。

（3）无论是线性影响还是非线性影响，传统能源行业板块总市值的过度上涨会阻碍WTI油价的信息传递，即WTI油价收益率往往在传统能源行业处于低位或下挫时期对其股票收益率产生显著影响。此外，WTI油价的下跌会增强其收益率对中国传统能源行业股票收益率的线性影响。

根据上述结论，中国股票市场投资者在调整投资组合中传统能源行业股票权重时，应注意WTI油价收益率对各行业异质性影响的变化。此外，股票市场投资者在中国传统能源行业板块市值迅速上涨时，更需警惕国际油价对该行业股票收益率的冲击。

第 15 章 原油市场风险溢价对贵金属和农产品的预测作用

15.1 问题的提出

随着全球金融一体化的深入，原油市场与贵金属、农产品市场间的依存度逐渐上升。这会带来金融资产之间的风险传染，增加投资者分散风险的难度，提高系统性风险。

由于越来越多的投机者进入大宗商品市场，大宗商品市场寻求更多的套期保值和风险转移机会，大宗商品市场逐渐金融化，同时，大宗商品价格偏离正常的供求关系（韩立岩等，2017）。在商品期货市场上交易的大宗商品都是重要的战略资源，与国计民生息息相关，其价格波动将会对宏观经济、产业结构、资源配置等产生重要影响。因此，在大宗商品市场金融化背景下研究商品期货价格的驱动因素与驱动机制，有利于更好地理解商品市场的价格变化规律，并采取有效措施及政策保障资本市场平稳运行。

近年来学者研究大宗商品价格驱动因素时，除了从供需因素、宏观经济活动层面的影响因素考虑，还开始考虑投机因素、市场间风险传染等。特别地，方差风险溢价被视为投资者对市场意外波动所要求的补偿（Li and Zinna，2018），因此许多学者将资产价格波动与方差风险溢价联系在一起，并用方差风险溢价表征风险厌恶，研究其与资产价格之间的关系。例如，Demirer 等（2019）实证研究时变风险厌恶对黄金价格波动的可预测性，发现时变风险厌恶对黄金已实现波动率在短期内具有显著的样本内预测能力，而且在样本外预测中，以时变风险厌恶为预测因子的 HAR-RV 模型的预测准确性比一般合理的竞争模型要好。Bollerslev 等（2009，2014）发现发达国家股票市场的方差风险溢价可以预测未来股票收益率。

为了更准确地把握大宗商品价格的驱动因素及大宗商品各市场间的关系，本章运用估计方向可预测性的方法展开研究。价格可预测性是指对未来的价格可以进行判断和测量。研究大宗商品价格的方向可预测性对于投资决策具有重要意义，采用方向作为预测准则有利于实现市场主体利润最大化的目标（Leitch and Tanner，1991；Baumöhl and Lyócsa，2017），帮助市场参与者规避风险。因此，在大宗商品市场金融化背景下，本章从投资者风险厌恶角度考虑原油市场、贵金属和农产品市场之间的关系，并采用 Han 等（2016）提出的 CQ 方法探索原油市场投资者风险厌恶是否对贵金属和农产品收益率具有可预测性。这是一种新的衡量变量间交叉分位数依赖性的方法，它既能捕捉原油市场投资者风险厌恶与贵金属和农产品收益率之间的方向可预测性，又能度量不同的原油市场投资者风险厌恶程度对贵金属和农产品收益率的影响。

本章的研究问题主要包括三点：首先，原油市场投资者风险厌恶是否能预测贵金属和农产品收益率？通常，学者将油价与贵金属和农产品价格联系在一起，认为原油市场与贵金属和农产品市场间存在溢出效应。那么，原油市场投资者风险厌恶是否会影响贵金属和农产品收益率？其次，如果原油市场投资者风险厌恶对贵金属和农产品收益率具有方向可预测性，那么不同程度的原油市场投资者风险厌恶对贵金属和农产品收益率有何差异？最后，贵金属和农产品作为两种类别的大宗商品，原油市场投资者风险厌恶对它们的可预测性是否不同？

本章通过采用估计方差风险溢价、CQ 等方法回答上述三个问题，主要的研究贡献包括四点：首先，创新性地从原油市场投资者风险厌恶角度分析原油市场、贵金属和农产品市场之间的关系，补充前人对贵金属和农产品价格影响因素的研究。其次，使用 CQ 方法考察不同程度的原油市场投资者风险厌恶对贵金属和农产品收益率的影响，弥补相关风险厌恶预测收益的研究，获得更加丰富的结果。现有研究风险厌恶预测未来收益的文献主要使用 GARCH 族模型和线性回归，较少分析不同分位数或不同资产价格波动状况下未来收益的变化情况。再次，与日度数据相比，本章使用高频数据更准确地捕捉投资者风险厌恶情绪变化。最后，通过实证研究原油市场方差风险溢价对其他非能源商品（贵金属和农产品）收益率的影响，扩展方差风险溢价预测商品未来收益率问题的研究。

15.2 国内外研究现状

随着大宗商品市场的发展和投资需求的扩张，贵金属、农产品等其他大宗商品逐渐转变成投资者青睐的投资目标。学者开始探究贵金属和农产品等大宗商品在对冲传统资产及油价波动风险时发挥的作用。Lucey 和 Li（2015）采取时变方法研究四种贵金属（黄金、白银、铂、钯）的避险属性，结果表明，在某些时候，黄金并不是最安全的"避风港"资产。Bredin 等（2017）从投资组合角度出发，研究了不同权重的黄金、白银、铂与股票一起持有时各种贵金属降低风险的能力，证实了黄金的"避风港"能力。进一步地，Shahzad 等（2019b）发现贵金属在对冲下行油价冲击时是一种强"避风港"资产，而在面对上行油价冲击时抵御风险的能力相对较弱。总的来说，贵金属和农产品是多元化投资组合的金融资产，其不仅可以在市场动荡时期充当传统资产的避险资产，还可以作为财富保护的工具，对冲原油市场的极端风险。

对于商品价格驱动因素的研究，除了从需求冲击和供应冲击方面解释商品价格波动，学者还考虑了宏观经济因素、财务指标（Zhang et al.，2019b；Luo and Liu，2011；尹力博等，2018）以及消费、库存和生产结构变化（Elder et al.，2012；Haugom et al.，2014；Kilian and Murphy，2014）等对商品收益率的影响。金融投资者可以通过直接交易多种商品期货合约或商品指数等产品，将其金融活动与能源、贵金属和农产品市场联系起来，且投资者的风险偏好会对不同商品期货间的配置和管理产生影响。现有研究表明，金融投资者在商品市场中产生的影响可能会使商品价格发生动态变化（Creti et al.，2013；Silvennoinen and Thorp，2013；Adams and Glück，2015）。因此，在研究商品价格的影响因素时，有必要进一步考虑有关金融投资者的因素，如风险厌恶情绪。

自 Bollerslev 等（2009）发现股票市场方差风险溢价可以预测未来股票收益后，不断有学者就方差风险溢价对金融资产收益的预测能力展开研究。Bekaert 和 Hoerova（2014）将隐含波动率指数进行分解，研究了隐含波动率指数及其组成部分方差风险溢价对股票收益、经济活动和金融不稳定的预测能力，证实了方差风险溢价是股票收益的重要预测指标。Londono 和 Zhou（2017）发现预期的货币收益与股票方差风险溢价、世界货币方差风险溢价密切相关。Ornelas 和 Mauad（2019）将风险溢价预测未来收益方面的文章拓展至大宗商品波动风险溢价，结果表明，商品的波动风险溢价与其收益间存在正相关关系。

上述文献综述表明，原油、贵金属和农产品市场之间关系密切，且贵金属和农产品是可以规避风险、实现多元化投资的工具。另外，在衡量商品收益的可预测性时，考虑有关投资者的因素逐渐成为一种新趋势。但是有关细化的市场投资者情绪指标对大宗商品价格影响方面的研究相对较少，如投资者风险厌恶情绪。因此，本章通过度量原油市场投资者风险厌恶，研究其对贵金属和农产品价格的可预测性，证实原油市场投资者风险厌恶是解释贵金属和农产品价格的重要因素，是贵金属与农产品市场投资决策的重要考量指标。

15.3 研究方法与数据说明

15.3.1 研究方法

1. 油价方差风险溢价

参考 Qadan（2019），本章利用方差风险溢价来表示投资者风险厌恶。参考 Bollerslev 等（2009），油价的方差风险溢价计算如下：

$$\text{OilVRP}_t = \text{OVX}_t^2 - \text{RV}_t \tag{15.1}$$

其中，OilVRP 为油价的方差风险溢价，代表投资者风险厌恶；OVX 为方差的风险中性期望，由油价隐含波动率指数表示；RV 为已实现方差，由下个月（22 个交易日）日内的 5 分钟高频数据衡量。参考 Bollerslev 等（2009），本章采用 WTI 原油期货的 5 分钟高频数据计算已实现方差，计算公式为 $\mathrm{RV}_t = \sum_{i=1}^{o} r_{t_i}^2$，其中，$r_{t_i}^2$ 为 t 日第 i 个 5 分钟交易时点 WTI 油价收益率 r 的平方值，o 为一天的交易次数①。

2. CQ 方法

为了刻画原油市场投资者风险厌恶处于不同程度时贵金属和农产品收益率的变化规律，本章采用 Han 等（2016）提出的 CQ 方法。该方法不仅可以估计两个变量间的方向可预测性，还可以测度极值依赖性，并估计不同分布分位数之间的相关性，而不依赖于分布的二阶矩（条件方差）。CQ 方法的结果以热图的形式呈现，使人们从视觉上直接捕捉变量间的整体依赖结构。两个变量的分位数分布 $Y = (0.05, 0.1, 0.2, 0.3, 0.4, 0.5, 0.6, 0.7, 0.8, 0.9, 0.95)$ 在热图中以横轴和纵轴表示。热图共包含 121 个单元格，这些单元格表示变量间的分位数组合，相关性用色标表示。蓝色表示显著负向相关性，红色表示显著正向相关性，绿色表示没有显著相关性。

假设 $x_{1,t}$ 和 $x_{2,t}$ 分别代表油价方差风险溢价序列和贵金属（黄金、白银）、农产品（小麦、玉米、大豆）的收益率序列。令 $F_i(\cdot)$ 和 $f_i(\cdot)$ 分别表示 $x_{1,t}$ 和 $x_{2,t}$ 的累计分布和概率密度函数，则序列 $x_{i,t}$ 的分位数函数表示为 $Y_i(\tau_i) = \inf\{v: F_i(v) \geq \tau_i\}$，其中 $\tau_i \in [0,1]$。参考 Han 等（2016），p 阶滞后的交叉分位数依赖性表示为

$$\rho_\tau(p) = \frac{E[\mathcal{U}_{\tau_1}(x_{1,t} - q_{1,t}(\tau_1))\mathcal{U}_{\tau_2}(x_{2,t-p} - q_{2,t-p}(\tau_2))]}{\sqrt{E[\mathcal{U}_{\tau_1}^2(x_{1,t} - q_{1,t}(\tau_1))]}\sqrt{E[\mathcal{U}_{\tau_2}^2(x_{2,t-p} - q_{2,t-p}(\tau_2))]}} \quad (15.2)$$

其中，$p = 0, \pm 1, \pm 2, \cdots$ 为变量的滞后阶数；$\rho_\tau(p)$ 为不同条件分位数水平下两变量间的序列相关性。

基于样本数据，估计式（15.2）以获得油价方差风险溢价与贵金属和农产品收益率的交叉分位数依赖性和方向可预测性。具体而言，$\rho_\tau(p) = 0$ 表示从油价方差风险溢价到贵金属和农产品收益率没有方向可预测性；$\rho_\tau(p) \neq 0$ 表示存在方向可预测性。

然后，本章采用 L-B 统计量的分位数形式检验一个时间序列对另一个时间序列的方向可预测性。原假设为 $H_0: \rho_\tau(p) = 0$，$p \in \{1, 2, 3, \cdots, P\}$，备择假设为 $H_1: \rho_\tau(p) \neq 0$，$p \in \{1, 2, 3, \cdots, P\}$。L-B 统计量为

$$\hat{Q}_\tau^{(p)} = \frac{T(T+2)\sum_{p=1}^{P}\hat{\rho}_\tau^2(p)}{T-p} \quad (15.3)$$

---

① 以 5 分钟高频数据为例，一个交易日内原油期货交易次数为 79。

另外，为了检验控制变量对结果的影响，本章使用偏分位数交叉依赖（partial cross-quantilogram，PCQ）方法。该方法是在 CQ 方法中引入控制变量 z_t，可表示为 $z_t \equiv [\mho_{\tau_3}(y_{3,t} - q_{3,t}(\tau_3)), \cdots, \mho_{\tau_l}(y_{l,t} - q_{l,t}(\tau_l))]^T$。相关性矩阵及其逆矩阵表示为

$$R_{\bar{\tau}}^{-1} = E[h_t(\bar{\tau})h_t(\bar{\tau})^T]^{-1} = P_{\bar{\tau}} \tag{15.4}$$

其中，$h_t(\tau) = [\mho_{\tau_1}(y_{1,t} - q_{1,t}(\tau_1)), \cdots, \mho_{\tau_l}(y_{l,t} - q_{l,t}(\tau_l))]^T$。参考 Han 等（2016），以控制变量 z_t 为条件的交叉分位数依赖性表示为 $\rho_{\tau|z} = -p_{\tau,12}/\sqrt{p_{\tau,11}p_{\tau,22}}$，其中，$p_{\tau,ij}$ 是 $P_{\bar{\tau}}$ 中的元素。

15.3.2 数据说明

本章选取在彭博商品指数中占比靠前的黄金、白银两种贵金属和小麦、玉米、大豆三种农产品作为研究对象（2020 年各商品占比如下：黄金 12.2%，白银 3.9%，玉米 5.9%，大豆 6.0%，小麦 4.4%）。鉴于数据的可获取性，选取 2007 年 5 月 10 日~2018 年 5 月 11 日的美国黄金、白银、小麦、玉米、大豆商品期货连续结算价格以及纽约商业交易所的 WTI 油价日内 5 分钟高频数据。参考 Bollerslev 等（2009），本章选取芝加哥期权交易所的油价波动率指数（记为 OVX 指数）数据代表式（15.1）中的风险中性期望。五种商品的价格数据和 OVX 指数数据均来自汤森路透数据库。为了获得平稳数据，本章将黄金、白银、小麦、玉米、大豆的商品价格数据通过取对数差分转化成复合日收益率。

表 15.1 列出了数据样本的描述性统计结果。可见，在所选择的几种大宗商品中，黄金的平均收益率最大且收益率最稳定，小麦的收益率波动性最大。这与黄金被广泛用于避险产品的特征相吻合。由于黄金在样本期间具有较高的平均收益率且收益率波动较小，黄金是相对优质的投资资产。黄金、白银、玉米和大豆均具有负的偏度，而小麦具有正的偏度。负（正）的偏度意味着更高的负（正）收益率的可能性（Hernandez et al., 2019）。在本章样本中，所有变量的峰度高于 4，说明所有变量的分布均比正态分布更高，且具有厚尾性（Aït-Youcef, 2019）。从表 15.1 中的 ADF 检验和 PP 检验可以看出，所有数据序列均平稳，符合 CQ 方法的应用要求。

表 15.1 描述性统计

商品	均值	标准差	偏度	峰度	J-B	ADF	PP
油价方差风险溢价	33.841	10.988	0.931	4.357	606.180***	−3.733*	−7.079*
黄金	0.023	1.189	−0.257	8.667	3699.002***	−51.887***	−51.929***
白银	0.009	2.120	−0.750	9.527	5124.538***	−53.204***	−53.208***

续表

商品	均值	标准差	偏度	峰度	J-B	ADF	PP
小麦	0.001	2.159	0.151	5.241	584.363***	−51.617***	−51.619***
玉米	−0.000	1.940	−0.755	14.066	14251.290***	−51.191***	−51.180***
大豆	0.008	1.629	−0.877	9.069	4559.567***	−51.559***	−52.559***

***和*分别表示在1%和10%的水平下显著

注：ADF检验和PP检验的原假设均为序列具有单位根

表15.2展示了油价方差风险溢价与各商品收益率序列的BDS非线性相关性检验结果（Broock et al., 1996）。可以看出，BDS检验统计量拒绝了所有的独立同分布假设，说明油价方差风险溢价与各商品收益率序列间存在非线性相关性。因此，当两个变量间的联合分布为非线性和非对称时，应选用非线性方法进行分析。这为使用CQ方法提供了证据，表明CQ方法适用于本章的研究问题。

表15.2 基于BDS检验的序列非线性关系检验

商品	$p=2$	$p=3$	$p=4$	$p=5$	$p=6$
A：商品收益率为因变量的方程					
黄金	0.008***	0.018***	0.027***	0.032***	0.035***
白银	0.013***	0.025***	0.033***	0.038***	0.040***
小麦	0.012***	0.025***	0.033***	0.039***	0.041***
玉米	0.016***	0.033***	0.045***	0.052***	0.055***
大豆	0.013***	0.027***	0.036***	0.041***	0.044***
B：油价方差风险溢价为因变量的方程					
黄金	0.049***	0.089***	0.114***	0.126***	0.130***
白银	0.050***	0.089***	0.114***	0.126***	0.130***
小麦	0.049***	0.089***	0.113***	0.125***	0.129***
玉米	0.050***	0.090***	0.115***	0.127***	0.131***
大豆	0.050***	0.090***	0.115***	0.127***	0.130***

***表示在1%的水平下拒绝残差为独立同分布的原假设

注：该表显示了油价方差风险溢价序列与各商品收益率序列在VAR模型中残差的BDS检验；p表示设定的相关滞后阶数

15.4 原油市场风险溢价对贵金属和农产品收益率的预测结果分析

本节分为两部分：第一部分展示原油市场风险溢价对贵金属和农产品收益率的方向可预测性结果；第二部分是稳健性检验，包括更换已实现方差度量方法、

第 15 章 原油市场风险溢价对贵金属和农产品的预测作用

更换数据频率、加入控制变量和全球金融危机期间的方向可预测性检验结果。

15.4.1 原油市场风险溢价对贵金属和农产品收益率的方向可预测性结果

根据式（15.2）和式（15.3），本节计算得到油价方差风险溢价对黄金、白银、小麦、玉米、大豆商品收益率方向可预测性的结果，如图 15.1 所示。横轴表示油价方差风险溢价的分位数，纵轴表示黄金、白银、小麦、玉米、大豆商品收益率的分位数。

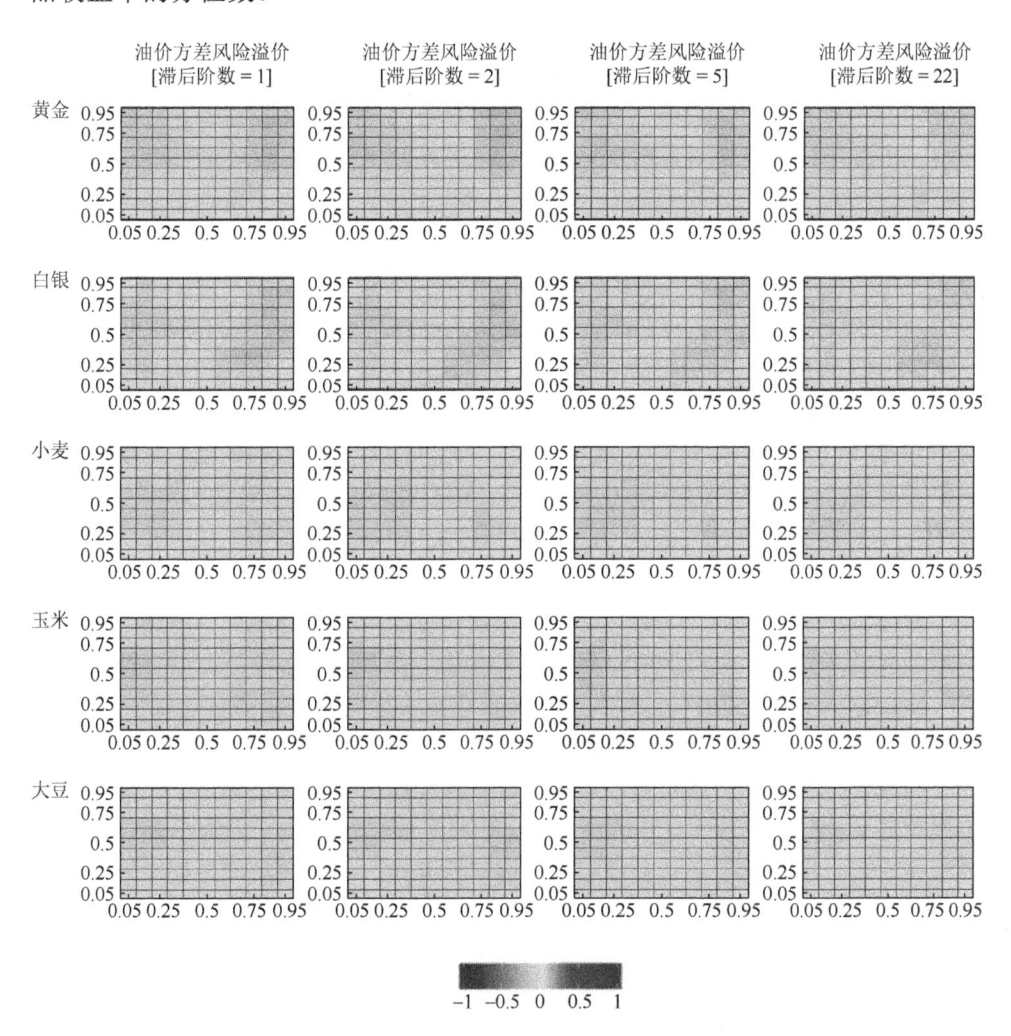

图 15.1 油价方差风险溢价与商品收益率的 CQ 结果（见彩图）

1、2、5 和 22 分别表示日（1 天、2 天）、周（5 天）和月（22 天）的滞后阶数；图底部的坐标表示变量间交叉分位数依赖性或方向可预测性的方向

（1）从热图中各个单元格显著的颜色来看，油价方差风险溢价对贵金属和农产品收益率具有显著影响。此外，即使滞后阶数增加至 22 天（1 个月），表示显著相关的颜色依旧存在。这说明原油市场投资者风险厌恶的确对贵金属和农产品收益率具有方向可预测性。

（2）油价方差风险溢价对贵金属和农产品收益率的预测方向因油价方差风险溢价所处的分位数不同而有所差异。由图 15.1 可见，在油价方差风险溢价处于较低分位数（$\tau_1 = 0.05$）时，其对贵金属和农产品收益率存在负向可预测性；当油价方差风险溢价处于较高分位数（$\tau_1 = 0.95$）时，其对贵金属和农产品收益率产生正向可预测性；当原油市场风险溢价处于中位数（$\tau_1 = 0.5$）时，其对贵金属和农产品收益率没有显著的方向可预测性(除了白银)。这些结果与 Ornelas 和 Mauad（2019）的发现不尽相同。他们发现油价方差风险溢价对商品收益率存在显著负向影响。出现差异可能是因为本章采用的 CQ 方法将油价方差风险溢价划分为不同的分位数。本章不仅得到 Ornelas 和 Mauad（2019）的负向关系结果（当油价方差风险溢价处于低分位数时），还进一步揭示不同程度油价方差风险溢价对商品收益率的不同影响，获得更丰富的结果。

图 15.1 中第一行显示了油价方差风险溢价对黄金收益率的方向可预测性结果。当油价方差风险溢价处于低分位数（$\tau_1 = 0.05$）时，交叉相关性 $\rho_\tau(p)$ 对于 $\tau_2 \geq 0.3$ 均显著为负。随着滞后阶数的增加，影响逐渐减弱。上述结果说明当原油市场投资者风险厌恶程度极低时，黄金收益率可能会降低。当油价方差风险溢价处于高分位数（$\tau_1 = 0.95$）时，交叉相关性 $\rho_\tau(p)$ 对除 $\tau_2 = 0.05, 0.1$ 之外的分位数均显著为正，表明当原油市场投资者风险厌恶程度很高时，黄金收益率较大。

参考 Bollerslev 等（2009），当原油市场投资者风险厌恶减少（增加）时，未来原油收益率变低（高）。同时，能源、贵金属、农产品三种商品之间存在价格联动（Natanelov et al.，2011），因此当原油市场投资者风险厌恶情绪较低（高）时，贵金属和农产品收益率会减少（增加）。

（3）贵金属和农产品收益率对油价方差风险溢价的依赖关系是不一样的。贵金属市场无论处于波动（$\tau_2 = 0.05, 0.95$）还是平稳（$\tau_2 = 0.5$）状态，油价方差风险溢价对贵金属收益率都具有显著的方向可预测性。当农产品市场处于极端上行波动（$\tau_2 = 0.95$）时，油价方差风险溢价对农产品收益率几乎没有影响（除大豆外，$\tau_2 = 0.95$，滞后阶数为 2 时）。这表明原油市场投资者风险厌恶对贵金属和农产品收益率的可预测性是不同的。相比而言，贵金属收益率受到原油市场投资者风险厌恶的影响更大。贵金属是一种特殊商品，同时具有商品属性和金融属性（Chen and Qu，2019），因此更易受到原油市场波动的影响。

15.4.2 稳健性检验

1. 更换已实现方差度量方法的方向可预测性

由于高频数据不易获取，有文献使用日收益率数据度量已实现方差，计算方差风险溢价（Ornelas and Mauad，2019）。此处使用传统的已实现方差衡量方法，即日收益率的平方，计算油价方差风险溢价，以检验上述结果的稳健性。从 EIA 网站获取日度 WTI 油价数据，并根据式（15.2）和式（15.3）计算油价方差风险溢价和大宗商品收益率之间的交叉分位数依赖性，结果如图 15.2 所示。

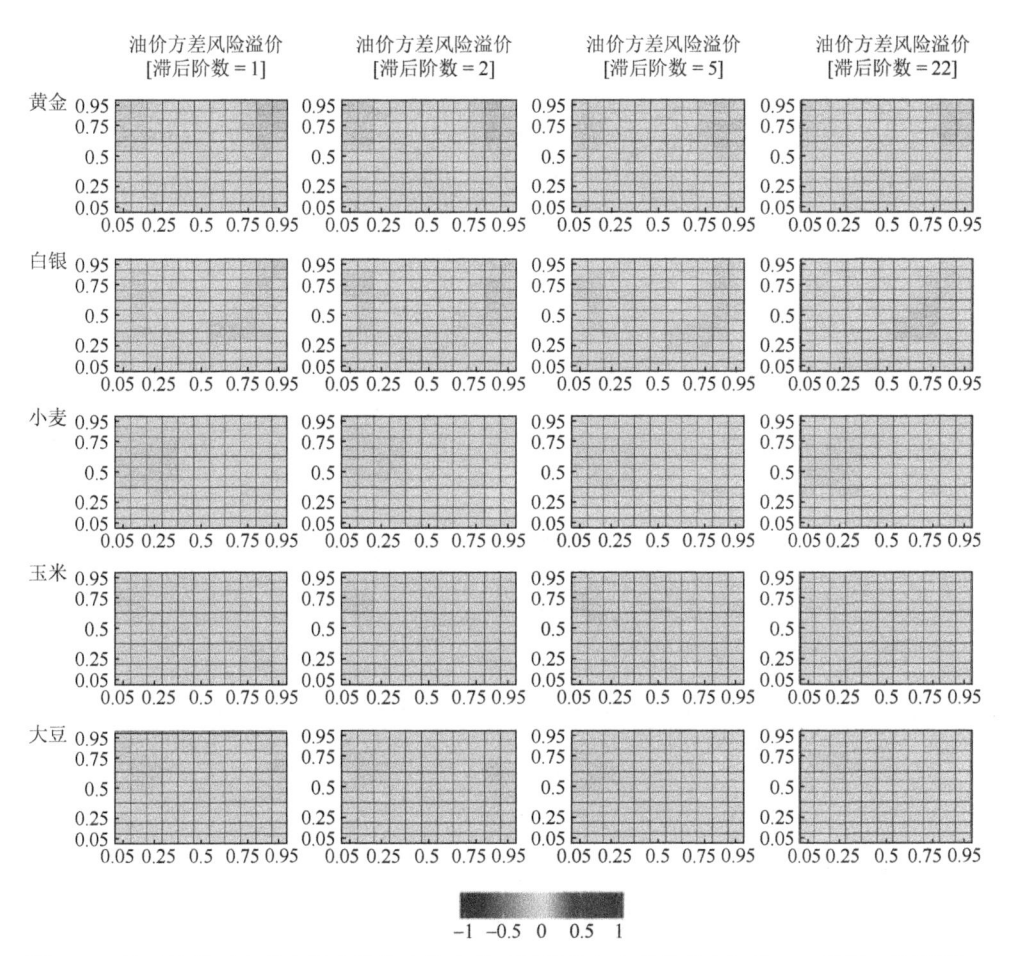

图 15.2 基于传统已实现方差度量的油价方差风险溢价与商品收益率间的 CQ 结果（见彩图）

1、2、5 和 22 分别表示日（1 天、2 天）、周（5 天）和月（22 天）的滞后阶数；图底部的坐标表示变量间交叉分位数依赖性或方向可预测性的方向

可以发现，利用日收益率数据计算得到的油价方差风险溢价依旧对贵金属和农产品收益率具有显著的方向可预测性。此外，处于高分位数和低分位数时油价方差风险溢价对贵金属和农产品收益率的预测方向与15.4.1节中的结果一致。这表明15.4.1节中的结果是稳健的。

2. 更换数据频率的方向可预测性

为了验证15.4.1节中的实证结果在不同数据频率下的稳健性（Zhang et al., 2019b；Zhang and Wang, 2019；Zhang and Wu, 2019），此处将日度数据更换为周度数据，并重复上述实证研究过程。图15.3给出了周度数据下滞后阶数为1周、2周、3周、4周的结果。由于15.4.1节中发现，随着滞后阶数增加，油价方差风险溢价对贵金属和农产品收益率的影响逐渐减弱，此处重点关注滞后1周的结果。当油价方差风险溢价处于较低分位数时，其对黄金、白银、小麦、玉米存在显著负向影响；当油价方差风险溢价处于较高分位数时，其对黄金、白银、玉米、大豆存在显著正向影响。总的来说，基于周度数据的结果与前面的实证结果一致，说明本章的主要结果相当稳健。

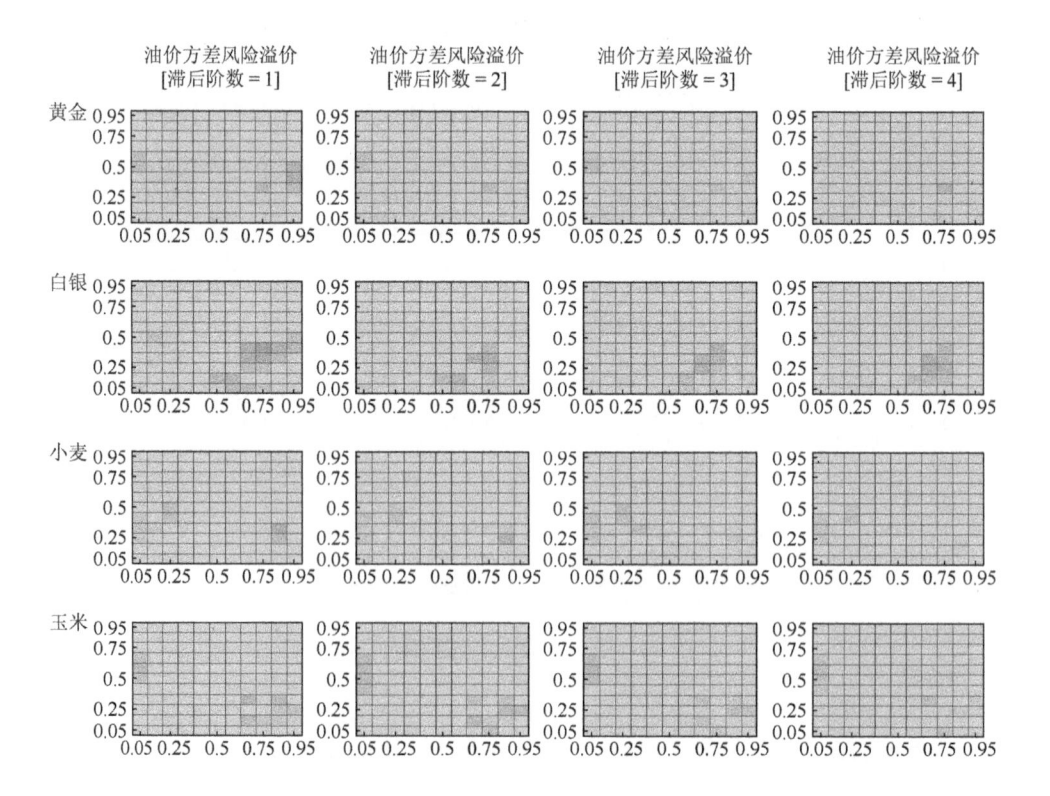

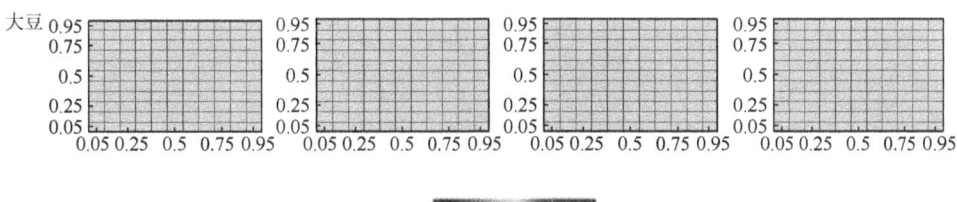

大豆 ...

图 15.3 使用周度数据计算的油价方差风险溢价与商品收益率的 CQ 结果（见彩图）

1、2、3 和 4 表示 1 周、2 周、3 周、4 周的滞后阶数；底部的坐标表示变量间交叉分位数依赖性或方向可预测性的方向

3. 加入控制变量之后的方向可预测性

现有文献研究表明，贵金属和农产品价格易受到汇率变化的影响（Sari et al., 2010），EPU 也会对贵金属、农产品等商品价格波动产生影响（Bakas and Triantafyllou, 2018；Xiao et al., 2019）。因此，为了确定油价方差风险溢价对贵金属和农产品收益率的可预测性是否受汇率和 EPU 的影响，此处将它们作为控制变量加入 CQ 方法中，以检验油价方差风险溢价对贵金属和农产品收益率具有方向可预测性这一结果的稳健性。由于美元和欧元是两种主要的储备货币，此处选取美元/欧元汇率数据作为控制变量。美元/欧元汇率数据和美国 EPU 指数数据来源于 Wind 数据库。

按照 15.3.1 节中的 PCQ 方法，计算得到控制美元/欧元汇率与美国 EPU 指数后油价方差风险溢价对商品收益率方向可预测性的结果，如图 15.4 所示。由于篇幅有限，此处主要展示两个滞后阶数（滞后 1 天和 22 天）的结果。可见，在控制美元/欧元汇率和美国 EPU 指数之后，油价方差风险溢价依旧对贵金属和农产品收益率具有显著的方向可预测性，且预测方向与图 15.1 的结果一致。这表明美元/欧元汇率及美国 EPU 指数的变化不会对油价方差风险溢价和贵金属、农产品收益率之间的依赖关系产生显著影响。

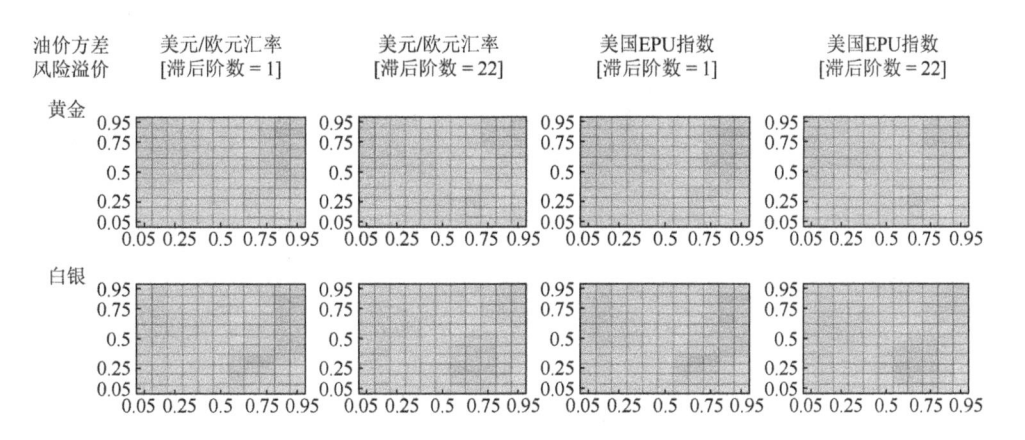

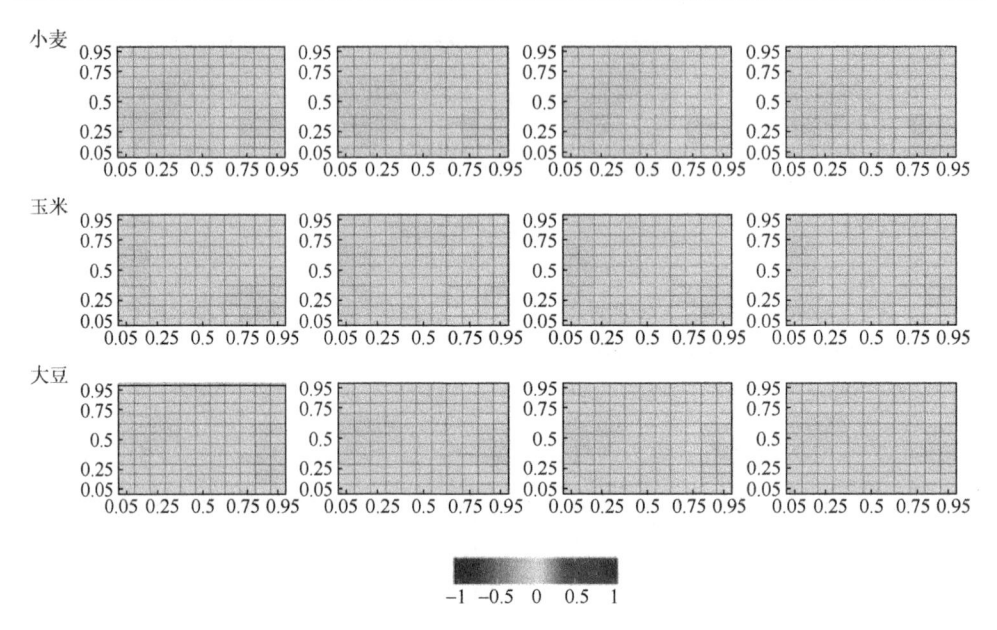

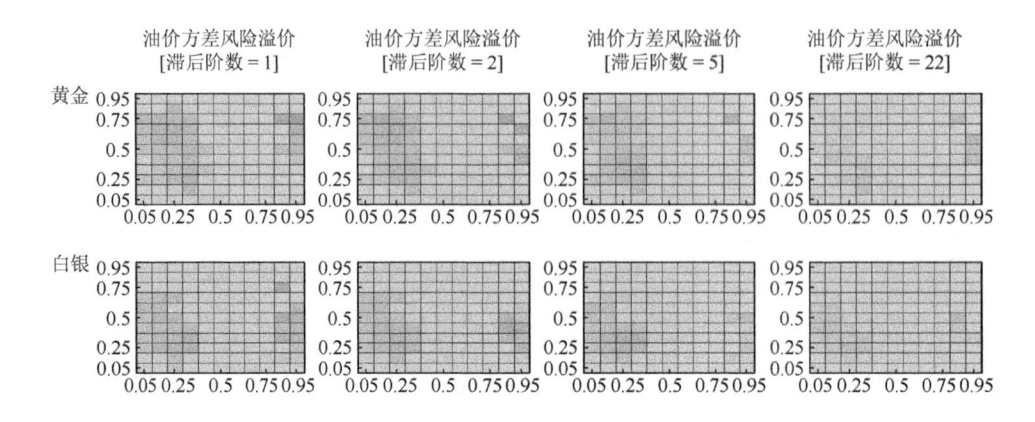

图 15.4　控制美元/欧元汇率与美国 EPU 指数后的油价方差风险溢价与商品
收益率的 PCQ 结果（见彩图）

1 和 22 分别表示日（1 天）和月（22 天）的滞后阶数；图底部的坐标表示变量间交叉分位数依赖性
或方向可预测性的方向

4. 全球金融危机期间的方向可预测性

贵金属、农产品等商品价格在全球金融危机期间剧烈波动（Balcilar et al., 2015；Aït-Youcef，2019），这可能会对 CQ 方法的估计结果产生影响。因此，此处通过检验特定危机期间油价方差风险溢价对贵金属和农产品收益率的方向可预测性，以检验上述实证结果的稳健性。选取 2007 年 8 月 1 日~2009 年 12 月 31 日作为特定子样本区间，即全球金融危机期间，结果如图 15.5 所示。

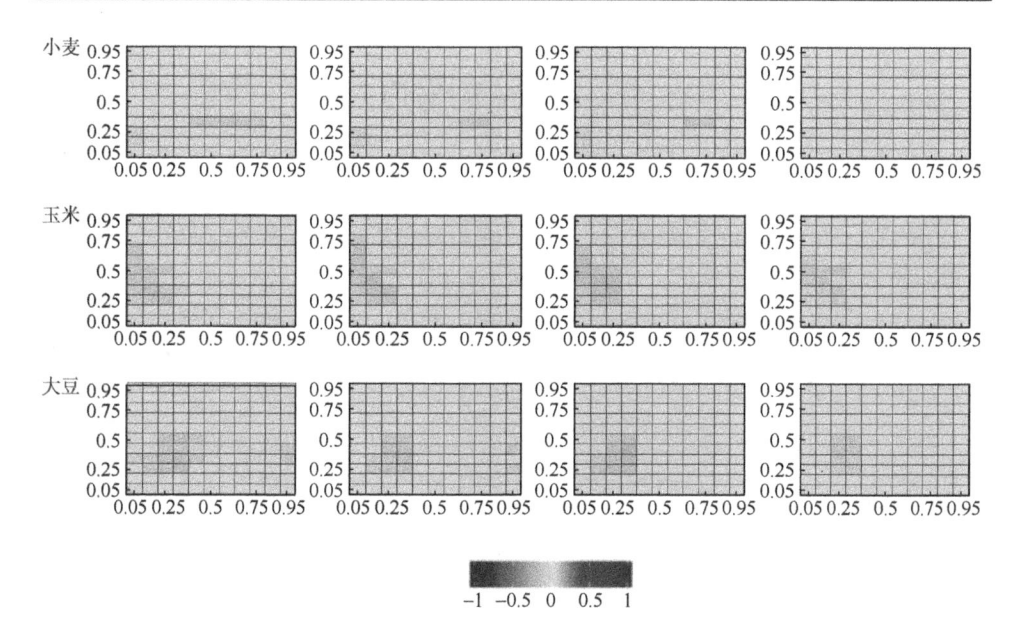

图 15.5 全球金融危机期间油价方差风险溢价与商品收益率的 CQ 结果（见彩图）

1、2、5 和 22 分别表示日（1 天、2 天）、周（5 天）和月（22 天）的滞后阶数；图底部的坐标表示变量间交叉分位数依赖性或方向可预测性的方向

（1）从图 15.1 和图 15.5 中显著相关关系的颜色比较可以看出，油价方差风险溢价对贵金属和农产品收益率的影响在全球金融危机期间更明显。

（2）在全球金融危机期间，油价方差风险溢价对贵金属收益率可预测性的方向与图 15.1 中一致。当油价方差风险溢价处于低分位数时，其对贵金属收益率具有负向影响；当油价方差风险溢价处于高分位数时，其对贵金属收益率具有显著正向影响。这与 Dutta（2018）的发现相吻合。在全球金融危机期间，油价波动剧烈，原油市场投资者风险厌恶高涨，对黄金等贵金属的投资增加。

（3）在全球金融危机期间，通过比较贵金属和农产品收益率对油价方差风险溢价的依赖关系，可以发现贵金属收益率表现出更强的交叉分位数依赖性。这与 15.4.1 节的结果一致。

（4）在全球金融危机期间，原油市场投资者风险厌恶程度高（$\tau_1 = 0.95$）时，其对农产品收益率几乎没有方向可预测性。这说明在全球金融危机期间，油价波动剧烈时，原油市场投资者风险厌恶情绪的高涨并不会对农产品收益率产生影响。由此，从对冲原油市场波动风险的角度出发，小麦、玉米、大豆可以用于分散油价剧烈波动风险（Hernandez et al.，2019）。

15.5 主要结论与启示

为了研究原油市场投资者风险厌恶对贵金属和农产品收益率的预测作用，本章采用 CQ 方法估计原油市场投资者风险厌恶对贵金属和农产品收益率的方向可预测性和交叉分位数依赖性。主要结论如下。

首先，在本章所选的黄金、白银、小麦、玉米、大豆商品样本中，原油市场投资者风险厌恶确实对其收益率均具有方向可预测性。这说明以上典型大宗商品价格不仅由供需基本面因素决定，还受投资者风险厌恶情绪的显著影响。

其次，不同程度的原油市场投资者风险厌恶对贵金属和农产品收益率存在不同方向的影响。当原油市场投资者风险厌恶情绪较低时，其对贵金属和农产品收益率存在显著负向可预测性，说明贵金属和农产品收益率会出现较大损失。当原油市场投资者风险厌恶情绪高涨时，其对贵金属和农产品收益率可预测性方向为正，说明贵金属和农产品收益率增加的可能性会增加。

最后，无论是在本章的全样本期间还是全球金融危机期间，贵金属市场相较农产品市场受到原油市场投资者风险厌恶的影响更大。

上述结论对投资者具有重要启示。从对冲波动风险和多元化投资的角度来看，原油市场投资者风险厌恶对贵金属收益率的影响比对农产品收益率的影响更大，说明相较于农产品，投资者更倾向于将黄金和白银当作财富保护的工具。另外，在全球金融危机期间，油价波动剧烈，此时原油市场投资者风险厌恶不会对农产品收益率产生显著影响。这说明在油价特别不稳定的危机时期，投资者可以考虑用小麦、玉米、大豆对冲油价的剧烈波动风险。

未来的研究可以进一步分析世界各地各种商品市场的投资者风险厌恶对商品价格的可预测性，为投资者与监督者提供更为详细、全面的决策依据。同时，随着信息技术广泛使用，还可以使用文本挖掘技术获取投资者风险厌恶信息，更准确地刻画投资者风险厌恶程度。另外，还可以针对不同市场经济环境讨论原油市场投资者风险厌恶与其他商品价格之间依赖关系的变化规律。

参 考 文 献

卜林，孙丽玲，李政. 2020. 地缘政治风险、经济政策不确定性与股票市场波动[J]. 南开经济研究，(5)：185-205.

部慧，解峥，李佳鸿，等. 2018. 基于股评的投资者情绪对股票市场的影响[J]. 管理科学学报，21（4）：91-106.

柴建，卢全莹，周友洪，等. 2017. 国际原油价格拐点分析及统计推断[J]. 中国管理科学，25（5）：33-41.

陈海强，陈丽琼，李迎星，等. 2021. 高频数据是否能改善股票价格预测——基于函数型数据的实证研究[J]. 计量经济学报，1（2）：426-436.

陈浪南，杨科. 2013. 中国股市高频波动率的特征、预测模型以及预测精度比较[J]. 系统工程理论与实践，33（2）：296-307.

董秀成，王守春. 2011. 基于LST-GARCH模型的国际油价波动研究[J]. 数理统计与管理，30（3）：381-387.

冯钰瑶，刘畅，孙晓蕾. 2020. 不确定性与原油市场的交互影响测度：基于综合集成的多尺度方法论[J]. 管理评论，32（7）：29-40.

龚旭，林伯强. 2018. 跳跃风险、结构突变与原油期货价格波动预测[J]. 中国管理科学，26（11）：11-21.

韩立岩，郑擎擎，尹力博. 2017. 商品金融化背景下大宗商品指数收益机制转换[J]. 管理科学学报，20（9）：61-69.

何亚男，汪寿阳. 2011. 世界经济与国际原油价格：基于Kilian经济指数的协整分析[J]. 系统工程理论与实践，31（2）：221-228.

洪永淼. 2021. 理解现代计量经济学[J]. 计量经济学报，1（2）：266-284.

胡爱梅，王书平. 2012. 基于ARIMA与GARCH模型的国际油价预测比较分析[J]. 经济研究导刊，(26)：196-199.

胡淑兰，熊仁霞，佘星云. 2015. 世界原油期货价格的波动分析[J]. 统计与决策，8：106-109.

黄海南，钟伟. 2007. GARCH类模型波动率预测评价[J]. 中国管理科学，15（6）：13-19.

金洪飞，金荦. 2010. 国际石油价格对中国股票市场的影响——基于行业数据的经验分析[J]. 金融研究，(2)：173-187.

金秀，姜尚伟，苑莹. 2018. 基于股吧信息的投资者情绪与极端收益的可预测性研究[J]. 管理评论，30（7）：16-25.

李进芳. 2016. 带信息的情绪资产定价研究[J]. 系统工程理论与实践，36（5）：1156-1168.

林伯强，李江龙. 2012. 原油价格波动性及国内外传染效应[J]. 金融研究，(11)：1-15.

刘海飞，李心丹，柏巍，等. 2019. 基于波动持续性的最优组合构建与分散化研究[J]. 管理科学学报，22（1）：44-56.

刘建,蒋殿春. 2010. 国际原油价格波动对我国工业品出厂价格的影响——基于行业层面的实证分析[J]. 经济评论,（2）：110-119.

陆凤彬,洪永淼. 2012. 时变信息溢出检验及其在金融市场中的应用[J]. 管理科学学报, 15（4）：31-39＋57.

瞿慧,程思逸. 2016. 考虑成分股联跳与宏观信息发布的沪深300指数已实现波动率模型研究[J]. 中国管理科学, 24（12）：10-19.

瞿慧,沈微. 2020. 基于LSTHAR模型的投资者关注对股市波动影响研究[J]. 中国管理科学, 28（7）：23-34.

唐振鹏,张婷婷,吴俊传,等. 2021. 基于混合模型的原油价格多步预测研究[J]. 计量经济学报, 1（2）：346-361.

王美今,孙建军. 2004. 中国股市收益、收益波动与投资者情绪[J]. 经济研究,（10）：75-83.

王鹏,吕永健. 2018. 国际原油市场极端风险的测度模型及后验分析[J]. 金融研究, 459（9）：192-206.

王胜,赵春晨. 2020. 人民币汇率与股价之间的传导机制——基于DCC-GARCH模型的实证检验[J]. 工业技术经济, 39（4）：54-62.

文凤华,肖金利,黄创霞,等. 2014. 投资者情绪特征对股票价格行为的影响研究[J]. 管理科学学报, 17（3）：60-69.

伍燕然,韩立岩. 2007. 不完全理性、投资者情绪与封闭式基金之谜[J]. 经济研究,（3）：117-129.

向诚,陆静. 2018. 投资者有限关注、行业信息扩散与股票定价研究[J]. 系统工程理论与实践, 38（4）：817-835.

谢世清,唐思勋. 2021. 投资者情绪与宏观经济波动对股票市场收益率的影响[J]. 宏观经济研究,（2）：99-107.

许海川,周炜星. 2018. 情绪指数与市场收益：纳入中国波指（iVX）的分析[J]. 管理科学学报, 21（1）：88-96.

杨云飞,鲍玉昆,胡忠义,等. 2010. 基于EMD和SVMs的原油价格预测方法[J]. 管理学报, 7（12）：1884-1889.

杨子晖,赵永亮. 2014. 非线性Granger因果检验方法的检验功效及有限样本性质的模拟分析[J]. 统计研究, 31（5）：107-112.

姚尧之,王坚强,刘志峰. 2018. 混频投资者情绪与股票价格行为[J]. 管理科学学报, 21（2）：104-113.

尹力博,杨清元,韩立岩. 2018. 技术指标能够预测商品期货价格吗？来自中国的证据[J]. 管理科学学报, 21（6）：99-109.

于李胜,王成龙,王艳艳. 2019. 分析师社交媒体在信息传播效率中的作用——基于分析师微博的研究[J]. 管理科学学报, 22（7）：107-126.

余乐安,查锐,贺凯健,等. 2018. 国际油价与中美股价的相依关系研究——基于不同行业数据的分析[J]. 中国管理科学, 26（11）：74-82.

余佩琨,钟瑞军. 2009. 个人投资者情绪能预测市场收益率吗[J]. 南开管理评论, 12（1）：96-101.

张金良,谭忠富. 2013. 基于混合模型的原油价格混沌预测方法[J]. 运筹与管理, 22（5）：166-172.

张强,杨淑娥. 2009. 噪声交易、投资者情绪波动与股票收益[J]. 系统工程理论与实践, 29（3）：40-47.

参考文献

张跃军,李书慧. 2020. 投资者关注度对国际原油价格波动的影响研究[J]. 系统工程理论与实践, 40 (10): 2519-2529.

钟婉玲,李海奇,杨胜刚. 2022. 国际油价、宏观经济变量与中国股市的尾部风险溢出效应研究[J]. 中国管理科学, 30 (2): 27-37.

周文龙,李育冬,余红心,等. 2020. 投资者情绪与市场收益的双向波动溢出关系——基于 TGARCH-M 和 BEKK-GARCH 模型[J]. 金融理论与实践, (11): 69-78.

Abdollahi H, Ebrahimi S B. 2020. A new hybrid model for forecasting Brent crude oil price[J]. Energy, 200: 117520.

Adams Z, Glück T. 2015. Financialization in commodity markets: A passing trend or the new normal? [J]. Journal of Banking and Finance, 60: 93-111.

Adekunle W, Bagudo A M, Odumosu M, et al. 2020. Predicting stock returns using crude oil prices: A firm level analysis of Nigeria's oil and gas sector[J]. Resources Policy, 68: 101708.

Afkhami M, Cormack L, Ghoddusi H. 2017. Google search keywords that best predict energy price volatility[J]. Energy Economics, 67: 17-27.

Agnolucci P. 2009. Volatility in crude oil futures: A comparison of the predictive ability of GARCH and implied volatility models[J]. Energy Economics, 31 (2): 316-321.

Aït-Youcef C. 2019. How index investment impacts commodities: A story about the financialization of agricultural commodities[J]. Economic Modelling, 80: 23-33.

Aloui R, Aïssa M S B. 2016. Relationship between oil, stock prices and exchange rates: A vine copula based GARCH method[J]. The North American Journal of Economics and Finance, 37: 458-471.

Aloui R, Gupta R, Miller S M. 2016. Uncertainty and crude oil returns[J]. Energy Economics, 55: 92-100.

Alquist R, Kilian L. 2010. What do we learn from the price of crude oil futures? [J]. Journal of Applied Econometrics, 25 (4): 539-573.

Andersen T G, Bollerslev T, Diebold F X, et al. 2003. Modeling and forecasting realized volatility[J]. Econometrica, (2): 579-625.

Andersen T G, Bollerslev T, Diebold F X, et al. 2007. Real-time price discovery in global stock, bond and foreign exchange markets[J]. Journal of International Economics, 73 (2): 251-277.

Andrei D, Hasler M. 2015. Investor attention and stock market volatility[J]. Review of Financial Studies, 28 (1): 33-72.

Andreou E, Ghysels E, Kourtellos A. 2013. Should macroeconomic forecasters use daily financial data and how? [J]. Journal of Business and Economic Statistics, 31 (2): 240-251.

Anshasy A A E, Bradley M D. 2012. Oil prices and the fiscal policy response in oil-exporting countries[J]. Journal of Policy Modeling, 34 (5): 605-620.

Arif S, Lee C M. 2014. Aggregate investment and investor sentiment[J]. Review of Financial Studies, 27 (11): 3241-3279.

Armesto M T, Engeman K M, Owyang M T. 2010. Forecasting with mixed frequencies[J]. Federal Reserve Bank of St. Louis Review, 92 (6): 521-536.

Armesto M T, Hernandez-Murillo R, Owyang M T, et al. 2009. Measuring the information content of the beige book: A mixed data sampling approach[J]. Journal of Money, Credit and Banking,

41 (1): 35-55.

Arouri M, Lahiani A, Lévy A. 2012. Forecasting the conditional volatility of oil spot and futures prices with structural breaks and long memory models[J]. Energy Economics, 34 (1): 283-293.

Arvanitis S, Louka A. 2017. Stable limits for the Gaussian QMLE in the non-stationary GARCH(1, 1) model[J]. Economics Letters, 161: 135-137.

Audrino F, Sigrist F, Ballinari D. 2019. The impact of sentiment and attention measures on stock market volatility[J]. International Journal of Forecasting, 36 (2): 334-357.

Baek E G, Brock W A. 1992. A general test for nonlinear granger causality: Bivariate model[R]. Ames, Madison: Iowa State University and University of Wisconsin Madison.

Baek J, Miljkovic D. 2018. Monetary policy and overshooting of oil prices in an open economy[J]. The Quarterly Review of Economics and Finance, 70: 1-5.

Bahloul W, Gupta R. 2018. Impact of macroeconomic news surprises and uncertainty for major economies on returns and volatility of oil futures[J]. International Economics, 156: 247-253.

Bai J, Perron P. 1998. Estimating and testing linear models with multiple structural changes[J]. Econometrica, 66 (1): 47-78.

Baillie R T. 1996. Long memory processes and fractional integration in econometrics[J]. Journal of Econometrics, 73 (1): 5-59.

Baillie R T, Morana C. 2009. Modelling long memory and structural breaks in conditional variances: An adaptive FIGARCH approach[J]. Journal of Economic Dynamics and Control, 33 (8): 1577-1592.

Bakas D, Triantafyllou A. 2018. The impact of uncertainty shocks on the volatility of commodity prices[J]. Journal of International Money and Finance, 87: 96-111.

Baker M, Wurgler J. 2006. Investor sentiment and the cross-section of stock returns[J]. The Journal of Finance, 61 (4): 1645-1680.

Baker M, Wurgler J. 2007. Investor sentiment in the stock market[J]. Journal of Economic Perspectives, 21 (2): 129-151.

Baker S R, Bloom N, Davis S J. 2016. Measuring economic policy uncertainty[J]. Quarterly Journal of Economics, 131 (4): 1593-1636.

Balcilar M, Hammoudeh S, Asaba N A F. 2015. A regime-dependent assessment of the information transmission dynamics between oil prices, precious metal prices and exchange rates[J]. International Review of Economics and Finance, 40: 72-89.

Barber B M, Odean T. 2008. All that glitters: The effect of attention and news on the buying behavior of individual and institutional investors[J]. Review of Financial Studies, 21 (2): 785-818.

Barndorff-Nielsen O E, Kinnebrock S, Shephard N. 2010. Measuring Downside Risk-realized Semivariance[M]. Oxford: Oxford University Press.

Barsky R, Kilian L. 2004. Oil and the macroeconomy since the 1970s[J]. The Journal of Economic Perspectives, 18 (4): 115-134.

Barunik J, Krehlik T. 2018. Measuring the frequency dynamics of financial connectedness and systemic risk[J]. Journal of Financial Econometrics, 16 (2): 271-296.

Basak S, Pavlova A. 2016. A model of financialization of commodities[J]. The Journal of Finance,

71 (4): 1511-1556.

Basher S A, Haug A A, Sadorsky P. 2012. Oil price, exchange rates and emerging stock markets[J]. Energy Economics, 34 (1): 227-240.

Basher S A, Sadorsky P. 2016. Hedging emerging market stock prices with oil, gold, VIX, and bonds: A comparison between DCC, ADCC and GO-GARCH[J]. Energy Economics, 54: 235-247.

Bassi A, Colacito R, Fulghieri P. 2013. O sole mio: An experimental analysis of weather and risk attitudes in financial decisions[J]. Review of Financial Studies, 26 (7): 1824-1852.

Bataa E, Park C. 2017. Is the recent low oil price attributable to the shale revolution? [J]. Energy Economics, 67: 72-82.

Baum C F, Zerilli P. 2016. Jumps and stochastic volatility in crude oil futures prices using conditional moments of integrated volatility[J]. Energy Economics, 53: 175-181.

Baum L E, Petrie T. 1966. Statistical inference for probabilistic functions of finite state Markov chains[J]. The Annals of Mathematical Statistics, 37 (6): 1554-1563.

Baumeister C, Guérin P, Kilian L. 2015. Do high-frequency financial data help forecast oil prices? The MIDAS touch at work[J]. International Journal of Forecasting, 31 (2): 238-252.

Baumeister C, Kilian L. 2012. Real-time forecasts of the real price of oil[J]. Journal of Business and Economic Statistics, 30 (2): 326-336.

Baumeister C, Kilian L. 2015. Forecasting the real price of oil in a changing world: A forecast combination approach[J]. Journal of Business and Economic Statistics, 33 (3): 338-351.

Baumeister C, Kilian L. 2016. Understanding the decline in the price of oil since June 2014[J]. Journal of the Association of Environmental and Resource Economists, 2016, 3 (1): 131-158.

Baumeister C, Peersman G. 2013. Time-varying effects of oil supply shocks on the economy[J]. American Economic Journal: Macroeconomics, 5 (4): 1-28.

Baumöhl E, Lyócsa Š. 2017. Directional predictability from stock market sector indices to gold: A cross-quantilogram analysis[J]. Finance Research Letters, 23: 152-164.

Becker R, Enders W, Hurn S. 2004. A general test for time dependence in parameters[J]. Journal of Applied Econometrics, 19 (7): 899-906.

Becker R, Enders W, Lee J. 2006. A stationarity test in the presence of an unknown number of smooth breaks[J]. Journal of Time Series Analysis, 27 (3): 381-409.

Bekaert G, Hoerova M. 2014. The VIX, the variance premium and stock market volatility[J]. Journal of Econometrics, 183: 181-192.

Bekiros S D. 2014. Contagion, decoupling and the spillover effects of the US financial crisis: Evidence from the BRIC markets[J]. International Review of Financial Analysis, 33: 58-69.

Benhabiba J, Liub X W, Wang P F. 2016. Sentiments, financial markets, and macroeconomic fluctuations[J]. Journal of Financial Economics, 120: 420-443.

Berk I, Rauch J. 2016. Regulatory interventions in the US oil and gas sector: How do the stock markets perceive the CFTC's announcements during the 2008 financial crisis? [J]. Energy Economics, 54: 337-348.

Bildirici M, Ersin Ö Ö. 2013. Forecasting oil prices: Smooth transition and neural network augmented GARCH family models[J]. Journal of Petroleum Science and Engineering, 109: 230-240.

Bisoi R, Dash P K, Mishra S P. 2019. Modes decomposition method in fusion with robust random vector functional link network for crude oil price forecasting[J]. Applied Soft Computing, 80: 475-493.

Bodea C, Higashijima M, Singh R J. 2016. Oil and civil conflict: Can public spending have a mitigation effect[J]. World Development, 78: 1-12.

Bollerslev T. 1986. Generalized autoregressive conditional heteroskedasticity[J]. Journal of Econometrics, 31: 307-327.

Bollerslev T, Chou R Y, Kroner K F. 1992. ARCH modeling in finance: A review of the theory and empirical evidence[J]. Journal of Econometrics, 52 (1/2): 5-59.

Bollerslev T, Marrone J, Xu L, et al. 2014. Stock return predictability and variance risk premia: Statistical inference and international evidence[J]. Journal of Financial and Quantitative Analysis, 49 (3): 633-661.

Bollerslev T, Mikkelsen H O. 1996. Modeling and pricing long memory in stock market volatility[J]. Journal of Econometrics, 73 (1): 151-184.

Bollerslev T, Tauchen G, Zhou H. 2009. Expected stock returns and variance risk premia[J]. The Review of Financial Studies, 22: 4463-4492.

Bonaccolto G, Caporin M, Gupta R. 2018. The dynamic impact of uncertainty in causing and forecasting the distribution of oil returns and risk[J]. Physica A: Statistical Mechanics and its Applications, 507: 446-469.

Bouri E, Chen Q, Lien D, et al. 2017. Causality between oil prices and the stock market in China: The relevance of the reformed oil product pricing mechanism[J]. International Review of Economics and Finance, 48: 34-48.

BP. 2020. BP Statistical Review of World Energy 2020[R]. London: BP.

Brailsford T J, Faff R W. 1996. An evaluation of volatility forecasting techniques[J]. Journal of Banking and Finance, 20 (3): 419-438.

Brandt M W, Gao L. 2019. Macro fundamentals or geopolitical events? A textual analysis of news events for crude oil[J]. Journal of Empirical Finance, 51: 64-94.

Bredin D, Conlon T, Poti V. 2017. The price of shelter-downside risk reduction with precious metals[J]. International Review of Financial Analysis, 49: 48-58.

Broadstock D C, Filis G. 2014. Oil price shocks and stock market returns: New evidence from the United States and China[J]. International Financial Markets, 33: 417-433.

Broock W A, Scheinkman J A, Dechert W D, et al. 1996. A test for independence based on the correlation dimension[J]. Econometric Reviews, 15 (3): 197-235.

Brown G W, Cliff M T. 2005. Investor sentiment and asset valuation[J]. The Journal of Business, 78 (2): 405-440.

Buncic D, Gisler K I M. 2017. The role of jumps and leverage in forecasting volatility in international equity markets[J]. Journal of International Money and Finance, 79: 1-19.

Buyuksahin B, Harris J H. 2011. Do speculators drive crude oil futures prices? [J]. The Energy Journal, 32 (2): 167-202.

Buyuksahin B, Lee T, Moser J, et al. 2013. Physical market conditions, paper market activity, and the WTI-Brent spread[J]. The Energy Journal, 34 (3): 129-151.

Cabedo J D, Moya I. 2003. Estimating oil price "value at risk" using the historical simulation approach[J]. Energy Economics, 25 (3): 239-253.

Cai J. 1994. A Markov model of switching-regime ARCH[J]. Journal of Business and Economic Statistics, 12 (3): 309-316.

Campbell J Y, Thompson S B. 2008. Predicting excess stock returns out of sample: Can anything beat the historical average[J]. The Review of Financial Studies, 21 (4): 1509-1531.

Çelik S, Ergin H. 2014. Volatility forecasting using high frequency data: Evidence from stock markets[J]. Economic Modelling, 36: 176-190.

Ceylan O. 2014. Time-varying volatility asymmetry: A conditioned HAR-RV (CJ) EGARCH-M model[J]. Journal of Risk, 17 (2): 21-49.

Chakrabarty A, De A, Gunasekaran A, et al. 2015. Investment horizon heterogeneity and wavelet: Overview and further research directions[J]. Physica A: Statistical Mechanics and its Applications, 429: 45-61.

Chan J C C, Grant A L. 2016. Modeling energy price dynamics: GARCH versus stochastic volatility[J]. Energy Economics, 54: 182-189.

Charles A, Darné O. 2009. The efficiency of the crude oil markets: Evidence from variance ratio tests[J]. Energy Policy, 37 (11): 4267-4272.

Charles A, Darné O. 2017. Forecasting crude-oil market volatility: Further evidence with jumps[J]. Energy Economics, 67: 508-519.

Chau F, Deesomsak R, Koutmos D. 2016. Does investor sentiment really matter? [J]. International Review of Financial Analysis, 48: 221-232.

Chen B, Huang L. 2018. Nonparametric testing for smooth structural changes in panel data models[J]. Journal of Econometrics, 202: 245-267.

Chen H, Liao H, Tang B J, et al. 2016a. Impacts of OPEC's political risk on the international crude oil prices: An empirical analysis based on the SVAR models[J]. Energy Economics, 57: 42-49.

Chen H T, Liu L, Wang Y D, et al. 2016b. Oil price shocks and U.S. dollar exchange rates[J]. Energy, 112: 1036-1048.

Chen Q, Filardo A, He D, et al. 2016c. Financial crisis, US unconventional monetary policy and international spillovers[J]. Journal of International Money and Finance, 67: 62-81.

Chen S S. 2014. Forecasting crude oil price movements with oil-sensitive stocks[J]. Economic Inquiry, 52 (2): 830-844.

Chen W, Huang Z, Yi Y P. 2015. Is there a structural change in the persistence of WTI-Brent oil price spreads in the post-2010 period? [J]. Economic Modelling, 50: 64-71.

Chen W, Ma F, Wei Y, et al. 2020. Forecasting oil price volatility using high-frequency data: New evidence[J]. International Review of Economics and Finance, 66: 1-12.

Chen X L, Ghysels E, Wang F F. 2011. Hybrid GARCH models and intra-daily return periodicity[J]. Time Series Econometrics, 3 (1): 1-28.

Chen X W, Sun X L, Wang J. 2019. Dynamic spillover effect between oil prices and economic policy uncertainty in BRIC countries: A wavelet-based approach[J]. Emerging Markets Finance and

Trade, 55 (12): 2703-2717.

Chen Y, He K, Tso G K F. 2017. Forecasting crude oil prices: A deep learning based model[J]. Procedia Computer Science, 122: 300-307.

Chen Y F, Qu F. 2019. Leverage effect and dynamics correlation between international crude oil and China's precious metals[J]. Physica A: Statistical Mechanics and its Applications, 534: 122319.

Cheong C W. 2009. Modeling and forecasting crude oil markets using ARCH-type models[J]. Energy Policy, 37 (6): 2346-2355.

Chevallier J, Sevi B. 2011. On the realized volatility of the ECX CO_2 emissions 2008 futures contract: Distribution, dynamics and forecasting[J]. Annals of Finance, 7 (1): 1-29.

Chib S, Nadari F, Shephard N. 2002. Markov chain Monte Carlo methods for stochastic volatility models[J]. Journal of Econometrics, 108 (2): 281-316.

Chiou J S, Lee Y H. 2009. Jump dynamics and volatility: Oil and the stock markets[J]. Energy, 34 (4): 788-796.

Christopoulos D K, León-Ledesma M A. 2008. Testing for Granger (non-)causality in a time-varying coefficient VAR model[J]. Journal of Forecasting, 27 (4): 293-303.

Chung S L, Hung C H, Yeh C Y. 2012. When does investor sentiment predict stock returns? [J]. Journal of Empirical Finance, 19 (2): 217-240.

Clements M P, Galvao A B. 2008. Macroeconomic forecasting with mixed-frequency data: Forecasting US output growth[J]. Journal of Business and Economic Statistics, 26 (4): 546-554.

Clements M P, Galvao A B. 2009. Forecasting US output growth using leading indicators: An appraisal using MIDAS models[J]. Applied Economics, 24 (7): 1187-1206.

Coleman L. 2012. Explaining crude oil prices using fundamental measures[J]. Energy Policy, 40: 318-324.

Cong R G, Wei Y M, Jiao J L, et al. 2008. Relationships between oil price shocks and stock market: An empirical analysis from China[J]. Energy Policy, 36 (9): 3544-3553.

Conrad C, Loch K, Rittler D. 2014. On the macroeconomic determinants of long-term volatilities and correlations in U.S. stock and crude oil markets[J]. Journal of Empirical Finance, 29: 26-40.

Cont R. 2001. Empirical properties of asset returns: Stylized facts and statistical issues[J]. Quantitative Finance, 1 (2): 223-236.

Cooke K. 2016. IEA: Oil, gas investments fell 25% in 2015[EB/OL]. [2016-09-23]. https://www.climatechangenews.com/2016/09/23/iea-oil-gas-investments-fell-25-in-2015/.

Coppola A. 2008. Forecasting oil price movements: Exploiting the information in the futures market[J]. Journal of Futures Markets, 28 (1): 34-56.

Corsi F. 2009. A simple approximate long-memory model of realized volatility[J]. Journal of Financial Econometrics, 7 (2): 174-196.

Corsi F, Renò R. 2012. Discrete-time volatility forecasting with persistent leverage effect and the link with continuous-time volatility modeling[J]. Journal of Business and Economics Statistics, 30 (3): 368-380.

Creti A, Joets M, Mignon V. 2013. On the links between stock and commodity markets' volatility[J]. Energy Economics, 37: 16-28.

Cukierman A. 2013. Monetary policy and institutions before, during, and after the global financial crisis[J]. Journal of Financial Stability, 9 (3): 373-384.

Cussen M P. 2020. Oil: A big investment with big tax breaks[EB/OL]. [2020-10-11]. https://www.investopedia.com/articles/07/oil-tax-break.asp.

Da Z, Engelberg J, Gao P. 2011. In search of attention[J]. The Journal of Finance, 66(5): 1461-1499.

Da Z, Engelberg J, Gao P. 2015. The sum of all fears investor sentiment and asset prices[J]. Review of Financial Studies, 28 (1): 1-32.

Das D, Kannadhasan M. 2020. The asymmetric oil price and policy uncertainty shock exposure of emerging market sectoral equity returns: A quantile regression approach[J]. International Review of Economics and Finance, 69: 563-581.

de Long J B, Shleifer A, Summers L G, et al. 1990. Noise trader risk in financial markets[J]. Journal of Political Economy, 98 (4): 703-738.

Deeney P, Cummins M, Dowling M, et al. 2015. Sentiment in oil markets[J]. International Review of Financial Analysis, 39: 179-185.

Degiannakis S, Filis G. 2018. Forecasting oil prices: High-frequency financial data are indeed useful[J]. Energy Economics, 76: 388-402.

Degiannakis S, Filis G, Panagiotakopoulou S. 2018. Oil price shocks and uncertainty: How stable is their relationship over time? [J]. Economic Modelling, 72: 42-53.

Demirer R, Gkillas K, Gupta R, et al. 2019. Time-varying risk aversion and realized gold volatility[J]. The North American Journal of Economics and Finance, 50: 101048.

Dias J G, Vermunt J K, Ramos S. 2015. Clustering financial time series: New insights from an extended hidden Markov model[J]. European Journal of Operational Research, 243: 852-864.

Dickey D A, Fuller W A. 1979. Distribution of the estimators for autoregressive time series with a unit root[J]. Journal of American Statistical Association, 74 (366): 427-431.

Diebold F X, Inoue A. 2001. Long memory and regime switching[J]. Journal of Econometrics, 105 (1): 131-159.

Diebold F X, Mariano R S. 1995. Comparing predictive accuracy[J]. Journal of Business and Economic Statistics, 13 (3): 253-263.

Diebold F X, Yilmaz K. 2009. Measuring financial asset return and volatility spillovers, with application to global equity markets[J]. The Economic Journal, 119 (534): 158-171.

Diebold F X, Yilmaz K. 2012. Better to give than to receive: Predictive directional measurement of volatility spillovers[J]. International Journal of Forecasting, 28 (1): 57-66.

Diks C, Panchenko V. 2006. A new statistic and practical guidelines for nonparametric Granger causality testing[J]. Journal of Economic Dynamics and Control, 30 (9-10): 1647-1669.

Ding H, Kim H G, Park S Y. 2014. Do net positions in the futures market cause spot prices of crude oil? [J]. Economic Modelling, 41: 177-190.

Ding H, Kim H G, Park S Y. 2016. Crude oil and stock markets: Causal relationships in tails? [J]. Energy Economics, 59: 58-69.

Ding R, Hou W X. 2015. Retail investor attention and stock liquidity[J]. Journal of International Financial Markets, Institutions and Money, 37: 12-26.

Ding Z H, Liu Z H, Zhang Y J, et al. 2017. The contagion effect of international crude oil price fluctuations on Chinese stock market investor sentiment[J]. Applied Energy, 187: 27-36.

Drachal K. 2016. Forecasting spot oil price in a dynamic model averaging framework —Have the determinants changed over time? [J]. Energy Economics, 60: 35-46.

Drake M S, Jennings J, Roulstone D T, et al. 2016. The comovement of investor attention[J]. Management Science, 63 (9): 2847-2867.

Du D, Zhao X. 2017. Financial investor sentiment and the boom/bust in oil prices during 2003-2008[J]. Review of Quantitative Finance and Accounting, 48 (2): 331-361.

Du L M, He Y N. 2015. Extreme risk spillovers between crude oil and stock markets[J]. Energy Economics, 51: 455-465.

Duarte C, Rodrigues P M M, Rua A. 2017. A mixed frequency approach to the forecasting of private consumption with ATM/POS data[J]. International Journal of Forecasting, 33 (1): 61-75.

Dutta A. 2018. Impacts of oil volatility shocks on metal markets: A research note[J]. Resources Policy, 55: 9-19.

Dutta A, Bouri E, Saeed T. 2021. News-based equity market uncertainty and crude oil volatility[J]. Energy, 222: 119930.

Eddy S R. 1996. Hidden Markov models[J]. Current Opinion in Structural Biology, 6 (3): 361-365.

Edelen R M, Ince O S, Kadlec G B. 2016. Institutional investors and stock return anomalies[J]. Journal of Financial Economics, 119 (3): 472-488.

Ederington L, Lee J H. 2002. Who trades futures and how: Evidence from the heating oil futures market[J]. The Journal of Business, 75 (2): 353-374.

Elder J, Miao H, Ramchander S. 2012. Impact of macroeconomic news on metal futures[J]. Journal of Banking and Finance, 36 (1): 51-65.

Elder J, Serletis A. 2008. Long memory in energy futures prices[J]. Review of Financial Economics, 17 (2): 146-155.

Elshendy M, Colladon A F, Battistoni E, et al. 2018. Using four different online media sources to forecast the crude oil price[J]. Journal of Information Science, 44 (3): 408-421.

Enders W, Holt M T. 2012. Sharp breaks or smooth shifts? An investigation of the evolution of commodity prices[J]. American Journal of Agricultural Economics, 94 (2): 659-673.

Enders W, Holt M T. 2014. The Evolving Relationships between Agricultural and Energy Commodity Prices: A Shifting-mean Vector Autoregressive Analysis[M]. Chicago: University of Chicago Press.

Enders W, Lee J. 2011. A unit root test using a Fourier series to approximate smooth breaks[J]. Oxford Bulletin of Economics and Statistics, 74 (4): 574-599.

Enders W, Lee J. 2012. The flexible fourier form and Dickey-Fuller type unit root tests[J]. Economics Letters, 117 (1): 196-199.

Engle R F. 1982. Autoregressive conditional heteroscedasticity with estimates of the variance of United Kingdom inflation[J]. Econometrics, 50 (4): 98-1007.

Engle R F, Ghysels E, Sohn B. 2013. Stock market volatility and macroeconomic fundamentals[J]. Review of Economics and Statistics, 95 (3): 776-797.

Engle R F, Kroner K F. 1995. Multivariate simultaneous generalized ARCH[J]. Econometric Theory, 11 (1): 122-150.

Engle R. 2002. Dynamic conditional correlation: A simple class of multivariate generalized autoregressive conditional heteroskedasticity models[J]. Journal of Business and Economic Statistics, 20 (3): 339-350.

Ewing B T, Malik F. 2010. Estimating volatility persistence in oil prices under structural breaks[J]. Financial Review, 45 (4): 1011-1023.

Ewing B T, Malik F. 2017. Modelling asymmetric volatility in oil prices under structural breaks[J]. Energy Economics, 63: 227-233.

Fan Y, Zhang Y J, Tsai H T, et al. 2008. Estimating "value at risk" of crude oil price and its spillover effect using the GED-GARCH approach[J]. Energy Economics, 30 (6): 3156-3171.

Fattouh B. 2010. The dynamics of crude oil price differentials[J]. Energy Economics, 32 (2): 334-342.

Ferreira M A, Santa-Clara P. 2011. Forecasting stock market returns: The sum of the parts is more than the whole[J]. Journal of Financial Econometrics, 100 (3): 514-537.

Ferrer R, Shahzad S J H, López R, et al. 2018. Time and frequency dynamics of connectedness between renewable energy stocks and crude oil prices[J]. Energy Economics, 76: 1-20.

Fong W M, See K H. 2002. A Markov switching model of the conditional volatility of crude oil futures prices[J]. Energy Economics, 24 (1): 71-95.

Foroni C, Marcellino M. 2014. A comparison of mixed frequency approaches for nowcasting Euro area macroeconomic aggregates[J]. International Journal of Forecasting, 30 (3): 554-568.

Foroni C, Marcellino M, Schumacher C. 2015. U-midas: MIDAS regressions with unrestricted lag polynomial[J]. Journal of the Royal Statistical Society. Series A: Statistics in Society, 178 (1): 57-82.

Forsberg L, Ghysels E. 2007. Why do absolute returns predict volatility so well? [J]. Journal of Financial Econometrics, 5 (1): 31-67.

Frale C, Monteforte L. 2011. FaMIDAS: A mixed frequency factor model with MIDAS structure[R]. Rome: Bank of Italy Temi di Discussione.

Franses P H, Van Dijk D. 1996. Forecasting stock market volatility using (nonlinear) GARCH models[J]. Journal of Forecasting, 15 (3): 229-235.

Gaitani N, Lehmann C, Santamouris M, et al. 2010. Using principal component and cluster analysis in the heating evaluation of the school building sector[J]. Applied Energy, 87 (6): 2079-2086.

Gallant A R. 1981. On the bias in flexible functional forms and an essentially unbiased form: The flexible Fourier form[J]. Journal of Econometrics, 15 (2): 211-245.

Gallant A R, Rossi P E, Tauchen G. 1992. Stock prices and volume[J]. The Review of Financial Studies, 5 (2): 199-242.

Gao Z, Ren H, Zhang B. 2020. Googling investor sentiment around the world[J]. Journal of Financial and Quantitative Analysis, 55 (2): 549-580.

Ghosh S, Manimaran P, Panigrahi P K. 2011. Characterizing multi-scale self-similar behavior and non-statistical properties of fluctuations in financial time series[J]. Physica A: Statistical

Mechanics and its Applications, 390 (23/24): 4304-4316.

Ghysels E, Santa-Clara P, Valkanov R. 2004. The MIDAS touch: Mixed data sampling regression models[R]. Los Angeles: UNC and UCLA.

Ghysels E, Santa-Clara P, Valkanov R. 2005. There is a risk-return tradeoff after all[J]. Journal of Financial Econometrics, 76 (3): 509-548.

Ghysels E, Santa-Clara P, Valkanov R. 2006. Predicting volatility: Getting the most out of return data sampled at different frequencies[J]. Journal of Econometrics, 131 (1/2): 59-95.

Ghysels E, Sinko A, Valkanov R. 2007. MIDAS regressions: Further results and new directions[J]. Econometric Reviews, 26 (1): 53-90.

Ghysels E, Wright J H. 2009. Forecasting professional forecasters[J]. Journal of Business and Economic Statistics, 27 (4): 504-516.

Giot P, Laurent S. 2003. Market risk in commodity markets: A VaR approach[J]. Energy Economics, 25 (5): 435-457.

Gkanoutas-Leventis A, Nesvetailova A. 2015. Financialisation, oil and the Great Recession[J]. Energy Policy, 86: 891-902.

Gkillas K, Gupta R, Pierdzioch C. 2020. Forecasting realized oil-price volatility: The role of financial stress and asymmetric loss[J]. Journal of International Money and Finance, 104: 102137.

Glosten L R, Jagannathan R, Runkle D E. 1993. On the relation between the expected value and the volatility of the nominal excess return on stocks[J]. The Journal of Finance, 48 (5): 1779-1801.

Gogolin F, Kearney F. 2016. Does speculation impact what factors determine oil futures prices? [J]. Economics Letters, 144: 119-122.

Gonçalves S, White H, 2005. Bootstrap standard error estimates for linear regression[J]. Journal of the American Statistical Association, 100 (471): 970-979.

Gong X, Lin B. 2018. The incremental information content of investor fear gauge for volatility forecasting in the crude oil futures market[J]. Energy Economics, 74: 370-386.

Grammatikos T, Lehnert T, Otsubo Y. 2015. Market perceptions of US and European policy actions around the subprime crisis[J]. Journal of International Financial Markets, Institutions and Money, 37: 99-113.

Granger C W J. 1969. Investigating causal relations by econometric models and cross-spectral methods[J]. Econometrica, 37 (3): 424-438.

Granger C W J, Hyung N. 2004. Occasional structural breaks and long memory with an application to the S&P 500 absolute stock returns[J]. Journal of Empirical Finance, 11 (3): 399-421.

Granger C W J, Hyung N. 2013. Occasional structural breaks and long memory[J]. Annals of Economics and Finance, 14 (2): 721-746.

Gray S F. 1996. Modeling the conditional distribution of interest rates as a regime-switching process[J]. Journal of Financial Economics, 42 (1): 27-62.

Grinsted A, Moore J C, Jevrejeva S. 2004. Application of the cross wavelet transform and wavelet coherence to geophysical time series[J]. Nonlinear Process Geophys, 11: 561-566.

Guglielmo M C, Faek M, Nicola S. 2015. Oil price uncertainty and sectoral stock returns in China: A time-varying approach[J]. China Economic Review, 34: 311-321.

Gupta K, Banerjee R. 2019. Does OPEC news sentiment influence stock returns of energy firms in the United States? [J]. Energy Economics, 77: 34-45.

Gupta R, Yoon S M. 2018. OPEC news and predictability of oil futures returns and volatility: Evidence from a nonparametric causality-in-quantiles approach[J]. The North American Journal of Economics and Finance, 45: 206-214.

Hailemariam A, Smyth R, Zhang X B. 2019. Oil prices and economic policy uncertainty: Evidence from a nonparametric panel data model[J]. Energy Economics, 83: 40-51.

Hamdi B, Aloui M, Alqahtani F, et al. 2019. Relationship between the oil price volatility and sectoral stock markets in oil-exporting economies: Evidence from wavelet nonlinear denoised based quantile and Granger-causality analysis[J]. Energy Economics, 80: 536-552.

Hamilton J D. 1983. Oil and the macroeconomy since World War II [J]. Journal of Political Economy, 91 (2): 228-248.

Hamilton J D. 1988. Rational-expectations econometric analysis of changes in regime: An investigation of the term structure of interest rates[J]. Journal of Economic Dynamics and Control, 12 (2/3): 385-423.

Hamilton J D. 1989. A new approach to the economic analysis of nonstationary time series and the business cycle[J]. Econometrica, 57 (2): 357-384.

Hamilton J D. 2008. Daily monetary policy shocks and new home sales[J]. Journal of Monetary Economics, 55 (7): 1171-1190.

Hamilton J D, Susmel R. 1994. Autoregressive conditional heteroskedasticity and changes in regime[J]. Journal of Econometrics, 64 (1/2): 307-333.

Han H, Linton O, Oka T, et al. 2016. The cross-quantilogram: Measuring quantile dependence and testing directional predictability between time series[J]. Journal of Econometrics, 193: 251-270.

Han L Y, Lv Q N, et al. 2017. Can investor attention predict oil prices? [J]. Energy Economics, 66: 547-558.

Han L Y, Lv Q N, et al. 2019. The effect of oil returns on the stock markets network[J]. Physica A: Statistical Mechanics and its Applications, 553 (1): 122044.

Hansen B E. 2001. The new econometrics of structural change: Dating breaks in U.S. labor productivity[J]. Journal of Economic Perspectives, 15 (4): 117-128.

Hansen P R, Lunde A. 2005. A forecast comparison of volatility models: does anything beat a GARCH(1,1)? [J]. Journal of Applied Econometrics, 20 (7): 873-889.

Hao X, Zhao Y, Wang Y. 2020. Forecasting the real prices of crude oil using robust regression models with regularization constraints[J]. Energy Economics, 86: 104683.

Harvey D I, Leybourne S J, Xiao B. 2008. A powerful test for linearity when the order of integration is unknown[J]. Studies in Nonlinear Dynamics and Econometrics, 12 (3): 1-22.

Haugh L D. 1976. Checking the independence of two covariance-stationary time series: A univariate residual cross-correlation approach[J]. Journal of the American Statistical Association, 71(354): 378-385.

Haugom E, Langeland H, Molnár P, et al. 2014. Forecasting volatility of the U.S. oil market[J]. Journal of Banking and Finance, 47: 1-14.

He K, Yu L, Lai K K. 2012. Crude oil price analysis and forecasting using wavelet decomposed ensemble model[J]. Energy, 46 (1): 564-574.

He L T. 2012. The investor sentiment endurance index and its forecasting ability[J]. International Journal of Financial Markets and Derivatives, 3 (1): 61-70.

He L T, Casey K M. 2015. Forecasting ability of the investor sentiment endurance index: The case of oil service stock returns and crude oil prices[J]. Energy Economics, 47: 121-128.

He Y D, Lin B Q. 2018. Forecasting China's total energy demand and its structure using ADL-MIDAS model[J]. Energy, 151: 420-429.

He Z F. 2020. Dynamic impacts of crude oil price on Chinese investor sentiment: Nonlinear causality and time-varying effect[J]. International Review of Economics and Finance, 66: 131-153.

He Z, Zhou F, Xia X, et al. 2019. Interaction between oil price and investor sentiment: Nonlinear causality, time-varying influence, and asymmetric effect[J]. Emerging Markets Finance and Trade, 55 (12): 2756-2773.

Hernandez J A, Shahzad S J H, Uddin G S, et al. 2019. Can agricultural and precious metal commodities diversify and hedge extreme downside and upside oil market risk? An extreme quantile approach[J]. Resources Policy, 62: 588-601.

Hiemstra C, Jones J D. 1993. Monte Carlo results for a modified version of the Baek and Brock nonlinear Granger causality test[R]. Glasgow: University of Strathclyde and Securities and Exchange Commission.

Hiemstra C, Jones J D. 1994. Testing for linear and nonlinear Granger causality in the stock price-volume relation[J]. The Journal of Finance, 49 (5): 1639-1664.

Hillebrand E. 2005. Neglecting parameter changes in GARCH models[J]. Journal of Econometrics, 129 (1): 121-138.

Holzmann H, Schwaiger F. 2016. Testing for the number of states in hidden Markov models[J]. Computational Journal Statistics and Data Analysis, 100: 318-330.

Hong Y. 2001. A test for volatility spillover with application to exchange rates[J]. Journal of Econometrics, 103 (1/2): 183-224.

Hou A, Suardi S. 2012. A nonparametric GARCH model of crude oil price return volatility[J]. Energy Economics, 34 (2): 618-626.

Hou K, Xiong W, Peng L. 2009. A tale of two anomalies: The implications of investor attention for price and earnings momentum[R]. Columbus: Ohio State University and Princeton University.

Hsieh D A. 1989. Testing for nonlinear dependence in daily foreign exchange rates[J]. The Journal of Business, 62 (3): 339-368.

Hsieh D A. 1991. Chaos and nonlinear dynamics: Application to financial markets[J]. The Journal of Finance, 46 (5): 1839-1877.

Huang D, Jiang F, Tu J, et al. 2015a. Investor sentiment aligned: A powerful predictor of stock returns[J]. The Review of Financial Studies, 28 (3): 791-837.

Huang S P, An H Z, Gao X Y, et al. 2015b. Identifying the multiscale impacts of crude oil price shocks on the stock market in China at the sector level[J]. Physica A: Statistical Mechanics and its Applications, 434: 13-24.

Huang S P, An H Z, Gao X Y, et al. 2016. Time-frequency featured co-movement between the stock and prices of crude oil and gold[J]. Physica A: Statistical Mechanics and its Applications, 444: 985-995.

Huang X, Tauchen G. 2005. The relative contribution of jumps to total price variance[J]. Journal of Financial Econometrics, 3 (4): 456-499.

Huang Y, Deng Y. 2021. A new crude oil price forecasting model based on variational mode decomposition[J]. Knowledge-Based Systems, 213: 106669.

Hung J C, Lee M C, Liu H C. 2008. Estimation of value-at-risk for energy commodities via fat-tailed GARCH models[J]. Energy Economics, 30 (3): 1173-1191.

Inclan C, Tiao G C. 1994. Use of cumulative sums of squares for retrospective detection of changes of variance[J]. Journal of the American Statistical Association, 89 (427): 913-923.

Irwin S H. 2010. Devil or angel? The role of speculation in the recent commodity price boom[J]. Journal of Agricultural and Applied Economics, 41 (2): 377-391.

Irwin S H, Sanders D R. 2012. Testing the masters hypothesis in commodity futures markets[J]. Energy Economics, 34 (1): 256-269.

Jammazi R, Aloui C. 2012. Crude oil price forecasting: Experimental evidence from wavelet decomposition and neural network modeling[J]. Energy Economics, 34 (3): 828-841.

Jammazi R, Ferrer R, Jareño F, et al. 2017. Time-varying causality between crude oil and stock markets: What can we learn from a multiscale perspective? [J]. International Review of Economics and Finance, 49: 453-483.

Ji Q, Bouri E, Roubaud D, et al. 2018. Risk spillover between energy and agricultural commodity markets: A dependence-switching CoVaR-copula model[J]. Energy Economics, 75: 14-27.

Ji Q, Li J P, Sun X L. 2019. Measuring the interdependence between investor sentiment and crude oil returns: New evidence from the CFTC's disaggregated reports[J]. Finance Research Letters, 30: 420-425.

Jiang F, Lee J, Martin X, et al. 2019. Manager sentiment and stock returns[J]. Journal of Financial Economics, 132 (1): 126-149.

Jone P M, Enders W. 2014. On the Use of the Flexible Fourier Form in Unit Root Tests, Endogenous Breaks, and Parameter Instability: Recent Advances in Estimating Nonlinear Models[M]. New York: Springer.

Juvenal L, Petrella I. 2015. Speculation in the oil market[J]. Journal of Applied Econometrics, 30(4): 621-649.

Kaboudan M A. 2001. Compumetric forecasting of crude oil prices[C]. Seoul: Proceedings of the 2001 Congress on Evolutionary Computation, 1: 283-287.

Kahneman D. 1973. Attention and Effort[M]. Englewood Cliffs: Prentice-Hall.

Kang S H, Cheong C, Yoon S M. 2011. Structural changes and volatility transmission in crude oil markets[J]. Physica A: Statistical Mechanics and its Applications, 390 (23/24): 4317-4324.

Kang S H, Kang S M, Yoon S M. 2009. Forecasting volatility of crude oil markets[J]. Energy Economics, 31 (1): 119-125.

Kang S H, Yoon S M. 2013. Modeling and forecasting the volatility of petroleum futures prices[J].

Energy Economics, 36 (3): 354-362.

Kang W S, Ratti R A. 2013. Oil shocks, policy uncertainty and stock market return[J]. Journal of International Financial Markets, 26: 305-318.

Kang W S, Ratti R A, Vespignani J L. 2017. Oil price shocks and policy uncertainty: New evidence on the effects of us and non-us oil production[J]. Energy Economics, 66: 536-546.

Kaufmann R K. 2011. The role of market fundamentals and speculation in recent price changes for crude oil[J]. Energy Policy, 39 (1): 105-115.

Keerthi S S, Lin C J. 2003. Asymptotic behaviors of support vector machines with Gaussian kernel[J]. Neural Computation, 15 (7): 1667-1689.

Kilian L. 2008a. Exogenous oil supply shocks: How big are they and how much do they matter for the U.S. economy? [J]. Review of Economics and Statistics, 90 (2): 216-240.

Kilian L. 2008b. The economic effects of energy price shocks[J]. Journal of Economic Literature, 46 (4): 871-909.

Kilian L. 2009. Not all oil price shocks are alike: Disentangling demand and supply shocks in the crude oil market[J]. American Economic Review, 99 (3): 1053-1069.

Kilian L, Lee T K. 2014. Quantifying the speculative component in the real price of oil: The role of global oil inventories[J]. Journal of International Money and Finance, 42: 71-87.

Kilian L, Murphy P D. 2014. The role of inventories and speculative trading in the global market for crude oil[J]. Journal of Applied Econometrics, 29: 454-478.

Kilian L, Vigfusson R J. 2011. Nonlinearities in the oil price-output relationship[J]. Macroeconomic Dynamics, 15 (S3): 337-363.

Kim S. 1999. Do monetary policy shocks matter in the G-7 countries? Using common identifying assumptions about monetary policy across countries[J]. Journal of International Economics, 48 (2): 387-412.

Kim S, Shephard N, Chib S. 1998. Stochastic volatility: Likelihood inference and comparison with ARCH models[J]. Review of Economic Studies, 65 (3): 361-393.

Klaassen F. 2002. Improving GARCH volatility forecasts with regime-switching GARCH[J]. Empirical Economics, 27 (2): 363-394.

Klein T, Walther T. 2016. Oil price volatility forecast with mixture memory GARCH[J]. Energy Economics, 41: 46-58.

Kolodziej M, Kaufmann R K, Kulatilaka N, et al. 2014. Crude oil: Commodity or financial asset? [J]. Energy Economics, 46: 216-223.

Krane J, Medlock K B. 2018. Geopolitical dimensions of US oil security[J]. Energy Policy, 114: 558-565.

Kuhn H W, Tucker A W. 1950. Nonlinear programming[C]. Berkeley: Proceedings of the Second Berkeley Symposium on Mathematical Statistics and Probability, 2: 481-492.

Kuhnen C M, Knutson B. 2011. The influence of affect on beliefs, preferences, and financial decisions[J]. Journal of Financial and Quantitative Analysis, 46 (3): 605-626.

Lamoureux C G, Lastrapes W D. 1990. Persistence in variance, structural change, and the GARCH model[J]. Journal of Business and Economic Statistics, 8 (2): 225-234.

Lee C C, Zeng J H. 2011. The impact of oil price shocks on stock market activities: Asymmetric effect with quantile regression[J]. Mathematics and Computers in Simulation, 81(9): 1910-1920.

Lee C M C, Shleifer A, Thaler R H. 1991. Investor sentiment and the closed-end fund puzzle[J]. The Journal of Finance, 46 (1): 75-109.

Lee H S. 2004. International transmission of stock market movements: A wavelet analysis[J]. Applied Economics Letters, 11 (3): 197-201.

Lee W Y, Jiang C X, Indro D C. 2002. Stock market volatility, excess returns, and the role of investor sentiment[J]. Journal of Banking and Finance, 26 (6): 2277-2299.

Lee Y H, Hu H N, Chiou J S. 2010. Jump dynamics with structural breaks for crude oil prices[J]. Energy Economics, 32 (2): 343-350.

Lei L K, Shang Y, Chen Y F, et al. 2019. Does the financial crisis change the economic risk perception of crude oil traders? A MIDAS quantile regression approach[J]. Finance Research Letters, 30: 341-351.

Leitch G, Tanner J. 1991. Economic forecast evaluation: Profits versus the conventional error measures[J]. American Economic Review, 81 (3): 580-590.

Lemmon M, Portniaguina E. 2006. Consumer confidence and asset prices: Some empirical evidence[J]. The Review of Financial Studies, 19 (4): 1499-1529.

Li H, Kim M J, Park S Y. 2016. Nonlinear relationship between crude oil price and net futures positions: A dynamic conditional distribution approach[J]. International Review of Financial Analysis, 44: 217-225.

Li J, Enders W. 2018. Flexible Fourier form for volatility breaks[J]. Studies in Nonlinear Dynamics and Econometrics, 22 (1): 1081-1826.

Li J, Zinna G. 2018. The variance risk premium: Components, term structures, and stock return predictability[J]. Journal of Business and Economic Statistics, 36: 411-425.

Li M, Li W, Li G. 2013a. On mixture memory GARCH models[J]. Journal of Time Series Analysis, 34 (6): 606-624.

Li Q, Cheng K, Yang X. 2017. Response pattern of stock returns to international oil price shocks: From the perspective of China's oil industrial chain[J]. Applied Energy, 185 (2): 1821-1831.

Li S F, Zhang H, Yuan D. 2019b. Investor attention and crude oil prices: Evidence from nonlinear Granger causality tests[J]. Energy Economics, 84: 104494.

Li S F, Zhu H M, Yu K. 2012. Oil prices and stock market in China: A sector analysis using panel cointegration with multiple breaks[J]. Energy Economics, 34 (6): 1951-1958.

Li X, Shang W, Wang S. 2019a. Text-based crude oil price forecasting: A deep learning approach[J]. International Journal of Forecasting, 35 (4): 1548-1560.

Li X, Wei Y, Chen X, et al. 2020. Which uncertainty is powerful to forecast crude oil market volatility? New evidence[J]. International Journal of Finance and Economics, 4: 1-19.

Li Y, Huang W P, Zhang J. 2013b. Forecasting volatility in the Chinese stock market under model uncertainty[J]. Economic Modelling, 35: 231-234.

Li Y, Jiang S, Li X, et al. 2021. The role of news sentiment in oil futures returns and volatility forecasting: Data-decomposition based deep learning approach[J]. Energy Economics, 95:

105140.

Lin X, Fei F. 2013. Long memory revisit in Chinese stock markets: Based on GARCH-class models and multiscale analysis[J]. Economic Modelling, 31: 265-275.

Lin Y, Xiao Y, Li F. 2020. Forecasting crude oil price volatility via a HM-EGARCH model[J]. Energy Economics, 87: 104693.

Liu J, Ma F, Tang Y, et al. 2019. Geopolitical risk and oil volatility: A new insight[J]. Energy Economics, 84: 104548.

Liu J, Ma F, Yang K, et al. 2018. Forecasting the oil futures price volatility: Large jumps and small jumps[J]. Energy Economics, 72: 321-330.

Liu L, Ma F, Wang Y D. 2015b. Forecasting excess stock returns with crude oil market data[J]. Energy Economics, 48: 316-324.

Liu L, Wan J. 2012. A study of Shanghai fuel oil futures price volatility based on high frequency data: Long-range dependence, modeling and forecasting[J]. Economic Modelling, 29 (6): 2245-2253.

Liu W M, Schultz E, Swieringa J. 2015a. Price dynamics in global crude oil markets[J]. Journal of Futures Market, 35 (2): 148-162.

Londono J M, Zhou H. 2017. Variance risk premiums and the forward premium puzzle[J]. Journal of Financial Economics, 124 (2): 415-440.

Long W, Zhao M Y, Tang Y R. 2021. Can the Chinese volatility index reflect investor sentiment? [J]. International Review of Financial Analysis, 73: 101612.

Lopez J A. 2001. Evaluating the predictive accuracy of volatility models[J]. Journal of Forecasting, 20 (2): 87-109.

Lorusso M, Pieroni L. 2018. Causes and consequences of oil price shocks on the UK economy[J]. Economic Modelling, 72: 223-236.

Lu F, Hong Y, Wang S, et al. 2014. Time-varying Granger causality tests for applications in global crude oil markets[J]. Energy Economics, 42: 289-298.

Lucey M B, Li S. 2015. What precious metals act as safe havens, and when? Some US evidence[J]. Applied Economics Letters, 22 (1): 35-45.

Luo J, Ji Q, Klein T, et al. 2020. On realized volatility of crude oil futures markets: Forecasting with exogenous predictors under structural breaks[J]. Energy Economics, 89: 104781.

Luo W, Liu R. 2011. Analysis of meat price volatility in China[J]. China Agricultural Economic Review, 3 (3): 402-411.

Luo X G, Qin S H. 2017. Oil price uncertainty and Chinese stock returns: New evidence from the oil volatility index[J]. Finance Research Letters, 20: 29-34.

Lux T, Segnon M, Gupta R. 2016. Forecasting crude oil price volatility and value-at-risk: Evidence from historical and recent data[J]. Energy Economics, 56: 117-133.

Ma F, Liu J, Wahab M I M, et al. 2018. Forecasting the aggregate oil price volatility in a data-rich environment[J]. Economic Modelling, 72: 320-332.

Ma F, Wahab M I M, Huang D, et al. 2017. Forecasting the realized volatility of the oil futures market: A regime switching approach[J]. Energy Economics, 67: 136-145.

Ma R F, Zhou C F, Cai H, et al. 2019a. Forecasting oil futures price volatility: New evidence from realized range-based volatility[J]. Energy Economics, 5: 866-873.

Ma Y R, Zhang D Y, Ji Q, et al. 2019b. Spillovers between oil and stock returns in the US energy sector: Does idiosyncratic information matter? [J]. Energy Economics, 81: 536-544.

Maghyereh A, Abdoh H. 2020. The tail dependence structure between investor sentiment and commodity markets[J]. Resources Policy, 68: 101789.

Maghyereh A, Awartani B, Abdoh H. 2020. The effects of investor emotions sentiments on crude oil returns: A time and frequency dynamics analysis[J]. International Economics, 162: 110-124.

Marcucci J. 2005. Forecasting stock market volatility with regime-switching GARCH models[J]. Studies in Nonlinear Dynamics and Econometrics, 9 (4): 1558-3708.

Marzo M, Zagaglia P. 2010. Volatility forecasting for crude oil futures[J]. Applied Economics Letters, 17 (16): 1587-1599.

Mei D, Ma F, Liao Y, et al. 2020. Geopolitical risk uncertainty and oil future volatility: Evidence from MIDAS models[J]. Energy Economics, 86: 104624.

Mensi W, Beljid M, Boubaker A, et al. 2013. Correlations and volatility spillovers across commodity and stock markets: Linking energies, food, and gold[J]. Economic Modelling, 32: 15-22.

Mensi W, Hammoudeh S, Yoon S M. 2014. How do OPEC news and structural breaks impact returns and volatility in crude oil markets? Further evidence from a long memory process[J]. Energy Economics, 42: 343-354.

Mensi W, Hammoudeh S, Yoon S M. 2015. Structural breaks, dynamic correlations, asymmetric volatility transmission, and hedging strategies for petroleum prices and USD exchange rate[J]. Energy Economics, 48: 46-60.

Merton R. 1980. On estimating the expected return on the market: An explanatory investigation[J]. Journal of Financial Economics, 8 (4): 323-361.

Mi Z F, Wei Y M, Tang B J, et al. 2016. Risk assessment of oil price from static and dynamic modelling approaches[J]. Applied Economics, 49 (9): 929-939.

Miao H, Ramchander S, Wang T Y, et al. 2017. Influential factors in crude oil price forecasting[J]. Energy Economics, 68: 77-88.

Mincer J, Zarnowitz V. 1969. The evaluation of economic forecasts//Economic Forecasts and Expectations: Analysis of Forecasting Behavior and Performance Mincer[M]. Cambridge: NBER.

Mirmirani S, Li H C. 2004. A comparison of VAR and neural networks with genetic algorithm in forecasting price of oil[J]. Advances in Econometrics, 19: 203-223.

Mohammadi H, Su L. 2010. International evidence on crude oil price dynamics: Applications of ARIMA-GARCH models[J]. Energy Economics, 32 (5): 1001-1008.

Monteforte L, Moretti G. 2013. Real-time forecasts of inflation: The role of financial variables[J]. International Journal of Forecasting, 32 (1): 51-61.

Moosa I A, Silvapulle P. 2000. The price-volume relationship in the crude oil futures market: Some results based on linear and nonlinear causality testing[J]. International Review of Economics and Finance, 9 (1): 11-30.

Morana C. 2001. A semiparametric approach to short-term oil price forecasting[J]. Energy Economics, 23 (3): 325-338.

Moshiri S, Foroutan F. 2006. Forecasting nonlinear crude oil futures prices[J]. The Energy Journal, 27 (4): 81-95.

Müller H G, Sen R, Stadtmüller U. 2011. Functional data analysis for volatility[J]. Journal of Econometrics, 165 (2): 233-245.

Muller U A, Dacrologna M M, David R D, et al. 1997. Volatilities of different time resolutions — Analyzing the dynamics of market components[J]. Journal of Empirical Finance, 4 (2/3): 213-239.

Murat A, Tokat E. 2009. Forecasting oil price movements with crack spread futures[J]. Energy Economics, 31 (1): 85-90.

Narayan P K, Narayan S, Prasad A. 2008. A structural VAR analysis of electricity consumption and real GDP: evidence from the G7 countries[J]. Energy Policy, 36 (7): 2765-2769.

Narayan P K, Ranjeeni K, Bannigidadmath D. 2017. New evidence of psychological barrier from the oil market[J]. Journal of Behavior Finance, 18 (4): 457-469.

Narayan S, Narayan P K. 2017. Are oil price news headlines statistically and economically significant for investors? [J]. Journal of Behavioral Finance, 18 (3): 258-270.

Naser H. 2016. Estimating and forecasting the real prices of crude oil: A data rich model using a dynamic model averaging (DMA) approach[J]. Energy Economics, 56: 75-87.

Naser H, Alaali F. 2018. Can oil prices help predict US stock market returns? Evidence using a dynamic model averaging (DMA) approach[J]. Empirical Economics, 55: 1757-1777.

Natanelov V, Alam J M, McKenzie M A, et al. 2011. Is there co-movement of agricultural commodities futures prices and crude oil? [J]. Energy Policy, 39 (9): 4971-4984.

Nelson D B. 1991. Conditional heteroskedasticity in asset returns: A new approach[J]. Econometrica, 59 (2): 347-370.

Newell R G, Raimi D. 2018. The fiscal impacts of increased U.S. oil and gas development on local governments[J]. Energy Policy, 117: 14-24.

Neyman J, Person E S. 1928. On the use and interpretation of certain test criteria for purposes of statistical inference[J]. Biometrika, 20 (2): 175-240.

Odean T. 1998. Are investors reluctant to realize their losses? [J]. The Journal of Finance, 53 (5): 1775-1798.

Omay T. 2015. Fractional frequency flexible Fourier form to approximate smooth breaks in unit root testing[J]. Economics Letters, 134: 123-126.

OPEC. 2014. OPEC monthly oil market report[R]. Vienna: OPEC.

Ornelas J R H, Mauad R B. 2019. Volatility risk premia and future commodity returns[J]. Journal of International Money and Finance, 96: 341-360.

Ou P H, Wang H S. 2011. Applications of neural networks in modeling and forecasting volatility of crude oil markets: Evidences from US and China[C]. Chongqing: Advanced Materials Research, 230: 953-957.

Pan J, Wang H, Tong H. 2008. Estimation and tests for power-transformed and threshold GARCH models[J]. Journal of Econometrics, 142 (1): 352-378.

Pan Z Y, Wang Q, Wang Y D, et al. 2018. Forecasting U.S. real GDP using oil prices: A time-varying parameter MIDAS model[J]. Energy Economics, 72: 177-187.

Pan Z Y, Wang Y D, Liu L. 2016. The relationships between petroleum and stock returns: An asymmetric dynamic equi-correlation approach[J]. Energy Economics, 56: 453-463.

Parsons J E. 2010. Black gold and Fool's gold: Speculation in the oil futures market[J]. Economia, 10 (2): 81-116.

Patton A J, Sheppard K. 2015. Good volatility, bad volatility: Signed jumps and the persistence of volatility[J]. Review of Economics and Statistics, 97 (3): 683-697.

Pavlova I, Boyrie M E, Parhizgari A M. 2018. A dynamic spillover analysis of crude oil effects on the sovereign credit risk of exporting countries[J]. The Quarterly Review of Economics and Finance, 68: 10-22.

Peng L, Xiong W. 2006. Investor attention, overconfidence and category learning[J]. Journal of Financial Economics, 80 (3): 563-602.

Percival D B, Walden A T. 2000. Wavelet Methods for Time Series Analysis[M]. London: Cambridge University Press.

Peress J, Fang L H. 2008. Media coverage and the cross-section of stock returns[J]. The Journal of Finance, 64 (5): 2023-2052.

Phillips P C B, Li D, Gao J. 2017. Estimating smooth structural change in cointegration models[J]. Journal of Econometrics, 196 (1): 180-195.

Phillips P C, Perron P. 1988. Testing for a unit root in time series regression[J]. Biometrika, 75 (2): 335-346.

Politis N D. 2004. A heavy-tailed distribution for arch residuals with application to volatility prediction[J]. Annals of Economics and Finance, 5 (2): 283-298.

Power J G, Turvey G C. 2010. Long-range dependence in volatility of commodity future prices: Wavelet-based evidence[J]. Physica A: Statistical Mechanics and its Applications, 389 (1): 79-90.

Qadan M. 2019. Risk appetite and the prices of precious metals[J]. Resources Policy, 62: 136-153.

Qadan M, Nama H. 2018. Investor sentiment and the price of oil[J]. Energy Economics, 69: 42-58.

Qiu L, Welch I. 2004. Investor sentiment measures[R]. Cambridge: NBER.

Rabiner L. 1989. A tutorial on hidden Markov models and selected applications in speech recognition[J]. Proceedings of the IEEE, 2: 257-286.

Rapach D E, Strauss J K, Zhou G. 2010. Out-of-sample equity premium prediction: Combination forecasts and links to the real economy[J]. Review of Financial Studies, 23 (2): 821-862.

Ratti A R, Vespignani J L. 2016. Oil prices and global factor macroeconomic variables[J]. Energy Economics, 59: 198-212.

Reboredo J C, Uddin G S. 2016. Do financial stress and policy uncertainty have an impact on the energy and metals markets? A quantile regression approach[J]. International Review of Economics and Finance, 43: 284-298.

Reboredo J C, Ugolini A. 2018. The impact of twitter sentiment on renewable energy stocks[J].

Energy Economics, 76: 153-169.

Rehman M U. 2018. Do oil shocks predict economic policy uncertainty? [J]. Physica A: Statistical Mechanics and its Applications, 498: 123-136.

Rodrigues P, Taylor A M R. 2012. The flexible Fourier form and local GLS de-trending unit root tests[J]. Oxford Bulletin of Economics and Statistics, 74: 736-759.

Rosa C. 2014. The high-frequency response of energy prices to U.S. monetary policy: Understanding the empirical evidence[J]. Energy Economics, 45: 295-303.

Sadorsky P. 2006. Modeling and forecasting petroleum futures volatility[J]. Energy Economics, 28 (4): 467-488.

Safari A, Davallou M. 2018. Oil price forecasting using a hybrid model[J]. Energy, 148: 49-58.

Salisu A A, Fasanya I O. 2013. Modelling oil price volatility with structural breaks[J]. Energy Policy, 52: 554-562.

Salisu A A, Gupta R, Bouri E, et al. 2020. The role of global economic conditions in forecasting gold market volatility: Evidence from a GARCH-MIDAS approach[J]. Research in International Business and Finance, 54: 101308.

Sanders D R, Irwin S H. 2014. Energy futures prices and commodity index investment: New evidence from firm-level position data[J]. Energy Economics, 46 (S1): S57-S68.

Sanso A, Arrago V, Carrion J L. 2004. Testing for change in the unconditional variance of financial time series[J]. Spanish Review of Financial Economics, 4: 32-53.

Sanzo S D. 2018. A Markov switching long memory model of crude oil price return volatility[J]. Energy Economics, 74: 351-359.

Sari R, Hammoudeh S, Soytas U. 2010. Dynamics of oil price, precious metal prices, and exchange rate[J]. Energy Economics, 32 (2): 351-362.

Sato J R, Junior E A, Takahashi D Y, et al. 2006. A method to produce evolving functional connectivity maps during the course of an fMRI experiment using wavelet-based time-varying Granger causality[J]. Neuroimage, 31 (1): 187-196.

Sayim M, Morris P D, Rahman H. 2013. The effect of US individual investor sentiment on industry-specific stock returns and volatility[J]. Review of Behavioural Finance, 5 (1): 58-76.

Sayim M, Rahman H. 2015. An examination of U.S. institutional and individual investor sentiment effect on the Turkish stock market[J]. Global Finance Journal, 26: 1-17.

Schmeling M. 2009. Investor sentiment and stock returns: Some international evidence[J]. Journal of Empirical Finance, 16 (3): 394-408.

Schmidbauer H, Rösch A. 2012. OPEC news announcements: Effects on oil price expectation and volatility[J]. Energy Economics, 34 (5): 1656-1663.

Schölkopf B, Sung K K, Burges C J C, et al. 1997. Comparing support vector machines with Gaussian kernels to radial basis function classifiers[J]. IEEE Transactions on Signal Processing, 11: 2758-2765.

Schumpeter J A. 1934. The Theory of Economic Development: An Inquiry into Profits, Capital, Credit, Interest, and the Business Cycle[M]. London: Transaction Publishers.

Seasholes M S, Wu G. 2007. Predictable behavior, profits, and attention[J]. Journal of Empirical

Finance, 14 (5): 590-610.

Seok S I, Cho H, Ryu D. 2019. Firm-specific investor sentiment and daily stock returns[J]. The North American Journal of Economics and Finance, 50: 100857.

Sévi B. 2014. Forecasting the volatility of crude oil futures using intraday data[J]. European Journal of Operational Research, 235 (3): 643-659.

Shahzad S J H, Bouri E, Raza N, et al. 2019a. Asymmetric impacts of disaggregated oil price shocks on uncertainties and investor sentiment[J]. Review of Quantitative Finance and Accounting, 52 (3): 901-921.

Shahzad S J H, Raza N, Balcilar M, et al. 2017. Can economic policy uncertainty and investors sentiment predict commodities returns and volatility? [J]. Resources Policy, 53: 208-218.

Shahzad S J H, Rehman M U, Jammazi R. 2019b. Spillovers from oil to precious metals: Quantile approaches[J]. Resoures Policy, 61: 508-521.

Shamsuddin A, Kim J H. 2015. Market sentiment and the Fama-French factor premia[J]. Economic Letters, 136: 129-132.

Shanker L. 2017. New indices of adequate and excess speculation and their relationship with volatility in the crude oil futures market[J]. Journal of Commodity Markets, 5: 18-35.

Shiller R J. 2000. Measuring bubble expectations and investor confidence[J]. The Journal of Psychology and Financial Markets, 1 (1): 49-60.

Silvennoinen A, Thorp S. 2013. Financialization, crisis and commodity correlation dynamics[J]. Journal of International Financial Markets, 24: 42-65.

Sims C A. 1972. Money, income, and causality[J]. American Economic Review, 62 (4): 540-552.

Sims C A. 1980. Macroeconomics and reality[J]. Econometrica, 48 (1): 1-48.

Singhal S, Ghosh S. 2016. Returns and volatility linkages between international crude oil price, metal and other stock indices in India: Evidence from VAR-DCC-GARCH models[J]. Resources Policy, 50: 276-288.

Singleton K J. 2014. Investor flows and the 2008 boom/bust in oil prices[J]. Management Science, 60 (2): 300-318.

Song Y, Ji Q, Du Y J, et al. 2019. The dynamic dependence of fossil energy, investor sentiment and renewable energy stock markets[J]. Energy Economics, 84: 104564.

Stambaugh R F, Yu J, Yuan Y. 2012.The short of it: Investor sentiment and anomalies[J]. Journal of Financial Economics, 104 (2): 288-302.

Stillwagon J R. 2015. Testing the expectations hypothesis with survey forecasts: The impacts of consumer sentiment and the zero lower bound in an I(2)CVAR[J]. Journal of International Financial Markets, Institutions and Money, 35: 85-101.

Stock J H, Watson M W. 2004. Combination forecasts of output growth in a seven-country data set[J]. International Journal of Forecasting, 23 (6): 405-430.

Sun L C, Naj M, Shen J C. 2016. Stock return predictability and investor sentiment: A high-frequency perspective[J]. Journal of Banking and Finance, 73: 147-164.

Sun X L, Chen X, Wang J, et al. 2020. Multi-scale interactions between economic policy uncertainty and oil prices in time-frequency domains[J]. The North American Journal of Economics and

Finance, 51: 100854.

Sun Y, Han A, Hong Y, et al. 2018. Threshold autoregressive models for interval-valued time series data[J]. Journal of Econometrics, 206 (2): 414-446.

Suykens J A K, Vandewalle J. 1999. Least squares support vector machine classifiers[J]. Neural Processing Letters, 9 (3): 293-300.

Suykens J A K, Vandewalle J, de Moor B. 2001. Optimal control by least squares support vector machines[J]. Neural Networks, 14 (1): 23-35.

Tan L, Chaing T C, Mason J R, et al. 2008. Herding behaviour in Chinese stock market: An examination of A and B shares[J]. Pacific-Basin Finance Journal, 16 (1/2): 61-77.

Tang L, Dai W, Yu L, et al. 2015. A novel CEEMD-based EELM ensemble learning paradigm for crude oil price forecasting[J]. International Journal of Information Technology and Decision Making, 14 (1): 141-169.

Tang L, Wu Y, Yu L. 2018. A non-iterative decomposition-ensemble learning paradigm using RVFL network for crude oil price forecasting[J]. Applied Soft Computing, 70: 1097-1108.

Teterin P, Brooks R, Enders W. 2016. Smooth volatility shifts and spillovers in US crude oil and corn futures markets[J]. Journal of Empirical Finance, 38: 22-36.

Thaler R H. 2005. Advances in Behavioral Finance[M]. Princeton: Princeton University Press.

Timmermann A. 2000. Moments of Markov switching models[J]. Journal of Econometrics, 96 (1): 75-111.

Timmermann A. 2006. Forecast combinations[J]. Handbook of Economic Forecasting, 1: 135-196.

Toda H Y, Yamamoto T. 1995. Statistical inference in vector autoregressions with possibly integrated processes[J]. Journal of Econometrics, 66 (1): 225-250.

Tokic D. 2011. Rational destabilizing speculation, positive feedback trading, and the oil bubble of 2008[J]. Energy Policy, 39 (4): 2051-2061.

Vo M T. 2009. Regime-switching stochastic volatility: Evidence from the crude oil market[J]. Energy Economics, 31 (5): 779-788.

Vozlyublennaia N. 2014. Investor attention, index performance, and return predictability[J]. Journal of Banking and Finance, 41: 17-35.

Wang B, Wang J. 2021. Energy futures price prediction and evaluation model with deep bidirectional gated recurrent unit neural network and RIF-based algorithm[J]. Energy, 216: 119299.

Wang C, Nishiyama Y. 2015. Volatility forecast of stock indices by model averaging using high-frequency data[J]. International Review of Economics and Finance, 40: 324-337.

Wang E. 2015. Benchmarking whole-building energy performance with multi-criteria technique for order preference by similarity to ideal solution using a selective objective-weighting approach[J]. Applied Energy, 146: 92-103.

Wang J, Li X. 2018. A combined neural network model for commodity price forecasting with SSA[J]. Soft Computing, 22 (16): 5323-5333.

Wang J, Li X, Hong T, et al. 2018a. A semi-heterogeneous approach to combining crude oil price forecasts[J]. Information Sciences, 460: 279-292.

Wang L, Ma F, Liu J, et al. 2020. Forecasting stock price volatility: New evidence from the

GARCH-MIDAS model[J]. International Journal of Forecasting, 36 (2): 684-694.

Wang S Y, Yu L A, Lai K K. 2005. Crude oil price forecasting with TEI@I methodology[J]. Journal of Systems Science and Complexity, 18 (2): 145-166.

Wang X X, Wang Y D. 2019. Volatility spillovers between crude oil and Chinese sectoral equity markets: Evidence from a frequency dynamics perspective[J]. Energy Economics, 80: 995-1009.

Wang Y D, Liu L. 2016. Crude oil and world stock markets: Volatility spillovers, dynamic correlations, and hedging[J]. Empirical Economics, 50: 1481-1509.

Wang Y D, Liu L, Wu C F. 2017. Forecasting the real prices of crude oil using forecast combination over time-varying parameter models[J]. Energy Economics, 66: 337-348.

Wang Y D, Pan Z Y, Liu L, et al. 2019. Oil price increases and the predictability of equity premium[J]. Journal of Banking and Finance, 102: 43-58.

Wang Y D, Pan Z Y, Wu C F. 2018b. Volatility spillover from the US to international stock markets: A heterogeneous volatility spillover GARCH model[J]. Journal of Forecasting, 37: 385-400.

Wang Y D, Wu C F, Yang L. 2013. Oil price shocks and stock market activities: Evidence from oil-importing and oil-exporting countries[J]. Journal of Comparative Economics, 41 (4): 1220-1239.

Wang Y D, Wu C F, Yang L. 2014. Oil price shocks and agricultural commodity prices[J]. Energy Economics, 44: 22-35.

Wang Y, Liu L, Diao X, et al. 2015. Forecasting the real prices of crude oil under economic and statistical constraints[J]. Energy Economics, 51: 599-608.

Wang Y, Ma F, Wei Y, et al. 2016b. Forecasting realized volatility in a changing world: A dynamic model averaging approach[J]. Journal of Banking and Finance, 64: 136-149.

Wang Y, Wu C. 2012. Forecasting energy market volatility using GARCH models: Can multivariate models beat univariate models? [J]. Energy Economics, 34 (6): 2167-2181.

Wang Y, Wu C, Yang L. 2016a. Forecasting crude oil market volatility: A Markov switching multifractal volatility approach[J]. International Journal of Forecasting, 32 (1): 1-9.

Wei Y, Liu J, Lai X D, et al. 2017. Which determinant is the most informative in forecasting crude oil market volatility: Fundamental, speculation, or uncertainty? [J]. Energy Economics, 68: 141-150.

Wei Y, Wang Y D, Huang D S. 2010. Forecasting crude oil market volatility: Further evidence using GARCH-class models[J]. Energy Economics, 32 (6): 1477-1484.

Welch I, Goyal A. 2008. A comprehensive look at the empirical performance of equity premium prediction[J]. The Review of Financial Studies, 21 (4): 1455-1508.

Wen F H, Xu L H, Ouyang G D, et al. 2019. Retail investor attention and stock price crash risk: Evidence from China[J]. International Review of Financial Analysis, 65: 101376.

Wen F, Gong X, Cai S. 2016. Forecasting the volatility of crude oil futures using HAR-type models with structural breaks[J]. Energy Economics, 59: 400-413.

Wu B, Wang L, Lv S X, et al. 2021. Effective crude oil price forecasting using new text-based and big-data-driven model[J]. Measurement, 168: 108468.

Wu G, Zhang Y J. 2014. Does China factor matter? An econometric analysis of international crude oil prices[J]. Energy Policy, 72: 78-86.

Wu Y X, Wu Q B, Zhu J Q. 2019. Improved EEMD-based crude oil price forecasting using LSTM networks[J]. Physica A: Statistical Mechanics and its Applications, 516: 114-124.

Xiao X, Tian Q, Hou S, et al. 2019. Economic policy uncertainty and grain futures price volatility: Evidence from China[J]. China Agricultural Economic Review, 11 (4): 642-654.

Xie W, Yu L, Xu S, et al. 2006. A new method for crude oil price forecasting based on support vector machines[C]. Berlin: International Conference on Computational Science: 444-451.

Xu B, Ouenniche J. 2012. A data envelopment analysis-based framework for the relative performance evaluation of competing crude oil prices' volatility forecasting models[J]. Energy Economics, 34 (2): 576-583.

Yang C, Gong X, Zhang H. 2019. Volatility forecasting of crude oil futures: The role of investor sentiment and leverage effect[J]. Resources Policy, 61: 548-563.

Yang L. 2019. Connectedness of economic policy uncertainty and oil price shocks in a time domain perspective[J]. Energy Economics, 80: 219-233.

Yang W, Lin D L, Yi Z L. 2017. Impacts of the mass media effect on investor sentiment[J]. Finance Research Letters, 22: 1-4.

Yao T, Zhang Y J, Ma C Q. 2017. How does investor attention affect international crude oil prices? [J]. Applied Energy, 205: 336-344.

Yao X Z, Izzeldin M W, Li Z X. 2019. A novel cluster HAR-type for forecasting realized volatility[J]. International Journal of Forecasting, 35 (4): 1318-1331.

Ye M, Zyren J, Shore J. 2005. A monthly crude oil spot price forecasting model using relative inventories[J]. International Journal of Forecasting, 21 (3): 491-501.

Ye M, Zyren J, Shore J. 2006. Forecasting short-run crude oil price using high-and low-inventory variables[J]. Energy Policy, 34 (17): 2736-2743.

Ye Z, Hu C, He L, et al. 2020. The dynamic time-frequency relationship between international oil prices and investor sentiment in China: A wavelet coherence analysis[J]. The Energy Journal, 41 (5): 251-270.

Yi Y, Ma F, Zhang Y, et al. 2018. Forecasting the prices of crude oil using the predictor, economic and combined constraints[J]. Economic Modelling, 75: 237-245.

Yin L B, Feng J B. 2019. Can investors attention on oil markets predict stock returns? [J]. North American Journal of Economics and Finance, 48: 786-800.

Yu H, Du D, Fang L, et al. 2018. Risk contribution of crude oil to industry stock returns[J]. International Review of Economics and Finance, 58: 179-199.

Yu J F, Yuan Y. 2011. Investor sentiment and the mean-variance relation[J]. Journal of Financial Economics, 100 (2): 367-381.

Yu L A, Zhao Y Q, Tang L, et al. 2019. Online big data-driven oil consumption forecasting with Google trends[J]. International Journal of Forecasting, 35: 213-223.

Yu L, Wang S, Lai K K. 2008. Forecasting crude oil price with an EMD-based neural network ensemble learning paradigm[J]. Energy Economics, 30 (5): 2623-2635.

Yu L, Wu Y, Tang L, et al. 2021. Investigation of diversity strategies in RVFL network ensemble learning for crude oil price forecasting[J]. Soft Computing, 25 (5): 3609-3622.

Yuan F C, Lee C H. 2015. Using least square support vector regression with genetic algorithm to forecast beta systematic risk[J]. Journal of Computational Science, 11: 26-33.

Yuan Y. 2015. Market-wide attention, trading, and stock returns[J]. Journal of Financial Economics, 116 (3): 548-564.

Yun X, Yoon S M. 2019. Impact of oil price change on airline's stock price and volatility: Evidence from China and South Korea[J]. Energy Economics, 78: 668-679.

Zadrozny P A. 1988. Gaussian-likelihood of continuous-time ARMAX models when data are stocks and flows at different frequencies[J]. Econometric Theory, 4 (1): 108-124.

Zhang B, Wang Y. 2015. Limited attention of individual investors and stock performance: Evidence from the ChiNext market[J]. Economic Modelling, 50: 94-104.

Zhang D, Lei L, Ji Q, et al. 2019d. Economic policy uncertainty in the US and China and their impact on the global markets[J]. Economic Modelling, 79: 47-56.

Zhang H W, Wang P J. 2021. Does Bitcoin or gold react to financial stress alike? Evidence from the U.S. and China[J]. International Review of Economics and Finance, 71: 629-648.

Zhang J L, Zhang Y J, Zhang L. 2015. A novel hybrid method for crude oil price forecasting[J]. Energy Economics, 49: 649-659.

Zhang J, Lai Y, Lin J. 2017c. The day-of-the-week effects of stock markets in different countries[J]. Finance Research Letters, 20: 47-62.

Zhang X B, Qin P, Chen X. 2017a. Strategic oil stockpiling for energy security: The case of China and India[J]. Energy Economics, 61: 253-260.

Zhang X B, Zheng X Y, Qin P, et al. 2018a. Oil import tariff game for energy security: The case of China and India[J]. Energy Economics, 72: 255-262.

Zhang X, Lai K K, Wang S Y. 2008a. A new approach for crude oil price analysis based on empirical mode decomposition[J]. Energy Economics, 30 (3): 905-918.

Zhang Y J. 2013. Speculative trading and WTI crude oil futures price movement: An empirical analysis[J]. Applied Energy, 107: 394-402.

Zhang Y J, Chevallier J, Guesmi K. 2017b. "De-financialization" of commodities? Evidence from stock, crude oil and natural gas markets[J]. Energy Economics, 68: 228-239.

Zhang Y J, Fan Y, Tsai H T, et al. 2008b. Spillover effect of US dollar exchange rate on oil prices[J]. Journal of Policy Modeling, 30 (6): 973-991.

Zhang Y J, Li S H. 2019. The impact of investor sentiment on crude oil market risks: Evidence from the wavelet approach[J]. Quantitative Finance, 19 (8): 1357-1371.

Zhang Y J, Lin J J. 2019. Can the VAR model outperform MRS model for asset allocation in commodity market under different risk preferences of investors? [J]. International Review of Financial Analysis, 66: 101395.

Zhang Y J, Ma F, Liao Y. 2020. Forecasting global equity market volatilities[J]. International Journal of Forecasting, 36 (4): 1454-1475.

Zhang Y J, Ma F, Shi B S, et al. 2018b. Forecasting the price of crude oil: An iterated combination approach[J]. Energy Economics, 70: 472-483.

Zhang Y J, Wang J L. 2019. Do high-frequency stock market data help forecast crude oil prices? Evidence from the MIDAS models[J]. Energy Economics, 78: 192-201.

Zhang Y J, Wang J. 2015. Exploring the WTI crude oil price bubble process using the Markov regime switching model[J]. Physica A: Statistical Mechanics and its Applications, 421 (1): 377-387.

Zhang Y J, Wang Z Y. 2013. Investigating the price discovery and risk transfer functions in the crude oil and gasoline futures markets: Some empirical evidence[J]. Applied Energy, 104: 220-228.

Zhang Y J, Wei Y M. 2011. The dynamic influence of advanced stock market risk on international crude oil returns: An empirical analysis[J]. Quantitative Finance, 11 (7): 967-978.

Zhang Y J, Wei Y, Zhang Y, et al. 2019c. Forecasting oil price volatility: Forecast combination versus shrinkage method[J]. Energy Economics, 80: 423-433.

Zhang Y J, Wu Y B. 2018. The dynamic information spill-over effect of WTI crude oil prices on China's traditional energy sectors[J]. China Agricultural Economic Review, 10 (3): 516-534.

Zhang Y J, Wu Y B. 2019. The time-varying spillover effect between WTI crude oil futures returns and hedge funds[J]. International Review of Economics and Finance, 61: 156-169.

Zhang Y J, Yan X X. 2020. The impact of US economic policy uncertainty on WTI crude oil returns in different time and frequency domains[J]. International Review of Economics and Finance, 69: 750-768.

Zhang Y J, Yao T. 2016. Interpreting the movement of oil prices: Driven by fundamentals or bubbles? [J]. Economic Modelling, 55: 226-240.

Zhang Y J, Yao T, He L Y, et al. 2019b. Volatility forecasting of crude oil market: Can the regime switching GARCH model beat the single-regime GARCH models? [J]. International Review of Economics and Finance, 59: 302-317.

Zhang Y J, Zhang J L. 2018. Volatility forecasting of crude oil market: A new hybrid method[J]. Journal of Forecasting, 37 (8): 781-789.

Zhang Y J, Zhang L. 2015. Interpreting the crude oil price movements: Evidence from the Markov regime switching model[J]. Applied Energy, 143: 96-109.

Zhang Y, Ma F, Wang Y. 2019a. Forecasting crude oil prices with a large set of predictors: Can LASSO select powerful predictors? [J]. Journal of Empirical Finance, 54: 97-117.

Zhao L T, Liu K, Duan X L, et al. 2019. Oil price risk evaluation using a novel hybrid model based on time-varying long memory[J]. Energy Economics, 81: 70-78.

Zhao Y, Li J, Yu L. 2017. A deep learning ensemble approach for crude oil price forecasting[J]. Energy Economics, 66: 9-16.

Zheng Y. 2015. The linkage between aggregate investor sentiment and metal futures returns: A nonlinear approach[J]. The Quarterly Review of Economics and Finance, 58: 128-142.

Zhu L, Zhang Z X, Fan Y. 2015. Overseas oil investment projects under uncertainty: How to make informed decisions? [J]. Journal of Policy Modelling, 37 (5): 742-762.

Zhu Z, Ji Q, Sun L, et al. 2020. Oil price shocks, investor sentiment, and asset pricing anomalies in the oil and gas industry[J]. International Review of Financial Analysis, 70: 101516.

附　录

第 10 章中，为了判断使用平滑转换处理原油市场波动中的结构变化对 GARCH 族模型拟合效果的影响，根据式（10.1）～式（10.4）和式（10.5）～式（10.7）分别估计 GARCH 族模型和 FFF-GARCH 族模型，其中，对 WTI 油价收益率的拟合结果见附表 1～附表 3。

附表 1　WTI 油价收益率的 GARCH 和 FFF-GARCH 模型估计结果

参数	GARCH	FFF-GARCH $k=1$	$k=2$	$k=3$	$k=4$	$k=5$
μ	0.0886*** (2.83)	0.0881*** (2.99)	0.0889*** (3.06)	0.0896*** (3.25)	0.0884*** (2.84)	0.0888*** (2.91)
α_0	0.0839*** (3.65)	0.1170*** (3.65)	0.1544*** (3.77)	0.1647*** (3.40)	0.0171*** (3.33)	0.1868*** (3.82)
α_1	0.0498*** (6.27)	0.0507*** (5.90)	0.0512*** (5.51)	0.0516*** (5.57)	0.0516*** (5.19)	0.0515*** (5.44)
β_1	0.9361*** (91.85)	0.9092*** (76.45)	0.9220*** (66.33)	0.9197*** (57.95)	0.9185*** (56.52)	0.9161*** (57.52)
ϕ_1		0.0099 (0.78)	0.0223* (1.31)	0.0196 (0.97)	0.0174 (0.83)	0.0181 (0.92)
ψ_1		−0.0391*** (−2.60)	−0.0401** (−2.31)	−0.0390** (−2.05)	−0.0404** (−2.12)	−0.0465*** (−2.61)
ϕ_2			−0.0162 (−1.10)	−0.0155 (1.07)	−0.0192 (−1.05)	−0.0209 (−1.23)
ψ_2			−0.0401** (−2.27)	−0.0378** (−2.10)	−0.0435** (−2.24)	−0.0474*** (−2.23)
ϕ_3				0.0053 (0.37)	0.0012 (0.07)	0.0063 (0.38)
ψ_3				−0.0181* (−1.22)	−0.0187* (−0.19)	−0.0138 (−0.80)
ϕ_4					0.0167* (0.91)	0.0283** (1.60)
ψ_4					0.0076 (0.42)	0.0059 (0.38)
ϕ_5						−0.0264* (−1.66)

参数	GARCH	FFF-GARCH				
		$k=1$	$k=2$	$k=3$	$k=4$	$k=5$
ψ_5						−0.0080 (−0.52)
LL	−10020.7301	−10014.9518	−10010.0439	−10009.0405	−10008.1352	−10006.1707
AIC	4.4011	4.3994	4.3981	4.3986	4.3990	4.3991
SIC	4.4069	4.4076	4.4086	4.4114	4.4142	4.4166
$Q(10)$	10.2074	9.9423	10.2660	10.1860	10.1955	9.9490
$Q(20)$	14.0030	13.2658	14.0752	14.1346	14.1673	13.8850
$Q^2(10)$	35.2070***	35.3162***	33.4700***	33.4035***	33.6403***	34.7762***
$Q^2(20)$	50.1565***	51.9723***	49.0860***	49.0860***	50.3205***	51.7510***

***、**和*分别代表在1%、5%和10%的水平上显著

注：小括号内为 t 值；$Q(10)$、$Q(20)$、$Q^2(10)$ 和 $Q^2(20)$ 分别为标准残差序列和标准残差平方序列的滞后阶数为10和20的L-B统计量

附表2 WTI油价收益率的EGARCH和FFF-EGARCH模型估计结果

参数	EGARCH	FFF-EGARCH				
		$k=1$	$k=2$	$k=3$	$k=4$	$k=5$
μ	0.0779*** (2.82)	0.0776*** (2.61)	0.0770*** (2.60)	0.0768*** (2.59)	0.0747*** (2.52)	0.0766*** (2.59)
α_0	−0.0638*** (−6.75)	−0.0604*** (−6.30)	−0.0522*** (−5.11)	−0.0471*** (−4.36)	−0.0419*** (−3.72)	−0.0392*** (−3.38)
α_1	0.1100*** (8.33)	0.1092*** (8.15)	0.1081*** (7.75)	0.1085*** (7.23)	0.1070*** (7.26)	0.1073*** (7.15)
β_1	0.9882*** (299.32)	0.9864*** (272.43)	0.9818*** (212.91)	0.9785*** (183.96)	0.9759*** (166.42)	0.9741*** (151.96)
ξ	−0.0272*** (−3.17)	−0.0291*** (−3.33)	−0.0316*** (−3.50)	−0.0332*** (−3.60)	−0.0368*** (−3.83)	−0.0358*** (−3.65)
ϕ_1		0.0013 (0.66)	0.0017 (0.79)	0.0020 (0.86)	0.0022 (0.90)	0.0023 (0.92)
ψ_1		−1.6820* (0.09)	−0.0048** (−2.01)	−0.0057** (−2.21)	−0.0063** (−2.37)	−0.0067*** (−2.41)
ϕ_2			−0.0014 (−0.65)	−0.0017 (−0.71)	−0.0019 (−0.77)	−0.0022 (−0.88)
ψ_2			−0.0069** (−2.59)	−0.0080*** (−2.76)	−0.0088*** (−2.85)	−0.0095*** (−2.91)
ϕ_3				0.0034* (1.45)	0.0039* (1.60)	0.0040* (1.59)
ψ_3				−0.0042* (−1.66)	−0.0045* (−1.68)	−0.0049* (−1.76)

续表

参数	EGARCH	FFF-EGARCH				
		$k=1$	$k=2$	$k=3$	$k=4$	$k=5$
ϕ_4					0.0042* (1.63)	0.0045* (1.67)
ψ_4					0.0028 (1.13)	0.0029 (1.14)
ϕ_5						−0.0040* (−1.49)
ψ_5						−0.0004 (−0.18)
LL	−10016.8968	−10015.1031	−10010.5226	−10007.8943	−10005.7398	−10004.3999
AIC	4.3998	4.3999	4.3988	4.3985	4.3984	4.3987
SIC	4.4068	4.4092	4.4104	4.4125	4.4148	4.4174
$Q(10)$	12.4631	12.0420	12.3452	11.9653	12.0245	11.8030
$Q(20)$	17.1900	15.6755	16.5876	16.6903	16.9880	14.8165
$Q^2(10)$	49.7152***	48.0585***	47.0700***	44.8115***	45.5830***	45.5345***
$Q^2(20)$	63.4673***	63.2032***	61.0056***	57.6690***	59.9952***	60.7765***

***、**和*分别代表在1%、5%和10%的水平上显著

注：小括号内为t值；$Q(10)$、$Q(20)$、$Q^2(10)$和$Q^2(20)$分别为标准残差序列和标准残差平方序列的滞后阶数为10和20的L-B统计量

附表3　WTI油价收益率的GJR-GARCH和FFF-GJR-GARCH模型估计结果

参数	GJR-GARCH	FFF-GJR-GARCH				
		$k=1$	$k=2$	$k=3$	$k=4$	$k=5$
μ	0.0827*** (2.76)	0.0809*** (2.71)	0.0813*** (2.73)	0.0815*** (2.74)	0.0797*** (2.67)	0.0798*** (2.68)
α_0	0.0851*** (3.99)	0.1179*** (4.29)	0.1515*** (4.40)	0.1610*** (4.42)	0.1672*** (4.43)	0.1810*** (4.47)
α_1	0.0222*** (1.93)	0.0267*** (2.25)	0.0283*** (2.31)	0.0305*** (2.46)	0.0320*** (2.56)	0.0325*** (2.59)
β_1	0.9368*** (111.67)	0.9302*** (95.30)	0.9243*** (83.23)	0.9226*** (79.96)	0.9218*** (78.41)	0.9195*** (75.20)
ξ	0.0369*** (4.20)	0.0351*** (3.98)	0.0342*** (3.79)	0.0329*** (3.62)	0.0320*** (3.53)	0.0316*** (3.49)
ϕ_1		0.0102 (0.82)	0.0222* (1.40)	0.0189 (1.15)	0.0160 (0.95)	0.0175*** (0.99)
ψ_1		−0.0405*** (−2.99)	−0.0405*** (−2.87)	−0.0389*** (−2.65)	−0.0401*** (−2.72)	−0.0459*** (−2.92)
ϕ_2			−0.0134 (−1.02)	−0.0127 (−0.90)	−0.0165 (−1.11)	−0.0182 (−1.20)

续表

参数	GJR-GARCH	FFF-GJR-GARCH				
		$k=1$	$k=2$	$k=3$	$k=4$	$k=5$
ψ_2		−0.0394*** (−2.61)	−0.0366*** (2.37)	−0.0426*** (−2.51)	−0.0458*** (−2.54)	
ϕ_3				0.0079 (0.59)	0.0039 (0.28)	0.0084 (0.56)
ψ_3				−0.0196* (−1.45)	−0.0206* (−1.42)	−0.0153* (−0.99)
ϕ_4					0.0177* (1.29)	0.0291** (1.89)
ψ_4					0.0096 (0.70)	0.0081 (0.56)
ϕ_5						−0.0247** (−1.18)
ψ_5						−0.0099 (−0.70)
LL	−10018.9231	−10012.4717	−10007.4605	−10006.1121	−10004.9219	−10002.9003
AIC	4.4007	4.3988	4.3974	4.3977	4.3981	4.3981
SIC	4.4077	4.4081	4.4091	4.4117	4.4144	4.4167
$Q(10)$	10.530	10.3605	10.6932	10.5861	32.6986	10.3593
$Q(20)$	14.3699	13.7162	14.5585	14.6377	48.7290***	14.4792
$Q^2(10)$	34.8726***	33.9914***	32.3590***	32.3090***	10.3594	33.7510***
$Q^2(20)$	48.5582***	50.0623***	47.4284***	47.1788***	14.4792	50.0901***

***、**和*分别代表在1%、5%和10%的水平上显著

注：小括号内为 t 值；$Q(10)$、$Q(20)$、$Q^2(10)$ 和 $Q^2(20)$ 分别为标准残差序列和标准残差平方序列的滞后阶数为 10 和 20 的 L-B 统计量

彩　图

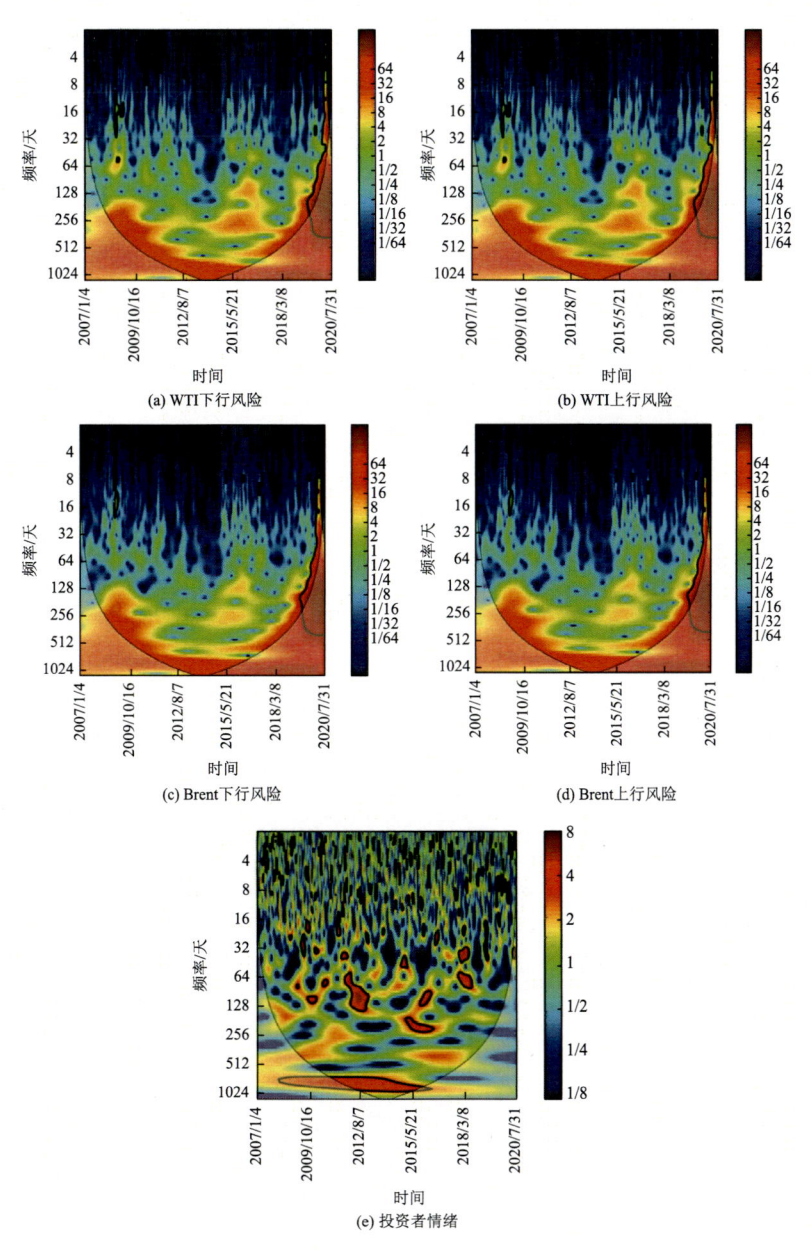

(a) WTI下行风险

(b) WTI上行风险

(c) Brent下行风险

(d) Brent上行风险

(e) 投资者情绪

图 6.2　投资者情绪和原油市场极端风险的小波功率谱

(a) 投资者情绪-WTI下行风险

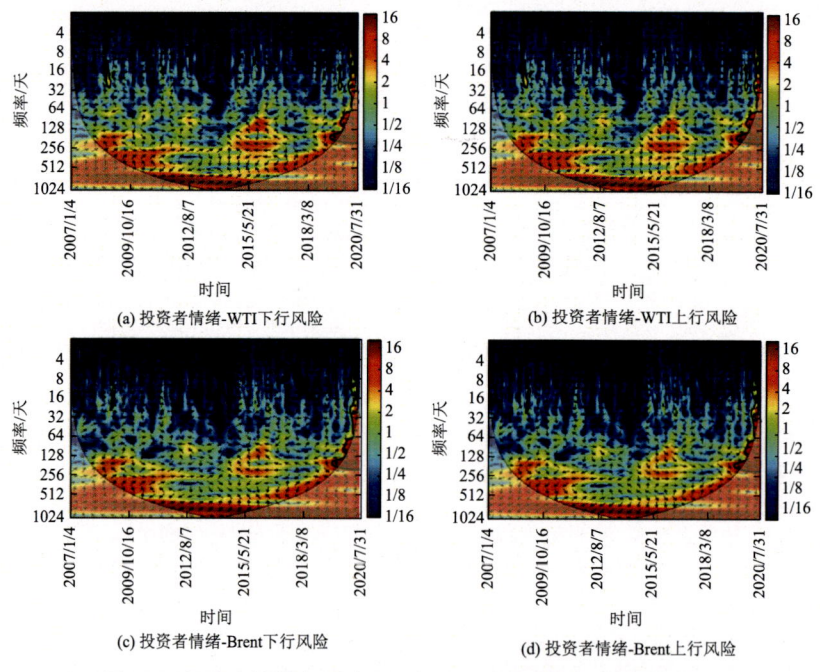

(b) 投资者情绪-WTI上行风险

(c) 投资者情绪-Brent下行风险

(d) 投资者情绪-Brent上行风险

图 6.3　投资者情绪与原油市场极端风险的交叉小波变换结果

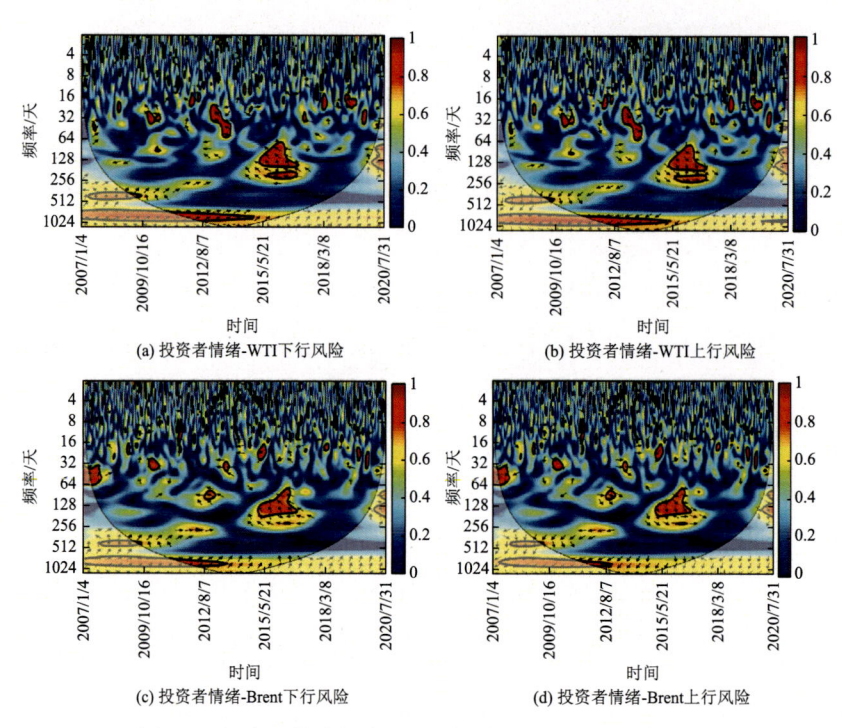

(a) 投资者情绪-WTI下行风险

(b) 投资者情绪-WTI上行风险

(c) 投资者情绪-Brent下行风险

(d) 投资者情绪-Brent上行风险

图 6.4　投资者情绪与原油市场极端风险的小波相干结果

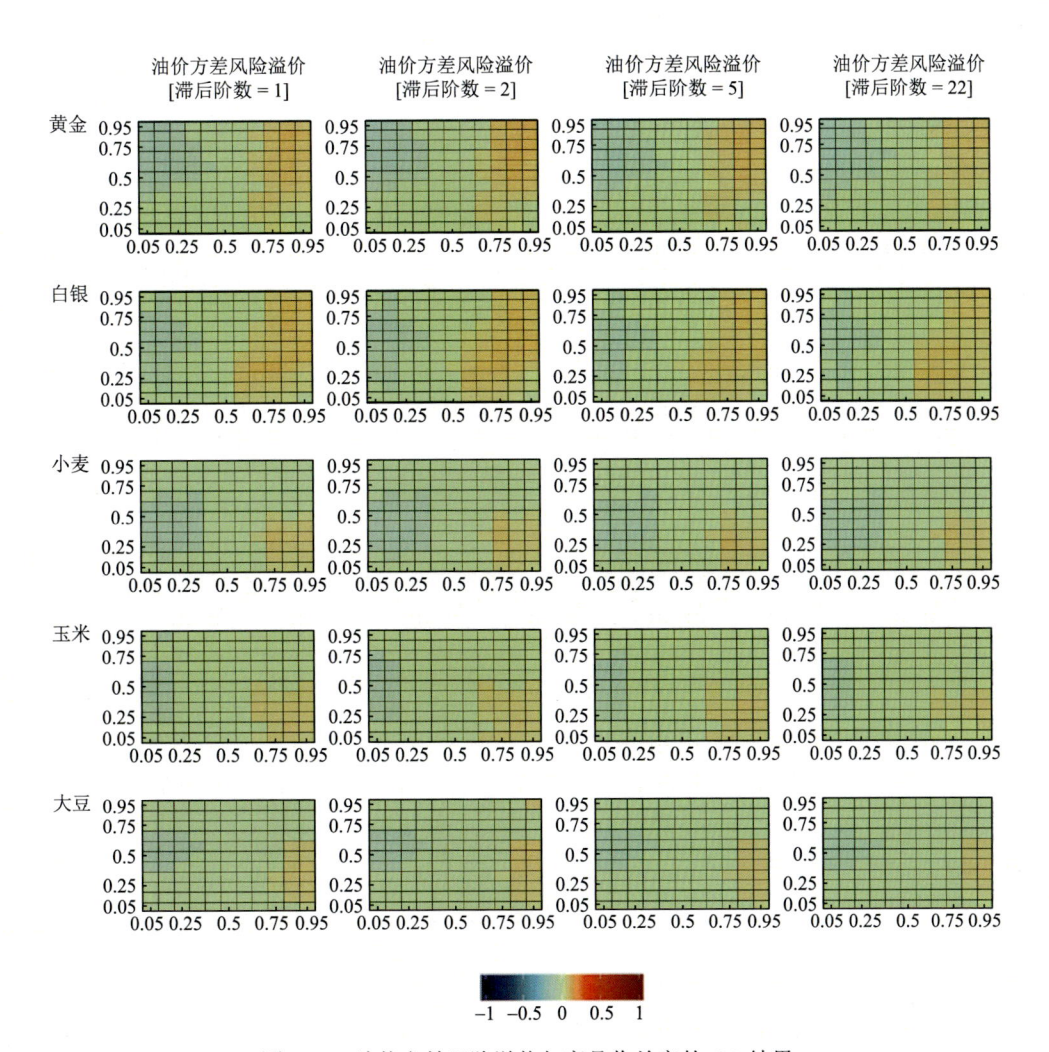

图 15.1　油价方差风险溢价与商品收益率的 CQ 结果

1、2、5 和 22 分别表示日（1 天、2 天）、周（5 天）和月（22 天）的滞后阶数；图底部的坐标表示变量间交叉分位数依赖性或方向可预测性的方向

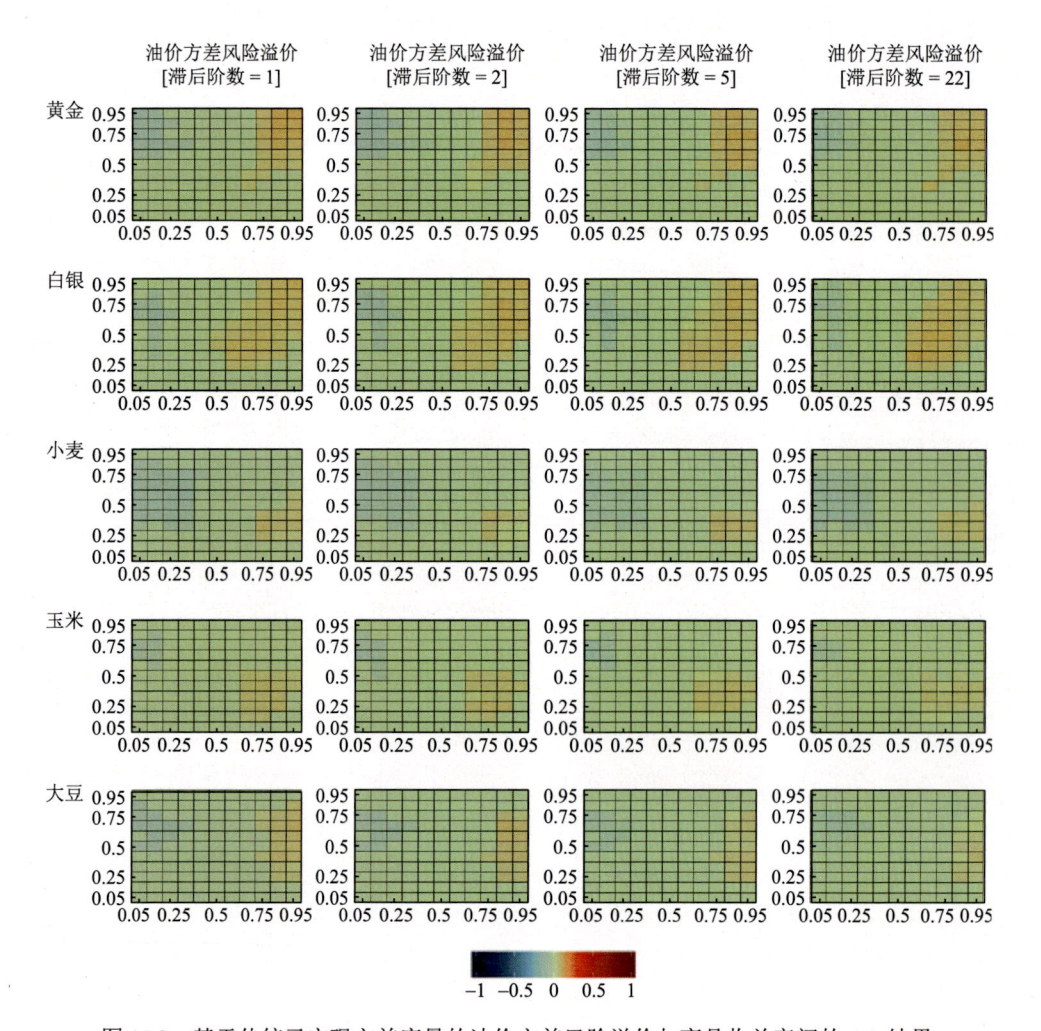

图 15.2 基于传统已实现方差度量的油价方差风险溢价与商品收益率间的 CQ 结果

1、2、5 和 22 分别表示日（1 天、2 天）、周（5 天）和月（22 天）的滞后阶数；图底部的坐标表示变量间交叉分位数依赖性或方向可预测性的方向

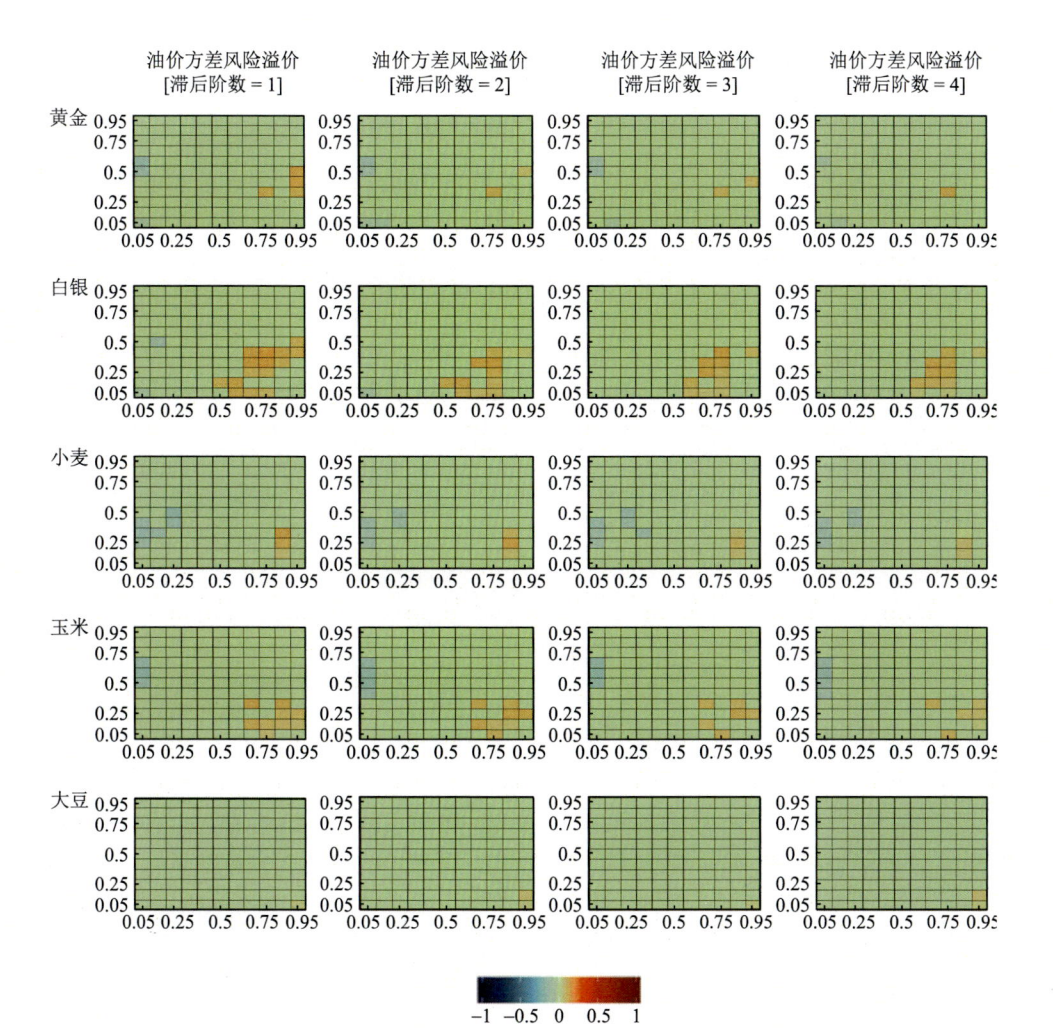

图 15.3 使用周度数据计算的油价方差风险溢价与商品收益率的 CQ 结果

1、2、3 和 4 表示 1 周、2 周、3 周、4 周的滞后阶数；底部的坐标表示变量间交叉分位数依赖性或方向可预测性的方向

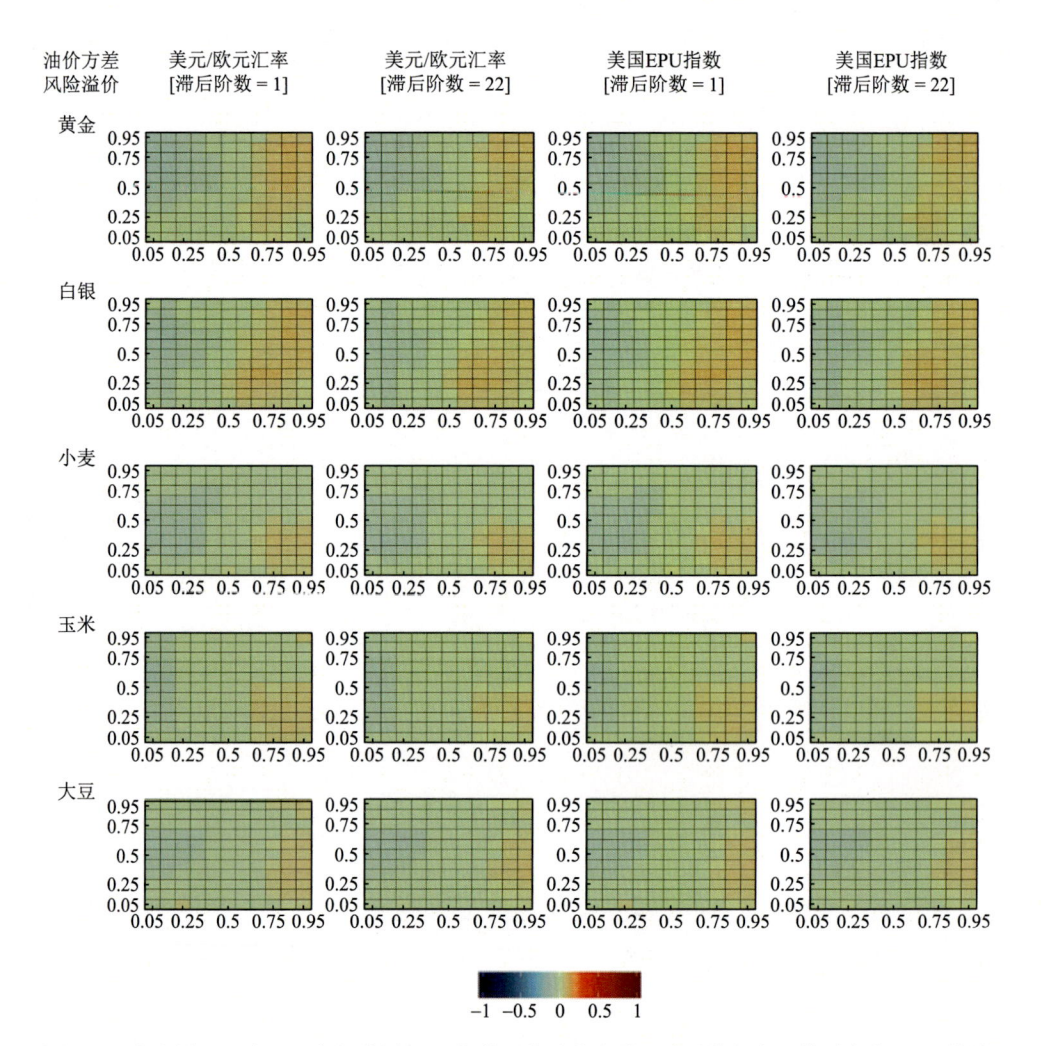

图 15.4 控制美元 / 欧元汇率与美国 EPU 指数后的油价方差风险溢价与商品收益率的 PCQ 结果
1 和 22 分别表示日（1 天）和月（22 天）的滞后阶数；图底部的坐标表示变量间交叉分位数依赖性或方向可预测性的方向

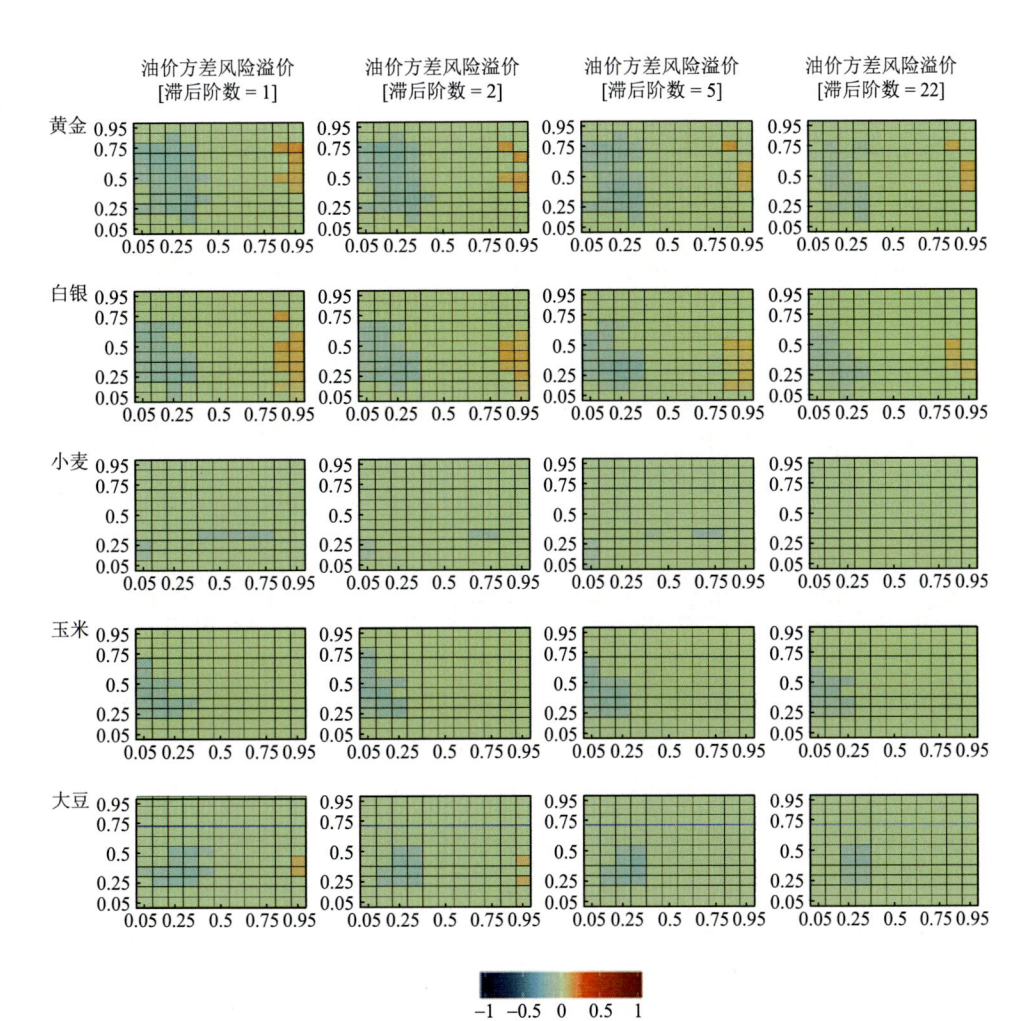

图 15.5 全球金融危机期间油价方差风险溢价与商品收益率的 CQ 结果

1、2、5 和 22 分别表示日（1 天、2 天）、周（5 天）和月（22 天）的滞后阶数；图底部的坐标表示变量间交叉分位数依赖性或方向可预测性的方向

N